ΜΕ ΤΟ ΓΡΑΣΙΔΙ ΓΙΑ ΠΡΟΣΚΕΦΑΛΟ

Η ΛΙΑΝ ΧΕΡΝ (λογοτεχνικό ψευδώνυμο της Βρετανο-Αυστραλής Γκίλιαν Ρουμπινστάιν, η οποία είναι πετυχημένη συγγραφέας παιδικών βιβλίων) σπούδασε στην Οξφόρδη και εργάστηκε στην Αγγλία ως κριτικός κινηματογράφου και καλλιτεχνική συντάκτρια. Αργότερα, εγκαταστάθηκε μόνιμα στην Αυστραλία. Η Ιαπωνία τής είχε κινήσει το ενδιαφέρον από τα νεανικά της χρόνια, με αποτέλεσμα να σπουδάσει την ιαπωνική γλώσσα και να ταξιδέψει στην Ιαπωνία πολλές φορές. Η συγγραφή του έργου «Τριλογία των Οτόρι» έρχεται να επιβεβαιώσει αυτή της την αγάπη.

ΛΙΑΝ ΧΕΡΝ

ΜΕ ΤΟ ΓΡΑΣΙΔΙ ΓΙΑ ΠΡΟΣΚΕΦΑΛΟ

ΜΕΤΑΦΡΑΣΗ
ΓΙΩΡΓΟΣ ΦΩΤΙΑΔΗΣ

ΕΚΔΟΣΕΙΣ ΠΑΤΑΚΗ

Εκδόσεις Πατάκη – Σύγχρονη λογοτεχνία για παιδιά και για νέους
Σειρά: Μυθιστορήματα φαντασίας
Λίαν Χερν, Μύθοι των Οτόρι, Βιβλίο 2: *Με το Γρασίδι για Προσκέφαλο*
Lian Hearn, *Grass for his Pillow*
Μετάφραση Γιώργος Φωτιάδης
Επιμέλεια, Διορθώσεις Αντωνία Κιλεσοπούλου
Προσαρμογή εξωφύλλου ελληνικής έκδοσης Γεωργία Μ. Σωτήρχου
Σελιδοποίηση Αλέξιος Δ. Μάστορης
Φιλμ, Μοντάζ Μαρία Ποινιού-Ρένεση

Πρώτη έκδοση στην Αυστραλία και στη Νέα Ζηλανδία από τη Hodder Headline Australia Pty Limited (A member of the Hodder Headline Group), 2003
Πρώτη έκδοση στην ελληνική γλώσσα από τις Εκδόσεις Πατάκη, Αθήνα, Οκτώβριος 2004
Κ.Ε.Τ. 4451 Κ.Ε.Π. 1198/04
ISBN 960-16-1370-6

ΕΚΔΟΣΕΙΣ ΠΑΤΑΚΗ

ΒΑΛΤΕΤΣΙΟΥ 14, 106 80 ΑΘΗΝΑ, ΤΗΛ.: 210.36.50.000 - ΦΑΞ: 210.36.50.069
ΒΙΒΛΙΟΠΩΛΕΙΟ ΠΑΤΑΚΗ: ΑΚΑΔΗΜΙΑΣ 65, 106 78 ΑΘΗΝΑ,
ΤΗΛ.: 210.38.11.740 - 210.38.11.850 - ΦΑΞ: 210.38.11.940
ΚΕΝΤΡΙΚΗ ΔΙΑΘΕΣΗ: ΕΜΜ. ΜΠΕΝΑΚΗ 16, 106 78 ΑΘΗΝΑ, ΤΗΛ.: 210.38.31.078
ΥΠΟΚ/ΜΑ: Ν. ΜΟΝΑΣΤΗΡΙΟΥ 122, 563 34 ΘΕΣΣΑΛΟΝΙΚΗ, ΤΗΛ.: 2310.70.63.54-5
Web site: http://www.patakis.gr • e-mail: info@patakis.gr, sales@patakis.gr

ΜΕ ΤΟ ΓΡΑΣΙΔΙ ΓΙΑ ΠΡΟΣΚΕΦΑΛΟ

ΜΥΘΟΙ ΤΩΝ ΟΤΟΡΙ

ΒΙΒΛΙΟ
2

ΦΑΤΡΙΑ
ΟΤΟΡΙ
ΦΑΤΡΙΑ
ΜΑΡΟΥΓΙΑΜΑ
ΦΑΤΡΙΑ
ΣΕΪΣΟΥ
ΦΑΤΡΙΑ
ΣΙΡΑΚΑΒΑ
ΦΑΤΡΙΑ
ΤΟΧΑΝ
ΦΑΤΡΙΑ
ΑΡΑΪ

ΠΡΟΛΟΓΟΣ

Τα γεγονότα αυτού του βιβλίου διαδραματίζονται ένα χρόνο μετά το θάνατο του Οτόρι Σιγκέρου στο κάστρο των Τοχάν, στην Ινουγιάμα. Ο αρχηγός της φατρίας των Τοχάν, ο Ιίντα Σανταμού, θανατώθηκε από τον υιοθετημένο γιο του Σιγκέρου, τον Οτόρι Τακέο, ή, τουλάχιστον, αυτό πίστεψαν οι περισσότεροι. Οι Τοχάν νικήθηκαν από τον Αράι Ντάιτσι, μέλος της φατρίας των Σεϊσού από την επαρχία του Κουμαμότο, ο οποίος εκμεταλλεύτηκε το χάος και την αναστάτωση που ακολούθησε την πτώση της Ινουγιάμα και απέκτησε τον έλεγχο των Τριών Χωρών. Ο Αράι ήλπιζε ότι θα συμμαχούσε με τον Τακέο και γι' αυτόν το λόγο θέλησε να τον παντρέψει με τη Σιρακάβα Καεντέ, που τώρα πλέον ήταν ηγεμόνισσα στα φέουδα τόσο των Μαρουγιάμα όσο και των Σιρακάβα.

Παρ' όλ' αυτά, ο Τακέο, διχασμένος ανάμεσα στις τελευταίες εντολές του Σιγκέρου και στις απαιτήσεις της οικογένειας του πραγματικού του πατέρα, των Κικούτα, που ανήκαν στη Φυλή, εγκατέλειψε την κληρονομιά του και αρνήθηκε το γάμο του με την Καεντέ, αν και ήταν τρελά ερωτευμένος μαζί της, για να ενταχθεί στη Φυλή, επειδή αισθανόταν ότι μαζί της τον συνέδεαν οι δεσμοί του αίματος αλλά και ο όρκος που είχε δώσει.

Ο Οτόρι Σιγκέρου κηδεύτηκε στην Τεραγιάμα, σ' έναν απομακρυσμένο ναό πάνω στα βουνά, κάπου στην καρδιά της Μέσης Χώρας. Μετά τις μάχες στην Ινουγιάμα και στο Κουσιμότο, ο Αράι επισκέφτηκε το ναό για να προσκυνήσει τον τάφο του νεκρού συμμάχου του αλλά και να επικυρώσει τις καινούριες του συμμαχίες. Ο Τακέο και η Καεντέ συναντήθηκαν εκεί για τελευταία φορά.

貧窮問答の歌 一首

風雑へ 雨降る夜の 雨雑へ
雪降る夜は 術もなく 寒く
しあれば 堅塩を 取りつづしろひ
糟湯酒 うち啜ろひて 咳かひ
鼻びしびしに しかとあらぬ 鬚
かき撫でて 我を除きて 人は在ら
じと 誇ろへど 寒くしあれば
麻衾 引き被り 布肩衣 有り
のことごと 服襲へども ……後略……

「万葉集」巻五 八九二

Τις νύχτες όταν
παλεύει ο άνεμος,
πέφτει βροχή.
Τις νύχτες όταν
παλεύει η βροχή,
πέφτει χιόνι.

ΓΙΑΜΑΝΟΥΕ ΝΟ ΟΚΟΥΡΑ: A DIALOGUE ON POVERTY
από το έργο με τίτλο *The Country of The Eight Islands*
Μετάφραση στην αγγλική γλώσσα: Χιροάκι Σάτο

ΟΙ ΤΡΕΙΣ ΧΩΡΕΣ

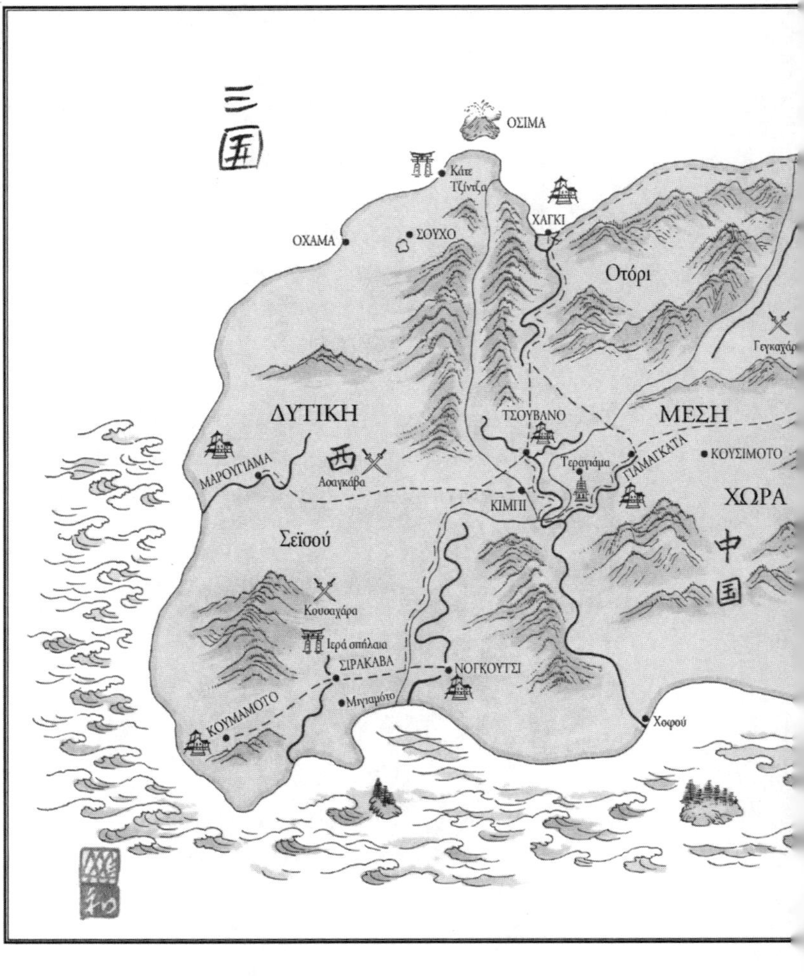

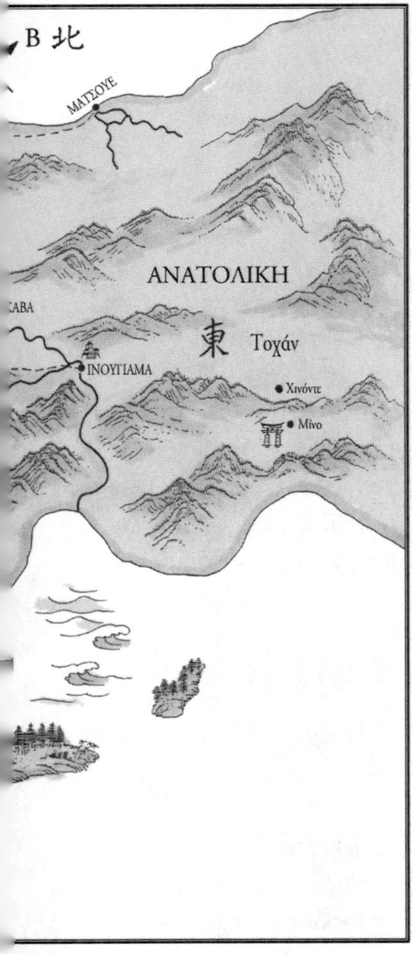

όρια φέουδων

όρια φέουδων πριν τη μάχη της Γεγκαχάρα

κύριος δρόμος

πεδία μαχών

καστρόπολη

βωμός

ναός

ΟΙ ΜΥΘΟΙ ΤΩΝ ΟΤΟΡΙ

ΟΙ ΧΑΡΑΚΤΗΡΕΣ ΤΗΣ ΤΡΙΛΟΓΙΑΣ

ΟΙ ΦΑΤΡΙΕΣ

Οι Οτόρι
(Μέση Χώρα· πόλη-φρούριο: Χάγκι)

Οτόρι Σιγκέρου .... ο νόμιμος διάδοχος στην αρχηγία της φατρίας (1)
Οτόρι Τακέσι........................ ο νεότερος αδερφός του, δολοφονήθηκε από την φατρία των Τοχάν (ν.)
Οτόρι Τακέο .... (πραγματικό όνομα Τομάσου), ο θετός γιος του (1)
Οτόρι Σιγκεμόρι .... ο πατέρας του Σιγκέρου, σκοτώθηκε στη μάχη της Γεγκαχάρα (ν.)
Οτόρι Ιτσίρο .... μακρινός συγγενής του, ο δάσκαλος του Σιγκέρου και του Τακέο (1)
Τσίγιο, Χαρούκα .... υπηρέτριες στο αρχοντικό των Οτόρι (1)
Σίρο .... ξυλουργός (1)

Οτόρι Σόιτσι .... ο θείος του Σιγκέρου, ο τωρινός άρχοντας της φατρίας (1)
Οτόρι Μασαχίρο .... ο νεότερος αδερφός του (1)
Οτόρι Γιοσιτόμι .... ο γιος του Μασαχίρο (1)

Μιγιόσι Καχέι }............. αδέρφια, φίλοι του Τακέο (1)
Μιγιόσι Γκέμπα

Μιγιόσι Σατόρου...... ο πατέρας τους: διοικητής της φρουράς στο κάστρο του Χάγκι (3)

Έντο Τσικάρα........................ ακόλουθος και κύριος σύμβουλός του (3)

Τεράντα Φουμιφούζα.......................... πειρατής (3)

Τεράντα Φούμιο.............. ο γιος του, φίλος του Τακέο (1)

Ρυόμα.................. ψαράς, νόθος γιος του Μασαχίρο (3)

Οι Τοχάν

(Ανατολική Χώρα· πόλη-κάστρο: Ινουγιάμα)

Ιίντα Σανταμού.................. ο άρχοντας της φατρίας (1)

Ιίντα Ναριάκι......................... ο εξάδερφός του (3)

Άντο }........................... οι ακόλουθοι του Ιίντα (1)
Αμπέ

Άρχοντας Νογκούτσι....................... σύμμαχός του (1)

Αρχόντισσα Νογκούτσι..................... η σύζυγός του (1)

Τζούνκο........... υπηρέτρια στο κάστρο των Νογκούτσι (1)

Οι Σεϊσού

(Συμμαχία διάφορων οικογενειών με πανάρχαιες ρίζες.
Δυτική Χώρα·
κύριες πόλεις-κάστρα: Κουμαμότο και Μαρουγιάμα)

Αράι Ντάιτσι................................ πολέμαρχος (1)

Νίγουα Σατόρου.............................. ακόλουθος (2)

Ακίτα Τσουτόμου............................ ακόλουθος (2)

Σονόντα Μιτσούρου .... ο ανιψιός του Ακίτα (2)

Μαρουγιάμα Ναόμι .... η αρχόντισσα του φέουδου των Μαρουγιάμα, ερωμένη του Σιγκέρου (1)
Μαρίκο .... η θυγατέρα της (1)
Σατσίε .... η υπηρέτριά της (1)

Σουτζίτα Χαρούκι .... ακόλουθος (1)
Σουτζίτα Χιρόσι .... ο ανιψιός του (3)
Σακάι Μαζάκι .... ο εξάδερφος του Χιρόσι (3)

Άρχοντας Σιρακάβα (1)
Καεντέ .... η πρωτότοκη θυγατέρα του, εξαδέρφη της αρχόντισσας Μαρουγιάμα (1)
Άι, Χάνα .... οι θυγατέρες του (2)

Αγιάμε .... οι υπηρέτριες του αρχοντικού του (2)
Μανάμι .... (2)
Άκανε .... (3)

Αμάνο Τέντζο................ ο ακόλουθος των Σιρακάβα (1)

Σότζι Κιγιόσι.... κύριος σύμβουλος του άρχοντα Σιρακάβα (1)

Η ΦΥΛΗ

Η οικογένεια των Μούτο

Μούτο Κέντζι .... ο δάσκαλος του Τακέο, δάσκαλος και αρχηγός της οικογένειας (1)
Μούτο Σιζούκα .... η ανιψιά του Κέντζι, ερωμένη του Αράι και συνοδός της Καεντέ (1)
Ζένκο, Τάκου .... οι γιοι της (3)

Μούτο Σέικο .... η σύζυγος του Κέντζι (2)
Μούτο Γιούκι .... η θυγατέρα τους (1)
Μούτο Γιουζούρου .... ένας εξάδερφος (2)

Κάνα
Μιγιάμπι } .... οι υπηρέτριες (3)

Η οικογένεια των Κικούτα

Κικούτα Ιζαμού .... ο πραγματικός πατέρας του Τακέο (ν.)
Κικούτα Κοτάρο .... ο εξάδερφός του,
ο δάσκαλος της οικογένειας (1)
Κικούτα Γκοσαμπούρο .... ο νεότερος αδερφός του
Κοτάρο (2)
Κικούτα Ακίο .... ο ανιψιός τους (2)
Κικούτα Χατζίμε .... παλαιστής (2)
Σαντάκο .... υπηρέτρια (2)

Η οικογένεια των Κουρόντα

Κουρόντα Σιντάρο .... ο διάσημος δολοφόνος (1)
Κόντο Κίιτσι (2)

Ιμάι Καζούμο (2)

Κούντο Κέικο (2)

ΟΙ ΔΙΑΦΟΡΟΙ

Άρχοντας Φουτζιβάρα .... ευγενής,
εξορισμένος από την πρωτεύουσα (2)
Μαμόρου .... ο προστατευόμενος
και συνοδός του (2)

Όνο Ριέκο................................ο εξάδερφός του (3)
Μουρίτα...................................ακόλουθος (3)

Ματσούντα Σίγκεν...........ο ηγούμενος της Τεραγιάμα (2)
Κούμπο Μακότο................................μοναχός,
ο πιο στενός φίλος του Τακέο (1)

Τζιν-εμόν...................................ληστής (3)

Τζίρο.....................................γιος του αγρότη (3)

Χο-Αν..απόκληρος (1)

ΤΑ ΑΛΟΓΑ

Ρακού.......................γκρίζος με μαύρη χαίτη και ουρά,
το πρώτο άλογο του Τακέο,
που το δώρησε στην Καεντέ
Κύου.........................μαύρος, το άλογο του Σιγκέρου,
που εξαφανίστηκε στην Ινουγιάμα
Αόι................μαύρος, (ετεροθαλής αδερφός του Κύου)
Κι...................................ο καφετής του Αμάνο
Σουν............................ο κοκκινοτρίχης του Τακέο,
πολύ έξυπνο άλογο

μαύρα= κύριοι χαρακτήρες της ιστορίας
(1,2,3)= ο χαρακτήρας εμφανίζεται για πρώτη φορά στο 1ο, 2ο ή 3ο βιβλίο της τριλογίας
(ν.)= ο χαρακτήρας πέθανε πριν την αρχή της ιστορίας του 1ου βιβλίου της τριλογίας

ΚΕΦΑΛΑΙΟ ΠΡΩΤΟ

Η ΣΙΡΑΚΑΒΑ ΚΑΕΝΤΕ κοιμόταν βαθιά, σαν να βρισκόταν σε μια κατάσταση που έμοιαζε με κώμα και που μονάχα το βλέμμα των Κικούτα μπορούσε να προκαλέσει. Η νύχτα κύλησε, τ' αστέρια ξεθώριασαν καθώς ξημέρωνε, φωνές και θόρυβοι άρχισαν να βγαίνουν από το ναό και να την περικυκλώνουν, όμως εκείνη δεν ενοχλήθηκε. Δεν άκουσε την ακόλουθό της, τη Σιζούκα, που με αγωνία την καλούσε κάθε τόσο στην προσπάθειά της να την ξυπνήσει. Δεν ένιωσε το χέρι της Σιζούκα επάνω στο μέτωπό της. Δεν άκουσε τους άντρες του άρχοντα Αράι Ντάιτσι, που έφτασαν στη βεράντα με μεγάλη ανυπομονησία και ανέφεραν στη Σιζούκα ότι ο πολέμαρχος περίμενε την αρχόντισσα Σιρακάβα, για να συζητήσουν. Ανάσαινε ήρεμα και γαλήνια, τα χαρακτηριστικά του προσώπου της ήταν ατάραχα σαν μάσκα.

Όσο πλησίαζε το απόγευμα, ο ύπνος της φάνηκε ν' αλλάζει. Τα βλέφαρά της τρεμόπαιξαν και τα χείλια της έδειξαν να χαμογελούν. Τα δάχτυλά της, που ήταν κουλουριασμένα απαλά μέσα στις παλάμες της, τεντώθηκαν κι άνοιξαν.

Κάνε υπομονή. Θα γυρίσει να σε βρει.

Η Καεντέ ονειρεύτηκε ότι είχε μεταμορφωθεί σε πάγο. Τα λόγια αντηχούσαν ξεκάθαρα μέσα στο κεφάλι της. Δεν ένιωθε φόβο στ' όνειρό της, αλλά είχε την αίσθηση ότι ήταν αιχμάλωτη σε κάτι κρύο και κάτασπρο, μέσα σ' έναν κόσμο που ήταν σιωπηλός, παγωμένος και μαγεμένος.

Τα μάτια της άνοιξαν.

Ακόμα έφεγγε. Από τις σκιές κατάλαβε ότι ήταν σούρουπο. Μια καμπάνα χτύπησε απαλά από τον άνεμο, μονάχα για μια φορά, κι ύστερα ο αέρας καταλάγιασε. Τούτη η μέρα που δεν μπορούσε ν' ανακαλέσει στη μνήμη της θα πρέπει να ήταν ζεστή και ηλιόλουστη. Το δέρμα κάτω από τα μαλλιά της ήταν μουσκεμένο. Πουλιά τιτίβιζαν στη στέγη κι άκουγε το χτύπο από τα ράμφη των χελιδονιών τη στιγμή που έπιαναν τα τελευταία έντομα της ημέρας. Σε λίγο καιρό θα έφευγαν για το Νότο. Είχε έρθει πια το φθινόπωρο.

Το άκουσμα των πουλιών τής θύμισε τη ζωγραφιά που της είχε χαρίσει ο Τακέο, πολλές εβδομάδες πριν, σ' εκείνο ακριβώς το μέρος: το σκίτσο ενός άγριου πουλιού του δάσους που την έκανε να συλλογίζεται την ελευθερία. Την είχε χάσει κι αυτή μαζί με όλα τ' άλλα υπάρχοντά της, τα νυφιάτικα φορέματά της κι όλα της ρούχα, τότε που κάηκε το κάστρο της Ινουγιάμα. Δεν είχε πια τίποτε, καμιά περιουσία. Η Σιζούκα τής είχε βρει κάτι παλιά φορέματα στο σπίτι όπου έμεναν και είχε δανειστεί χτένες και άλλα απαραίτητα αντικείμενα. Δεν είχε ξαναβρεθεί σε τέτοιο μέρος, στο σπίτι ενός εμπόρου, με τη μυρωδιά της σόγιας σε κατάσταση ζύμωσης, γεμάτο από ανθρώπους που εκείνη προσπαθούσε να κρατήσει σε απόσταση, παρ' όλο που κάθε λίγο και λιγάκι οι υπηρέτριες έρχονταν για να κρυφοκοιτάξουν και να τη δουν μέσα από τις χαραμάδες της συρόμενης πόρτας.

Φοβόταν πως όλοι θα έβλεπαν τι της είχε συμβεί το βράδυ που έπεσε το κάστρο. Είχε σκοτώσει έναν άντρα, είχε πλαγιάσει μ' έναν άλλον και είχε πολεμήσει στο πλευρό του κραδαίνοντας το σπαθί του νεκρού. Μερικές φορές νόμιζε πως της είχαν κάνει μάγια, όπως έλεγαν και οι άνθρωποι γύρω της. Έλεγαν γι' αυτή πως όποιος άντρας την ποθούσε πέθαινε – κι ήταν αλήθεια. Άντρες είχαν πεθάνει. Όχι όμως και ο Τακέο.

Από τότε που της είχε επιτεθεί ο φρουρός, την εποχή που την κρατούσαν όμηρο στο κάστρο των Νογκούτσι, φοβόταν όλους τους άντρες. Ο τρόμος που είχε για τον Ιίντα την ανάγκασε να του αντισταθεί για να υπερασπιστεί τον εαυτό της· όμως δε φοβήθηκε καθόλου τον Τακέο. Το μόνο που ήθελε ήταν να τον κρατήσει κοντά της. Από την ημέρα που συναντήθηκαν για πρώτη φορά στο Τσουβάνο, το κορμί της λαχταρούσε το δικό του. Ήθελε να την αγγίξει, ήθελε να νιώσει το δέρμα του επάνω στο δικό της. Τώρα, καθώς αναπολούσε εκείνη τη βραδιά με ανανεωμένη διαύγεια, αντιλαμβανόταν ότι μονάχα εκείνον μπορούσε να παντρευτεί, ότι μονάχα εκείνον θα αγαπούσε. *Θα έχω υπομονή,* υποσχέθηκε. Αλλά από πού είχαν ακουστεί αυτά τα λόγια;

Γύρισε ελαφρά το κεφάλι της και αντίκρισε τη σιλουέτα της Σιζούκα στην άκρη της βεράντας. Πίσω από τη γυναίκα ορθώνονταν τα αρχαία δέντρα του βωμού. Ο αέρας μύριζε κέδρο και σκόνη. Η καμπάνα του ναού σήμανε την απογευματινή ώρα. Η Καεντέ δε μίλησε. Δεν ήθελε να μιλήσει σε κανέναν, ούτε να ακούσει καμία φωνή. Ήθελε να βρεθεί και πάλι σ' εκείνον τον παγερό τόπο, εκεί όπου είχε αποκοιμηθεί.

Και τότε αντίκρισε κάτι πίσω από τα σωματίδια της σκόνης που αιωρούνταν στις τελευταίες αχτίδες του ήλιου: ένα φάντασμα, ένα πνεύμα, σκέφτηκε, αλλά, και πάλι, δεν ήταν απλώς ένα πνεύμα, αφού είχε σάρκα και οστά· στεκόταν μπροστά της, αδιαμφισβήτητο και πραγματικό κι έλαμπε σαν το φρέσκο χιόνι. Ανασηκώθηκε και το κοίταξε, όμως, τη στιγμή που αναγνώρισε τη Λευκή Θεά, τη συμπονετική και τη φιλεύσπλαχνη, εκείνη είχε φύγει.

«Τι συμβαίνει;» Η Σιζούκα την είχε ακούσει να μετακινείται κι έτρεξε προς το μέρος της. Η Καεντέ είδε τη Σιζούκα και αντίκρισε το ειλικρινές ενδιαφέρον στα μάτια της. Είχε συνειδητοποιήσει πόσο πολύτιμη της είχε γίνει εκείνη η γυναίκα, η πιο στενή και, στην ουσία, μοναδική της φίλη.

«Τίποτε. Ένα όνειρο».

«Είστε καλά; Πώς νιώθετε;»

«Δεν ξέρω. Νιώθω...» η φωνή της Καεντέ ξεψύχησε. Κοιτούσε αποσβολωμένη τη Σιζούκα για αρκετή ώρα. «Κοιμόμουν όλη τη μέρα; Μα, τι μου συνέβη;»

«Δεν έπρεπε να σας το κάνει αυτό» είπε η Σιζούκα, με φωνή έντονη από την έγνοια και το θυμό.

«Ο Τακέο ήταν;»

Η Σιζούκα έγνεψε. «Δεν είχα ιδέα ότι διέθετε αυτή την ικανότητα. Είναι ένα από τα χαρίσματα της οικογένειας των Κικούτα».

«Το τελευταίο πράγμα που θυμάμαι είναι τα μάτια του. Κοιτάζαμε ο ένας τον άλλον κι ύστερα αποκοιμήθηκα».

Ύστερα από μια παύση, η Καεντέ συνέχισε «Έφυγε, έτσι δεν είναι;».

«Ο θείος μου, ο Μούτο Κέντζι και ο δάσκαλος των Κικούτα, ο Κοτάρο, ήρθαν να τον πάρουν εχθές το βράδυ» αποκρίθηκε η Σιζούκα.

«Και δεν πρόκειται να τον ξαναδώ ποτέ;» Η Καεντέ θυμήθηκε την απελπισία που την είχε κυριεύσει την περασμένη νύχτα, πριν από κείνον το μακρύ και βαθύ ύπνο. Είχε ικετέψει τον Τακέο να μην την αφήσει. Το μέλλον δίχως αυτόν την είχε τρομοκρατήσει. Είχε θυμώσει και είχε πληγωθεί από την απόρριψή του. Όμως όλη εκείνη η ταραχή τώρα πια είχε καταλαγιάσει.

«Πρέπει να τον ξεχάσετε» είπε η Σιζούκα κι ύστερα πήρε το χέρι της Καεντέ μέσα στο δικό της και το χτύπησε μαλακά. «Από εδώ και πέρα η ζωή του και η ζωή σας δεν μπορούν να συναντηθούν».

Η Καεντέ χαμογέλασε ελαφρά. *Δεν μπορώ να τον ξεχάσω*, σκεφτόταν. *Ούτε και γίνεται ποτέ να τον πάρουν από μένα. Κοιμήθηκα στον πάγο. Αντίκρισα τη Λευκή Θεά.*

«Είστε καλά;» ξαναρώτησε η Σιζούκα ανήσυχη. «Δεν είναι πολλοί οι άνθρωποι που κατορθώνουν να βγουν ζωντανοί από τον ύπνο των Κικούτα – συνήθως βγαίνουν απ' τη μέση πριν προλάβουν να ξυπνήσουν. Δεν μπορώ να ξέρω τι ακριβώς προκάλεσε σε σας».

«Δε μου έκανε κακό. Αλλά μ' έκανε ν' αλλάξω κατά κάποιον τρόπο. Λες κι έπρεπε να τα μάθω όλα ξανά από την αρχή».

Η Σιζούκα γονάτισε μπροστά της προβληματισμένη και τα μάτια της άρχισαν να περιεργάζονται το πρόσωπο της Καεντέ. «Τι θα κάνετε τώρα; Πού θα πάτε; Θα επιστρέψετε στην Ινουγιάμα με τον Αράι;»

«Σκέφτομαι να επιστρέψω στο πατρικό μου, στους γονείς μου. Πρέπει να δω τη μητέρα μου. Φοβήθηκα ότι θα πέθαινε τότε που είχαμε καθυστερήσει στην Ινουγιάμα για όλο εκείνο το διάστημα. Θα ξεκινήσω αύριο το πρωί. Υποθέτω πως θα έπρεπε να ενημερώσεις τον άρχοντα Αράι».

«Κατανοώ την αγωνία σας» απάντησε η Σιζούκα. «Ίσως όμως ο Αράι διστάσει να σας επιτρέψει να φύγετε».

«Τότε, θα χρειαστεί να τον πείσω» είπε ήρεμα η Καεντέ. «Πρώτα όμως πρέπει να φάω κάτι. Θα τους ζητήσεις να μου ετοιμάσουν φαγητό; Και φέρε μου λίγο τσάι, σε παρακαλώ».

«Μάλιστα, αρχόντισσα». Η Σιζούκα υποκλίθηκε και βγήκε και πάλι στη βεράντα. Καθώς έφευγε, η Καεντέ άκουσε τον παραπονιάρικο ήχο ενός φλάουτου, που έπαιζε κάποιος τον οποίο δεν μπορούσε να διακρίνει, στον κήπο πίσω από το ναό. Της φάνηκε πως ήξερε ποιος ήταν, κάποιος από τους νεαρούς μοναχούς, από τις ημέρες που είχαν επισκεφτεί για πρώτη φορά το ναό, για να δουν τις περίφημες ζωγραφιές του Σέσσου· όμως δεν μπόρεσε να θυμηθεί τ' όνομά του. Η μουσική τής μίλησε για το αναπόφευκτο του πόνου και της απώλειας. Τα δέντρα ταρακουνήθηκαν καθώς σηκώθηκε αέρας και τότε ακούστηκαν κουκουβάγιες να σφυρίζουν από το βουνό.

Η Σιζούκα επέστρεψε με το τσάι και σερβίρισε ένα φλιτζάνι στην Καεντέ. Εκείνη το ήπιε λες και δοκίμαζε τσάι για πρώτη φορά, σαν κάθε σταγόνα να άφηνε την ξεχωριστή βαριά γεύση της επάνω στη γλώσσα της. Κι όταν η ηλικιωμένη γυναίκα που φρόντιζε τους φιλοξενούμενους έφερε ρύζι και λαχανικά μαγειρεμένα με ζωμό φασολιού, ήταν λες και δεν είχε γευτεί φαγητό άλλη φορά. Θαύμασε σιωπηρά τις νέες ικανότητες που είχαν ξυπνήσει μέσα της.

«Ο άρχοντας Αράι επιθυμεί να σας μιλήσει πριν το τέλος της ημέρας» είπε η Σιζούκα. «Του είπα ότι δεν είστε καλά, αλλά εκείνος επέμεινε. Εάν δε θέλετε να τον αντιμετωπίσετε τώρα, θα πάω να του το πω για ακόμη μια φορά».

«Δε νομίζω ότι μπορούμε να συμπεριφερόμαστε στον άρχοντα Αράι κατ' αυτόν τον τρόπο» είπε η Καεντέ. «Εφόσον με διατάζει, πρέπει να παρουσιαστώ ενώπιόν του».

«Είναι πολύ θυμωμένος» είπε χαμηλόφωνα η Σιζούκα. «Αισθάνεται προσβεβλημένος και εξοργισμένος από την εξαφάνιση του Τακέο. Θεωρεί ότι με αυτόν τον τρόπο έχει χάσει δύο πολύ σημαντικούς συμμάχους. Είναι σχεδόν σίγουρο ότι τώρα θα αναγκαστεί να πολεμήσει με τους Οτόρι δίχως τον Τακέο στο πλευρό του. Ήλπιζε ότι θα τον εξυπηρετούσε ένας εσπευσμένος γάμος ανάμεσα σε σας...»

«Μην το πεις» τη διέκοψε η Καεντέ. Τέλειωσε το ρύζι, ακούμπησε τα ξυλάκια του φαγητού στο δίσκο της κι ύστερα υποκλίθηκε, σε ένδειξη ευχαριστίας για το γεύμα.

Η Σιζούκα αναστέναξε. «Ο Αράι δεν είναι σε θέση να κατανοήσει τη Φυλή, τον τρόπο που δρα και λειτουργεί, με τι είδους υποχρεώσεις βαρύνονται όσοι είναι μέλη της».

«Δεν έμαθε ποτέ ότι κι εσύ ανήκεις στη Φυλή;»

«Ήξερε ότι είχα τις μεθόδους μου να ανακαλύπτω διάφορα πράγματα, να μεταφέρω μηνύματα. Με μεγάλη ευχαρίστηση εκμεταλλεύτηκε αυτές τις ικανότητές μου για να συμμαχήσει με τον άρχοντα Σιγκέρου και την αρχόντισσα Μαρουγιάμα. Είχε ακούσει για τη Φυλή, αλλά, όπως και οι περισσότεροι, νόμιζε ότι πρόκειται για κάτι σαν συντεχνία. Το γεγονός ότι η Φυλή είχε ανάμειξη στο θάνατο του Ιίντα τον συγκλόνισε, παρά το γεγονός ότι ο ίδιος ωφελήθηκε από αυτόν το θάνατο». Έκανε μια παύση κι ύστερα είπε χαμηλόφωνα «Δε μου έχει πλέον καμία εμπιστοσύνη – φαντάζομαι ότι αναρωτιέται πώς είναι δυνατόν να έχει κοιμηθεί μαζί μου τόσες πολλές φορές δίχως να έχει πέσει θύμα δολοφονίας. Ε λοιπόν, είναι σίγουρο ότι δεν πρόκειται να πλαγιάσουμε ποτέ ξανά μαζί. Αυτή η υπόθεση έχει πια τελειώσει».

«Τον φοβάσαι; Μήπως σε απείλησε;»

«Είναι εξοργισμένος μαζί μου» αποκρίθηκε η Σιζούκα. «Αισθάνεται ότι τον έχω προδώσει ή, ακόμη χειρότερα, ότι τον έχω εξευτελίσει. Δεν πιστεύω ότι θα με συγχωρήσει ποτέ». Η φωνή της έκρυβε έναν τόνο πικρίας. «Ήμουν η πιο στενή έμπιστή του, η ερωμένη του, η φίλη του από τότε που ήμουν σχεδόν παιδί. Του γέννησα δύο γιους. Παρ' όλα αυτά, θα με σκότωνε με την πρώτη ευκαιρία εάν δεν ήσαστε εσείς εδώ».

«Θα σκοτώσω όποιον προσπαθήσει να σου κάνει κακό» είπε η Καεντέ.

Η Σιζούκα χαμογέλασε. «Πόσο βίαιη δείχνετε όταν το λέτε αυτό!»

«Οι άντρες πεθαίνουν εύκολα». Η φωνή της Καεντέ ακούστηκε ρηχή. «Με τη μύτη μιας βελόνας, με το γύρισμα ενός μαχαιριού. Εσύ μου το έμαθες αυτό».

«Εύχομαι όμως να μη χρειαστεί πάλι να χρησιμοποιήσετε αυτές τις ικανότητες» απάντησε η Σιζούκα. «Αν και πολεμήσατε γενναία στην Ινουγιάμα. Ο Τακέο σάς χρωστάει τη ζωή του».

Η Καεντέ έμεινε σιωπηλή για μια στιγμή. Ύστερα είπε χαμηλόφωνα «Έκανα πολλά περισσότερα πέρα από το να πολεμήσω με το σπαθί. Δεν τα γνωρίζεις όλα».

Η Σιζούκα την περιεργάστηκε. «Τι προσπαθείτε να μου πείτε; Εσείς σκοτώσατε τον Ιίντα;» ρώτησε ψιθυριστά.

Η Καεντέ έγνεψε. «Ο Τακέο τού πήρε το κεφάλι, αλλά ήταν ήδη νεκρός. Έκανα ό,τι μου είχες πει. Προσπάθησε να με βιάσει».

Η Σιζούκα ένωσε τα χέρια της. «Μην αφήσετε ποτέ κανέναν να το μάθει αυτό! Κανείς απ' όλους αυτούς τους πολεμιστές, ούτε ο ίδιος ο Αράι, δε θα σας αφήσει να ζήσετε».

«Δε νιώθω ούτε τύψεις ούτε ενοχές» είπε η Καεντέ. «Ποτέ άλλοτε δεν έπραξα κάτι που να ήταν λιγότερο ατιμωτικό. Δεν υπερασπίστηκα μονάχα τον εαυτό μου, αλλά εκδικήθηκα το θάνατο πολλών: του άρχοντα Σιγκέρου, της αρχόντισσας Μαρουγιάμα και της θυγατέρας της, αλλά και όλων των αθώων ανθρώπων που ο Ιίντα είχε βασανίσει και δολοφονήσει».

«Όπως και να 'χει, εάν αυτό μαθευτεί, εσείς θα τιμωρηθείτε. Οι άντρες θα πιστέψουν ότι ο κόσμος καταστράφηκε εάν οι γυναίκες αρχίσουν να αρπάζουν τα όπλα και να εκδικούνται».

«Ο δικός μου κόσμος ήδη έχει καταστραφεί» είπε η Καεντέ. «Ωστόσο, πρέπει να πάω να συναντήσω τον άρχοντα Αράι. Φέρε μου...» και τότε ξέσπασε σε γέλια. «Ετοιμαζόμουν να σου πω "Φέρε μου ρούχα για να ντυθώ", αλλά δεν έχω καθόλου ρούχα. Δεν έχω τίποτε!»

«Έχετε ένα άλογο» απάντησε η Σιζούκα. «Ο Τακέο άφησε τον γκρίζο του για σας».

«Μου άφησε τον Ρακού;» Η Καεντέ χαμογέλασε, ένα αληθινό χαμόγελο που φώτισε το πρόσωπό της. Κοίταξε στο άπειρο και το βλέμμα της φάνταζε σκοτεινό και σκεφτικό.

«Αρχόντισσα;» Η Σιζούκα την άγγιξε στον ώμο.

«Χτένισέ μου τα μαλλιά και διαμήνυσε στον άρχοντα Αράι ότι θα τον επισκεφτώ αμέσως».

Είχε σχεδόν σκοτεινιάσει την ώρα που έφυγαν από το γυναικωνίτη και κατευθύνθηκαν προς τον κεντρικό ξενώνα, εκεί όπου είχαν καταλύσει ο άρχοντας Αράι και οι άντρες του. Φώτα διακρίνονταν από το ναό και, ακριβώς πάνω από τη βουνοπλαγιά, πίσω από τα δέντρα, άντρες με αναμμένους πυρσούς στα χέρια στέκονταν γύρω από τον τάφο του άρχοντα Σιγκέρου. Ακόμη και εκείνη την ώρα έρχονταν άνθρωποι να τον επισκεφτούν, κουβαλούσαν θυμίαμα και πρόσφορα, τοποθετούσαν λάμπες και κεριά στο χώμα γύρω από το μνήμα, προσεύχονταν στο νεκρό για να τους βοηθήσει, στο νεκρό που κάθε μέρα που περνούσε φαινόταν κάτι περισσότερο από θεός στα μάτια τους.

Κοιμάται σκεπασμένος με τις φλόγες, σκέφτηκε η Καεντέ και προσευχήθηκε σιωπηρά στο πνεύμα του Σιγκέρου να την καθοδηγεί, ενώ την ίδια στιγμή προσπαθούσε να σκεφτεί τι θα έλεγε στον Αράι. Ήταν η κληρονόμος και των Σιρακάβα και των Μαρουγιάμα· γνώριζε καλά ότι ο Αράι επιθυμούσε να φτιάξουν μαζί μια ισχυρή συμμαχία, πιθανόν με κάποιο γάμο που θα την έδενε γερά στην ισχύ που ο ίδιος συγκέντρωνε μεθοδικά. Είχαν συζητήσει μερικές φορές τον καιρό που βρισκόταν στην Ινουγιάμα και μετά ξανά κατά τη διάρκεια του ταξιδιού της, όμως ο Αράι είχε στραμμένη την προσοχή του στην εκκαθάριση της υπαίθρου από τους εχθρούς και στην οργάνωση στρατηγικών σχεδίων για το μέλλον. Δεν της είχε εξηγήσει τίποτε απ' όλ' αυτά, παρά μόνο τής είχε εκφράσει την επιθυμία του να πραγματοποιηθεί ο γάμος της με τη φατρία των Οτόρι. Κάποτε –της φαινόταν ότι είχε κυλήσει μια ολόκληρη ζωή από τότε– ήθελε να μην είναι απλώς ένα πιόνι στα χέρια των πολέμαρχων που διοικούσαν τη μοίρα της. Τώρα όμως, με την καινούρια δύναμη που της είχε χαρίσει ο παγωμένος ύπνος, είχε αποφασίσει ότι θα έπαιρνε ξανά τον έλεγχο της ζωής της. *Χρειάζομαι χρόνο*, σκέφτηκε. *Δεν πρέπει να κάνω τίποτε βιαστικό. Πρέπει να επιστρέψω στο σπίτι πριν πάρω οποιαδήποτε απόφαση.*

Ένας από τους άντρες του Αράι –θυμήθηκε ότι τον έλεγαν Νίγουα– την υποδέχτηκε στην άκρη της βεράντας και την οδήγησε μέχρι την είσοδο. Οι συρταρωτές πόρτες έστεκαν ορθάνοιχτες. Ο Αράι ήταν καθισμένος στην άκρη του δωματίου, με τρεις άντρες πλάι του. Ο Νίγουα ανήγγειλε την άφιξή της και τότε ο πολέμαρχος γύρισε και την αντίκρισε. Για μια στιγμή ο ένας περιεργάστηκε τον άλλον. Εστίασε στο βλέμμα του και ένιωσε τη δύναμη του σφυγμού της μέσα στις φλέβες της. Ύστερα έπεσε στα γόνατα και του υποκλίθηκε· σιχαινόταν αυτή την κίνηση, αλλά γνώριζε ότι έπρεπε να δείχνει υπάκουη.

Εκείνος της ανταπέδωσε την υπόκλιση κι ύστερα κάθισαν και οι δύο ταυτόχρονα. Η Καεντέ ένιωθε το βλέμμα του πάνω της. Σήκωσε το κεφάλι της και του επέστρεψε το ίδιο αγέρωχο βλέμμα. Εκείνος δεν μπόρεσε να του αντισταθεί. Η καρδιά της κόντευε να σπάσει από την αυθάδειά της. Στο παρελθόν συμπαθούσε και εμπιστευόταν τον άντρα που είχε τώρα μπροστά της. Όμως τώρα έβλεπε ότι το πρόσωπό του ήταν αλλαγμένο. Οι γραμμές γύρω από το στόμα και τα μάτια του είχαν πια βαθύνει. Κάποτε υπήρξε πραγματιστής αλλά και προσαρμοστικός, όμως τώρα ήταν δέσμιος της έντονης επιθυμίας του για εξουσία.

Όχι πολύ μακριά από το πατρικό της σπίτι, ο ποταμός Σιρακάβα κυλούσε μέσα από τεράστιες ασβεστολιθικές σπηλιές, όπου το νερό είχε σχηματίσει κίονες και αγάλματα. Όταν ήταν παιδί, την πήγαιναν εκεί κάθε χρόνο, για να προσκυνήσει τη θεά που ζούσε σ' έναν από εκείνους τους κίονες κάτω από το βουνό. Το άγαλμα είχε μια υγρή, ζωντανή όψη, λες και το πνεύμα που κατοικούσε μέσα του προσπαθούσε ν' απελευθερωθεί και να ξεπροβάλει μέσα από τον ασβεστόλιθο. Τώρα είχε αρχίσει να αναλογίζεται εκείνη την πέτρινη επίστρωση. Ήταν, άραγε, δύναμη εκείνο το κατακίτρινο ποτάμι που απολίθωνε όποιον τολμούσε να κολυμπήσει στα νερά του;

Η σωματική διάπλαση και η δύναμη του Αράι την έκαναν να τρέμει μέσα της από το φόβο· της θύμιζε εκείνη τη μοναδική στιγμή που είχε βρεθεί αβοήθητη στην αγκαλιά του Ιίντα, τη δύναμη των αντρών, που υποχρέωναν τις γυναίκες να κάνουν αυτό που επιθυμούσαν. *Ποτέ μην τους αφήσεις να χρησιμοποιήσουν αυτή τη δύναμη επάνω σου*, σκέφτηκε, κι ύστερα *Να 'σαι πάντοτε οπλισμένη*. Μια γεύση τής ήρθε στο στόμα, γλυκιά σαν διόσπυρος και δυνατή σαν αίμα· η γνώση και η γεύση της δύναμης. Αυτό ήταν άραγε που έκανε τους άντρες να πολεμούν ασταμάτητα μεταξύ τους, να σκλαβώνουν ο ένας τον άλλον και να εξοντώνουν ο ένας τον άλλον; Γιατί δηλαδή να μην μπορεί να το κάνει αυτό μια γυναίκα;

Πάνω στο σώμα του Αράι εντόπισε τα σημεία όπου η βελόνα και το μαχαίρι είχαν τρυπήσει τον Ιίντα, τον είχαν οδηγήσει προς τον κόσμο που είχε προσπαθήσει να κυριεύσει κι έκαναν το αίμα του να τρέξει προς τα έξω. *Δεν πρέπει να το ξεχάσω ποτέ*, είπε μέσα της. *Οι άντρες μπορούν να πεθάνουν και από μια γυναίκα. Εγώ η ίδια σκότωσα τον πιο ισχυρό πολέμαρχο των Τριών Χωρών.*

Ολάκερη η ανατροφή της την είχε διδάξει να σταματάει μπροστά στους άντρες, να υποτάσσεται στις επιθυμίες τους και στην υπέρτερη νοημοσύνη τους. Η καρδιά της χτυπούσε τόσο δυνατά, που νόμισε ότι θα λιποθυμήσει. Πήρε βαθιές ανάσες χρησιμοποιώντας τις τεχνικές που της είχε διδάξει η Σιζούκα κι ένιωσε τη ροή του αίματος να αποκαθίσταται στις φλέβες της.

«Άρχοντα Αράι, αύριο θα φύγω για τη Σιρακάβα. Θα σας ήμουν ιδιαίτερα ευγνώμων εάν μου παραχωρούσατε μερικούς άντρες ως συνοδεία».

«Θα προτιμούσα να μένατε στην Ανατολή» είπε εκείνος αργά. «Όμως δεν ήθελα να συζητήσω καταρχήν αυτό το θέμα μαζί σας». Τα μάτια του μίκρυναν όσο την περιεργαζόταν. «Η εξαφάνιση του Οτόρι. Μήπως μπορείτε να φωτίσετε τούτο το ασυνήθιστο συμβάν; Πιστεύω ότι έχω πλέον εδραιώσει την αξίωσή μου για την εξουσία. Άλλωστε υπήρξα σύμμαχος και με το Σιγκέρου. Πώς μπορεί ο νεαρός Οτόρι να αψηφά όλες τις υποχρεώσεις του σε μένα και στο νεκρό πατέρα του; Πώς μπορεί να επιδεικνύει τέτοια ανυπακοή και να φεύγει; Και πού πήγε; Οι άντρες μου ψάχνουν την επαρχία όλη μέρα, μέχρι τη Γιαμαγκάτα. Είναι κυριολεκτικά εξαφανισμένος».

«Δε γνωρίζω πού βρίσκεται» απάντησε εκείνη.

«Έμαθα ότι μιλήσατε μεταξύ σας το τελευταίο βράδυ πριν φύγει».

«Μάλιστα» είπε εκείνη απλά.

«Θα πρέπει τουλάχιστον να σας εξήγησε...»

«Ήταν δεσμευμένος από άλλες υποχρεώσεις». Η Καεντέ ένιωσε τη θλίψη να μεγαλώνει μέσα της όσο μιλούσε. «Δεν είχε πρόθεση να σας προσβάλει». Στην πραγματικότητα, δεν μπορούσε να θυμηθεί εάν ο Τακέο τής είχε αναφέρει τον Αράι, αλλά δεν είπε κάτι τέτοιο.

«Υποχρεώσεις προς εκείνη την αποκαλούμενη Φυλή;» Όλη εκείνη την ώρα ο Αράι συγκρατούσε την οργή του, όμως τώρα είχε βρει τον τρόπο να ξεχυθεί στη φωνή του και στο βλέμμα του. Μετακίνησε ελαφρά το κεφάλι του και τότε εκείνη κατάλαβε ότι κοιτούσε πέρα και πίσω από αυτήν, στο σημείο όπου η Σιζούκα βρισκόταν γονατισμένη, μέσα στα σκοτάδια της βεράντας. «Τι γνωρίζετε για δαύτους;»

«Πολύ λίγα» του απάντησε. «Με τη δική τους βοήθεια ο άρχοντας Τακέο κατόρθωσε να αναρριχηθεί στην Ινουγιάμα. Υποθέτω πως, απ' αυτή την άποψη, τους είμαστε όλοι υπόχρεοι».

Το γεγονός ότι ξεστόμισε το όνομα του Τακέο την έκανε να ανατριχιάσει. Θυμήθηκε την αίσθηση του κορμιού του πάνω στο δικό της, την ίδια εκείνη στιγμή που κι οι δύο περίμεναν να πεθάνουν. Τα μάτια της σκοτείνιασαν, το πρόσωπό της μαλάκωσε. Ο Αράι το είχε αντιληφθεί αυτό, δίχως να γνωρίζει την αιτία που το προκάλεσε, κι όταν της απηύθυνε ξανά το λόγο, εκείνη άκουσε και κάτι άλλο στη φωνή του πέρα από οργή.

«Ένας άλλος γάμος μπορεί να κανονιστεί για λογαριασμό σας. Ανάμεσα στους Οτόρι υπάρχουν κι άλλοι νεαροί άντρες, ξαδέρφια του Σιγκέρου. Θα στείλω απεσταλμένους στο Χάγκι».

«Βρίσκομαι σε πένθος για τον άρχοντα Σιγκέρου» αποκρίθηκε εκείνη. «Δεν είμαι σε θέση να σκεφτώ το ενδεχόμενο ενός γάμου με τον οποιονδήποτε. Θα επιστρέψω στο σπίτι μου, για να αναρρώσω από τη θλίψη». *Άραγε θα θελήσει κανείς να με παντρευτεί γνωρίζοντας τη φήμη μου*, αναρωτήθηκε κι ύστερα δεν μπόρεσε να μη συνεχίσει τη σκέψη της, *ο Τακέο δεν είναι νεκρός*. Μετά σκέφτηκε ότι ο Αράι θα της έφερνε επιπλέον αντιρρήσεις, αλλά ύστερα από ένα λεπτό εκείνος έδωσε τη συγκατάθεσή του.

«Ίσως θα ήταν καλύτερα εάν πηγαίνατε στους γονείς σας. Θα στείλω να σας παραλάβουν όταν επιστρέψω στην Ινουγιάμα. Τότε θα συζητήσουμε και για το γάμο σας».

«Θα κάνετε την Ινουγιάμα πρωτεύουσά σας;»

«Ναι, σκοπεύω να ξανακτίσω το κάστρο». Κάτω από το φως που τρεμόπαιζε, το πρόσωπό της έμενε παγερό και ανέκφραστο. Η Καεντέ δε μίλησε. Εκείνος της μίλησε και πάλι με απότομο ύφος. «Αλλά να επιστρέψουμε στην υπόθεση της Φυλής. Δεν είχα συνειδητοποιήσει πόσο μεγάλη είναι η επιρροή τους. Κατάφεραν να πείσουν τον Τακέο να εγκαταλείψει έναν τέτοιο γάμο, μια τέτοια κληρονομιά κι ύστερα να τον κρύψουν με τέτοια επιτυχία. Για να σας πω την αλήθεια, δεν είχα την παραμικρή ιδέα με ποιους είχα να κάνω». Έριξε άλλη μια κλεφτή ματιά στη Σιζούκα.

Θα τη σκοτώσει, σκέφτηκε. *Δεν πρόκειται απλά για οργή που οφείλεται στην ανυπακοή του Τακέο. Έχει εξίσου πληγωθεί ο εγωισμός και ο αυτοσεβασμός του. Τώρα θα υποψιάζεται ότι η Σιζούκα τον κατασκόπευε επί χρόνια ολόκληρα.* Αναρωτήθηκε τι είχε απογίνει ο έρωτας και το πάθος που είχε υπάρξει ανάμεσά τους. Είχαν άραγε χαθεί όλα μέσα σε μια νύχτα; Άραγε όλ' αυτά τα χρόνια της υπακοής, της εμπιστοσύνης και της αφοσίωσης δεν είχαν αφήσει τίποτε πίσω τους;

«Θα κάνω τα πάντα για ν' ανακαλύψω περισσότερα στοιχεία για δαύτους» συνέχισε εκείνος, σχεδόν σαν να παραμιλούσε μοναχός του. «Θα πρέπει να υπάρχουν άνθρωποι που γνωρίζουν, άνθρωποι που θα μιλήσουν. Δεν μπορώ να αφήσω μια τέτοια ομάδα να συνεχίζει τη δράση της. Θα υπονομεύσουν την εξουσία μου, όπως ακριβώς το λευκό μυρμήγκι κατατρώει το ξύλο».

Η Καεντέ είπε «Απ' όσο γνωρίζω, εσείς μου στείλατε τη Μούτο Σιζούκα, για να με προστατεύει. Χρωστάω τη ζωή μου σ' αυτή την προστασία. Και νομίζω ότι υπήρξα πιστή σε σας κατά την παραμονή μου στο κάστρο των Νογκούτσι. Υπάρχουν ισχυροί δεσμοί ανάμεσά μας, που δεν πρόκειται να σπάσουν ποτέ. Οποιοσδήποτε με παντρευτεί θα δηλώσει την υποταγή και την πίστη του προς εσάς. Η Σιζούκα θα παραμείνει στην υπηρεσία μου και θα με ακολουθήσει στην κατοικία των γονιών μου».

Τότε εκείνος την κοίταξε και συνάντησε γι' άλλη μια φορά την παγωνιά στο βλέμμα της. «Δεν έχουν περάσει δεκατρείς μήνες από τότε που σκότωσα κάποιον για λογαριασμό σας» είπε. «Τότε δεν ήσαστε παρά ένα παιδί. Έχετε αλλάξει...»

«Αναγκάστηκα να ωριμάσω» απάντησε εκείνη. Προσπάθησε να μη σκέφτεται το δανεικό φόρεμα, το γεγονός ότι δεν είχε απολύτως τίποτε δικό της. *Είμαι η κληρονόμος μιας μεγάλης ακίνητης περιουσίας,* είπε μέσα της. Συνέχισε να παρατηρεί τα μάτια του, ωσότου εκείνος κούνησε απρόθυμα το κεφάλι.

«Πολύ καλά. Θα σας δώσω συνοδεία για τη Σιρακάβα κι επίσης μπορείτε να πάρετε μαζί σας τη Μούτο».

«Άρχοντα Αράι». Μονάχα εκείνη τη στιγμή κατέβασε το βλέμμα της και υποκλίθηκε.

Ο Αράι κάλεσε το Νίγουα για να του αναθέσει τις προετοιμασίες της επόμενης ημέρας. Η Καεντέ τον καληνύχτισε μιλώντας με μεγάλο σεβασμό. Ένιωθε ότι τα είχε καταφέρει καλά με αυτή τη συνάντηση. Μπορούσε να υποκριθεί ότι τάχα ολόκληρη η εξουσία ήταν συγκεντρωμένη στα χέρια του.

Επέστρεψε στο γυναικωνίτη μαζί με τη Σιζούκα· ήταν κι οι δυο αμίλητες. Η ηλικιωμένη γυναίκα είχε κιόλας στρώσει τα κρεβάτια και τώρα τους έφερνε νυχτικά, πριν βοηθήσει τη Σιζούκα να ξεντύσει την Καεντέ. Τους ευχήθηκε καληνύχτα και ύστερα αποσύρθηκε στο διπλανό δωμάτιο.

Το πρόσωπο της Σιζούκα ήταν χλωμό και συμπεριφερόταν με τον πιο υπάκουο τρόπο που είχε δει ποτέ η Καεντέ. Έπιασε το χέρι της Καεντέ και ψιθύρισε «Σας ευχαριστώ», αλλά δεν είπε τίποτε άλλο. Όταν πια βρέθηκαν κάτω από τα βαμβακερά σκεπάσματα, την ώρα που τα κουνούπια βούιζαν γύρω από τα κεφάλια τους και οι σκνίπες φτερούγιζαν γύρω από τις λάμπες, η Καεντέ ένιωσε το κορμί της γυναίκας να κείτεται άκαμπτο δίπλα στο δικό της· τότε κατάλαβε ότι η Σιζούκα βασανιζόταν από λύπη και πίκρα. Ωστόσο δεν έκλαψε.

Η Καεντέ άπλωσε τα χέρια κι αγκάλιασε τη Σιζούκα κρατώντας τη σφιχτά, δίχως να μιλήσει. Κι εκείνη ένιωθε την ίδια βαθιά θλίψη, όμως τα μάτια της δε δάκρυσαν. Δε θα επέτρεπε σε τίποτε να εξασθενίσει τούτη τη δύναμη που έκρυβε μέσα της και σύντομα θα έφερνε στη ζωή.

ΚΕΦΑΛΑΙΟ ΔΕΥΤΕΡΟ

ΤΟ ΕΠΟΜΕΝΟ ΠΡΩΙΝΟ είχαν ετοιμαστεί φορητές άμαξες κι ένας συνοδός για τις γυναίκες. Ξεκίνησαν με το που ανέτειλε ο ήλιος. Ακολουθώντας τη συμβουλή της συγγένισσάς της, της αρχόντισσας Μαρουγιάμα, η Καεντέ ανέβηκε στην άμαξα με λεπτές κινήσεις, λες κι ήταν το ίδιο εύθραυστη κι αδύναμη όπως οι περισσότερες γυναίκες. Βεβαιώθηκε όμως ότι οι ιπποκόμοι είχαν φέρει μαζί και το άλογο του Τακέο από το στάβλο, κι όταν είχαν πια βρεθεί στο δρόμο, τράβηξε τις κουρτίνες, που ήταν καμωμένες από κερωμένο χαρτί, για να κοιτάξει προς τα έξω.

Δεν μπορούσε ν' αντέξει τους κραδασμούς από την κίνηση της άμαξας ούτε κι όταν επιτέλους ήταν σε θέση να κοιτάξει έξω· δεν κατόρθωσε ν' αποφύγει την αίσθηση της ναυτίας που την είχε κυριεύσει. Στην πρώτη στάση που έκαναν, στη Γιαμαγκάτα, ένιωθε τόσο ζαλισμένη, που σχεδόν δεν μπορούσε να περπατήσει. Δεν άντεξε στη θέα του φαγητού και το λίγο τσάι που ήπιε της προκάλεσε αμέσως εμετό. Η σωματική της αδυναμία την εξόργισε, επειδή έδειχνε να υπονομεύει εκείνη την καινούρια αίσθηση της δύναμης που μόλις είχε ανακαλύψει μέσα της. Η Σιζούκα την οδήγησε σε μια μικρή κάμαρα στον ξενώνα, όπου της έπλυνε το πρόσωπο με κρύο νερό και την έβαλε να ξαπλώσει για λίγο. Η ναυτία τής πέρασε το ίδιο γρήγορα όπως την είχε βρει, κι έτσι κατάφερε να πιει λίγη σούπα με κόκκινα φασόλια και μια κούπα τσάι.

Παρ' όλ' αυτά, η εικόνα της μαύρης φορτηγής άμαξας την έκανε να νιώσει πως ζαλιζόταν και πάλι. «Φέρτε το άλογο» είπε. «Θα ιππεύσω».

Ο ιπποκόμος την κράτησε για ν' ανεβεί στη ράχη του Ρακού κι ύστερα η Σιζούκα σκαρφάλωσε πίσω της με ευκινησία. Με αυτόν τον τρόπο ταξίδεψαν όλο το υπόλοιπο πρωινό, δίχως να μιλάνε πολύ, η καθεμιά τυλιγμένη στις δικές της σκέψεις, αλλά νιώθοντας ανακούφιση που είχε η μια την άλλη τόσο κοντά της.

Μόλις άφησαν τη Γιαμαγκάτα, ο δρόμος άρχισε να γίνεται ολοένα και πιο απότομα ανηφορικός. Σε μερικά σημεία ήταν στρωμένος με τεράστιες επίπεδες πέτρες. Είχαν αρχίσει να διαφαίνονται τα πρώτα σημάδια του φθινοπώρου, παρ' όλο που ο ουρανός ήταν ακόμη καταγάλανος και ο αέρας ζεστός. Οι οξιές, τα σουμάκια κι οι σφένδαμοι είχαν αρχίσει να παίρνουν ένα χρυσαφί κι έντονο κόκκινο χρώμα. Κοπάδια από αγριόπαπιες, η μια πίσω από την άλλη, πετούσαν ψηλά πάνω από τα κεφάλια τους. Το δάσος πύκνωνε ολόγυρα, ήρεμο κι αποπνικτικό. Το άλογο βάδιζε με λεπτές κινήσεις, με το κεφάλι κατεβασμένο, καθώς επέλεγε το επόμενο βήμα. Οι άντρες ήταν ανήσυχοι. Μετά την πτώση του Ιίντα και των Τοχάν, η ύπαιθρος είχε γεμίσει από άντρες όλων των ειδών και των τάξεων, που –δίχως αφέντη πια– προτίμησαν να γίνουν ληστές παρά να δηλώσουν υποταγή σε κάποιον άλλο.

Το άλογο είχε δύναμη και αντοχή. Παρ' όλη τη ζέστη και τη σκληρή ανάβαση, το τρίχωμά του μόλις που είχε νοτίσει από τον ιδρώτα όταν σταμάτησαν για άλλη μια φορά σ' ένα μικρό καταφύγιο στην κορυφή του μονοπατιού. Ήταν λίγο μετά το μεσημέρι. Τα άλογα απομακρύνθηκαν, για να ποτιστούν και να ταϊστούν, οι άντρες κάθισαν να ξαποστάσουν κάτω από τη σκιά των δέντρων γύρω απ' την πηγή και η ηλικιωμένη γυναίκα άπλωσε στρωσίδια στο πάτωμα του δωματίου που ήταν σκεπασμένο με ψάθες, έτσι ώστε να ξεκουραστεί η Καεντέ για μια δυο ώρες.

Η Καεντέ ξάπλωσε κι ένιωσε μεγάλη ανακούφιση που μπορούσε να τεντώσει το κορμί της. Το φως μέσα στο δωμάτιο ήταν χαμηλό, πρασινωπό. Από μακριά μπορούσε να αφουγκραστεί τις δροσερές σταλαγματιές της άνοιξης, καθώς και φωνές: οι άντρες συζητούσαν χαμηλόφωνα, αραιά και πού ακουγόταν ένα κύμα γέλιου, η Σιζούκα κουβέντιαζε με κάποιον στην κουζίνα. Στην αρχή η φωνή της Σιζούκα ακουγόταν ζωηρή και κουτσομπολίστικη και η Καεντέ χάρηκε που, όπως φαινόταν, η διάθεσή της είχε βελτιωθεί, στη συνέχεια όμως χαμήλωσε κι έγινε πιο σιγανή και τότε το πρόσωπο με το οποίο συνομιλούσε της απάντησε στον ίδιο τόνο. Η Καεντέ δεν μπορούσε να καταλάβει τίποτε απ' όσα έλεγαν μεταξύ τους.

Ύστερα από λίγο η συζήτησή τους σταμάτησε. Η Σιζούκα μπήκε αθόρυβα στο δωμάτιο και ξάπλωσε δίπλα στην Καεντέ.

«Με ποιον μιλούσες;»

Η Σιζούκα γύρισε το κεφάλι έτσι ώστε να μπορέσει να μιλήσει κατευθείαν στο αυτί της Καεντέ. «Ένας ξάδερφός μου δουλεύει εδώ».

«Εσύ έχεις ξαδέρφια παντού».

«΄Ετσι συμβαίνει με τη Φυλή».

Η Καεντέ παρέμεινε σιωπηλή για μια στιγμή. ΄Υστερα είπε «Οι άλλοι δεν υποπτεύονται ποιοι είστε στ' αλήθεια, και θέλουν να...».

«Θέλουν τι;»

«Να, να σας βγάλουν από τη μέση».

Η Σιζούκα γέλασε. «Κανείς τους δεν τολμάει. Εμείς διαθέτουμε απείρως περισσότερους τρόπους για να βγάλουμε αυτούς από τη μέση. Κι άλλωστε κανένας δε γνωρίζει με βεβαιότητα το παραμικρό για μας. Απλώς υποψιάζονται. Αλλά, όπως ίσως έχετε παρατηρήσει, τόσο ο θείος μου ο Κέντζι όσο κι εγώ μπορούμε να εμφανιζόμαστε με διάφορες μορφές. Πέρα από όλες τις άλλες ικανότητες που διαθέτουν τα μέλη της Φυλής, είναι και δύσκολο να εντοπιστούν».

«Θα μου πεις κι άλλα γι' αυτούς;» Η Καεντέ ένιωθε μαγεμένη απ' όλον αυτόν τον κόσμο που κρυβόταν στη σκιά του κόσμου που η ίδια γνώριζε.

«Μπορώ να σας πω μονάχα λίγα. ΄Οχι τα πάντα. Αργότερα, όταν δε θα μπορούν να μας ακούσουν».

Απ' έξω ακούστηκε ένα κοράκι να κρώζει άγρια.

Η Σιζούκα είπε «Δύο πράγματα πληροφορήθηκα από τον ξάδερφό μου. Το πρώτο είναι ότι ο Τακέο δεν έχει φύγει από τη Γιαμαγκάτα. Ο Αράι έχει βάλει αποσπάσματα να τον αναζητούν και φρουρές στο δρόμο έξω από την πόλη. Θα τον κρατήσουν κρυμμένο στην πόλη».

Το κοράκι έκρωξε ξανά. *Ααα, ααα!*

΄Ισως να πέρασα έξω από την κρυψώνα του σήμερα, σκέφτηκε η Καεντέ. ΄Υστερα από μια παύση είπε «Και ποιο ήταν το δεύτερο;».

«΄Ισως συμβεί κάποιο ατύχημα στο δρόμο».

«Τι είδους ατύχημα;»

«Σε μένα. Φαίνεται πως ο Αράι πράγματι θέλει να με βγάλει από τη μέση, όπως ακριβώς το θέσατε. Μονάχα που έχει σχεδιαστεί να φανεί σαν ατύχημα, σαν επίθεση ληστών ή κάτι τέτοιο. Δεν αντέχει στην ιδέα ότι θα συνεχίσω να αναπνέω, αλλά και δεν επιθυμεί να σας προσβάλει ανοιχτά».

«Πρέπει να φύγεις». Η φωνή της Καεντέ υψώθηκε γεμάτη ένταση και ανησυχία. «Όσο βρίσκεσαι μαζί μου θα ξέρει πού μπορεί να σε βρει».

«Σσσς» την προειδοποίησε η Σιζούκα. «Σας το είπα μόνο και μόνο για να μην κάνετε κάποια ανοησία».

«Τι θα ήταν ανοησία;»

«Το να χρησιμοποιήσετε το μαχαίρι σας, να προσπαθήσετε να με προστατεύσετε».

«Θα το κάνω» αποκρίθηκε η Καεντέ.

«Το ξέρω. Όμως πρέπει να κρατήσετε κρυμμένη τη γενναιότητα και τις ικανότητές σας. Κάποιος που ταξιδεύει μαζί μας θα με προστατεύσει. Ίσως περισσότεροι από ένας. Αφήστε αυτούς να πολεμήσουν».

«Ποιοι είναι;»

«Εάν η αρχόντισσά μου μπορεί να τους μαντέψει, τότε θα της δώσω ένα δώρο!» απάντησε με εύθυμη διάθεση η Σιζούκα.

«Μα, τι απέγινε η ραγισμένη σου καρδιά;» ρώτησε η Καεντέ με περιέργεια.

«Τη γιάτρεψα με την οργή» αποκρίθηκε η Σιζούκα. Ύστερα μίλησε με περισσότερη σοβαρότητα. «Ίσως να μην αγαπήσω ξανά κάποιον άλλον άντρα τόσο πολύ. Όμως δεν έχω κάνει τίποτε για το οποίο να νιώθω ντροπή. Δεν είμαι εγώ αυτή που συμπεριφέρθηκε ατιμωτικά. Τόσον καιρό ήμουν δεμένη μαζί του, μια όμηρος στα χέρια του. Από τη στιγμή που με χώρισε και μ' έδιωξε από κοντά του, με άφησε ελεύθερη».

«Πρέπει να φύγεις από κοντά μου» είπε ξανά η Καεντέ.

«Μα πώς γίνεται να σας εγκαταλείψω τώρα; Με χρειάζεστε περισσότερο από οποιαδήποτε άλλη στιγμή».

Η Καεντέ παρέμενε ακίνητη. «Γιατί τώρα περισσότερο από οποιαδήποτε άλλη στιγμή;»

«Αρχόντισσα, πρέπει να το μάθετε. Έχετε καθυστέρηση, το πρόσωπό σας έχει γλυκάνει, τα μαλλιά σας έχουν σκληρύνει. Η ναυτία που τη συνοδεύει βουλιμία...» Η φωνή της Σιζούκα ήταν απαλή, γεμάτη οίκτο.

Η καρδιά της Καεντέ άρχισε να χτυπάει γρήγορα και δυνατά. Η αλήθεια κρυβόταν βαθιά μέσα της, όμως δεν ήταν σε θέση να κάνει τον εαυτό της να την αντιμετωπίσει κατάματα.

«Τι θα κάνω;»

«Ποιανού είναι το παιδί; Δεν είναι του Ιίντα;»

«Σκότωσα τον Ιίντα πριν προλάβει να με βιάσει. Εάν είναι αλήθεια ότι υπάρχει παιδί, τότε είναι του Τακέο».

«Πότε;» ψιθύρισε η Σιζούκα.

«Τη νύχτα που πέθανε ο Ιίντα. Ο Τακέο ήρθε στην κάμαρά μου. Και οι δύο νομίζαμε ότι θα πεθαίναμε εκείνο το βράδυ».

Η Σιζούκα φύσηξε με δύναμη. «Μερικές φορές νομίζω ότι τον έχει καταλάβει τρέλα».

«Όχι τρέλα. Μαγεία ίσως» είπε η Καεντέ. «Λες κι ήμασταν και οι δύο μαγεμένοι από τότε που συναντηθήκαμε στο Τσουβάνο».

«Βέβαια, ο θείος μου κι εγώ ευθυνόμαστε κατά ένα μέρος γι' αυτό. Δεν έπρεπε να επιτρέψουμε να συναντηθείτε».

«Δεν μπορούσατε ούτε εσείς ούτε κι οποιοσδήποτε άλλος να το αποτρέψει αυτό» είπε η Καεντέ. Δίχως να το θέλει, μια ελαφριά διάθεση χαράς άρχισε να στριφογυρίζει μέσα της.

«Εάν το παιδί ήταν του Ιίντα, θα ήξερα τι ακριβώς θα έπρεπε να γίνει» είπε η Σιζούκα. «Δε θα δίσταζα. Υπάρχουν κάποιες ουσίες που θα μπορούσα να σας δώσω για να το ξεφορτωθούμε. Όμως το παιδί του Τακέο είναι συγγενής μου, αίμα μου».

Η Καεντέ δεν είπε τίποτε. *Ίσως το παιδί κληρονομήσει τα χαρίσματα του Τακέο*, σκεφτόταν. *Όλ' αυτά τα χαρίσματα που τον κάνουν τόσο σημαντικό. Όλοι θέλουν να τον χρησιμοποιήσουν για το δικό τους σκοπό. Μονάχα που εγώ τον αγαπώ γι' αυτό που είναι από μόνος του. Ποτέ μου δεν πρόκειται να ξεφορτωθώ το παιδί του. Και δε θ' αφήσω τη Φυλή να μου το πάρει. Θα προσπαθήσει, άραγε, η ίδια η Σιζούκα να το κάνει αυτό; Θα με πρόδιδε, άραγε, μ' αυτόν τον τρόπο;*

Παρέμεινε σιωπηλή για τόσο πολύ, που η Σιζούκα ανασηκώθηκε για να δει εάν την είχε πάρει ο ύπνος. Μονάχα που τα μάτια της Καεντέ ήταν ορθάνοιχτα και κοιτούσαν το πρασινωπό φως πίσω από την πόρτα.

«Πόσο θα κρατήσει η ναυτία;» ρώτησε η Καεντέ.

«Όχι πολύ. Και δε θα φαίνεται τίποτε για τρεις τέσσερις μήνες».

«Εσύ γνωρίζεις απ' αυτά τα πράγματα. Είπες πως έχεις δυο γιους;»

«Ναι. Τα παιδιά του Αράι».

«Πού βρίσκονται;»

«Με τους παππούδες μου. Εκείνος δε γνωρίζει πού ακριβώς βρίσκονται».

«Δεν τα έχει αναγνωρίσει ως δικά του παιδιά;»

«Έδειχνε μεγάλο ενδιαφέρον γι' αυτά, ωσότου παντρεύτηκε και απέκτησε ένα γιο από τη νόμιμη σύζυγό του» είπε η Σιζούκα. «Από εκείνη τη στιγμή, και εφόσον οι δικοί μου γιοι είναι μεγαλύτεροι σε ηλικία, άρχισε να τους αντιμετωπίζει ως απειλή για το νόμιμο διάδοχό του. Κατάλαβα ποια ήταν τα σχέδιά του και τότε έκρυψα τα παιδιά μου σ' ένα μυστικό χωριό που διαθέτουμε στην οικογένεια των Μούτο. Δεν πρέπει ποτέ να μάθει πού βρίσκονται».

Η Καεντέ αναρίγησε, παρ' όλη τη ζέστη. «Πιστεύεις ότι θα τα βλάψει;»

«Δε θα 'ναι η πρώτη φορά που ένας άρχοντας, ένας πολεμιστής, θα έκανε κάτι παρόμοιο» αποκρίθηκε με πικρία η Σιζούκα.

«Φοβάμαι τον πατέρα μου» είπε η Καεντέ. «Τι θα μου κάνει;»

Η Σιζούκα τής ψιθύρισε «Ας υποθέσουμε ότι ο άρχοντας Σιγκέρου, που φοβόταν κάποια συνωμοσία του Ιίντα, επέμενε να παντρευτείτε μυστικά στην Τεραγιάμα την ημέρα που επισκεφτήκατε το ναό. Η συγγένισσά σου, η αρχόντισσα Μαρουγιάμα, και η συνοδός της, η Σατσίε, ήταν οι μάρτυρες του γάμου, μονάχα που δεν κατάφεραν να σωθούν».

«Δεν μπορώ να πω ψέματα στον κόσμο κατ' αυτόν τον τρόπο» ξέσπασε η Καεντέ.

Η Σιζούκα την έκανε να σωπάσει. «Δε χρειάζεται να πείτε τίποτε. Όλα συνέβησαν στα κρυφά. Εσείς απλά υπακούτε στις επιθυμίες του νεκρού συζύγου σας. Εγώ θα το κάνω να μαθευτεί, δήθεν από απροσεξία. Και τότε θα δείτε πόσο ανίκανοι είναι οι άντρες να κρατήσουν κρυφό ένα μυστικό».

«Και τα έγγραφα, οι αποδείξεις;»

«Χάθηκαν όταν έπεσε η Ινουγιάμα, μαζί με όλα τ' άλλα. Το παιδί θα είναι του Σιγκέρου. Εάν είναι αγόρι, θα είναι ο διάδοχος των Οτόρι».

«Αυτό είναι ένα ζήτημα που αφορά ένα τόσο μακρινό μέλλον, που δεν μπορώ να το αναλογίζομαι» είπε γρήγορα η Καεντέ. «Ας μην ξεγελάμε τη μοίρα». Κι αυτό γιατί τότε θυμήθηκε το αγέννητο παιδί του Σιγκέρου, που είχε χαθεί σιωπηλά μέσα στην κοιλιά της μητέρας του, στα νερά του ποταμού της Ινουγιάμα. Προσευχήθηκε το πνεύμα του να μη ζηλέψει, προσευχήθηκε να ζήσει το δικό της παιδί.

Πριν τελειώσει εκείνη η βδομάδα, η ναυτία είχε περιοριστεί κάπως. Τα στήθη της Καεντέ πρήστηκαν, οι θηλές της πονούσαν και ξαφνικά άρχισε να κυριεύεται από έντονη πείνα τις πιο αναπάντεχες στιγμές, αλλά, πέρα απ' αυτά, είχε αρχίσει να αισθάνεται καλύτερα, καλύτερα απ' οποιαδήποτε άλλη φορά στη ζωή της. Οι αισθήσεις είχαν οξυνθεί λες και το παιδί μοιραζόταν μαζί της τα χαρίσματά του. Με έκπληξη ανακάλυψε πόσο γρήγορα κυκλοφόρησε ανάμεσα στους άντρες η μυστική πληροφορία της Σιζούκα· ο ένας μετά τον άλλο άρχισαν να την προσφωνούν αρχόντισσα Οτόρι, με φωνές χαμηλές και ματιές που στρέφονταν προς άλλες κατευθύνσεις.

Παρατηρούσε προσεκτικά τους άντρες, προσπαθούσε να ξεχωρίσει ποιος ήταν το μέλος της Φυλής που θα προστάτευε τη Σιζούκα όταν θα το απαιτούσε η στιγμή. Η Σιζούκα είχε ξανακερδίσει την ευθυμία της, κι έτσι γελούσε κι αστειευόταν με όλους εξίσου και όλοι ανταποκρίνονταν, με ποικίλα συναισθήματα, που ξεκινούσαν από την απλή συμπάθεια και την εκτίμηση και κατέληγαν στον πόθο. Ωστόσο κανένας τους δεν έδειχνε να επαγρυπνεί ιδιαίτερα.

Σπάνια κοίταζαν την Καεντέ κατάματα, κι έτσι θα ξαφνιάζονταν από το πόσο καλά εκείνη τους είχε μάθει. Ήταν σε θέση να τους ξεχωρίσει έναν προς έναν μέσα στο σκοτάδι από τη χροιά της φωνής του καθενός, καμιά φορά ακόμη και από τη μυρωδιά. Τους είχε δώσει και ονόματα: Σημαδεμένος, Αλλήθωρος, Σιωπηλός, Μακρυχέρης.

Ο Μακρυχέρης μύριζε όπως εκείνο το καυτερό λάδι με το οποίο οι άντρες καρύκευαν το ρύζι τους. Η φωνή του ήταν χαμηλή και είχε μια βαριά προφορά. Το ύφος του έκρυβε μια δόση ανυπακοής προς το πρόσωπό της, ένα είδος ειρωνείας που την ενοχλούσε. Είχε κανονική σωματική διάπλαση, φαρδύ μέτωπο, μάτια που προεξείχαν κι ήταν τόσο κατάμαυρα, που νόμιζες ότι δεν είχαν κόρες. Είχε τη συνήθεια να ρίχνει το βλέμμα προς τα επάνω και να ρουθουνίζει με ένα ελαφρύ τίναγμα του κεφαλιού. Τα χέρια του ήταν αφύσικα μακριά και οι παλάμες του τεράστιες. Εάν κάποιος από αυτούς τους άντρες σχεδίαζε να δολοφονήσει μια γυναίκα, τότε θα ήταν σίγουρα αυτός, σκέφτηκε η Καεντέ.

Κατά τη διάρκεια της δεύτερης εβδομάδας, μια ξαφνική καταιγίδα τούς ανάγκασε να σταματήσουν σ' ένα μικρό χωριό. Εγκλωβισμένη μέσα σ' ένα στενό και άβολο δωμάτιο εξαιτίας της βροχής, η Καεντέ ένιωθε ανήσυχη. Τη βασάνιζε η σκέψη της μητέρας της. Κάθε φορά που την αναζητούσε στη σκέψη της, δεν έβρισκε παρά σκοτάδι. Προσπαθούσε να θυμηθεί το πρόσωπό της, αλλά δεν τα κατάφερνε. Ούτε και την όψη των αδερφών της δεν μπορούσε να ανασύρει από τη μνήμη της. Η μικρότερη θα ήταν σχεδόν εννιά χρονών. Εάν, όπως φοβόταν, η μητέρα της ήταν πια νεκρή, τότε εκείνη η ίδια θα έπρεπε να πάρει τη θέση της, να γίνει η μητέρα των αδερφών της, να αναλάβει τη διοίκηση του σπιτιού – να επιβλέπει το μαγείρεμα, την καθαριότητα, τους αργαλειούς και τα κεντήματα, που ήταν οι ασχολίες των γυναικών καθ' όλη τη διάρκεια του έτους και που τις δίδασκαν στα νεαρά κορίτσια οι μητέρες, οι θείες και οι γιαγιάδες τους. Δε γνώριζε τίποτε απ' όλ' αυτά. Το διάστημα που ήταν όμηρος, οι οικογένεια των Νογκούτσι την είχε παραμελήσει. Της είχαν διδάξει ελάχιστα πράγματα· το μόνο που γνώριζε ήταν πώς να κατορθώνει να επιβιώνει μονάχη της στο κάστρο ενώ εργαζόταν ως υπηρέτρια των πολεμιστών. Έπρεπε, βέβαια, να αποκτήσει αυτά τα πρακτικά προσόντα. Τώρα πια το παιδί τής είχε δημιουργήσει συναισθήματα και ένστικτα πρωτόγνωρα: την ανάγκη να φροντίσει τους δικούς της ανθρώπους. Σκεφτόταν τους ακολούθους των Σιρακάβα, άντρες όπως ο Σότζι Κιγιόσι και ο Αμάνο Τέντζο, που την είχαν επισκεφτεί στο κάστρο των Νογκούτσι μαζί με τον πατέρα της, και τις υπηρέτριες του σπιτιού, όπως η Αγιάμε, που την είχε πεθυμήσει σχεδόν όσο και την ίδια της τη μητέρα, από τότε που την είχαν πάρει μακριά, όταν ήταν μόλις επτά χρονών. Ήταν άραγε ζωντανή η Αγιάμε; Θα θυμόταν ακόμη το κοριτσάκι που φρόντιζε; Τώρα πια η Καεντέ επέστρεφε, καταρχήν έχοντας φαινομενικά παντρευτεί και πλέον χήρα, μ' έναν ακόμη άντρα νεκρό εξαιτίας της· και ήταν έγκυος. Τι είδους υποδοχή την περίμενε στο σπίτι των γονιών της;

Η καθυστέρηση εκνεύριζε και τους άντρες. Γνώριζε καλά ότι κι εκείνοι ανυπομονούσαν να ξεμπερδεύουν με αυτό το κουραστικό καθήκον και βιάζονταν να επιστρέψουν στις μάχες, που ήταν η πραγματική τους ενασχόληση, η ζωή τους. Ήθελαν να συμμετέχουν στις νίκες του Αράι κατά των Τοχάν στην Ανατολή κι όχι να βρίσκονται στη Δύση, τόσο μακριά από την πραγματική δράση, και να προστατεύουν γυναίκες.

Ο Αράι δεν ήταν παρά μονάχα ένας από αυτούς, σκέφτηκε με έκπληξη. Πώς είχε κατορθώσει να γίνει ξαφνικά τόσο ισχυρός; Τι ήταν αυτό που διέθετε και που έκανε όλους αυτούς τους άντρες, που ήταν όλοι τους ενήλικες και με φυσική δύναμη, να θέλουν να τον ακολουθήσουν και να υπακούουν στις διαταγές του; Θυμήθηκε και πάλι το πόσο ταχύτατα αδίστακτος είχε φανεί όταν έκοψε το λαιμό εκείνου του φρουρού που της είχε επιτεθεί στο κάστρο των Νογκούτσι. Δε θα δίσταζε να σκοτώσει και οποιονδήποτε από αυτούς τους άντρες με τον ίδιο ακριβώς τρόπο. Ωστόσο δεν ήταν ο φόβος που τους έκανε να τον υπακούουν. Ήταν άραγε ένα είδος εμπιστοσύνης που έδειχναν σ' αυτή τη σκληρότητα, σ' αυτή την αποφασιστικότητά του να δρα ακαριαία, ανεξάρτητα από το εάν οι πράξεις του ήταν σωστές ή λαθεμένες; Θα εμπιστεύονταν άραγε μια γυναίκα κατ' αυτόν τον τρόπο; Θα μπορούσε άραγε η ίδια να διοικήσει άντρες όπως εκείνος; Θα υπάκουαν στις προσταγές της πολεμιστές όπως ο Σότζι κι ο Αμάνο;

Η βροχή σταμάτησε και τότε συνέχισαν το ταξίδι τους. Η καταιγίδα είχε καθαρίσει τα υπολείμματα της υγρασίας, κι έτσι οι επόμενες ημέρες ήταν ηλιόλουστες, ο ουρανός απλωνόταν καθαρός και καταγάλανος πάνω από τις κορφές των βουνών, όπου κάθε μέρα που περνούσε οι σφένδαμοι κοκκίνιζαν ολοένα και περισσότερο.

Το ταξίδι συνεχιζόταν και οι μέρες άρχισαν να γίνονται ατέλειωτες και κουραστικές. Ένα πρωινό, η Σιζούκα είπε «Τούτο εδώ είναι το τελευταίο πέρασμα που θα διασχίσουμε. Αύριο θα βρισκόμαστε στη Σιρακάβα».

Κατηφόριζαν ένα απότομο μονοπάτι, που ήταν τόσο πυκνά στρωμένο με πευκοβελόνες, ώστε τα βήματα των αλόγων ήταν απολύτως αθόρυβα. Η Σιζούκα βάδιζε πλάι στον Ρακού, που τον ίππευε η Καεντέ. Ανάμεσα στα πεύκα και στους κέδρους δεν υπήρχε παρά σκοτάδι, αλλά, λίγο πιο πάνω, ο ήλιος διακρινόταν μέσα από μια συστάδα από μπαμπού κι έριχνε ένα διάστικτο, πρασινωπό φως.

«Έχεις ξαναπεράσει άλλη φορά από αυτόν το δρόμο;» ρώτησε η Καεντέ.

«Πολλές φορές. Η πρώτη φορά ήταν πριν από χρόνια. Με είχαν στείλει στο Κουμαμότο, για να δουλέψω για λογαριασμό της οικογένειας των Αράι όταν ήμουν ακόμη πολύ πιο νέα από όσο είστε τώρα εσείς. Ο γηραιός άρχοντας ζούσε τότε ακόμη. Μεταχειριζόταν τους γιους του με μεγάλη αυστηρότητα, όμως ο μεγαλύτερος, Ντάιτσι είναι το μικρό του όνομα, παρ' όλ' αυτά έβρισκε τον τρόπο να πλαγιάζει με τις υπηρέτριες. Του αντιστάθηκα για πολύν καιρό – δεν είναι εύκολο για τις κοπέλες που ζουν στα κάστρα. Ήμουν αποφασισμένη ότι εμένα δεν επρόκειτο να με ξεχάσει τόσο γρήγορα όσο είχε ξεχάσει τις περισσότερες από δαύτες. Και φυσικά, εκτελούσα τις οδηγίες της οικογένειάς μου, των Μούτο».

«Συνεπώς τον κατασκόπευες όλο αυτόν τον καιρό» μουρμούρισε η Καεντέ.

«Υπήρχαν συγκεκριμένοι άνθρωποι που ενδιαφέρονταν για την πίστη και την αφοσίωση των Αράι. Ιδιαίτερα του Ντάιτσι, πριν ακόμη αυτός πάει στους Νογκούτσι».

«Συγκεκριμένοι άνθρωποι σημαίνει ο Ιίντα;»

«Ασφαλώς. Αυτός ήταν ένας από τους όρους του διακανονισμού που έκανε με τη φατρία των Σεϊσού μετά τη Γεγκαχάρα. Ο Αράι δυσφορούσε με την ιδέα ότι έπρεπε να υπηρετήσει το Νογκούτσι. Αντιπαθούσε τον Ιίντα και θεωρούσε το Νογκούτσι προδότη, αλλά τελικά αναγκάστηκε να υπακούσει».

«Εσύ δούλευες για λογαριασμό του Ιίντα;»

«Γνωρίζετε για ποιον δουλεύω κι ενεργώ» είπε χαμηλόφωνα η Σιζούκα. «Πάντοτε και με κάθε ευκαιρία για την οικογένεια των Μούτο, για τη Φυλή. Ο Ιίντα είχε πολλούς από τους Μούτο στη δούλεψή του εκείνο το διάστημα».

«Δεν πρόκειται να το καταλάβω ποτέ αυτό» είπε η Καεντέ. Για την κοινωνική τάξη απ' όπου προερχόταν, οι συμμαχίες ήταν πολύ περίπλοκες: νέες σχηματίζονταν μέσω ενός γάμου, οι παλιές διατηρούνταν με ομηρίες, ενώ άλλες συμμαχίες διαλύονταν από ξαφνικές προσβολές ή έριδες ή καθαρό καιροσκοπισμό. Ωστόσο όλ' αυτά φάνταζαν τίμια και ξεκάθαρα σε σύγκριση με τις ίντριγκες της Φυλής. Της ήρθε στο μυαλό και πάλι η δυσάρεστη σκέψη ότι η Σιζούκα έμενε μαζί της μόνο και μόνο επειδή είχε λάβει σχετικές εντολές από την οικογένεια των Μούτο.

«Μήπως κατασκοπεύεις κι εμένα;»

Η Σιζούκα έκανε μια χειρονομία για να την κάνει να σωπάσει. Οι άντρες προχωρούσαν μπροστά και πίσω τους, μακρύτερα από την ακτίνα που οι ίδιες μπορούσαν ν' ακουστούν, σκέφτηκε η Καεντέ.

«Λοιπόν, με κατασκοπεύεις;»

Η Σιζούκα ακούμπησε το χέρι της στον ώμο του αλόγου. Η Καεντέ κοίταξε το πίσω μέρος του κεφαλιού της, το λευκό αυχένα κάτω από τα μαύρα της μαλλιά. Είχε στρέψει το κεφάλι με τέτοιον τρόπο ώστε η Καεντέ να μη βλέπει το πρόσωπό της. Η Σιζούκα εξακολούθησε να βαδίζει με το ρυθμό του αλόγου, όταν αυτό πάτησε προς την απότομη πλαγιά κι ύστερα άρχισε να κουνάει τους γλουτούς του για να κρατήσει την ισορροπία του. Η Καεντέ έσκυψε μπροστά και προσπάθησε να μιλήσει χαμηλόφωνα. «Πες μου».

Εκείνη ακριβώς τη στιγμή το άλογο τρόμαξε κι άξαφνα γλίστρησε προς τα κάτω. Η στάση προς τα εμπρός που είχε πάρει η Καεντέ τώρα είχε μετατραπεί σε ξαφνική βουτιά προς τα κάτω.

«Θα πέσω» σκέφτηκε με έκπληξη, ενώ το έδαφος ερχόταν καταπάνω της την ώρα που εκείνη και η Σιζούκα γκρεμίζονταν μαζί.

Το άλογο πηδούσε προς το πλάι στην προσπάθειά του να μην τις ποδοπατήσει. Η Καεντέ καταλάβαινε ότι επικρατούσε μια πολύ μεγαλύτερη σύγχυση, ότι υπήρχε ένας πολύ μεγαλύτερος κίνδυνος.

«Σιζούκα!» φώναξε.

«Μείνετε κάτω» αποκρίθηκε η κοπέλα και την έσπρωξε προς το έδαφος, όμως η Καεντέ προσπάθησε να δει.

Δύο άντρες έστεκαν μπροστά στο μονοπάτι· από την όψη τους έδειχναν άγριοι ληστές κι είχαν τα σπαθιά ξεγυμνωμένα. Έψαξε για το μαχαίρι της, ευχήθηκε να είχε εκείνη τη στιγμή ένα σπαθί ή, τουλάχιστον, ένα κοντάρι, θυμήθηκε την υπόσχεσή της, κι όλ' αυτά μέσα σ' ένα κλάσμα του δευτερολέπτου, πριν ακούσει τη χορδή ενός τόξου να τινάζεται. Ένα βέλος πέρασε ξυστά από τα αυτιά του αλόγου, το έκανε να αναπηδήσει κι ύστερα να πέσει και πάλι κάτω.

Ακολούθησε μια σύντομη κραυγή κι ύστερα ο ένας από τους άντρες έπεσε μπρος στα πόδια της, με αίμα να αναβλύζει από το σημείο όπου το βέλος είχε τρυπήσει το λαιμό του.

Ο δεύτερος άντρας δίστασε για μια στιγμή. Το άλογο βούτηξε στο πλάι και τον έκανε να χάσει την ισορροπία του. Ανέμισε το σπαθί του ενάντια στη Σιζούκα με μια απεγνωσμένη πλάγια κίνηση. Την αμέσως επόμενη στιγμή ο Μακρυχέρης είχε βρεθεί μπροστά του, ακολουθώντας το χτύπημα του βέλους με σχεδόν υπερφυσική ταχύτητα, κι η άκρη του σπαθιού του είχε καταφέρει να βρει κι αυτή το δρόμο για το λαιμό εκείνου του άντρα.

Οι άντρες που προπορεύονταν γύρισαν κι έτρεξαν προς τα πίσω, όσοι βρίσκονταν πίσω βιάστηκαν να πλησιάσουν. Η Σιζούκα είχε πιάσει το άλογο από το χαλινάρι και προσπαθούσε να το ηρεμήσει.

Ο Μακρυχέρης βοήθησε την Καεντέ να σηκωθεί. «Μη φοβάστε, αρχόντισσα Οτόρι» της είπε με τη βαριά προφορά του και με τη μυρωδιά του καυτερού λαδιού στην ανάσα του. «Ήταν απλά κάτι ληστές».

Απλά κάτι ληστές; σκέφτηκε η Καεντέ. Είχαν πεθάνει τόσο ξαφνικά και με τόσο πολύ αίμα. *Ληστές, ίσως, αλλά ποιος τους είχε πληρώσει να κάνουν κάτι τέτοιο;*

Οι άντρες μάζεψαν τα όπλα των ληστών κι έριξαν κλήρο για το ποιος θα τα κρατούσε κι ύστερα πέταξαν τα πτώματα στα χαμόκλαδα. Ήταν αδύνατο να ξεχωρίσει κανείς ποιος ανάμεσά τους περίμενε αυτή την επίθεση ή ποιος είχε απογοητευτεί από την αποτυχία της. Έδειχναν να σέβονται πλέον περισσότερο το Μακρυχέρη, και τότε η Καεντέ συνειδητοποίησε ότι είχαν εντυπωσιαστεί από την ταχύτητα της αντίδρασής του και από την πολεμική του δεξιότητα. Κατά τ' άλλα συμπεριφέρονταν σαν να επρόκειτο για κάποιο φυσιολογικό συμβάν, έναν από τους κινδύνους του ταξιδιού. Ένας δυο από δαύτους αστειεύτηκαν με τη Σιζούκα ότι οι ληστές την ήθελαν για σύζυγο κι εκείνη τους απάντησε με το ίδιο ύφος, λέγοντας ότι το δάσος είναι γεμάτο με τόσο απεγνωσμένους άντρες, αλλά ότι, και πάλι, ένας ληστής θα είχε περισσότερες ελπίδες να την κερδίσει απ' όσες οποιοσδήποτε από τους άντρες της συνοδείας.

«Ποτέ μου δε θα διάλεγα αυτόν που σε υπερασπίστηκε» είπε αργότερα η Καεντέ. «Για την ακρίβεια, θα έκανα ακριβώς το αντίθετο. Είναι αυτός που υποπτευόμουν ότι θα σε σκότωνε με αυτά τα τεράστια χέρια του».

Η Σιζούκα γέλασε. «Είναι ένας πολύ έξυπνος τύπος και αδίστακτος πολεμιστής. Είναι εύκολο να τον παρεξηγήσετε ή να τον υποτιμήσετε. Δεν είστε η μόνη που ξαφνιάστηκε απ' αυτόν. Φοβηθήκατε εκείνη τη στιγμή;»

Η Καεντέ προσπάθησε να θυμηθεί. «Όχι, κυρίως επειδή δεν υπήρχε χρόνος για κάτι τέτοιο. Ευχήθηκα να είχα ένα σπαθί».

Η Σιζούκα είπε «Έχετε το χάρισμα της γενναιότητας».

«Δεν είναι αλήθεια αυτό. Φοβάμαι συχνά».

«Κανείς δε θα μπορούσε να το καταλάβει αυτό» μουρμούρισε η Σιζούκα. Είχαν φτάσει σ' ένα πανδοχείο, σε μια κωμόπολη στα σύνορα της επαρχίας Σιρακάβα. Η Καεντέ μπόρεσε να πλυθεί στη ζεστή πηγή και τώρα πια είχε φορέσει το νυχτικό της και περίμενε να της σερβίρουν το δείπνο. Την είχαν υποδεχτεί με απροθυμία στο πανδοχείο και ακόμη κι η ίδια η μικρή αυτή πόλη την έκανε να νιώθει άβολα. Η τροφή πρέπει να ήταν λιγοστή σ' εκείνο το μέρος και οι άνθρωποι έδειχναν σκυθρωποί και κακοδιάθετοι.

Ολόκληρη η μία πλευρά του κορμιού της ήταν γεμάτη μελανιές από το πέσιμο και τώρα ανησυχούσε για το παιδί. Ένιωθε επίσης εκνευρισμό στην ιδέα ότι θα συναντούσε τον πατέρα της. Θα την πίστευε ότι είχε παντρευτεί τον άρχοντα Οτόρι; Δεν μπορούσε να διανοηθεί την οργή του εάν ανακάλυπτε την αλήθεια.

«Δεν ένιωθα και τόσο γενναία εκείνη τη στιγμή» της εξομολογήθηκε.

Η Σιζούκα είπε «Θα σας τρίψω το κεφάλι. Φαίνεστε εξαντλημένη».

Όμως ακόμη κι όταν έγειρε προς τα πίσω κι απολάμβανε το άγγιγμα της κοπέλας στα μαλλιά της, τα κακά προαισθήματα της Καεντέ αυξήθηκαν. Θυμήθηκε αυτό που συζητούσαν μεταξύ τους την ώρα της επίθεσης.

«Αύριο θα βρίσκεστε στο σπίτι σας» είπε η Σιζούκα, που ένιωσε την ένταση που την είχε κυριεύσει. «Το ταξίδι έχει σχεδόν τελειώσει».

«Σιζούκα, απάντησέ μου με ειλικρίνεια. Ποιος είναι ο πραγματικός λόγος που μένεις μαζί μου; Μήπως για να με κατασκοπεύεις; Για ποιον δουλεύουν τώρα πια οι Μούτο;»

«Για την ώρα, κανείς δε μας έχει στη δούλεψή του. Η πτώση του Ιίντα παρέσυρε και τις Τρεις Χώρες στο χάος. Ο Αράι λέει ότι θα εξαφανίσει τη Φυλή. Δεν ξέρουμε ακόμη εάν το εννοεί ή εάν θα συνέλθει και τελικά θα συνεργαστεί μαζί μας. Προς το παρόν, ο θείος μου ο Κέντζι, ο οποίος θαυμάζει πολύ την αρχόντισσα Σιρακάβα, θέλει να παραμένει ενήμερος τόσο για την υγεία της όσο και για τις προθέσεις της».

Και για το παιδί μου, σκέφτηκε η Καεντέ, αλλά δεν το ξεστόμισε. Αντίθετα, ρώτησε «Για τις προθέσεις μου;».

«Είστε κληρονόμος μιας από τις πλουσιότερες και τις πιο ισχυρές επαρχίες της Δύσης, της Μαρουγιάμα, καθώς επίσης και της περιουσίας σας στη Σιρακάβα. Όποιος σας παντρευτεί θα γίνει κεντρικός πρωταγωνιστής του μέλλοντος των Τριών Χωρών. Προς το παρόν όλοι συμπεραίνουν ότι θα διατηρήσετε τη συμμαχία σας με τον Αράι και ότι με αυτόν τον τρόπο θα ισχυροποιήσετε την κυριαρχία του στη Δύση την ώρα που εκείνος θα διευθετεί το ζήτημα των Οτόρι: η μοίρα σας είναι στενά συνδεδεμένη με τη φατρία των Οτόρι, καθώς επίσης και με τη Μέση Χώρα».

«Δε θα παντρευτώ κανέναν» είπε η Καεντέ μέσα από τα δόντια της. *Και σ' αυτή την περίπτωση*, σκέφτηκε, *γιατί να μη γίνω εγώ η κεντρική πρωταγωνίστρια;*

ΚΕΦΑΛΑΙΟ ΤΡΙΤΟ

ΟΙ ΗΧΟΙ ΑΠΟ ΤΟ ΝΑΟ ΤΗΣ ΤΕΡΑΓΙΑΜΑ, η καμπάνα του μεσονυκτίου, οι ψαλμωδίες των μοναχών άρχισαν να σβήνουν από τα αυτιά μου καθώς ακολουθούσα τους δύο δασκάλους, τον Κικούτα Κοτάρο και το Μούτο Κέντζι, βαδίζοντας ένα έρημο μονοπάτι, απότομο και μακρύ, κατά μήκος του μικρού ποταμού. Βαδίζαμε γοργά, τα βήματά μας κρύβονταν κάτω από το θόρυβο του γάργαρου νερού. Μιλήσαμε ελάχιστα και δε συναντήσαμε κανέναν.

Όταν φτάσαμε στη Γιαμαγκάτα, είχε σχεδόν ξημερώσει και οι πρώτοι πετεινοί είχαν αρχίσει να ακούγονται. Οι δρόμοι της πόλης ήταν έρημοι, παρά το γεγονός ότι η απαγόρευση της κυκλοφορίας είχε πια αρθεί και δεν υπήρχαν πουθενά Τοχάν για να επιβάλλουν την τήρησή της. Πήγαμε στο σπίτι ενός εμπόρου, στο κέντρο της πόλης, κοντά στο πανδοχείο όπου είχαμε μείνει κατά τη διάρκεια της Γιορτής των Νεκρών. Εγώ ήδη γνώριζα εκείνον το δρόμο από τη βραδιά που είχα εξερευνήσει την πόλη. Μου φαινόταν ότι είχε περάσει μια ολόκληρη ζωή από τότε.

Η θυγατέρα του Κέντζι, η Γιούκι, άνοιξε την πύλη σαν να μας περίμενε όλο το βράδυ, παρ' όλο που περάσαμε μέσα τόσο αθόρυβα ώστε ούτε ένα σκυλί δε γάβγισε. Δε μίλησε καθόλου, αλλά ένιωσα την ένταση στο βλέμμα που μου έριξε. Το πρόσωπό της, τα ζωηρά της μάτια, το υπέροχο γυμνασμένο της σώμα θύμιζαν τόσο ξεκάθαρα εκείνα τα τρομερά γεγονότα που συνέβησαν στην Ινουγιάμα τη νύχτα που πέθανε ο Ιίντα. Κατά κάποιον τρόπο, περίμενα να τη συναντήσω στην Τεραγιάμα, εφόσον αυτή είχε ταξιδέψει μέρα και νύχτα για να μεταφέρει το κεφάλι του Σιγκέρου στο ναό και την είδηση του θανάτου του. Υπήρχαν πολλά που θα ήθελα να τη ρωτήσω: για το ταξίδι της, για την εξέγερση στη Γιαμαγκάτα, για την πτώση των Τοχάν. Τη στιγμή που ο πατέρας της και ο δάσκαλος Κικούτα προχωρούσαν προς το εσωτερικό του σπιτιού, εγώ κοντοστάθηκα για λίγο, έτσι ώστε να μείνουμε οι δυο μας στη βεράντα. Ένα χαμηλό φως έκαιγε στην πόρτα.

Εκείνη είπε «Δεν περίμενα να σε ξαναδώ ζωντανό».

«Κι εγώ δεν περίμενα να ζω». Θυμήθηκα τις ικανότητες αλλά και τη σκληρότητά της και πρόσθεσα «Σου οφείλω πάρα πολλά. Ποτέ δε θα μπορέσω να σε ξεπληρώσω».

Εκείνη χαμογέλασε. «Κι εγώ είχα να ξεπληρώσω δικά μου χρέη. Δε μου οφείλεις τίποτε. Όμως ελπίζω ότι θα γίνουμε φίλοι».

Εκείνη η λέξη δε φάνταζε αρκετά δυνατή για να περιγράψει με ακρίβεια αυτό που ήδη συνέβαινε ανάμεσά μας. Μου είχε φέρει το σπαθί του Σιγκέρου, τον Τζάτο, και με είχε βοηθήσει να τον σώσω και να εκδικηθώ το θάνατό του. Ήταν οι πιο σημαντικές και οι πιο απελπισμένες πράξεις της ζωής μου. Είχα πλημμυρίσει από ευγνωμοσύνη για το πρόσωπό της, που ήταν αναμεμειγμένη με θαυμασμό.

Εξαφανίστηκε για ένα λεπτό κι ύστερα επέστρεψε με νερό. Έπλυνα τα πόδια μου και την ίδια ώρα άκουσα από το εσωτερικό του σπιτιού τους δύο δασκάλους να συζητούν. Σχεδίαζαν να ξεκουραστούμε για μερικές ώρες κι ύστερα εγώ θα συνέχιζα το ταξίδι με τον Κοτάρο. Κούνησα βαριεστημένα το κεφάλι μου. Είχα κουραστεί να ακούω.

«Έλα» είπε εκείνη και με οδήγησε στο κέντρο του σπιτιού, όπου, όπως ακριβώς και στην Ινουγιάμα, υπήρχε ένα κρυφό δωμάτιο, στενό όπως το κρεβάτι του χελιού.

«Είμαι ξανά αιχμάλωτος;» είπα κοιτώντας ολόγυρα στους τοίχους που δεν είχαν παράθυρα.

«Όχι, είναι για τη δική σου ασφάλεια, ώστε να ξεκουραστείς για μερικές ώρες. Ύστερα θα συνεχίσεις το ταξίδι».

«Το ξέρω. Το άκουσα».

«Ασφαλώς» είπε εκείνη. «Ξέχασα ότι εσύ ακούς τα πάντα».

«Τα περισσότερα» αποκρίθηκα και κάθισα στο στρώμα που ήταν ήδη απλωμένο στο πάτωμα.

«Τα χαρίσματα είναι σκληρά. Αλλά είναι προτιμότερο να τα διαθέτεις παρά το αντίθετο. Θα σου φέρω φαγητό και το τσάι είναι ήδη έτοιμο».

Επέστρεψε σε λίγα λεπτά. Ήπια το τσάι, αλλά δεν ήμουν σε θέση ούτε καν να αντικρίσω φαγητό. «Δεν υπάρχει ζεστό νερό για να πλυθείς» είπε. «Λυπάμαι».

«Θα ζήσω». Με είχε πλύνει δύο φορές ως τότε. Τη μια εκεί στη Γιαμαγκάτα, όταν ακόμη δεν ήξερα ποια ήταν, και μου είχε τρίψει την πλάτη και το κεφάλι, και την άλλη στην Ινουγιάμα, όταν δεν μπορούσα καλά καλά να περπατήσω. Η ανάμνηση με κυρίευσε. Το βλέμμα της αντάμωσε με το δικό μου και κατάλαβα ότι κι εκείνη σκεφτόταν το ίδιο ακριβώς πράγμα. Ύστερα κοίταξε από την άλλη μεριά και είπε χαμηλόφωνα «Θα σ' αφήσω να κοιμηθείς».

Ακούμπησα το μαχαίρι μου δίπλα στο στρώμα και γλίστρησα κάτω από τα σκεπάσματα δίχως να βγάλω τα ρούχα μου. Σκεφτόμουν αυτό που είχε πει η Γιούκι σχετικά με τα χαρίσματα. Δεν πίστευα ότι θα ένιωθα ξανά τόσο ευτυχισμένος όσο όταν ζούσα στο χωριό όπου είχα γεννηθεί, το Μίνο – όμως στο Μίνο ήμουν ένα παιδί και τώρα το χωριό είχε καταστραφεί κι ολόκληρη η οικογένειά μου είχε πεθάνει. Ήξερα ότι δεν έπρεπε να βασανίζομαι με το παρελθόν. Είχα συμφωνήσει να ακολουθήσω τη Φυλή. Με ήθελαν τόσο πολύ εξαιτίας των προσόντων μου και μόνο κοντά στη Φυλή θα μάθαινα τον τρόπο να αναπτύξω και να ελέγχω τα χαρίσματα που διέθετα.

Σκέφτηκα την Καεντέ, που την είχα αφήσει να κοιμάται στην Τεραγιάμα. Με κυρίευσε η απελπισία κι αμέσως μετά η παραίτηση. Δε θα την έβλεπα ποτέ ξανά. Έπρεπε να την ξεχάσω. Σιγά σιγά η πόλη τριγύρω μου άρχισε να ξυπνάει. Στο τέλος, καθώς το φως άρχισε να λάμπει πίσω από την πόρτα, αποκοιμήθηκα.

Ξύπνησα απότομα από τον ήχο αντρών και αλόγων, που ερχόταν από το δρόμο, πίσω από τους τοίχους του σπιτιού. Το φως στο δωμάτιο είχε αλλάξει, λες κι ο ήλιος είχε περάσει πάνω από τη σκεπή, όμως δεν είχα ιδέα πόση ώρα είχα κοιμηθεί. Ένας άντρας φώναξε και, σε απάντηση, μια γυναίκα παραπονιόταν θυμωμένα. Αφουγκράστηκα για να καταλάβω τι έλεγαν. Οι άντρες ήταν πολεμιστές του Αράι, που πήγαιναν από σπίτι σε σπίτι κι έψαχναν για μένα.

Πέταξα τα σκεπάσματα κι έψαξα για το μαχαίρι μου. Μόλις το έπιασα, η πόρτα άνοιξε και τότε στο δωμάτιο μπήκε αθόρυβα ο Κέντζι. Ο ψεύτικος τοίχος πίσω του είχε κλείσει και τώρα ήταν κλειδωμένος στη θέση του. Με κοίταξε στα γρήγορα, κούνησε το κεφάλι του και κάθισε σταυροπόδι στο πάτωμα, στο μικροσκοπικό κενό που απέμενε ανάμεσα στο στρώμα και στον τοίχο.

Αναγνώρισα τις φωνές – εκείνοι οι άντρες ήταν μαζί με τον Αράι στην Τεραγιάμα. Άκουσα τη Γιούκι να καθησυχάζει τη θυμωμένη γυναίκα και να προσφέρει ποτά στους άντρες.

«Τώρα πια είμαστε όλοι σύμμαχοι» τους είπε και γέλασε. «Νομίζετε ότι, εάν βρισκόταν εδώ ο Οτόρι Τακέο, θα ήμασταν σε θέση να τον κρύψουμε;»

Οι άντρες ήπιαν σιωπηλά τα ποτά τους κι έφυγαν. Καθώς ο ήχος από τα βήματά τους έσβηνε, ο Κέντζι ρουθούνισε και μου έριξε ένα από τα υποτιμητικά του βλέμματα. «Κανείς εδώ στη Γιαμαγκάτα δεν μπορεί να παραστήσει ότι αγνοεί το όνομά σου» είπε. «Ο θάνατος έκανε το Σιγκέρου θεό. Ο θάνατος του Ιίντα έκανε εσένα ήρωα. Οι άνθρωποι είναι ξετρελαμένοι μ' αυτή την ιστορία». Ρούφηξε ελαφρά τη μύτη του και πρόσθεσε «Μην την πιστέψεις. Κάτι τέτοιο θα ήταν εξαιρετικά ενοχλητικό. Τώρα πια ο Αράι έχει εξαπολύσει ένα μεγάλο ανθρωποκυνηγητό για να σε βρει. Αντιμετωπίζει την εξαφάνισή σου ως προσωπική προσβολή εναντίον του. Ευτυχώς το πρόσωπό σου δεν είναι ιδιαίτερα γνωστό εδώ πέρα, αλλά, παρ' όλ' αυτά, θα πρέπει να σε μεταμφιέσουμε». Περιεργάστηκε τα χαρακτηριστικά μου και συνοφρυώθηκε. «Αυτό το βλέμμα των Οτόρι... πρέπει να το κρύψεις».

Τον διέκοψε ένας εξωτερικός ήχος, καθώς ο ψεύτικος τοίχος ξεκλείδωσε κι άνοιξε. Ο Κικούτα Κοτάρο πέρασε μέσα ακολουθούμενος από τον Ακίο, έναν από τους άντρες που με είχαν συλλάβει στην Ινουγιάμα. Η Γιούκι ήρθε ξοπίσω τους κουβαλώντας τσάι.

Ο δάσκαλος Κικούτα μού έγνεψε τη στιγμή που εγώ υποκλίθηκα μπροστά του. «Ο Ακίο ήταν έξω στην πόλη και μας έφερε τα νέα».

Ο Ακίο γονάτισε μπροστά στον Κέντζι κι έσκυψε ελαφρά το κεφάλι του προς τη μεριά μου. Ανταποκρίθηκα κι εγώ με την ίδια κίνηση. Όταν εκείνος και τα υπόλοιπα μέλη της Φυλής με είχαν απαγάγει στην Ινουγιάμα, είχαν στ' αλήθεια προσπαθήσει πολύ ώστε να με συλλάβουν δίχως να μου κάνουν κακό. Εγώ τον είχα τραυματίσει. Τώρα πια μπορούσα να διακρίνω μια μισο-θεραπευμένη ουλή στο αριστερό του χέρι, κόκκινη και ερεθισμένη. Σπάνια είχαμε ανταλλάξει μερικές κουβέντες μεταξύ μας έως τότε – με κατηγορούσε για έλλειψη καλών τρόπων και για παραβίαση κάθε κανόνα της Φυλής. Υπήρχε ελάχιστη καλή προαίρεση ανάμεσά μας. Τώρα, κάθε φορά που τα βλέμματά μας συναντιόνταν, ένιωθα τη βαθιά εχθρότητά του.

«Φαίνεται ότι ο άρχοντας Αράι έχει εξοργιστεί που αυτό το άτομο έφυγε δίχως την άδειά του κι αρνήθηκε να κάνει το γάμο που ο ίδιος ο άρχοντας επιθυμούσε. Ο άρχοντας Αράι έχει εκδώσει διαταγές για τη σύλληψη αυτού του ατόμου κι επιθυμεί να διερευνήσει την οργάνωση που είναι γνωστή ως Φυλή, την οποία θεωρεί παράνομη και ανεπιθύμητη». Υποκλίθηκε και πάλι μπροστά στον Κοτάρο και είπε αυστηρά «Λυπάμαι, αλλά δε γνωρίζω ποιο είναι το πραγματικό όνομα αυτού του ατόμου».

Ο δάσκαλος έγνεψε και χάιδεψε το πιγούνι του δίχως να πει κουβέντα. Είχαμε συζητήσει και παλαιότερα το ζήτημα του ονόματος και μου είχε πει να συνεχίσω να χρησιμοποιώ το Τακέο, ωστόσο, όπως είχε πει, αυτό δεν υπήρξε ποτέ ένα όνομα που χρησιμοποιούσε η Φυλή. Ήταν άραγε η στιγμή να πάρω το οικογενειακό μου επίθετο, το Κικούτα; Και ποιο θα ήταν το μικρό μου όνομα; Δεν ήθελα να πάψω να χρησιμοποιώ το Τακέο· το επίθετο Σιγκέρου μού είχε απονεμηθεί, αλλά, εφόσον δε θα εξακολουθούσα να είμαι ένας Οτόρι, τι δικαίωμα είχα να συνεχίσω να το φέρω;

«Ο Αράι προσφέρει μεγάλες ανταμοιβές για κάθε σχετική πληροφορία» είπε η Γιούκι και άφησε μια κούπα με τσάι στην ψάθα που ήταν στρωμένη μπροστά στον καθένα μας.

«Κανείς στη Γιαμαγκάτα δε θα τολμήσει να δώσει εθελοντικά οποιαδήποτε πληροφορία» είπε ο Ακίο. «Θα κανονίσουμε όποιον επιχειρήσει κάτι τέτοιο!»

«Αυτό ακριβώς φοβόμουν» είπε ο Κοτάρο στον Κέντζι. «Ο Αράι δεν είχε έρθει ποτέ σε επαφή μαζί μας, και τώρα φοβάται τη δύναμή μας».

«Μήπως θα έπρεπε να τον εξοντώσουμε;» ρώτησε με λαχτάρα ο Ακίο. «Εμείς...»

Ο Κοτάρο έκανε μια χειρονομία, ο νεαρός άντρας υποκλίθηκε ξανά και σώπασε.

«Τώρα που έχει φύγει ο Ιίντα από τη μέση, ήδη υπάρχει έλλειψη σταθερότητας. Εάν χανόταν κι ο Αράι, ποιος ξέρει τι είδους αναρχία θα ξεσπούσε».

Ο Κέντζι είπε «Δε θεωρώ τον Αράι μεγάλο κίνδυνο. Απειλές και κομπασμός, ίσως, αλλά τίποτε περισσότερο στην ουσία. Έτσι όπως έχουν εξελιχθεί τα πράγματα ως τώρα, είναι η μεγαλύτερη ελπίδα μας για ειρήνη». Με κοίταξε. «Αυτό επιθυμούμε περισσότερο απ' όλα. Χρειαζόμαστε λίγη τάξη, έτσι ώστε το έργο μας να εξελιχθεί και να προοδεύσει».

«Ο Αράι θα επιστρέψει στην Ινουγιάμα και θα την κάνει πρωτεύουσά του» είπε η Γιούκι. «Είναι καλύτερα οχυρωμένη πόλη και μπορεί να την υπερασπιστεί ευκολότερα, βρίσκεται σε πιο κεντρικό σημείο από το Κουμαμότο και τώρα πια διεκδικεί όλα τα εδάφη του Ιίντα επικαλούμενος το δικαίωμα του κατακτητή».

«Ουνχχχ» μούγκρισε ο Κοτάρο. Ύστερα γύρισε προς τη μεριά μου. «Σχεδίαζα να επιστρέψεις μαζί μου στην Ινουγιάμα. Έχω να τακτοποιήσω κάποιες υποθέσεις εκεί τις επόμενες εβδομάδες κι εσύ θα μπορούσες να ξεκινήσεις την εκπαίδευσή σου. Ωστόσο, ίσως θα ήταν καλύτερα εάν έμενες εδώ για μερικές ημέρες. Ύστερα θα σε οδηγήσουμε στο Βορρά, πέρα από τη Μέση Χώρα, σ' ένα άλλο σπίτι των Κικούτα, όπου κανείς δε γνωρίζει τον Οτόρι Τακέο, κι εκεί θα ξεκινήσεις μια καινούρια ζωή. Ξέρεις να κάνεις ταχυδακτυλουργικά;»

Κούνησα αρνητικά το κεφάλι μου.

«Έχεις μια βδομάδα για να μάθεις. Θα σε διδάξει ο Ακίο. Η Γιούκι και μερικοί άλλοι θεατρίνοι θα σε συνοδεύσουν. Θα σε συναντήσω στο Ματσούε».

Υποκλίθηκα δίχως να πω τίποτε. Κάτω από τα χαμηλωμένα βλέφαρά μου κοίταξα τον Ακίο. Είχε το βλέμμα στραμμένο προς τα κάτω, συνοφρυωμένος· μια βαθιά γραμμή υπήρχε ανάμεσα στα μάτια του. Ήταν μόλις τρία ή τέσσερα χρόνια μεγαλύτερος από μένα, αλλά εκείνη τη στιγμή μπορούσε να δει κανείς πώς θα φαινόταν όταν θα είχε πια γεράσει. Ώστε ήταν ταχυδακτυλουργός λοιπόν. Λυπόμουν που είχα τραυματίσει το επιδέξιο ταχυδακτυλουργικό του χέρι, αλλά πίστευα ότι οι ενέργειές μου ήταν απολύτως δικαιολογημένες. Ωστόσο, εξακολουθούσε να υπάρχει σύγκρουση ανάμεσά μας, μαζί με άλλα συναισθήματα, που υπέβοσκαν αξεδιάλυτα.

Ο Κοτάρο είπε «Κέντζι, η στενή σου σχέση με τον άρχοντα Σιγκέρου είχε ως αποτέλεσμα να καταστείς αναγνωρίσιμος σε τούτη την υπόθεση. Πολλοί άνθρωποι γνωρίζουν πλέον ότι αυτό το σπίτι είναι η μόνιμη κατοικία σου. Είναι βέβαιο ότι ο Αράι θα σε συλλάβει εάν παραμείνεις εδώ».

«Θα πάω στα βουνά για λίγο καιρό» αποκρίθηκε ο Κέντζι. «Για να επισκεφτώ τους παππούδες, να περάσω λίγο καιρό με τα παιδιά». Χαμογέλασε, κι εκείνη τη στιγμή έμοιαζε ξανά με τον άκακο ηλικιωμένο δάσκαλό μου.

«Συγχωρήστε με, αλλά πώς θα ονομάζεται τελικά αυτό το άτομο;» είπε ο Ακίο.

«Για την ώρα, μπορεί να χρησιμοποιήσει κάποιο όνομα ως θεατρίνος» είπε ο Κοτάρο. «Όσο για το ποιο είναι το όνομά του στη Φυλή, αυτό εξαρτάται...»

Υπήρχε κάποιο νόημα στα λόγια του που εγώ δεν μπορούσα να καταλάβω, αλλά σίγουρα ο Ακίο το είχε κατανοήσει ξεκάθαρα. «Ο πατέρας του αποκήρυξε τη Φυλή!» ξέσπασε. «Μας γύρισε την πλάτη».

«Όμως τώρα ο γιος του επέστρεψε και διαθέτει όλα τα χαρίσματα των Κικούτα» απάντησε ο δάσκαλος. «Ωστόσο, για την ώρα, εσύ είσαι ανώτερός του σε όλα τα ζητήματα. Τακέο, θα υπακούς τον Ακίο και θα διδαχθείς από αυτόν».

Ένα χαμόγελο τρεμόπαιξε στα χείλη του. Νομίζω ότι γνώριζε πόσο δύσκολο θα ήταν αυτό για μένα. Το πρόσωπο του Κέντζι ήταν θλιμμένο, λες και είχε την ικανότητα να προβλέπει ακόμη και τις δυσκολίες.

«Ο Ακίο έχει πολλά ταλέντα» συνέχισε ο Κοτάρο. «Τώρα κι εσύ πρέπει να διαπρέψεις σ' αυτά». Περίμενε ωσότου να με δει να αποδέχομαι κι ύστερα είπε στον Ακίο και στη Γιούκι να φύγουν. Πριν φύγει, η Γιούκι γέμισε ξανά τις κούπες με τσάι· οι δύο ηλικιωμένοι άντρες ήπιαν κάνοντας θόρυβο. Μου ήρθε η μυρωδιά φαγητού που μαγειρευόταν. Μου φάνηκε ότι είχαν περάσει μέρες ολόκληρες από τότε που είχα φάει για τελευταία φορά. Είχα μετανιώσει που δε δέχτηκα την πρόταση της Γιούκι να φάω την προηγούμενη νύχτα. Ένιωθα αδύναμος και κόντευα να λιποθυμήσω από την πείνα.

Ο Κοτάρο είπε «Σου έχω πει ότι ήμουν πρωτοξάδερφος με τον πατέρα σου. Δε σου είπα ότι εκείνος ήταν μεγαλύτερος στην ηλικία από εμένα και ότι επρόκειτο να γίνει δάσκαλος όταν θα πέθαινε ο παππούς μας. Ο Ακίο είναι ανιψιός μου και ο διάδοχός μου. Η επιστροφή σου έχει δημιουργήσει ζητήματα διαδοχής και ιεραρχίας. Το πώς θα τα αντιμετωπίσουμε θα εξαρτηθεί από τη συμπεριφορά και τη διαγωγή σου κατά τους επόμενους μήνες».

Χρειάστηκα ένα δυο λεπτά για να κατανοήσω το νόημα όσων έλεγε. «Ο Ακίο ανατράφηκε μέσα στη Φυλή» είπα χαμηλόφωνα. «Εκείνος γνωρίζει όλα όσα εγώ δε γνωρίζω. Θα πρέπει να υπάρχουν κι άλλοι σαν κι αυτόν. Δεν επιθυμώ να πάρω τη θέση του, ούτε και κανενός άλλου».

«Υπάρχουν αρκετοί» απάντησε ο Κοτάρο «κι όλοι τους είναι περισσότερο υπάκουοι, καλύτερα εκπαιδευμένοι και πολύ πιο άξιοι από σένα. Κανείς τους όμως δε διαθέτει το χάρισμα της ακοής των Κικούτα στο βαθμό που το διαθέτεις εσύ και κανείς απ' αυτούς δε θα εισέβαλλε μόνος του στο κάστρο της Γιαμαγκάτα, όπως έκανες εσύ».

Εκείνο το περιστατικό φάνταζε να ανήκε σε κάποια προηγούμενη ζωή μου. Με δυσκολία μπορούσα να ανακαλέσω στη μνήμη μου την παρόρμηση που με είχε οδηγήσει να τρυπώσω κρυφά στο κάστρο και να χαρίσω το θάνατο στους Αφανείς που κρατούσαν φυλακισμένους μέσα σε καλάθια κρεμασμένα από τα τείχη: ήταν η πρώτη φορά στη ζωή μου που σκότωνα. Μακάρι να μην το είχα κάνει – εάν δεν είχα τραβήξει τόσο έντονα την προσοχή της Φυλής, ίσως να μη με είχαν συλλάβει πριν να... πριν να... Συγκράτησα τον εαυτό μου. Δεν είχε νόημα να προσπαθώ ασταμάτητα να ξετυλίξω το νήμα που είχε πλέξει το θάνατο του Σιγκέρου.

«Ωστόσο, τώρα που σου τα είπα αυτά» συνέχισε ο Κοτάρο «πρέπει να γνωρίζεις ότι δεν μπορώ να σε μεταχειρίζομαι διαφορετικά απ' ό,τι τους υπόλοιπους της γενιάς σου. Δε μου επιτρέπεται να έχω ευνοούμενους. Όποια κι αν είναι τα ταλέντα σου, μας είναι άχρηστα εάν δεν επιδεικνύεις υπακοή. Δε χρειάζεται να σου υπενθυμίσω ότι μου το έχεις ήδη ορκιστεί αυτό. Θα μείνεις εδώ για μια βδομάδα. Δεν πρέπει να βγεις έξω ούτε να μάθει κανείς ότι βρίσκεσαι εδώ. Μέσα σ' αυτή την εβδομάδα πρέπει να μάθεις όσο περισσότερα μπορείς, για να είσαι σε θέση να υποδυθείς τον ταχυδακτυλουργό. Θα σε συναντήσω στο Ματσούε πριν μπει ο χειμώνας. Από σένα τον ίδιο εξαρτάται εάν περάσεις την εκπαίδευση με απόλυτη υπακοή».

«Ποιος ξέρει άραγε πότε θα σε συναντήσω ξανά;» είπε ο Κέντζι κοιτάζοντάς με με το συνηθισμένο του τρόπο, που έβγαζε μαζί τρυφερότητα και οργή. «Η δουλειά μου μαζί σου έχει πια τελειώσει» συνέχισε. «Εγώ σε ανακάλυψα, σε δίδαξα, βρήκα τον τρόπο να σε κρατήσω στη ζωή και σε γύρισα πίσω στη Φυλή. Θα ανακαλύψεις ότι ο Ακίο είναι πιο σκληρός απ' όσο ήμουν εγώ». Χαμογέλασε, αποκαλύπτοντας τα κενά ανάμεσα στα δόντια του. «Όμως η Γιούκι θα σε προσέχει».

Υπήρχε κάτι στον τρόπο που το είπε που έκανε το πρόσωπό μου να κοκκινίσει. Δεν είχαμε κάνει τίποτε, δεν είχαμε καν αγγίξει ο ένας τον άλλον, αλλά υπήρχε κάτι ανάμεσά μας και ο Κέντζι το ήξερε.

Οι δύο δάσκαλοι χαμογελούσαν την ώρα που σηκώθηκαν και με αγκάλιασαν. Ο Κέντζι μού έκανε ένα κεφαλοκλείδωμα. «Κάνε ό,τι σου λένε» είπε. «Και μάθε να κάνεις ταχυδακτυλουργικά».

Ευχήθηκα να είχαμε τη δυνατότητα να μιλήσουμε μόνοι μεταξύ μας, ο Κέντζι κι εγώ. Υπήρχαν πολλά ζητήματα που έπρεπε να ξεκαθαριστούν ανάμεσά μας. Αλλά και πάλι, ίσως να ήταν καλύτερα που με αποχαιρέτισε σαν να ήταν ο τρυφερός δάσκαλος, τον οποίο είχα πλέον ξεπεράσει με την επίδοσή μου. Άλλωστε, όπως επρόκειτο να μάθω, οι άνθρωποι της Φυλής δεν έχαναν το χρόνο τους με το παρελθόν και δεν ήθελαν να έρχονται αντιμέτωποι μαζί του.

Αφότου έφυγαν, το δωμάτιο έμοιαζε πιο ζοφερό από οποιαδήποτε άλλη φορά, ανάερο και αποπνικτικό. Διαπερνώντας με την ακοή μου το σπίτι, άκουσα τους ήχους της αναχώρησής τους. Οι λεπτομερείς προετοιμασίες και οι μακριοί αποχαιρετισμοί των περισσότερων ταξιδιωτών δεν τους αφορούσαν. Ο Κέντζι και ο Κοτάρο απλώς πέρασαν το κατώφλι της πόρτας, κουβαλώντας τα εφόδιά τους μέσα σε τυλιγμένα υφάσματα, ένα δεύτερο ζευγάρι σανδάλια, μερικές ρυζόπιτες πασπαλισμένες με αλατισμένα δαμάσκηνα. Αναλογίστηκα αυτούς και τους δρόμους που είχαν να περπατήσουν, να ανιχνεύσουν και να ανακαλύψουν ξανά στη διαδρομή μέσα από τις Τρεις Χώρες, ίσως και πέρα από αυτές, ακολουθώντας τον τεράστιο ιστό που είχε απλώσει η Φυλή από χωριό σε χωριό και από πόλη σε πόλη. Όπου κι αν πήγαιναν θα έβρισκαν συγγενείς· ποτέ δε θα τους έλειπε το κατάλυμα ή η προστασία.

Άκουσα τη Γιούκι να λέει ότι θα περπατούσε μαζί τους μέχρι τη γέφυρα κι άκουσα τη φωνή της γυναίκας που είχε θυμώσει με την απάντηση των στρατιωτών.

«Να προσέχετε» τους φώναξε εκείνη η γυναίκα. Τα βήματα έσβησαν στο δρόμο.

Το δωμάτιο έμοιαζε ακόμη πιο καταθλιπτικό και μοναχικό. Δεν μπορούσα ούτε καν να το φανταστώ ότι θα έμενα περιορισμένος εκεί μέσα για μια εβδομάδα. Σχεδόν δίχως να αντιλαμβάνομαι τι ακριβώς έκανα, είχα αρχίσει να σχεδιάζω το πώς θα έβγαινα από εκεί. Όχι για να αποδράσω. Είχα πλέον αποδεχτεί την ιδέα ότι θα έμενα με τη Φυλή. Ήθελα απλώς να βγω έξω. Αφενός γιατί ήθελα να ξαναδώ τη Γιαμαγκάτα τη νύχτα, αφετέρου γιατί ήθελα να δω εάν θα τα κατάφερνα.

Όχι πολλή ώρα μετά, άκουσα κάποιον να πλησιάζει. Η πόρτα άνοιξε και μια γυναίκα πέρασε μέσα. Κρατούσε ένα δίσκο με φαγητό: ρύζι, τουρσί, ένα μικρό κομμάτι αποξηραμένο ψάρι, μια κούπα με σούπα. Γονάτισε κι άφησε το δίσκο στο πάτωμα.

«Έλα, φάε. Θα πρέπει να πεινάς».

Πέθαινα από την πείνα. Η μυρωδιά του φαγητού μού έφερε ζαλάδα. Όρμηξα σαν λύκος. Κάθισε και με παρακολουθούσε όσο έτρωγα.

«Ώστε εσύ λοιπόν έβαλες τον καημένο τον άντρα μου σε τόσους μπελάδες» τόνισε την ώρα που εγώ καθάριζα την κούπα από τους τελευταίους κόκκους ρυζιού.

Η σύζυγος του Κέντζι. Της έριξα μια ματιά και συνάντησα το βλέμμα της. Το πρόσωπό της ήταν λείο, χλωμό όπως κι εκείνου, μ' εκείνη την ομοιότητα που πολλά ζευγάρια αποκτούν μετά από πολλά χρόνια γάμου. Τα μαλλιά της ήταν ακόμη πυκνά και μαύρα, με ελάχιστες μονάχα άσπρες τρίχες να ξεχωρίζουν στο κεφάλι της. Ήταν χοντρή και κοντή, μια κανονική γυναίκα της πόλης, με τετράγωνα, ικανά χέρια και κοντά δάχτυλα. Το μοναδικό πράγμα που θυμήθηκα να μου είχε πει γι' αυτήν ο Κέντζι ήταν ότι επρόκειτο για καλή μαγείρισσα· και πράγματι, το φαγητό ήταν πολύ νόστιμο.

Της το είπα αυτό και, μόλις το χαμόγελο έσβησε από τα χείλη της, αμέσως είδα στα μάτια της πως ήταν η μητέρα της Γιούκι. Τα μάτια τους είχαν το ίδιο σχήμα και, όταν κι εκείνη χαμογελούσε, έπαιρνε την ίδια έκφραση στο πρόσωπο.

«Ποιος θα το φανταζόταν ότι θα εμφανιζόσουν μετά από όλ' αυτά τα χρόνια» συνέχισε, με ύφος φλύαρο και μητρικό. «Γνώριζα καλά τον Ιζαμού, τον πατέρα σου. Και κανείς δεν ήξερε το παραμικρό για σένα πριν από εκείνο το συμβάν με το Σιντάρο. Για φαντάσου, να ακούσεις και να εξουδετερώσεις τον πιο επικίνδυνο δολοφόνο των Τριών Χωρών! Η οικογένεια των Κικούτα χάρηκε πολύ όταν ανακάλυψε ότι ο Ιζαμού είχε αφήσει ένα γιο. Όλοι χαρήκαμε. Και μάλιστα, ένα γιο με τόσα πολλά ταλέντα!»

Δεν απάντησα. Έμοιαζε με μια άκακη ηλικιωμένη γυναίκα – αλλά, από την άλλη, κι ο Κέντζι έδειχνε άκακος γεράκος. Ένιωσα μέσα μου την αχνή ηχώ της δυσπιστίας που είχα νιώσει όταν πρωτοσυνάντησα τον Κέντζι στο δρόμο στο Χάγκι. Προσπάθησα να την περιεργαστώ δίχως να το δείχνω, ενώ εκείνη με παρατηρούσε δίχως προσποίηση. Ένιωθα ότι κατά κάποιον τρόπο με προκαλούσε, όμως δεν είχα σκοπό να ανταποκριθώ ωσότου ανακάλυπτα περισσότερα γι' αυτήν και τις ικανότητες που διέθετε.

«Ποιος σκότωσε τον πατέρα μου;» είπα.

«Κανείς δεν το έμαθε ποτέ. Άλλωστε αυτό συνέβη πολλά χρόνια πριν εμείς βεβαιωθούμε ότι ήταν στα σίγουρα νεκρός. Είχε βρει ένα απομονωμένο μέρος για να κρυφτεί».

«Το έκανε κάποιος από τη Φυλή;»

Αυτή η ερώτηση την έκανε να γελάσει, γεγονός που έκανε εμένα να θυμώσω. «Ο Κέντζι μού είπε ότι δεν εμπιστεύεσαι κανέναν. Αυτό είναι καλό, αλλά εμένα μπορείς να μ' εμπιστεύεσαι».

«Όπως ακριβώς μπορώ να εμπιστεύομαι κι εκείνον» μουρμούρισα.

«Τα σχέδια του Σιγκέρου θα σε οδηγούσαν στο θάνατο» είπε με μαλακό ύφος. «Είναι ζήτημα μεγάλης σημασίας για τους Κικούτα, για ολόκληρη τη Φυλή, να παραμείνεις ζωντανός. Είναι τόσο σπάνιο στις μέρες μας να βρεθούν τέτοια πλούσια ταλέντα».

Γρύλισα μόλις το άκουσα αυτό, ενώ παράλληλα προσπάθησα να διακρίνω κάποιο κρυφό νόημα πίσω από αυτά τα κολακευτικά λόγια. Μου σερβίρισε τσάι κι εγώ το ήπια με μια γουλιά. Το κεφάλι μου πονούσε από την αποπνικτική ατμόσφαιρα στο δωμάτιο.

«Βρίσκεσαι σε υπερένταση» είπε. Πήρε την κούπα από τα χέρια μου και την άφησε στο δίσκο. Παραμέρισε το δίσκο και με πλησίασε. Γονάτισε πίσω μου κι άρχισε να μου τρίβει το λαιμό και τους ώμους. Τα δάχτυλά της ήταν δυνατά και συνάμα ευλύγιστα και τρυφερά. Μου έτριψε την πλάτη κι ύστερα είπε «Κλείσε τα μάτια» κι άρχισε να μου τρίβει το κεφάλι. Η αίσθηση ήταν εξαιρετική. Παρά λίγο ν' αρχίσω να μουγκρίζω φωναχτά. Τα δάχτυλά της έμοιαζαν λες κι είχαν δική τους, αυτόνομη ζωή. Τους παρέδωσα το κεφάλι μου, που το ένιωθα λες και είχε ξεκολλήσει από το λαιμό μου.

Τότε άκουσα την πόρτα να ανοίγει. Τα μάτια μου άνοιξαν στη στιγμή. Ένιωθα ακόμη τα δάχτυλά της στο κεφάλι μου, όμως ήμουν μόνος μου μέσα στο δωμάτιο. Ένα σύγκρυο διαπέρασε τη ραχοκοκαλιά μου. Η σύζυγος του Κέντζι μπορεί να έδειχνε άκακη, όμως οι δυνάμεις της ήταν ίσως το ίδιο σπουδαίες όσο του άντρα της ή της θυγατέρας της.

Επίσης, είχε πάρει και το μαχαίρι μου.

**

Μου έδωσαν το όνομα Μινόρου, αλλά κανείς δε με προσφωνούσε με αυτό. Όταν μέναμε οι δυο μας, η Γιούκι με αποκαλούσε καμιά φορά Τακέο κι άφηνε τη λέξη να δίνει σχήμα στο στόμα της, σαν να έκανε ένα δώρο στον εαυτό της. Ο Ακίο έλεγε απλώς «εσύ» και πάντοτε με τον τρόπο που χρησιμοποιείται για να μιλάει κανείς σε κατωτέρους. Είχε κάθε δικαίωμα να το κάνει αυτό. Ήταν μεγαλύτερός μου στην ηλικία, ανώτερος σε εκπαίδευση και γνώση και με είχαν διατάξει να τον υπακούω. Ωστόσο αυτό μ' ερέθιζε και μ' ενοχλούσε. Δεν είχα συνειδητοποιήσει πόσο πολύ είχα συνηθίσει να μου φέρονται με σεβασμό όντας ένας πολεμιστής Οτόρι και ο κληρονόμος του Σιγκέρου.

Η εκπαίδευσή μου ξεκίνησε εκείνο το απόγευμα. Δεν ήξερα ότι οι μύες των χεριών θα μπορούσαν να πονάνε τόσο πολύ. Ο καρπός του δεξιού μου χεριού ήταν ακόμη αδύναμος από την πρώτη μονομαχία με τον Ακίο. Στο τέλος της μέρας είχε αρχίσει να τρέμει και να πρήζεται ξανά. Ξεκινήσαμε με ασκήσεις που χαρίζουν ευλυγισία και επιδεξιότητα στα δάχτυλα. Ακόμη και με το τραυματισμένο χέρι του, ο Ακίο ήταν πολύ ταχύτερος και πολύ πιο επιδέξιος απ' ό,τι εγώ. Ήμασταν καθισμένοι πρόσωπο με πρόσωπο και κάθε φορά κατάφερνε να μου χτυπάει τα χέρια πριν εγώ προλάβω να τα κουνήσω.

Ήταν πολύ γρήγορος. Δεν μπορούσα να πιστέψω ότι δεν προλάβαινα καν να δω την κίνηση των χεριών του. Στην αρχή το χτύπημα δεν ήταν παρά ένα ελαφρύ χάδι, αλλά, καθώς οι ώρες περνούσαν, κουραστήκαμε κι εκνευριστήκαμε και οι δυο από την αδεξιότητά μου και τότε άρχισε να με χτυπάει στα σοβαρά.

Η Γιούκι, που ήρθε στο δωμάτιο για να κάτσει μαζί μας, είπε χαμηλόφωνα «Εάν του μελανιάσεις τα χέρια, θα χρειαστεί περισσότερος χρόνος».

«Ίσως θα έπρεπε να του μελανιάσω το κεφάλι» μουρμούρισε ο Ακίο και την επόμενη φορά, πριν προλάβω να τραβήξω τα χέρια μου, μου τα έπιασε με το δεξί και με το αριστερό του με χτύπησε στο μάγουλο. Ήταν ένα κανονικό χαστούκι, τόσο δυνατό, που έκανε τα μάτια μου να δακρύσουν.

«Δεν είναι και τόσο γενναίος δίχως μαχαίρι» είπε κι άφησε ελεύθερα τα χέρια μου· άπλωσε τα δικά του, έτοιμα για τον επόμενο γύρω.

Η Γιούκι δε μίλησε. Ένιωθα το θυμό να σιγοβράζει μέσα μου. Μου φαινόταν εξοργιστικό που είχε χτυπήσει έναν άρχοντα των Οτόρι. Το απομονωμένο δωμάτιο, το εσκεμμένο πείραγμα, η αδιαφορία της Γιούκι, όλα συνετέλεσαν στο να χάσω τον έλεγχο. Την επόμενη φορά, ο Ακίο έκανε την ίδια κίνηση με τα αντίστροφα χέρια. Το χτύπημα ήταν ακόμη πιο δυνατό κι έκανε το σβέρκο μου να λυγίσει προς τα πίσω. Η όρασή μου σκοτείνιασε, ύστερα έγινε κόκκινη. Ένιωσα την οργή μου να ξεσπάει, όπως ακριβώς είχε συμβεί και με τον Κέντζι. Όρμηξα καταπάνω του.

Έχουν περάσει πολλά χρόνια από τότε που ήμουν δεκαεπτά χρονών, από την εποχή που η οργή με κυρίευε και με έσπρωχνε πέρα από τα όρια του αυτοέλεγχου. Αλλά ακόμη θυμάμαι πώς είχα νιώσει, λες κι είχε απελευθερωθεί το ζώο μέσα μου· δε θυμάμαι τίποτε απ' όσα ακολούθησαν, μονάχα εκείνο το τυφλό συναίσθημα της αδιαφορίας για το εάν ζούσα ή εάν πέθαινα και της αντίστασης στον εκβιασμό και στη φοβέρα.

Μετά από τις πρώτες στιγμές της έκπληξης, τότε που τα χέρια μου ήταν τυλιγμένα γύρω από το λαιμό του Ακίο, οι δυο μαζί μ' έπιασαν και κατόρθωσαν να με ακινητοποιήσουν εύκολα. Η Γιούκι μού έκανε το κόλπο που ασκεί πίεση στο λαιμό και πάνω που είχα αρχίσει να χάνω τις αισθήσεις μου με χτύπησε στο στομάχι με αφάνταστη δύναμη. Διπλώθηκα στα δύο, έτοιμος να κάνω εμετό. Ο Ακίο γλίστρησε από κάτω μου και μου γύρισε τα χέρια πίσω από την πλάτη.

Ήμασταν καθισμένοι στο πάτωμα, δίπλα δίπλα, λες κι ήμασταν εραστές, και βαριανασαίναμε. Ολόκληρο το επεισόδιο δεν είχε διαρκέσει περισσότερο από ένα λεπτό. Δεν μπορούσα να το πιστέψω ότι η Γιούκι με είχε χτυπήσει τόσο δυνατά. Νόμιζα ότι ήταν με το μέρος μου. Την κοίταζα με εχθρότητα και μνησικακία στην καρδιά μου.

«Αυτό ακριβώς πρέπει να μάθεις να ελέγχεις» είπε εκείνη ήρεμα.

Ο Ακίο απελευθέρωσε τα χέρια μου και ξανακάθισε στα γόνατα, σε κατάσταση ετοιμότητας. «Ας αρχίσουμε και πάλι».

«Μη με ξαναχτυπήσεις στο πρόσωπο» είπα.

«Η Γιούκι έχει δίκιο, θα ήταν καλύτερα να μη σου μελανιάσω τα χέρια» απάντησε. «Οπότε φρόντισε να είσαι πιο γρήγορος».

Βαθιά μέσα μου έδωσα την υπόσχεση ότι δε θα τον άφηνα να με χτυπήσει ξανά. Την επόμενη φορά, αν και δεν κατάφερα να τον χτυπήσω, πρόλαβα να κουνήσω το κεφάλι και τα χέρια μου πριν καταφέρει να με αγγίξει. Παρατηρώντας τον, είχα αρχίσει να διαισθάνομαι και τον παραμικρό υπαινιγμό κίνησης. Τελικά κατάφερα να γδάρω τη ράχη των χεριών του. Δεν είπε τίποτα, μονάχα έγνεψε –μόλις και μετά βίας– σαν από ικανοποίηση κι ύστερα συνεχίσαμε κάνοντας προπόνηση με τις μπάλες.

Έτσι κύλησαν οι ώρες: πέταγα την μπάλα από το ένα χέρι στο άλλο, από το ένα χέρι στο πάτωμα και στο άλλο χέρι. Μέχρι το βράδυ της δεύτερης ημέρας μπορούσα να παίζω με τον παλιό τρόπο με τρεις μπάλες, την τρίτη ημέρα με τέσσερις. Ο Ακίο κατάφερε μερικές ακόμη φορές να με ξαφνιάσει και να με χαστουκίσει, αλλά κατά κανόνα είχα μάθει να τον αποφεύγω, μέσα σ' αυτόν τον περίτεχνο χορό με τις μπάλες και τα χέρια.

Στο τέλος της τέταρτης ημέρας ήμουν πλέον σε θέση να βλέπω τις μπάλες πίσω από τα βλέφαρά μου κι είχα αρχίσει να βαριέμαι αφάνταστα και να νιώθω ανήσυχος. Μερικοί άνθρωποι, και είχα την εντύπωση ότι κι ο Ακίο ήταν ένας απ' αυτούς, εξασκούν επίμονα τούτες τις δεξιότητες επειδή έχουν εμμονή μ' αυτές κι επειδή έχουν τη βαθύτατη επιθυμία να γίνουν άριστοι. Γρήγορα συνειδητοποίησα ότι εγώ δεν είμαι ένας από αυτούς. Δεν έβλεπα τι νόημα είχαν οι ταχυδακτυλουργίες. Δε με ενδιέφερε. Εκπαιδευόμουν στις ταχυδακτυλουργίες με το σκληρότερο τρόπο και για το χειρότερο λόγο – επειδή θα με χτυπούσαν εάν δεν το έκανα. Είχα υποταχτεί στις αυστηρές μεθόδους διδασκαλίας που χρησιμοποιούσε ο Ακίο επειδή δεν μπορούσα να κάνω αλλιώς, κι αυτό το μισούσα, κι εκείνον τον μισούσα. Άλλες δυο φορές η προκλητική του συμπεριφορά με οδήγησε στο ίδιο οργισμένο ξέσπασμα, όμως, όπως εγώ είχα μάθει να τον ανέχομαι, έτσι εκείνος και η Γιούκι είχαν μάθει να αναγνωρίζουν τα σημάδια της οργής μου, κι έτσι ήταν έτοιμοι να με συγκρατήσουν προτού κανείς από εμάς πάθει κακό.

Εκείνη την τέταρτη νύχτα, όταν πια το σπίτι είχε ησυχάσει και όλοι είχαν πέσει για ύπνο, αποφάσισα να βγω για εξερεύνηση. Βαριόμουν, δε μ' έπιανε ύπνος, λαχταρούσα να αναπνεύσω λίγο καθαρό αέρα, αλλά πάνω απ' όλα ήθελα να δω εάν μπορούσα να το κάνω. Για να έχει νόημα η υπακοή μου προς τη Φυλή, έπρεπε να ανακαλύψω εάν και κατά πόσο μπορούσα να είμαι ανυπάκουος.

Η υπακοή που επιβάλλεται με τη βία μού φάνταζε τόσο ανούσια όσο η ταχυδακτυλουργία. Καλύτερα να με κρατούσαν δεμένο σαν σκυλί μέρα και νύχτα κι εγώ να γρύλιζα και να δάγκωνα κάθε φορά που θα με διέταζαν.

Γνώριζα τη διαρρύθμιση του σπιτιού. Το είχα χαρτογραφήσει όταν δεν είχα τίποτε άλλο να κάνω παρά να ακούω και ν' αφουγκράζομαι. Γνώριζα πού ακριβώς κοιμόταν ο καθένας τη νύχτα. Η Γιούκι και η μητέρα της σ' ένα δωμάτιο στο πίσω μέρος του κτιρίου, μαζί με άλλες δύο γυναίκες που δεν είχα δει, αν και τις είχα ακούσει. Η μια απ' αυτές δούλευε ως σερβιτόρα στο μαγαζί και αστειευόταν με τους πελάτες με την ντόπια προφορά. Η Γιούκι την αποκαλούσε «θείτσα». Η άλλη θύμιζε περισσότερο υπηρέτρια. Καθάριζε και προετοίμαζε το φαγητό, πάντοτε ξυπνούσε πρώτη το πρωί και πλάγιαζε τελευταία το βράδυ. Μιλούσε πολύ λίγο, με φωνή χαμηλότονη και με βόρεια προφορά. Το όνομά της ήταν Σαντάκο. Όλοι στο σπίτι την πείραζαν με εύθυμη διάθεση και την εκμεταλλεύονταν· εκείνη πάντοτε τους αποκρινόταν χαμηλόφωνα κι ευλαβικά. Ένιωθα ότι γνώριζα αυτές τις γυναίκες, παρ' όλο που ποτέ μου δεν είχα αντικρίσει καμιά τους.

Ο Ακίο και τρεις ακόμη άντρες κοιμόντουσαν σ' ένα ανώγειο, στο πατάρι που βρισκόταν επάνω από το μαγαζί. Κάθε βράδυ, ένας απ' αυτούς πήγαινε για να φυλάξει στο πίσω μέρος του σπιτιού μαζί με τους φρουρούς. Ο Ακίο το είχε κάνει την προηγούμενη νύχτα, κι αυτό είχε αποβεί εις βάρος μου, αφού η αϋπνία επιδείνωσε την πίεση και την ενόχληση που μου προκαλούσε. Πριν η υπηρέτρια πάει για ύπνο, όταν οι λάμπες ήταν ακόμη αναμμένες, άκουγα κάποιον από τους άντρες να τη βοηθάει να κλείσει τις πόρτες και τα παραθυρόφυλλα, άκουγα τις ξύλινες συρόμενες πόρτες να κλειδώνουν με μια σειρά από σύρτες, που έκαναν κάθε φορά τα σκυλιά να γαβγίζουν.

Υπήρχαν τρία σκυλιά και το καθένα είχε τη δική του χαρακτηριστική φωνή. Ο ίδιος άντρας τα τάιζε κάθε βράδυ· τους σφύριζε μέσα από τα δόντια μ' έναν συγκεκριμένο τρόπο, στον οποίο έκανα εξάσκηση όταν ήμουν μόνος, και ήμουν χαρούμενος που κανείς άλλος δε διέθετε το χάρισμα της ακοής των Κικούτα.

Οι μπροστινές πόρτες του σπιτιού έμεναν κλειδωμένες τα βράδια και οι πίσω πόρτες φυλάσσονταν από τους φρουρούς, όμως μια μικρότερη πόρτα έμενε ξεκλείδωτη. Αυτή η πόρτα έβγαζε στο στενό χώρο που απέμενε ανάμεσα στο σπίτι και στον εξωτερικό τοίχο και οδηγούσε στο αποχωρητήριο. Με συνόδευαν ως εκεί τρεις ή τέσσερις φορές την ημέρα. Είχα βρεθεί μια δυο φορές έξω στην αυλή, για να πλυθώ στο μικρό ξύλινο λουτρό που βρισκόταν στην πρασιά, ανάμεσα στην άκρη του σπιτιού και στην πύλη. Με έκρυβαν, αλλά αυτό, όπως είχε πει η Γιούκι, συνέβαινε για τη δική μου ασφάλεια. Απ' όσο μπορούσα να καταλάβω, κανείς δεν πίστευε στα σοβαρά ότι θα προσπαθούσα να αποδράσω: δε με φρουρούσαν.

Ξάπλωνα για αρκετή ώρα και αφουγκραζόμουν τους ήχους του σπιτιού. Άκουγα τις γυναίκες να ανασαίνουν στο κάτω δωμάτιο και τους άντρες στη σοφίτα. Πέρα από τον τοίχο της αυλής, η πόλη σταδιακά ησύχαζε. Βρισκόμουν σε μια κατάσταση που μπορούσα να αναγνωρίσω. Δεν μπορούσα να την εξηγήσω, αλλά μου ήταν τόσο οικεία και γνώριμη όσο και το ίδιο μου το δέρμα. Δεν αισθανόμουν ούτε φόβο ούτε ενθουσιασμό. Το μυαλό μου είχε σβήσει. Όλα ήταν ένστικτο, ένστικτο και ακοή. Ο χρόνος άλλαξε κι επιβραδύνθηκε. Δεν είχε σημασία πόσος χρόνος θα χρειαζόταν για ν' ανοίξει η πόρτα του κρυμμένου δωματίου. Ήξερα ότι στο τέλος θα το έκανα, και μάλιστα θα το έκανα αθόρυβα. Έτσι ακριβώς θα έφτανα, σιωπηλά, και μέχρι την εξώπορτα.

Στεκόμουν μπροστά στην εξώπορτα κι έλεγχα κάθε ήχο ολόγυρα, όταν άκουσα βήματα. Η γυναίκα του Κέντζι σηκώθηκε, διέσχισε το δωμάτιο όπου κοιμόταν και κατευθύνθηκε προς το κρυφό δωμάτιο. Η πόρτα σύρθηκε, πέρασαν μερικά δευτερόλεπτα. Βγήκε από το δωμάτιο και, κρατώντας μια λάμπα στο χέρι, κατευθύνθηκε γρήγορα αλλά όχι αγχωμένα προς τη μεριά μου. Με βιασύνη σκέφτηκα να γίνω αόρατος, αλλά ήξερα ότι δεν υπήρχε κανένα νόημα. Ήταν σχεδόν σίγουρο ότι θα μπορούσε να με διακρίνει, ειδάλλως θα ξεσήκωνε ολόκληρο το σπίτι.

Δίχως να πω κουβέντα, έστριψα απότομα προς την πόρτα που οδηγούσε στο αποχωρητήριο κι ύστερα επέστρεψα στο κρυφό δωμάτιο. Τη στιγμή που την προσπερνούσα, ένιωσα τα μάτια της επάνω μου. Ούτε κι εκείνη μίλησε, απλά μου έκανε νόημα, όμως αισθάνθηκα πως ήξερε ότι προσπάθησα να βγω έξω.

Το δωμάτιο ήταν πιο αποπνικτικό από κάθε άλλη φορά. Τώρα πια μου ήταν αδύνατο να κοιμηθώ. Βρισκόμουν ακόμη βυθισμένος στην κατάσταση του σιωπηλού ενστίκτου. Προσπάθησα ν' αφουγκραστώ και ν' ακούσω την ανάσα της, αλλά δεν τα κατάφερα. Στο τέλος έπεισα τον εαυτό μου ότι είχε πια κοιμηθεί. Σηκώθηκα, άνοιξα αργά την πόρτα και βγήκα από το δωμάτιο. Η λάμπα έκαιγε ακόμη. Η γυναίκα του Κέντζι καθόταν δίπλα της. Είχε τα μάτια κλειστά, όμως τα άνοιξε και με είδε να στέκομαι μπροστά της.

«Πας για να κατουρήσεις ξανά;» είπε με τη βαθιά φωνή της.

«Δεν μπορώ να κοιμηθώ».

«Κάθισε. Θα σου φτιάξω τσάι». Σηκώθηκε με μια κίνηση – παρά την ηλικία και το μέγεθός της ήταν ευλύγιστη σαν κορίτσι. Έπιασε τον ώμο μου και με πίεσε μαλακά κάτω στο πάτωμα.

«Μην το σκάσεις!» με προειδοποίησε, με ειρωνικό τόνο στη φωνή της. Κάθισα, αλλά στην πραγματικότητα δε σκεφτόμουν. Ήμουν ακόμη προσανατολισμένος στην ιδέα να βγω έξω. Άκουσα τον ήχο της τσαγιέρας όταν άρχισε να φυσάει τα κάρβουνα, άκουσα το χτύπημα του μετάλλου και των κεραμικών. Επέστρεψε με το τσάι, γονάτισε για να το σερβίρει και μου έδωσε μια κούπα, που χρειάστηκε να σκύψω για να πιάσω. Το φως λαμπύριζε ολόγυρά μας. Καθώς έπιασα την κούπα, την κοίταξα στα μάτια και είδα την απόλαυση και την ειρωνεία, είδα ότι απλώς με κολάκευε νωρίτερα: στην πραγματικότητα, δεν πίστευε στα ταλέντα μου. Ύστερα τα βλέφαρά της τρεμόπαιξαν κι έπειτα έκλεισαν. Πέταξα κάτω την κούπα, την έπιασα καθώς ταλαντευόταν και την ξάπλωσα κάτω στο πάτωμα ενώ εκείνη είχε ήδη αποκοιμηθεί βαθιά. Το χυμένο τσάι άχνιζε κάτω από το φως της λάμπας.

Κανονικά, θα έπρεπε να νιώθω τρομοκρατημένος, όμως δεν ήμουν. Ένιωθα απλά εκείνη την ψυχρή ικανοποίηση που προκαλούν τα χαρίσματα της Φυλής. Λυπόμουν που δεν το είχα σκεφτεί νωρίτερα, όμως ποτέ μου δεν είχα διανοηθεί ότι θα μπορούσα να είχα οποιαδήποτε επίδραση πάνω στην ίδια τη σύζυγο του δασκάλου Μούτο. Κυρίως όμως αισθανόμουν ανακούφιση, μιας και τώρα τίποτε δεν μπορούσε να με εμποδίσει από το να βγω έξω.

Όταν ξεγλίστρησα από την πόρτα και βρέθηκα στην αυλή, άκουσα τα σκυλιά να γαβγίζουν. Τους σφύριξα, σιγανά και σε ψηλή συχνότητα, έτσι ώστε μονάχα εκείνα να με ακούσουν. Ένα απ' αυτά με πλησίασε αργά για να με ερευνήσει, κουνώντας την ουρά του. Όπως συμβαίνει με όλα τα σκυλιά, με συμπάθησε. Άπλωσα το χέρι μου. Ακούμπησε το κεφάλι του επάνω. Το φεγγάρι έστεκε χαμηλά στον ουρανό, όμως το κιτρινωπό του φως ήταν αρκετό για να κάνει τα μάτια του να γυαλίζουν. Μείναμε να κοιταζόμαστε για μερικές στιγμές, ύστερα εκείνος χασμουρήθηκε δείχνοντας τα μεγάλα άσπρα δόντια του, ξάπλωσε στα πόδια μου και αποκοιμήθηκε.

Μέσα στο μυαλό μου στριφογύριζε η σκέψη, *άλλο πράγμα ο σκύλος κι οπωσδήποτε άλλο η γυναίκα του δασκάλου Μούτο,* αλλά, παρ' όλα αυτά, αποφάσισα να μην της δώσω σημασία. Γονάτισα στο έδαφος και χτύπησα ελαφρά μια δυο φορές το κεφάλι του σκύλου ενώ κοίταζα στον τοίχο.

Φυσικά, δε διέθετα ούτε όπλα ούτε εργαλεία. Οι εξοχές στην οροφή του τοίχου ήταν τόσο πλατειές, που ήταν αδύνατο να σκαρφαλώσει κανείς εκεί πάνω δίχως αρπάγες ή άγκιστρα. Τελικά, σκαρφάλωσα στη σκεπή του λουτρού και πήδηξα από εκεί. Έγινα αόρατος, σύρθηκα στην οροφή του τοίχου –μακριά από την πίσω πύλη και τους φρουρούς– κι ύστερα πήδηξα στο δρόμο, λίγο πριν από τη γωνία που σχημάτιζε. Έμεινα με την πλάτη κολλημένη στον τοίχο για μερικές στιγμές κι αφουγκράστηκα. Τα σκυλιά παρέμεναν ήσυχα κι ολάκερη η πόλη έδειχνε να κοιμάται.

Όπως είχα κάνει και παλιότερα, τη νύχτα που είχα αναρριχηθεί στο κάστρο της Γιαμαγκάτα, διέσχισα τους δρόμους κάνοντας ζιγκ ζαγκ με κατεύθυνση προς το ποτάμι. Οι ιτιές ορθώνονταν ψηλά, κάτω από το φεγγάρι, που έδυε πια. Τα κλαδιά τους κινούνταν μαλακά με το φύσημα του φθινοπωρινού ανέμου, τα φύλλα είχαν ήδη κιτρινίσει, ένα δυο απ' αυτά κατρακύλησαν μέχρι το νερό.

Κούρνιασα κάτω από τις φυλλωσιές. Δεν είχα ιδέα ποιος ήλεγχε πλέον αυτή την πόλη. Ο άρχοντας τον οποίο είχε επισκεφτεί ο Σιγκέρου, ο σύμμαχος του Ιίντα, είχε πια ανατραπεί μαζί με τους Τοχάν όταν η πόλη ξεσηκώθηκε με την είδηση του θανάτου του Σιγκέρου, αλλά κατά πάσα πιθανότητα ο Αράι είχε εγκαταστήσει κάποιον προσωρινό διοικητή. Δεν άκουσα αποσπάσματα να περιπολούν. Κοίταξα το κάστρο δίχως να μπορώ να ξεχωρίσω εάν τα κεφάλια των Αφανών, τους οποίους είχα γλιτώσει από το μαρτύριο θανατώνοντάς τους, είχαν τελικά μεταφερθεί ή όχι. Με δυσκολία μπορούσα να πιστέψω την ίδια μου τη μνήμη: ήταν σαν να το είχα ονειρευτεί ή σαν να μου είχαν αφηγηθεί την ιστορία κάποιου άλλου που το είχε πράξει.

Αναλογιζόμουν εκείνη τη νύχτα και το πώς είχα κολυμπήσει κάτω από την επιφάνεια του ποταμού, όταν ξαφνικά άκουσα βήματα να πλησιάζουν από την όχθη. Το έδαφος ήταν μαλακό και μουσκεμένο και κάλυπτε το ποδοβολητό, όμως όποιος κι αν ήταν βρισκόταν πολύ κοντά. Έπρεπε να είχα φύγει εκείνη ακριβώς τη στιγμή, όμως ήμουν περίεργος να δω ποιος ερχόταν στο ποτάμι μια τέτοια ώρα, μέσα στη νύχτα. Άλλωστε ήμουν σίγουρος ότι δε θα μ' έβλεπε.

Ήταν ένας άντρας πιο κοντός από το κανονικό και πολύ αδύνατος: δεν κατάφερα να διακρίνω τίποτε περισσότερο μέσα στο σκοτάδι. Έριξε μια φευγαλέα ματιά τριγύρω κι ύστερα γονάτισε στην ακροποταμιά σαν να προσευχόταν. Ο άνεμος φύσηξε πάνω απ' το ποτάμι κι έφερε την οσμή του νερού και της λάσπης μαζί με τη μυρωδιά εκείνου του ανθρώπου.

Η οσμή του μου φάνηκε κάπως γνώριμη. Μύρισα τον αέρα σαν σκύλος και προσπάθησα να την αναγνωρίσω. Ύστερα από ένα δυο λεπτά το βρήκα: ήταν η μυρωδιά του βυρσοδεψείου. Ο άντρας αυτός πρέπει να ήταν εργάτης σε βυρσοδεψείο και, κατά συνέπεια, ένας απόκληρος. Εκείνη τη στιγμή κατάλαβα ποιος ήταν: ήταν ο άνθρωπος που μου είχε μιλήσει αμέσως μετά αφότου είχα πάει στο κάστρο. Ο αδερφός του ήταν ένας από τους βασανισμένους Αφανείς στους οποίους χάρισα την ελευθερία του θανάτου. Είχα εμφανιστεί στο ποτάμι χρησιμοποιώντας τη δεύτερη εικόνα μου και τότε εκείνος νόμισε πως είχε δει έναν άγγελο κι αμέσως διέδωσε τη φήμη για τον Άγγελο της Γιαμαγκάτα. Ήταν εύκολο να μαντέψω για ποιο λόγο προσευχόταν. Προφανώς ανήκε κι εκείνος στους Αφανείς κι ίσως ήλπιζε ότι θα ξανάβλεπε τον άγγελο. Θυμήθηκα ότι την πρώτη φορά που τον είχα συναντήσει είχε περάσει από το μυαλό μου η ιδέα να τον σκοτώσω, αλλά δε μου βάσταγε η καρδιά να το κάνω. Τώρα πλέον τον κοιτούσα με εκείνη την παράξενη τρυφερότητα που νιώθει κανείς για κάποιον στον οποίο έχει χαρίσει τη ζωή.

Ένιωθα και κάτι ακόμα, τον οξύ πόνο της απώλειας και της λύπης για όλα τα δεδομένα της παιδικής μου ηλικίας, για όλα εκείνα τα λόγια και τις ιεροτελεστίες που τότε με ανακούφιζαν επειδή φάνταζαν το ίδιο σταθερά στους αιώνες όπως η εναλλαγή των εποχών, ο κύκλος της σελήνης και τα αστέρια στον ουρανό. Την ημέρα που ο Σιγκέρου με έσωσε στο Μίνο, ξεριζώθηκα από τη ζωή μου με τους Αφανείς. Από τότε έκρυβα την καταγωγή μου, δε μιλούσα σε κανέναν γι' αυτούς, ποτέ μου δεν προσευχήθηκα ανοιχτά. Μερικές φορές όμως, εξακολουθούσα να προσεύχομαι τις νύχτες με τον τρόπο που επέβαλλε η θρησκεία με την οποία είχα ανατραφεί, στο θεό που λάτρευε η μητέρα μου. Και εκείνη τη στιγμή ένιωθα τη λαχτάρα να πλησιάσω αυτόν τον άνθρωπο και να του μιλήσω.

Ως άρχοντας των Οτόρι, αλλά και ως μέλος της Φυλής, θα έπρεπε να αποφεύγω τους βυρσοδέψες επειδή θανατώνουν τα ζώα και θεωρούνται ακάθαρτοι. Όμως οι Αφανείς πιστεύουν ότι ο κρυφός τους θεός έχει δημιουργήσει όλους τους ανθρώπους ίσους μεταξύ τους, κι αυτό μου είχε διδάξει η μητέρα μου. Παρ' όλα αυτά, κάποιο τελευταίο ίχνος αυτοπροστασίας με έκανε να κρυφτώ κάτω από τον ίσκιο της ιτιάς, αν και, ακούγοντάς τον να ψιθυρίζει την προσευχή του, συνειδητοποίησα ότι επαναλάμβανα μαζί του τα λόγια.

Θ' άφηνα την ιστορία να τελειώσει σ' εκείνο ακριβώς το σημείο –δεν ήμουν τελείως βλάκας, παρ' όλο που εκείνο το βράδυ συμπεριφερόμουν κατ' αυτόν τον τρόπο– αν δεν άκουγα τον ήχο κάποιων να πλησιάζουν από την κοντινότερη γέφυρα. Ήταν κάποιου είδους περίπολος, κατά πάσα πιθανότητα άντρες του Αράι, αν και δεν μπορούσα να γνωρίζω με σιγουριά. Θα πρέπει να είχαν σταματήσει στη γέφυρα και να είχαν κοιτάξει κάτω στο ποτάμι.

«Να τος εκείνος ο τρελός» άκουσα να λέει ο ένας. «Με αρρωσταίνει που τον βλέπω εκεί πέρα κάθε νύχτα». Μιλούσε με την τοπική προφορά, όμως ο επόμενος που ακούστηκε θα πρέπει να καταγόταν από τη Δύση.

«Δείρ' τον, και τότε θα πάψει να έρχεται».

«Το 'χουμε κάνει αυτό. Δεν είχε αποτέλεσμα».

«Μήπως έρχεται για να φάει μερικές ακόμη;»

«Ας τον ρίξουμε στη φυλακή για μερικά βράδια».

«Εγώ λέω να τον πετάξουμε στο ποτάμι».

Έβαλαν τα γέλια. Τα βήματά τους ήχησαν πιο δυνατά καθώς άρχισαν να τρέχουν, ύστερα σίγασαν, την ώρα που περνούσαν μπροστά από μια σειρά με σπίτια. Ήταν ακόμη αρκετά μακριά· ο άντρας στο ποτάμι δεν είχε καταλάβει τίποτα. Δεν είχα σκοπό να σταθώ εκεί και να παρακολουθήσω τους σκοπούς να τον ρίχνουν στο ποτάμι. Ήταν άνθρωπός μου: τώρα πια μου ανήκε.

Γλίστρησα κάτω από τα κλαδιά της ιτιάς και έτρεξα προς το μέρος του. Τον χτύπησα ελαφρά στον ώμο και, καθώς γύρισε, του είπα «Έλα, κρύψου γρήγορα!».

Με αναγνώρισε αμέσως και –βαριανασαίνοντας από την κατάπληξη που ένιωθε– έπεσε στα πόδια μου κι άρχισε να προσεύχεται με ακατάληπτο τρόπο. Από μακριά άκουγα την περίπολο να πλησιάζει από το δρόμο που εκτεινόταν παράλληλα με το ποτάμι. Τον τράνταξα, σήκωσα το κεφάλι του, του έκανα νόημα να σωπάσει και, προσπαθώντας να μην τον κοιτάξω κατάματα, τον τράβηξα κάτω από τις φυλλωσιές των δέντρων.

Πρέπει να τον αφήσω εδώ, σκέφτηκα. *Μπορώ να γίνω αόρατος, κι έτσι να αποφύγω την περίπολο,* ύστερα όμως άκουσα το ποδοβολητό τους από τη γωνία και τότε συνειδητοποίησα ότι ήταν πια αργά.

Η αύρα έκανε το νερό να κυματίζει και τα φύλλα της ιτιάς να τρέμουν. Από μακριά ακούστηκε ένας πετεινός κι ο ήχος της καμπάνας από κάποιο ναό.

«Έφυγε!» ακούστηκε μια δυνατή φωνή, ούτε δέκα βήματα από εκεί που βρισκόμασταν.

Ένας άλλος έβρισε «Σιχαμένοι απόκληροι!».

«Τι λέτε, ποιοι είναι χειρότεροι, οι απόκληροι ή οι Αφανείς;»

«Μερικοί είναι και τα δυο! Αυτό είναι το χειρότερο».

Άκουσα την κοφτερή ανάσα ενός σπαθιού που έβγαινε από το θηκάρι του. Ένας απ' τους στρατιώτες έκοψε μια σειρά καλάμια κι ύστερα χτύπησε την ίδια την ιτιά. Ο άντρας δίπλα μου τεντώθηκε. Έτρεμε, αλλά δεν έβγαλε άχνα. Η μυρωδιά του κατεργασμένου δέρματος χτυπούσε τόσο έντονα στα ρουθούνια μου, που ήμουν σίγουρος ότι θα την αισθάνονταν και οι φρουροί, όμως η οσμή από το ποτάμι θα πρέπει να την κάλυπτε.

Σκεφτόμουν ότι θα έπρεπε να αποσπάσω την προσοχή τους από εκείνον τον απόκληρο, να χωριστώ στα δύο και να τους ξεφύγω με κάποιον τρόπο. Εκείνη ακριβώς τη στιγμή, δυο πάπιες, που ως τότε κοιμόντουσαν στις καλαμιές, απογειώθηκαν ξαφνικά κάνοντας μεγάλο θόρυβο, ανακατεύοντας την επιφάνεια του νερού και καταστρέφοντας την ηρεμία της νύχτας. Οι στρατιώτες έβαλαν τις φωνές από την έκπληξη κι ύστερα γέλασαν μεταξύ τους. Συνέχισαν τα πειράγματα και τα χαχανητά για λίγο ακόμη, πετροβόλησαν τις πάπιες κι έφυγαν ακολουθώντας την αντίθετη κατεύθυνση απ' αυτή που είχαν πριν. Άκουσα τα βήματά τους να ηχούν μέσα στην πόλη και να σβήνουν αργά, μέχρι που δεν μπορούσα πια να τα διακρίνω. Τότε άρχισα να κατσαδιάζω εκείνον τον άνθρωπο.

«Τι γυρεύεις έξω τέτοια ώρα μέσα στη νύχτα; Θα σ' έριχναν στο ποτάμι εάν σ' έβρισκαν».

Έσκυψε το κεφάλι του ξανά μέχρι τα πόδια μου.

«Σήκω πάνω» τον παρακάλεσα. «Μίλα μου».

Ανασηκώθηκε, με κοίταξε φευγαλέα στο πρόσωπο κι ύστερα έριξε κάτω το βλέμμα. «Έρχομαι εδώ σχεδόν κάθε βράδυ» μουρμούρισε. «Προσευχόμουν στο Θεό να αξιωθώ να σας δω ξανά. Δε θα ξεχάσω ποτέ αυτό που κάνατε για τον αδερφό μου και για τους υπόλοιπους». Σώπασε για μια στιγμή κι ύστερα ψιθύρισε «Νόμιζα πως ήσαστε άγγελος. Όμως ο κόσμος λέει ότι είστε ο γιος του άρχοντα Οτόρι. Σκοτώσατε τον άρχοντα Ιίντα, για να εκδικηθείτε το θάνατό του. Τώρα όμως έχουμε έναν καινούριο αφέντη, τον άρχοντα Αράι Ντάιτσι από το Κουμαμότο. Οι άντρες του χτενίζουν την πόλη για να σας βρουν. Νόμιζα ότι ήξεραν πως ήσαστε εδώ. Ήρθα λοιπόν κι απόψε για να σας συναντήσω. Όποια μορφή κι αν επιλέγετε να έχετε, θα πρέπει να είστε άγγελος του Θεού για να τα κάνετε όλ' αυτά».

Συγκλονίστηκα που άκουσα αυτόν τον άνθρωπο να αφηγείται την ιστορία μου. Μ' έκανε να συνειδητοποιήσω τον κίνδυνο τον οποίο διέτρεχα. «Πήγαινε στο σπίτι σου. Και μην πεις σε κανέναν ότι με είδες». Ετοιμάστηκα να φύγω.

Δεν έδειχνε να με ακούει. Τον είχε κυριεύσει μια εξυμνητική διάθεση: τα μάτια του γυάλιζαν, σταγόνες σάλιου λαμπύριζαν στα χείλη του. «Μείνετε, αφέντη» με εκλιπάρησε. «Κάθε βράδυ θα σας φέρνω φαγητό· φαγητό και κρασί. Θα τα μοιραζόμαστε, ύστερα θα μου δίνετε την ευλογία σας, κι έτσι θα πεθάνω ευτυχισμένος».

Μου έδειξε ένα μικρό δέμα. Έβγαλε από μέσα τροφή και την τοποθέτησε στο χώμα ανάμεσά μας· έπειτα άρχισε να λέει την πρώτη προσευχή των Αφανών. Τα λόγια μού ακούστηκαν οικεία κι ένιωσα το λαιμό μου να καίει. Όταν τελείωσε, συνέχισα εγώ, απαγγέλλοντας χαμηλόφωνα τη δεύτερη προσευχή. Μαζί σχηματίσαμε το σημάδι των Αφανών πάνω από την τροφή και πάνω από τους ίδιους μας τους εαυτούς κι έπειτα αρχίσαμε να τρώμε.

Το γεύμα ήταν απελπιστικά φτωχό: ένα ψωμάκι από κεχρί μ' ένα ίχνος από δέρμα καπνιστού ψαριού, θαμμένο μέσα στην ψίχα, διέθετε όμως όλα τα στοιχεία του τελετουργικού που είχα διδαχτεί όταν ήμουν παιδί. Ο απόκληρος έβγαλε ένα φλασκί και γέμισε μια ξύλινη κούπα. Ήταν κάποιου είδους σπιτικό ποτό, πολύ πιο δυνατό απ' το κρασί, και δεν ήπιαμε πάνω από μια γουλιά ο καθένας, όμως το άρωμά του μου θύμισε το σπίτι μου. Ένιωσα έντονα την παρουσία της μητέρας μου και τότε δάκρυα πλημμύρισαν τα μάτια μου.

«Είσαι ιερέας;» ψιθύρισα, απορώντας πώς είχε καταφέρει να γλιτώσει από τις διώξεις των Τοχάν.

«Ο αδερφός μου ήταν ο ιερέας μας. Ήταν αυτός που του χαρίσατε το έλεος. Από τότε που εκείνος πέθανε, κάνω ό,τι μπορώ για τους ανθρώπους μας· για όσους έχουν απομείνει».

«Πέθαναν πολλοί τον καιρό του Ιίντα;»

«Στην Ανατολή, εκατοντάδες. Οι γονείς μου είχαν καταφύγει εκεί πριν από πολλά χρόνια και κάτω από την εξουσία των Οτόρι δεν υπήρχαν διωγμοί. Όμως, μέσα στα δέκα χρόνια που μεσολάβησαν από τη Γεγκαχάρα, κανείς δεν μπορούσε να αισθάνεται ασφαλής εκεί. Τώρα πια έχουμε έναν καινούριο ηγεμόνα, τον Αράι: κανείς δεν ξέρει ποια πλευρά θα υποστηρίξει. Κάποιοι λένε ότι έχει άλλες σκοτούρες. Ίσως, τελικά, μας αφήσει στην ησυχία μας για όσο διάστημα θα ασχολείται με τη Φυλή». Η φωνή του μετατράπηκε σε ψίθυρο όταν είπε αυτή την τελευταία λέξη, λες κι αν απλώς την ξεστόμιζε κανείς θα προκαλούσε αντίποινα. «Κι αυτό άλλωστε θα ήταν δίκαιο» συνέχισε «γιατί αυτοί είναι οι φονιάδες και οι εκτελεστές. Οι δικοί μας άνθρωποι είναι άκακοι και ειρηνικοί. Δε μας επιτρέπεται να σκοτώσουμε». Με κάρφωσε μ' ένα απολογητικό βλέμμα. «Ασφαλώς, αφέντη, η δική σας περίπτωση είναι διαφορετική».

Δεν είχα ιδέα πόσο διαφορετική ήταν η δική μου περίπτωση ή κατά πόσο είχα παρεκκλίνει από την αγωγή που μου είχε δώσει η μητέρα μου. Σκυλιά γάβγιζαν από μακριά, πετεινοί ανακοίνωναν τον ερχομό την καινούριας μέρας. Έπρεπε να φύγω, αλλά δίσταζα.

«Δε φοβάσαι;» τον ρώτησα.

«Πολύ συχνά με κυριεύει ο τρόμος. Δε διαθέτω το χάρισμα της γενναιότητας. Όμως η ζωή μου βρίσκεται στα χέρια του Θεού. Έχει τα δικά του σχέδια για μένα. Μας έστειλε εσάς».

«Δεν είμαι άγγελος» είπα.

«Πώς αλλιώς θα μπορούσε ένας Οτόρι να γνωρίζει τις προσευχές μας;» αποκρίθηκε. «Ποιος άλλος παρά ένας άγγελος θα μοιραζόταν την τροφή με κάποιον σαν κι εμένα;»

Αντιλαμβανόμουν απόλυτα τον κίνδυνο που αναλάμβανα, αλλά, παρ' όλ' αυτά, του το είπα. «Ο άρχοντας Σιγκέρου με έσωσε από τον Ιίντα στο Μίνο».

Δεν έπρεπε να το είχα ξεστομίσει. Έμεινε σιωπηλός για μια στιγμή από το δέος. Έπειτα ψιθύρισε «Στο Μίνο; Νομίζαμε ότι κανείς δε σώθηκε εκεί πέρα. Πόσο παράξενες είναι οι βουλές του Θεού. Σωθήκατε για να εξυπηρετήσετε έναν ανώτερο σκοπό. Εάν δεν είστε άγγελος, τότε σας έχει σημαδέψει ο Απόκρυφος».

Κούνησα το κεφάλι μου. «Είμαι ο έσχατος απ' όλα τα όντα. Η ζωή μου δε μου ανήκει. Η μοίρα, που με πήρε μακριά από τους δικούς μου ανθρώπους, τώρα με απομακρύνει και από τους Οτόρι». Δεν ήθελα να του αποκαλύψω ότι είχα ενταχθεί στη Φυλή.

«Χρειάζεστε βοήθεια;» με ρώτησε. «Θα είμαστε πάντοτε στη διάθεσή σας. Ελάτε να μας βρείτε στη γέφυρα των απόκληρων».

«Πού βρίσκεται;»

«Εκεί που δουλεύουμε τα δέρματα, ανάμεσα στη Γιαμαγκάτα και στο Τσουβάνο. Ψάξτε για το Χο-Αν». Αμέσως μετά είπε την τρίτη προσευχή, για να ευχαριστήσει για την τροφή.

«Πρέπει να φύγω» είπα.

«Θα μ' ευλογήσετε πρώτα, αφέντη;»

Έπιασα το κεφάλι του με το δεξί μου χέρι κι άρχισα να λέω την προσευχή που έλεγε σε μένα η μητέρα μου. Ένιωθα άβολα, δεν είχα το δικαίωμα να ξεστομίζω τούτες τις λέξεις, όμως έβγαιναν εύκολα από το στόμα μου. Ο Χο-Αν πήρε το χέρι μου και το ακούμπησε στο μέτωπό του, με τα δάχτυλα να αγγίζουν τα χείλια του. Εκείνη τη στιγμή συνειδητοποίησα πόσο βαθιά με εμπιστευόταν. Άφησε το χέρι μου και υποκλίθηκε μέχρι το έδαφος. Όταν σήκωσε το κεφάλι, εγώ βρισκόμουν ήδη στην άλλη άκρη του δρόμου. Ο ουρανός είχε αρχίσει να ασπρίζει κι η πρωινή αύρα φύσαγε δροσερή.

Γύρισα πίσω γλιστρώντας από κατώφλι σε κατώφλι. Η καμπάνα του ναού αντήχησε. Η πόλη άρχισε να ξυπνάει, άνοιγαν τα πρώτα παραθυρόφυλλα κι άρχισε να αναδύεται στους δρόμους η μυρωδιά του καπνού από τις φωτιές στις κουζίνες. Είχα περάσει πολλή ώρα με το Χο-Αν. Όλη νύχτα δεν είχα χρησιμοποιήσει τη δεύτερη υπόστασή μου, όμως ένιωθα χωρισμένος στα δύο, γιατί είχα αφήσει τον πραγματικό μου εαυτό για πάντα μαζί του, εκεί, κάτω από την ιτιά. Τώρα πια επέστρεφα στη Φυλή κούφιος κι άδειος.

Όταν έφτασα στο σπίτι των Μούτο, ήρθε στην επιφάνεια εκείνη η ενοχλητική σκέψη που στριφογύριζε στο μυαλό μου όλη τη νύχτα. Πώς θα περνούσα την εξοχή του τοίχου από τη μεριά του δρόμου; Ο άσπρος γύψος και τα γκρίζα κεραμίδια άστραφταν κάτω από το φως της αυγής και με κορόιδευαν. Κρύφτηκα γονατισμένος στη σκιά του σπιτιού που βρισκόταν απέναντι και μετάνιωσα πικρά για τη βιασύνη και την ανοησία μου. Είχα χάσει την αυτοσυγκέντρωση και τον αυτοέλεγχό μου: η ακοή μου ήταν, όπως πάντα, πολύ οξυμένη, αλλά εκείνη η βαθύτερη βεβαιότητα, το ένστικτο, είχε χαθεί.

Δεν μπορούσα να παραμείνω στο ίδιο σημείο. Από μακριά άκουσα ήχο βημάτων και ποδοβολητό από οπλές. Πλησίαζε μια ομάδα από άντρες. Οι φωνές τους πέταξαν στον αέρα κι έφτασαν μέχρι τ' αυτιά μου. Μου φάνηκε ότι διέκρινα τη δυτική προφορά, γεγονός που θα σήμαινε ότι μάλλον ήταν πολεμιστές του Αράι. Ήξερα ότι, εάν με ανακάλυπταν, τότε η ζωή μου κοντά στη Φυλή θα τελείωνε – η ίδια μου η ζωή μπορεί να τελείωνε εάν ο Αράι αισθανόταν τόσο προσβεβλημένος όσο έλεγαν.

Δεν είχα άλλη επιλογή παρά να τρέξω προς την πύλη και να φωνάξω στους φρουρούς να μου ανοίξουν· όμως, τη στιγμή που ετοιμαζόμουν να διασχίσω το δρόμο, άκουσα κάποιες φωνές να έρχονται από την άλλη πλευρά του τοίχου. Ο Ακίο καλούσε χαμηλόφωνα τους φρουρούς. Ακούστηκε ένα τρίξιμο κι ένας υπόκωφος χτύπος καθώς ξεκλείδωναν την πύλη.

Η περίπολος έστριψε με κατεύθυνση προς την άλλη άκρη του δρόμου. Έγινα αόρατος, έτρεξα προς την πύλη και γλίστρησα μέσα.

Οι φρουροί δε με είδαν, όμως με είδε ο Ακίο, όπως κι όταν με είχε προλάβει στην Ινουγιάμα, τότε που η Φυλή με είχε συλλάβει για πρώτη φορά. Μπήκε στο δρόμο μου και μου άρπαξε τα χέρια.

Έσφιξα τα δόντια κι ετοιμάστηκα για τα χτυπήματα που ήμουν σίγουρος ότι θα ακολουθούσαν, όμως εκείνος δεν έχασε καθόλου χρόνο. Με έσυρε γρήγορα προς το σπίτι.

Τα άλογα της περιπόλου πήγαιναν τώρα πιο γρήγορα, διέσχιζαν το δρόμο καλπάζοντας ελαφρά. Σκόνταψα επάνω στο σκύλο. Κλαψούρισε μέσα στον ύπνο του. Οι καβαλάρηδες φώναξαν στους φρουρούς της πύλης «Καλημέρα!».

«Τι έχετε εκεί πέρα;» τους ρώτησε ένας από τους φρουρούς.

«Να μη σε νοιάζει!»

Τη στιγμή που ο Ακίο με έσερνε μέσα στο σπίτι, κοίταξα πίσω. Μέσα από το στενό περιθώριο ανάμεσα στο λουτρό και στον τοίχο μπορούσα να διακρίνω την ανοιχτή πύλη και μέσα απ' αυτή το δρόμο.

Πίσω από τους έφιππους, δύο πεζοί πολεμιστές έσερναν έναν αιχμάλωτο. Δεν μπορούσα να τον διακρίνω καθαρά, αλλά μπόρεσα να ακούσω τη φωνή του. Τον άκουσα να προσεύχεται. Ήταν ο δικός μου απόκληρος, ο Χο-Αν.

Θα πρέπει να χτύπησα απότομα πάνω στο σκαλοπάτι που οδηγούσε στην πύλη, γιατί ο Ακίο με τράβηξε προς τα πίσω με τόση δύναμη, που σχεδόν μου εξάρθρωσε τον ώμο. Ύστερα μου κατάφερε ένα αθόρυβο και καίριο χτύπημα στο πλάι του λαιμού. Το δωμάτιο άρχισε να στριφογυρνάει και να μου προκαλεί ναυτία. Δίχως να πει λέξη, με έσυρε μέχρι το κυρίως δωμάτιο, όπου η υπηρέτρια σκούπιζε το πάτωμα. Εκείνη δεν αντιλήφθηκε τίποτα.

Φώναξε προς την κουζίνα κι ύστερα άνοιξε τον τοίχο που οδηγούσε στο κρυφό δωμάτιο· με έσπρωξε μέσα. Η γυναίκα του Κέντζι ήρθε στο δωμάτιο και ο Ακίο έκλεισε την πόρτα.

Το πρόσωπό της ήταν χλωμό και τα μάτια της πρησμένα, σαν να προσπαθούσε ακόμη να παραμείνει ξύπνια. Πριν καν μιλήσει, ήμουν σε θέση να διαισθανθώ την οργή της. Με χαστούκισε δυο φορές στο πρόσωπο. «Μικρέ μπάσταρδε! Μπασταρδεμένε ηλίθιε! Πώς τόλμησες να μου το κάνεις αυτό;»

Ο Ακίο μ' έριξε στο πάτωμα ενώ ακόμη κρατούσε τα χέρια μου κολλημένα στην πλάτη μου. Κατέβασα το κεφάλι σε ένδειξη υποταγής. Δεν υπήρχε νόημα να πω οτιδήποτε.

«Ο Κέντζι με προειδοποίησε ότι θα προσπαθούσες να βγεις έξω. Δεν τον πίστεψα. Γιατί το έκανες;»

Δεν της απάντησα κι εκείνη γονάτισε και μου σήκωσε το κεφάλι έτσι ώστε να βλέπει το πρόσωπό μου. Εγώ εξακολούθησα να έχω το βλέμμα μου στραμμένο αλλού.

«Απάντησέ μου! Είσαι τρελός;»

«Για να δω εάν μπορούσα να τα καταφέρω».

Αναστέναξε εξοργισμένη κι ακούστηκε ακριβώς όπως και ο άντρας της.

«Δε μου αρέσει να με κρατάνε κλειδωμένο» μουρμούρισα.

«Αυτό είναι τρέλα» είπε θυμωμένα ο Ακίο. «Αποτελεί κίνδυνο για όλους μας. Πρέπει να...»

Τον διέκοψε βιαστικά. «Αυτό μπορεί να το αποφασίσει μονάχα ο δάσκαλος Κικούτα. Έως εκείνη τη στιγμή, η δουλειά μας είναι να τον κρατήσουμε ζωντανό και μακριά από τα χέρια του Αράι». Μου έκανε ακόμη ένα κεφαλοκλείδωμα, με λιγότερη δύναμη αυτή τη φορά. «Ποιος σε είδε;»

«Κανείς. Μονάχα ένας απόκληρος».

«Ποιος απόκληρος;»

«Ένας βυρσοδέψης. Ο Χο-Αν».

«Ο Χο-Αν; Ο τρελός; Εκείνος που αντίκρισε τον άγγελο;» Πήρε μια βαθιά ανάσα. «Μη μου πεις ότι αυτός σε είδε».

«Μιλήσαμε για λίγο» παραδέχτηκα.

«Οι άντρες του Αράι έχουν ήδη συλλάβει αυτόν τον απόκληρο» είπε ο Ακίο.

«Ελπίζω να συνειδητοποιείς πόσο ανόητος είσαι» είπε εκείνη.

Κατέβασα ξανά το κεφάλι. Σκεφτόμουν το Χο-Αν, ευχήθηκα να τον είχα συνοδεύσει μέχρι το σπίτι του –εάν είχε κάποιο σπίτι στη Γιαμαγκάτα–, αναρωτήθηκα εάν μπορούσα να τον σώσω και απαίτησα σιωπηλά να μάθω τι σχέδια είχε ο Θεός γι' αυτόν. *Πολύ συχνά με κυριεύει ο φόβος*, μου είχε πει. *Ο τρόμος*. Η καρδιά μου λύγισε από τον οίκτο και τις τύψεις.

«Μάθε πόσα ομολόγησε τούτος ο απόκληρος» είπε στον Ακίο η γυναίκα του Κέντζι.

«Δε θα με προδώσει» είπα.

«Με τα βασανιστήρια όλοι προδίδουν» απάντησε εκείνος κοφτά.

«Πρέπει να επιταχύνουμε το ταξίδι σου» συνέχισε εκείνη. «Ίσως θα έπρεπε να φύγεις σήμερα κιόλας».

Ο Ακίο ήταν ακόμη γονατισμένος και με κρατούσε από τους καρπούς των χεριών. Ένιωσα την κίνηση που έκανε όταν έγνεψε καταφατικά.

«Θα τιμωρηθεί;» ρώτησε.

«Όχι, πρέπει να είναι σε θέση να ταξιδέψει. Άλλωστε, όπως ίσως έχεις καταλάβεις μέχρι τώρα, η σωματική τιμωρία δε δείχνει να τον επηρεάζει. Ωστόσο, φρόντισε να τον ενημερώσεις επακριβώς για όλα όσα θα πάθει εκείνος ο απόκληρος. Μπορεί το κεφάλι του να είναι ξερό κι αγύριστο, όμως η καρδιά του είναι τρυφερή».

«Οι δάσκαλοι λένε ότι αυτή είναι η σημαντικότερη αδυναμία του» υπογράμμισε ο Ακίο.

«Ναι, δίχως αυτήν ίσως να είχαμε ένα νέο Σιντάρο».

«Οι τρυφερές καρδιές μπορούν να σκληρύνουν» μουρμούρισε ο Ακίο.

«Εσείς οι Κικούτα ξέρετε πολύ καλά πώς να το κάνετε αυτό».

Παρέμεινα γονατισμένος στο πάτωμα όση ώρα εκείνοι συνομιλούσαν για μένα με τέτοια ψυχρότητα, σαν να ήμουν κάποιο εμπόρευμα, ένα βαρέλι κρασί ίσως, που μπορεί να ήταν εξαιρετικής ποιότητας, μπορεί όμως να αποδεικνυόταν ξινισμένο και δίχως οποιαδήποτε αξία.

«Και τώρα;» είπε ο Ακίο. «Θα παραμείνει δεμένος ωσότου ξεκινήσουμε;»

«Ο Κέντζι είπε ότι εσύ επέλεξες να έρθεις σε μας» είπε εκείνη σε μένα. «Εάν αυτό είναι αλήθεια, τότε γιατί προσπαθείς να το σκάσεις;»

«Γύρισα πίσω».

«Θα το ξανακάνεις;»

«Όχι».

«Θα ταξιδέψεις μέχρι το Ματσούε με τους θεατρίνους δίχως να επιχειρήσεις οτιδήποτε θα έβαζε σε κίνδυνο είτε εσένα είτε αυτούς;»

«Ναι».

Έμεινε σκεφτική για λίγο κι ύστερα είπε στον Ακίο να με δέσει ούτως ή άλλως. Όταν εκείνος εκτέλεσε την εντολή, με άφησαν για να ασχοληθούν με τις προετοιμασίες της αναχώρησής μας. Ύστερα ήρθε η υπηρέτρια μ' ένα δίσκο με φαγητό και τσάι και με βοήθησε να φάω και να πιω δίχως να πει κουβέντα. Αφότου μάζεψε τις κούπες κανείς δε με πλησίασε. Αφουγκράστηκα τους ήχους του σπιτιού και ένιωσα ότι μπορούσα να διακρίνω όλη την αγριότητα και τη σκληρότητα που έκρυβε ο θόρυβος της καθημερινότητας. Με κυρίευσε μια απεριόριστη κούραση. Σύρθηκα μέχρι το στρώμα, προσπάθησα να βρω μια βολική θέση, αναλογίστηκα με απελπισία το Χο-Αν και την ανοησία μου κι ύστερα αποκοιμήθηκα.

Ξύπνησα απότομα· η καρδιά μου χτυπούσε δυνατά κι ο λαιμός μου είχε στεγνώσει. Είχα ονειρευτεί τον απόκληρο· ήταν ένα τρομακτικό όνειρο, όπου από κάπου πολύ μακριά μια επίμονη φωνή, σαν κουνουπιού, ψιθύριζε κάτι που μόνο εγώ μπορούσα ν' ακούσω.

Ο Ακίο θα πρέπει να είχε κολλήσει το πρόσωπό του στον εξωτερικό τοίχο του σπιτιού. Περιέγραφε με κάθε λεπτομέρεια τα μαρτύρια στα οποία υπέβαλλαν το Χο-Αν οι άντρες του Αράι. Μιλούσε αργά και μονότονα κι αυτό μ' έκανε να ανατριχιάσω και ν' ανακατευτεί το στομάχι μου. Κάθε τόσο σταματούσε και σώπαινε για κάμποση ώρα. Τότε εγώ σκεφτόμουν με ανακούφιση ότι είχε τελειώσει, όμως η φωνή του συνέχιζε και πάλι.

Δεν μπορούσα ούτε καν να κλείσω τ' αυτιά μου. Δεν υπήρχε διαφυγή. Η γυναίκα του Κέντζι είχε δίκιο: αυτή ήταν η χειρότερη τιμωρία που θα μπορούσαν να μου επιβάλουν. Μακάρι να είχα σκοτώσει εκείνον τον απόκληρο την πρώτη φορά που τον αντίκρισα στην ακροποταμιά. Ο οίκτος είχε συγκρατήσει το χέρι μου εκείνη τη φορά, όμως αυτός ο οίκτος είχε μοιραία αποτελέσματα. Θα μπορούσα να είχα χαρίσει στο Χο-Αν ένα γρήγορο και λυτρωτικό θάνατο. Τώρα υπέφερε βασανιστήρια εξαιτίας μου.

Όταν πια η φωνή του Ακίο σίγησε, άκουσα τα βήματα της Γιούκι απ' έξω. Μπήκε στο δωμάτιο κρατώντας ένα μικρό μπολ, ψαλίδι κι ένα ξυράφι. Η Σαντάκο, η υπηρέτρια, ακολουθούσε βαστώντας μια αγκαλιά ρούχα· τα ακούμπησε στο πάτωμα κι ύστερα βγήκε αθόρυβα από το δωμάτιο. Άκουσα τη Σαντάκο να λέει στον Ακίο ότι το μεσημεριανό γεύμα ήταν έτοιμο κι ύστερα άκουσα εκείνον να σηκώνεται όρθιος και να την ακολουθεί μέχρι την κουζίνα. Η μυρωδιά του φαγητού πλημμύρισε το σπίτι, όμως εγώ δεν πεινούσα.

«Πρέπει να σου κόψω τα μαλλιά» είπε η Γιούκι. Τα χτένιζα ακόμη με τον τρόπο που συνήθιζαν οι πολεμιστές: τραβηγμένα άψογα προς τα πίσω, όπως μου επέβαλλε ο Ιτσίρο –ο πρώην δάσκαλός μου στο αρχοντικό του Σιγκέρου–, με το μέτωπο ξυρισμένο και τα πίσω μαλλιά μαζεμένα κότσο. Είχα βδομάδες ολόκληρες να κουρευτώ και να ξυριστώ, αν κι είχα πολύ μικρή γενειάδα.

Η Γιούκι μού έλυσε τα χέρια και τα πόδια και μ' έβαλε να καθίσω μπροστά της. «Είσαι ένας ηλίθιος» μου είπε κι άρχισε να με κουρεύει.

Δεν απάντησα. Το γνώριζα ήδη αυτό, όμως ήξερα ότι μάλλον θα έκανα ξανά το ίδιο.

«Η μητέρα μου θύμωσε πολύ. Δεν κατάλαβα τι ήταν αυτό που την ξάφνιασε περισσότερο, το ότι μπόρεσες να την υπνωτίσεις ή το γεγονός ότι τόλμησες να το κάνεις».

Κομμάτια από τα μαλλιά μου έπεφταν κάτω. «Όμως την ίδια ακριβώς στιγμή ένιωθε ενθουσιασμένη» συνέχισε η Γιούκι. «Λέει ότι της θυμίζεις το Σιντάρο όταν ήταν στην ηλικία σου».

«Τον γνώριζε;»

«Θα σου πω ένα μυστικό: έλιωνε για χάρη του. Θα τον είχε παντρευτεί, αλλά κάτι τέτοιο δεν ταίριαζε με τα σχέδια της Φυλής, οπότε παντρεύτηκε τον πατέρα μου. Τέλος πάντων, δε νομίζω ότι θα μπορούσε ποτέ να ανεχτεί την ιδέα ότι κάποιος μπορεί να έχει μια τέτοια επίδραση επάνω της. Ο Σιντάρο ήταν ο πιο μεγάλος δεξιοτέχνης στον υπνωτισμό των Κικούτα: κανείς δεν μπορούσε να του ξεφύγει».

Η Γιούκι είχε ζωντανέψει και τώρα ήταν πιο ομιλητική από ποτέ. Ένιωθα το χέρι της να τρέμει ελαφρά πάνω από το λαιμό μου καθώς το κρύο ψαλίδι ακουμπούσε το κεφάλι μου. Θυμήθηκα τα υποτιμητικά λόγια του Κέντζι για τη σύζυγό του, τα κορίτσια με τα οποία είχε πλαγιάσει. Ο γάμος τους ήταν όπως των περισσότερων ανθρώπων, μια διακανονισμένη συμμαχία ανάμεσα σε δυο οικογένειες.

«Εάν είχε παντρευτεί το Σιντάρο, τότε εγώ θα ήμουν κάποια άλλη» είπε σκεφτική η Γιούκι. «Δεν πιστεύω ότι έπαψε ποτέ να τον αγαπάει».

«Παρ' όλο που ήταν ένας δολοφόνος;»

«Δεν ήταν δολοφόνος! Δεν έκανε κάτι χειρότερο απ' ό,τι εσύ».

Κάτι στη φωνή της μαρτυρούσε ότι η αυτοσυγκέντρωση και η ψυχραιμία της είχαν εισχωρήσει σε επικίνδυνα χωράφια. Έβρισκα τη Γιούκι πολύ ελκυστική. Ήξερα καλά ότι κι εκείνη ήταν ερωτευμένη μαζί μου. Δεν ένιωθα όμως για κείνη αυτό που είχα νιώσει για την Καεντέ και δεν ήθελα ν' αρχίσω να μιλάω για αγάπη.

Προσπάθησα να αλλάξω το θέμα της συζήτησης. «Νόμιζα ότι αυτό το κόλπο με τον υπνωτισμό ήταν κάτι που μονάχα οι Κικούτα μπορούσαν να κάνουν. Όμως ο Σιντάρο δεν καταγόταν από την οικογένεια των Κουρόντα;»

«Από την πλευρά του πατέρα του. Η μητέρα του ήταν Κικούτα. Ο Σιντάρο και ο πατέρας σου ήταν ξαδέρφια».

Πάγωσα στην ιδέα ότι εκείνος ο άνθρωπος του οποίου είχα προκαλέσει το θάνατο και στον οποίο όλοι έλεγαν ότι έμοιαζα ήταν συγγενής μου.

«Τι ακριβώς συνέβη εκείνη τη νύχτα που πέθανε ο Σιντάρο;» ρώτησε με περιέργεια η Γιούκι.

«Άκουσα κάποιον να σκαρφαλώνει στο σπίτι. Το παράθυρο στον πρώτο όροφο του σπιτιού είχε μείνει ανοιχτό εξαιτίας της ζέστης. Ο άρχοντας Σιγκέρου ήθελε να τον συλλάβει ζωντανό, πάνω όμως στη συμπλοκή πέσαμε και οι τρεις κάτω στον κήπο. Ο εισβολέας χτύπησε το κεφάλι του σε μια πέτρα, αλλά θεωρήσαμε ότι είχε προλάβει να πιει δηλητήριο λίγο πριν πέσει. Όπως και να 'χει, πέθανε δίχως να ανακτήσει τις αισθήσεις του. Ο πατέρας σου μας επιβεβαίωσε ότι αυτός ήταν ο Σιντάρο Κουρόντα. Ύστερα μάθαμε ότι οι θείοι του Σιγκέρου, οι άρχοντες των Οτόρι, τον είχαν προσλάβει για να τον δολοφονήσει».

«Είναι εντυπωσιακό» είπε η Γιούκι «το γεγονός ότι βρισκόσουν κι εσύ εκεί κι όμως κανείς δε γνώριζε ποιος είσαι».

Της απάντησα δίχως προφυλάξεις, αφού οι αναμνήσεις εκείνης της νύχτας με είχαν αφοπλίσει. «Όχι και τόσο εντυπωσιακό. Ο Σιγκέρου έψαχνε να με βρει όταν μου έσωσε τη ζωή στο Μίνο. Είχε πληροφορηθεί την ύπαρξή μου και γνώριζε ότι ο πατέρας μου ήταν ένας εκτελεστής». Ο άρχοντας Σιγκέρου μού το είχε αποκαλύψει αυτό όταν συζητήσαμε στο Τσουβάνο. Τον είχα ρωτήσει εάν αυτός ήταν ο λόγος που με είχε αναζητήσει κι εκείνος παραδέχτηκε ότι αυτός ήταν ο κύριος λόγος, αλλά όχι και ο μοναδικός. Δεν έμαθα τελικά ποιοι μπορεί να ήταν οι άλλοι λόγοι, και τώρα πια δεν πρόκειται να τους ανακαλύψω ποτέ.

Τα χέρια της Γιούκι είχαν παγώσει. «Ο πατέρας μου δεν το ήξερε αυτό».

«Όχι, τον έκαναν να πιστέψει ότι ο Σιγκέρου είχε ενεργήσει παρορμητικά, ότι μου είχε σώσει τη ζωή και με είχε πάρει μαζί του στο Χάγκι από καθαρή τύχη».

«Μιλάς σοβαρά;»

Η επιμονή της ξύπνησε αργοπορημένα τις υποψίες μου. «Τι σημασία μπορεί να έχει τώρα πια;»

«Πώς μπόρεσε ο άρχοντας Οτόρι να ανακαλύψει κάτι που η ίδια η Φυλή δεν μπορούσε να διανοηθεί; Τι άλλο σου είχε πει;»

«Μου είπε πολλά πράγματα» απάντησα με εκνευρισμό. «Αυτός κι ο Ιτσίρο μού δίδαξαν σχεδόν όλα όσα γνωρίζω».

«Εννοώ, τι σου είπε σχετικά με τη Φυλή;!»

Κούνησα το κεφάλι μου παριστάνοντας ότι δεν καταλάβαινα. «Τίποτα. Δε γνωρίζω τίποτα σχετικά με τη Φυλή πέρα από όσα μου δίδαξε ο πατέρας σου κι όλα όσα έμαθα εδώ πέρα».

Με περιεργάστηκε. Απέφυγα να την κοιτάξω κατάματα. «Υπάρχουν πολλά ακόμη που έχεις να μάθεις» είπε στο τέλος. «Θα σου τα διδάξω στη διαδρομή». Πέρασε τα χέρια της πάνω από το κουρεμένο κεφάλι μου κι ύστερα ανασηκώθηκε με μια κίνηση, όπως ακριβώς έκανε και η μητέρα της. «Φόρεσε αυτά τα ρούχα. Θα σου φέρω να φας».

«Δεν πεινάω» απάντησα. Άπλωσα το χέρι και πήρα τα ρούχα. Τα χρώματά τους πρέπει να ήταν κάποτε ζωντανά, όμως τώρα είχαν ξεθωριάσει κι είχαν πάρει μια θολή πορτοκαλή και καφετιά απόχρωση. Αναρωτήθηκα ποιος να τα φορούσε κάποτε και τι ακριβώς να του είχε συμβεί στο δρόμο.

«Μας περιμένει πολύωρο ταξίδι» είπε. «Ίσως να μη φάμε ξανά σήμερα. Θα κάνεις ό,τι σου πούμε ο Ακίο κι εγώ. Εάν σου πούμε να βράσεις τη βρομιά που είναι κρυμμένη στα νύχια σου και να την πιεις, θα το κάνεις. Όταν σου λέμε να φας, θα τρως. Και δε θα κάνεις τίποτε άλλο. Εμείς διδαχτήκαμε αυτού του είδους την υπακοή όταν ήμασταν παιδιά. Εσύ πρέπει να τη μάθεις τώρα».

Ήθελα να τη ρωτήσω εάν από υπακοή μού είχε φέρει το σπαθί του Σιγκέρου, τον Τζάτο, στην Ινουγιάμα, αλλά μου φάνηκε πιο έξυπνο να μη μιλήσω. Φόρεσα τα ρούχα του θεατρίνου κι ύστερα η Γιούκι επέστρεψε με φαγητό, το οποίο έφαγα δίχως αντίρρηση.

Με παρακολουθούσε σιωπηλή, κι όταν τελείωσα, μου είπε «Ο απόκληρος είναι νεκρός».

Ήθελαν να μου σκληρύνουν την καρδιά. Δεν την κοίταξα, ούτε και της αποκρίθηκα.

«Δεν είπε τίποτε για σένα» συνέχισε. «Δε φανταζόμουν ότι ένας απόκληρος θα είχε τέτοιο κουράγιο. Δεν είχε δηλητήριο για να λυτρωθεί. Κι όμως, δε μίλησε».

Στα βάθη της καρδιάς μου ευχαρίστησα το Χο-Αν, ευχαρίστησα τους Αφανείς, που έπαιρναν μαζί τους τα μυστικά τους, ...αλλά πού; Στον Παράδεισο; Σε κάποια άλλη ζωή; Στη σιωπηρή φωτιά, στο σιωπηλό τάφο; Ήθελα να προσευχηθώ γι' αυτόν με τον τρόπο που συνήθιζαν οι δικοί μας άνθρωποι. Ή ν' ανάψω κεριά και να κάψω θυμίαμα γι' αυτόν, όπως μου είχαν μάθει ο Ιτσίρο και η Τσίγιο στο σπίτι του Σιγκέρου στο Χάγκι. Σκέφτηκα το Χο-Αν να πεθαίνει μόνος στο σκοτάδι. Τι θα έκαναν χωρίς αυτόν οι δικοί του άνθρωποι;

«Προσεύχεσαι κάπου;» ρώτησα τη Γιούκι.

«Φυσικά» απάντησε ξαφνιασμένη.

«Σε ποιον;»

«Στον Πεφωτισμένο, σε όλες τις μορφές του. Στους θεούς του βουνού, του δάσους, του ποταμού: σε όλους τους παλιούς θεούς. Σήμερα το πρωί πήγα ρύζι και λουλούδια στο βωμό που βρίσκεται στη γέφυρα, για να ζητήσω ευλογία για το ταξίδι μας. Χαίρομαι που θα φύγουμε σήμερα. Είναι καλή μέρα για ταξίδι, όλα τα σημάδια είναι ευνοϊκά». Με κοίταξε σαν να το σκεφτόταν καλύτερα κι ύστερα κούνησε το κεφάλι. «Μη ρωτάς γι' αυτά τα πράγματα. Σε κάνουν ν' ακούγεσαι τόσο διαφορετικός. Κανείς άλλος δε θα έκανε μια τέτοια ερώτηση».

«Κανείς άλλος δεν έχει ζήσει τη δική μου ζωή».

«Τώρα πια είσαι μέλος της Φυλής. Προσπάθησε να συμπεριφέρεσαι ανάλογα».

Έβγαλε ένα μικρό πουγκί από το μανίκι της και μου το έδωσε. «Πάρε αυτό. Ο Ακίο μού είπε να σου το δώσω».

Άνοιξα το πουγκί και το ψηλάφισα, ύστερα άδειασα το περιεχόμενο. Πέντε μπάλες ταχυδακτυλουργού, λείες, σκληρές και παραγεμισμένες με κόκκους ρυζιού έπεσαν στο πάτωμα. Αν και μισούσα την ταχυδακτυλουργία, δεν μπορούσα να μην τις μαζέψω και ν' αρχίσω να τις περιεργάζομαι. Κράτησα τρεις στο δεξί μου χέρι και δύο στο αριστερό και σηκώθηκα όρθιος. Αγγίζοντας τις μπάλες και ντυμένος με τα ρούχα του θεατρίνου, είχα γίνει κάποιος άλλος.

«Είσαι ο Μινόρου» είπε η Γιούκι. «Αυτές τις μπάλες σού τις έχει δώσει ο πατέρας σου. Ο Ακίο είναι ο μεγαλύτερος αδερφός σου κι εγώ η αδερφή σου».

«Δε μοιάζουμε και τόσο πολύ» είπα εγώ και πέταξα ψηλά τις μπάλες.

«Θα μοιάσουμε πολύ» είπε η Γιούκι. «Ο πατέρας μου είπε ότι μπορείς να παραλλάσσεις ως ένα βαθμό τα χαρακτηριστικά σου».

«Τι απέγινε ο πατέρας μας;» Οι μπάλες στριφογύριζαν, πήγαιναν πίσω, σχημάτιζαν κύκλο, σιντριβάνι...

«Έχει πεθάνει».

«Αυτό είναι βολικό».

Με αγνόησε. «Πηγαίνουμε στο Ματσούε για το φθινοπωρινό πανηγύρι. Το ταξίδι θα μας πάρει πέντε ή έξι ημέρες, ανάλογα με τον καιρό. Οι άνθρωποι του Αράι εξακολουθούν να σε ψάχνουν, αλλά οι κυρίως έρευνες διεξάγονται εδώ. Εκείνος έχει ήδη φύγει για την Ινουγιάμα. Εμείς θα ταξιδέψουμε προς την αντίθετη κατεύθυνση. Θα διανυκτερεύουμε σε ασφαλή σπίτια. Όμως ο δρόμος δεν ανήκει σε κανέναν. Εάν συναντήσουμε κάποια περίπολο, τότε θα πρέπει να αποδείξεις ποιος είσαι».

Μια από τις μπάλες μού έπεσε κάτω κι εγώ έσκυψα για να τη μαζέψω.

«Δεν πρέπει να σου πέφτουν» είπε η Γιούκι. «Κανείς στην ηλικία σου δεν τις ρίχνει. Ο πατέρας μου είπε επίσης ότι ξέρεις να υποκρίνεσαι καλά. Μη μας βάλεις σε κίνδυνο».

Φύγαμε από την πίσω πύλη. Η γυναίκα του Κέντζι βγήκε έξω για να μας αποχαιρετίσει. Με κοίταξε από πάνω ως κάτω, έλεγξε τα μαλλιά και τα ρούχα μου. «Ελπίζω να συναντηθούμε ξανά» μου είπε «αλλά, με δεδομένη την απροσεξία σου, δε θα το περίμενα κιόλας».

Της υποκλίθηκα δίχως να πω τίποτα. Ο Ακίο βρισκόταν ήδη στην αυλή, μ' ένα καρότσι σαν κι εκείνο με το οποίο με είχαν μεταφέρει στην Ινουγιάμα. Μου είπε να μπω μέσα· σκαρφάλωσα ανάμεσα στα σκηνικά και στα κοστούμια. Η Γιούκι μού επέστρεψε το μαχαίρι μου. Χάρηκα που το είδα ξανά και το έκρυψα μέσα στα ρούχα μου.

Ο Ακίο σήκωσε τις λαβές του καροτσιού κι άρχισε να σπρώχνει. Διέσχισα την πόλη μέσα στο μισοσκόταδο, ακούγοντας τους ήχους της και τις συζητήσεις των θεατρίνων. Αναγνώρισα τη φωνή της άλλης κοπέλας από την Ινουγιάμα, της Κέικο. Υπήρχε κι ένας μεγαλύτερος άντρας ανάμεσά μας: είχα ακούσει τη φωνή του μέσα στο σπίτι, αλλά δεν τον είχα δει ποτέ.

Όταν πια είχαμε αφήσει πίσω μας και τα τελευταία σπίτια, ο Ακίο σταμάτησε, άνοιξε το πίσω μέρος του καροτσιού και μου είπε να βγω έξω. Ήταν περίπου το δεύτερο μισό από την ώρα της Αίγας, κι έκανε ακόμη πολλή ζέστη, παρά το γεγονός ότι το φθινόπωρο είχε πια καταφθάσει. Ο Ακίο γυάλιζε από τον ιδρώτα. Είχε βγάλει τα περισσότερα από τα ρούχα του για να σπρώξει το καρότσι. Είχα συνειδητοποιήσει πόσο δυνατός ήταν. Ήταν πιο ψηλός από μένα και πολύ πιο μυώδης. Πήγε να πιει νερό στο ρυάκι που έτρεχε κατά μήκος του δρόμου· κατάβρεξε το κεφάλι και το πρόσωπό του. Η Γιούκι, η Κέικο και ο μεγαλύτερος άντρας κοντοστάθηκαν στην άκρη του δρόμου. Μόλις και μετά βίας μπορούσα να τους αναγνωρίσω. Είχαν μεταμορφωθεί απόλυτα σε μπουλούκι θεατρίνων, που ζούσαν μέσα στην αβεβαιότητα, ταξιδεύοντας από πόλη σε πόλη, κερδίζοντας το ψωμί τους χάρη στην εξυπνάδα και στο ταλέντο τους, πάντοτε στο μεταίχμιο ανάμεσα στην πείνα ή στο έγκλημα.

Ο άντρας χαμογέλασε και μου έδειξε πόσα δόντια τού έλειπαν. Το πρόσωπό του ήταν ισχνό, εκφραστικό και ελαφρώς δαιμονικό. Η Κέικο με αγνόησε. Όπως ο Ακίο, έτσι κι εκείνη είχε μισόκλειστες πληγές στο ένα χέρι από το μαχαίρι μου.

Πήρα μια βαθιά ανάσα. Όση ζέστη κι αν έκανε, ήταν απείρως καλύτερα απ' ό,τι στο δωμάτιο που με είχαν κλειδώσει ή σε κείνο το αποπνικτικό καρότσι. Πίσω μας απλωνόταν η Γεγκαχάρα, το λευκό κάστρο με φόντο τα βουνά, που ήταν ακόμη καταπράσινα και κατάφυτα, με πινελιές χρωμάτων εδώ κι εκεί, στα σημεία όπου τα φύλλα είχαν αρχίσει να κιτρινίζουν. Οι ορυζώνες είχαν αρχίσει κι αυτοί να χρυσίζουν. Σε λίγο θα άρχιζε η συγκομιδή. Στα νοτιοδυτικά μπορούσα να διακρίνω την απότομη πλαγιά της Τεραγιάμα, όμως οι σκεπές του ναού ήταν καλυμμένες από τους κέδρους. Πίσω του εκτείνονταν οι οροσειρές, που από μακριά φάνταζαν γαλάζιες και λαμπύριζαν κάτω από την απογευματινή ομίχλη. Αποχαιρέτισα σιωπηλά το Σιγκέρου, διστάζοντας να φύγω και να σπάσω και τον τελευταίο δεσμό μαζί του και με τη ζωή μου ως Οτόρι.

Ο Ακίο με χτύπησε στον ώμο. «Σταμάτα να ονειροπολείς σαν ηλίθιος» είπε, και τώρα πια η φωνή του είχε αλλάξει: μιλούσε με πιο βαριά προφορά και με διάλεκτο. «Είναι η σειρά σου να σπρώξεις».

Μέχρι να σουρουπώσει, είχα καταλήξει να μισώ βαθύτατα εκείνο το καρότσι. Ήταν βαρύ και δύσκολο να το κουμαντάρω· έκανε τα χέρια μου να πληγιάζουν και τη μέση μου να πονάει. Η ανηφόρα ήταν πολύ δύσκολη, γιατί οι ρόδες έπεφταν σε λακκούβες και σε αυλάκια και χρειαζόταν να σπρώξουμε όλοι για να το απελευθερώσουμε· όμως το να το συγκρατήσω στην κατηφόρα ήταν ακόμη δυσκολότερο. Πολύ ευχαρίστως θα το άφηνα να γκρεμιστεί και να πέσει με φόρα μέσα στο δάσος. Είχα νοσταλγήσει το άλογό μου, τον Ρακού.

Ο μεγαλύτερος άντρας, ο Καζούο, βάδιζε πλάι μου, μου έδειχνε πώς να προσαρμόσω την προφορά μου και μου μάθαινε τις λέξεις που έπρεπε να γνωρίζω από τη διάλεκτο των θεατρίνων. Μερικές απ' αυτές μου τις είχε ήδη διδάξει ο Κέντζι, ήταν η σκοτεινή διάλεκτος του πεζοδρομίου που χρησιμοποιούσε η Φυλή, άλλες τις άκουγα για πρώτη φορά. Προσπάθησα να τον αντιγράψω, όπως αντέγραφα και τον Ιτσίρο –το δάσκαλό μου όταν ζούσα με τους Οτόρι, μόνο που τώρα επρόκειτο για ένα διαφορετικό μάθημα–, και άρχισα να σκέφτομαι ότι ήμουν στ' αλήθεια ο Μινόρου.

Λίγο πριν φύγει η μέρα, τότε που το φως είχε αρχίσει να σβήνει, κατεβήκαμε μια πλαγιά με κατεύθυνση ένα χωριό. Ο δρόμος έγινε ίσιος και το έδαφος πιο ομαλό. Ένας άντρας που βάδιζε προς το σπίτι του μας χαιρέτησε λέγοντας «καλησπέρα».

Μύριζα ξύλα που καίγονταν και φαγητό στη φωτιά. Ολόγυρά μου ξεπηδούσαν οι απογευματινοί ήχοι του χωριού: το πιτσίλισμα του νερού καθώς οι αγρότες πλένονταν, παιδιά που έπαιζαν και καβγάδιζαν, γυναίκες που κουτσομπόλευαν ενώ μαγείρευαν, ο ήχος της φωτιάς που έκαιγε, ο χτύπος του τσεκουριού πάνω στο ξύλο, η καμπάνα του βωμού, όλος εκείνος ο ιστός της ζωής μέσα στον οποίο είχα μεγαλώσει.

Άκουσα και κάτι ακόμη: το κουδούνισμα του χαλιναριού, το σιγανό βάδισμα ενός αλόγου.

«Μια περίπολος βρίσκεται μπροστά» είπα στον Καζούο.

Σήκωσε το χέρι του για να σταματήσουμε και φώναξε χαμηλόφωνα για να έρθει ο Ακίο. «Ο Μινόρου λέει ότι υπάρχει μια περίπολος».

Ο Ακίο με κοίταξε τυφλωμένος από τον ήλιο που βασίλευε. «Τους άκουσες;»

«Άκουσα τα άλογα. Τι άλλο θα μπορούσε να είναι;»

Έγνεψε και σήκωσε τους ώμους σαν να έλεγε *Είτε τώρα είτε αργότερα, το ίδιο κάνει.* «Πάρε το καρότσι».

Μόλις πήρα τη θέση του Ακίο, ο Καζούο άρχισε να τραγουδάει ένα φασαριόζικο κωμικό τραγούδι. Είχε καλή φωνή. Αντηχούσε μέσα στην ήρεμη απογευματινή ατμόσφαιρα. Η Γιούκι έψαξε μέσα στο καρότσι, έπιασε ένα μικρό ταμπούρλο και το πέταξε στον Ακίο. Το έπιασε κι άρχισε να το χτυπάει στο ρυθμό του τραγουδιού. Η Γιούκι έβγαλε επίσης ένα μονόχορδο όργανο, το οποίο έπαιζε ενώ βάδιζε μαζί μας. Η Κέικο κρατούσε περιστροφικά κύμβαλα, σαν εκείνα που μου είχαν τραβήξει την προσοχή στην Ινουγιάμα.

Τραγουδώντας και παίζοντας μουσική, στρίψαμε στη γωνία και συναντηθήκαμε με την περίπολο. Είχαν στήσει μια μπάρα από μπαμπού λίγο πριν τα πρώτα σπίτια του χωριού. Ήταν περίπου εννιά ή δέκα άτομα· οι περισσότεροι ήταν καθισμένοι στο έδαφος κι έτρωγαν. Στα πουκάμισά τους είχαν το έμβλημα του Αράι με την αρκούδα. Λάβαρα των Σεϊσού –με τον ήλιο που έδυε– ήταν καρφωμένα στην άκρη του δρόμου. Τέσσερα άλογα έβοσκαν από κάτω τους.

Ένα τσούρμο από παιδιά βρισκόταν εκεί κοντά και, μόλις μας αντίκρισαν, έτρεξαν καταπάνω μας με γέλια και χαχανητά. Ο Καζούο διέκοψε το τραγούδι του για να τους πει ένα δυο αινίγματα κι ύστερα φώναξε με αναίδεια προς τους στρατιώτες «Πώς πάει, παιδιά;».

Ο επικεφαλής τους σηκώθηκε επάνω και μας πλησίασε. Εμείς αμέσως πέσαμε καταγής.

«Σηκωθείτε» μας είπε. «Από πού ήρθατε;» Είχε τετραγωνισμένο πρόσωπο με πυκνά φρύδια, λεπτό στόμα και σφιγμένο σαγόνι. Με τη ράχη του χεριού του σκούπισε το ρύζι από τα χείλια του.

«Από τη Γιαμαγκάτα». Ο Ακίο έδωσε το ταμπούρλο στη Γιούκι κι έβγαλε μια ξύλινη πινακίδα. Είχε γραμμένα τα ονόματά μας, το όνομα της συντεχνίας μας και την άδεια εξόδου μας από την πόλη. Ο επικεφαλής την περιεργάστηκε για πολλή ώρα, αποκρυπτογραφώντας τα ονόματά μας, ενώ κάθε τόσο κοίταζε προς τη μεριά μας για να εξετάσει το πρόσωπο του καθένα μας με τη σειρά. Η Κέικο στριφογυρνούσε τα μικροσκοπικά κύμβαλα. Οι άντρες την κοιτούσαν όχι αδιάφορα. Γι' αυτούς, οι θεατρίνοι ήταν το ίδιο με τις πόρνες. Ένας απ' αυτούς της πρότεινε κάτι με περιπαιχτική διάθεση· ως απάντηση, εκείνη γέλασε.

Ακούμπησα στο καρότσι και σκούπισα τον ιδρώτα από το πρόσωπό μου.

«Τι κάνει τούτος εδώ ο Μινόρου;» ρώτησε ο επικεφαλής κι έδωσε πίσω την πινακίδα στον Ακίο.

«Ο αδερφούλης μου; Είναι ταχυδακτυλουργός. Είναι το οικογενειακό μας ταλέντο».

«Για να τον δούμε» είπε ο επικεφαλής και τα λεπτά χείλη του άνοιξαν και σχημάτισαν κάτι σαν χαμόγελο.

Ο Ακίο δε δίστασε ούτε για μια στιγμή. «Έλα, αδερφούλη. Δείξε στον άρχοντα».

Σκούπισα τα χέρια στο μαντίλι μου κι ύστερα το έδεσα γύρω από το κεφάλι μου. Πήρα τις μπάλες, τις ζύγισα, τις ένιωσα στο χέρι μου και τότε, σε μια στιγμή, έγινα ο Μινόρου. Τούτη λοιπόν ήταν η ζωή μου. Μονάχα αυτή γνώριζα: το δρόμο, το χωριό, τα καχύποπτα επιθετικά βλέμματα. Ξέχασα την κούραση που ένιωθα, τον πονοκέφαλο και τα πληγιασμένα μου χέρια. Ήμουν ο Μινόρου κι έκανα αυτό που είχα μάθει να κάνω από τότε που ήμουν μωρό.

Οι μπάλες πετούσαν ψηλά στον αέρα. Ξεκίνησα με τέσσερις, ύστερα με πέντε. Είχα μόλις ολοκληρώσει το δεύτερο μέρος από το «σιντριβάνι», όταν είδα τον Ακίο να μου γνέφει. Έστειλα τις μπάλες προς το μέρος του. Τις έπιασε με άνεση· μαζί πέταξε στον αέρα και την ξύλινη πινακίδα. Ύστερα τα έστειλε και πάλι προς τη δική μου μεριά. Η κοφτερή πλευρά του ξύλου άγγιξε το πληγιασμένο χέρι μου. Είχα θυμώσει μαζί του, αναρωτιόμουν τι ήθελε στην πραγματικότητα να κάνει: Να με εξευτελίσει; Να με προδώσει; Έχασα το ρυθμό μου. Η πινακίδα και οι μπάλες έπεσαν στο χώμα.

Το χαμόγελο έσβησε από το πρόσωπο του επικεφαλής. Έκανε ένα βήμα μπροστά. Εκείνη τη στιγμή με κυρίευσε μια τρελή ορμή: να παραδοθώ, να αφεθώ στο έλεος και στην ευσπλαχνία του Αράι, να ξεφύγω από τη Φυλή πριν είναι πια πολύ αργά.

Ο Ακίο ήρθε σχεδόν πετώντας καταπάνω μου. «Ανόητε!» φώναξε και με χτύπησε στο αυτί. «Ο πατέρας μας θα ουρλιάζει από τον τάφο του!»

Μόλις σήκωσε το χέρι του επάνω μου, συνειδητοποίησα ότι δεν μπορούσε να αποκαλυφθεί η καινούρια μου ταυτότητα. Θα ήταν αδιανόητο κάποιος θεατρίνος να χτυπήσει έναν πολεμιστή των Οτόρι. Το χτύπημα με μεταμόρφωσε και πάλι σε Μινόρου, κι ήταν το μοναδικό πράγμα που μπορούσε να το κάνει αυτό.

«Συγχώρα με, αδερφέ» είπα κι έσκυψα να μαζέψω τις μπάλες και την πινακίδα. Άρχισα να τις πετάω και να τις στριφογυρίζω και πάλι στο αέρα, ωσότου ο επικεφαλής γέλασε και μας έγνεψε να περάσουμε.

«Ελάτε απόψε να δείτε την παράστασή μας!» φώναξε στους στρατιώτες η Κέικο.

«Εντάξει, απόψε» απάντησαν εκείνοι.

Ο Καζούο συνέχισε να τραγουδάει και η Γιούκι να χτυπάει το τύμπανο. Πέταξα την πινακίδα στον Ακίο και μάζεψα τις μπάλες. Είχαν μουσκέψει από το αίμα. Σήκωσα τα χερούλια του καροτσιού. Η μπάρα σηκώθηκε κι εμείς προχωρήσαμε στην καρδιά του χωριού.

ΚΕΦΑΛΑΙΟ ΤΕΤΑΡΤΟ

Η ΚΑΕΝΤΕ ΞΕΚΙΝΗΣΕ την τελευταία ημέρα του ταξιδιού προς το σπίτι της μέσα σ' ένα υπέροχο φθινοπωρινό πρωινό, με τον ουρανό καταγάλανο, την ατμόσφαιρα δροσερή και καθαρή όπως το νερό της πηγής. Η πρωινή ομίχλη κρεμόταν πάνω από τις κοιλάδες και το ποτάμι, τους ασημόχρωμους αραχνοϊστούς και την πυκνή αναρριχητική βλάστηση. Όμως, λίγο πριν το μεσημέρι, ο καιρός άλλαξε. Σύννεφα γέμισαν τον ουρανό από τα νοτιοδυτικά κι άρχισε να φυσάει. Σκοτείνιασε νωρίς και, λίγο πριν το σούρουπο, άρχισε να βρέχει.

Οι ορυζώνες, οι λαχανόκηποι και τα οπωροφόρα δέντρα είχαν ρημαχτεί από τις καταιγίδες. Τα χωριά έδειχναν σχεδόν άδεια, οι λιγοστοί άνθρωποι που συναντούσε την κοιτούσαν σκυθρωποί και κατσουφιασμένοι, υποκλίνονταν μονάχα όταν τους απειλούσαν οι φρουροί, αλλά, και πάλι, το έκαναν με κακή διάθεση. Δεν ήξερε εάν την είχαν αναγνωρίσει· δεν ήθελε να χασομερήσει μαζί τους, όμως αναρωτιόταν γιατί δεν είχαν αποκατασταθεί οι ζημιές, γιατί οι άντρες δε δούλευαν στα χωράφια για να περισώσουν ό,τι μπορούσαν από τη σοδειά.

Η καρδιά της δεν ήξερε πώς να αντιδράσει. Άλλες φορές επιβράδυνε, σαν να προμήνυε κάτι, και την έκανε να νιώθει ότι θα λιποθυμούσε, άλλες πάλι επιτάχυνε, χτυπούσε έξαλλα από την αναστάτωση και το φόβο. Τα μίλια που είχαν απομείνει φάνταζαν ατελείωτα, κι όμως ο σταθερός καλπασμός των αλόγων τα κατάπινε με γρήγορο ρυθμό. Περισσότερο απ' όλα φοβόταν όσα θα συναντούσε στο σπίτι της.

Συνέχιζε να αντικρίζει εικόνες που της φάνταζαν γνώριμες κι η καρδιά της ήταν έτοιμη να σπάσει· όταν όμως επιτέλους έφτασαν στον περιτοιχισμένο κήπο και στην πύλη που οδηγούσε στο σπίτι των γονιών της, δεν αναγνώρισε τίποτα. Ήταν σίγουρα αυτό το μέρος όπου είχε ζήσει; Ήταν τόσο μικρό· δεν ήταν οχυρωμένο και δεν είχε στρατιώτες να το φρουρούν. Οι πύλες ήταν ορθάνοιχτες. Μόλις ο Ρακού τις διάβηκε, η Καεντέ δεν κατάφερε να συγκρατηθεί και της κόπηκε η ανάσα.

Η Σιζούκα είχε ήδη ξεπεζέψει. Την κοίταξε. «Τι συμβαίνει, αρχόντισσά μου;»

«Ο κήπος!» ξέσπασε η Καεντέ. «Τι του συνέβη;»

Ολόγυρα υπήρχαν σημάδια από την αγριότητα των καταιγίδων. Ένα ξεριζωμένο πεύκο ήταν πεσμένο μέσα στο ρυάκι. Πέφτοντας, είχε γκρεμοτσακίσει έναν πέτρινο φανοστάτη. Η Καεντέ είχε μια αστραπιαία ανάμνηση: ο φανοστάτης, που μόλις είχε κτιστεί, ένα κερί να καίει στο εσωτερικό του, σούρουπο, ίσως να ήταν η Γιορτή των Νεκρών· ένα φαναράκι να πλέει στο ποτάμι και το χέρι της μητέρας της να της χαϊδεύει τα μαλλιά.

Κοίταζε –δίχως να καταλαβαίνει– το ρημαγμένο κήπο. Επρόκειτο για κάτι παραπάνω από φυσική καταστροφή που είχε προκληθεί από τις καταιγίδες. Ήταν προφανές ότι, επί μήνες ολόκληρους, κανείς δεν είχε καθαρίσει τους θάμνους και τα μούσκλα, ούτε είχε στραγγίσει τα νερά ούτε είχε κλαδέψει τα δέντρα. Αυτό ήταν άραγε το πατρικό της, ένα από τα σημαντικότερα φέουδα στη Δύση; Τι να είχε συμβεί στους πάλαι ποτέ πανίσχυρους Σιρακάβα;

Το άλογο κατέβασε το κεφάλι και το έτριψε στο μπροστινό του πόδι. Κλαψούρισε, ανυπόμονο και κουρασμένο, προσμένοντας ότι, τώρα που είχαν σταματήσει, θα του έβγαζαν τη σέλα και θα το τάιζαν.

«Πού έχουν πάει οι φρουροί;» είπε η Καεντέ. «Πού πήγαν όλοι;»

Ο άνθρωπος που τον είχε ονομάσει Σημαδεμένο, ο επικεφαλής της συνοδείας της, έτρεξε με το άλογό του μέχρι τη βεράντα του σπιτιού, έσκυψε μπροστά και φώναξε «Ε! Είναι κανείς εδώ;».

«Μην πας μέσα» του φώναξε εκείνη. «Περίμενέ με. Εγώ θα μπω πρώτη».

Ο Μακρυχέρης στεκόταν πλάι στον Ρακού και κρατούσε το χαλινάρι. Η Καεντέ γλίστρησε από τη ράχη του αλόγου στην αγκαλιά της Σιζούκα. Η βροχή είχε γίνει πια μια ελαφριά ψιχάλα, που μούσκευε τα μαλλιά και τα ρούχα τους. Ο κήπος ανέδινε τη βαριά μυρωδιά της υγρασίας και της αποσύνθεσης, της σκουριασμένης γης και των πεσμένων φύλλων. Η Καεντέ οραματίστηκε την εικόνα του σπιτιού που ήξερε όταν ήταν παιδί, την εικόνα που είχε κρατήσει ζωντανή κι αναλλοίωτη μέσα της για οκτώ ολόκληρα χρόνια, την εικόνα που είχε εξιδανικεύσει πέρα από κάθε όριο· ύστερα εκείνη η εικόνα εξαφανίστηκε για πάντα.

Ο Μακρυχέρης έδωσε το χαλινάρι σε κάποιον από

τους πεζούς πολεμιστές, τράβηξε το σπαθί του και μπήκε μπροστά από την Καεντέ. Η Σιζούκα τούς ακολούθησε.

Μόλις έβγαλε τα σανδάλια της και πάτησε ξυπόλυτη στη βεράντα, ένιωσε πως το ξύλο ήταν αμυδρά γνώριμο στα πόδια της. Δεν κατάφερε να αναγνωρίσει όμως τη μυρωδιά του σπιτιού. Ήταν ένα ξένο σπίτι.

Κάτι κινήθηκε στο εσωτερικό και τότε ο Μακρυχέρης όρμησε στο σκοτάδι. Τότε ακούστηκε η τρομαγμένη φωνή ενός κοριτσιού. Εκείνος την έσυρε μέχρι τη βεράντα. «Άφησέ την» τον διέταξε με λύσσα η Καεντέ. «Πώς τολμάς να την αγγίζεις;»

«Θέλει απλώς να σας προστατεύσει» μουρμούρισε η Σιζούκα, όμως η Καεντέ δεν άκουγε. Πλησίασε το κορίτσι, έπιασε τα χέρια της και παρατήρησε το πρόσωπό της. Είχε σχεδόν το ίδιο ύψος με την Καεντέ, πρόσωπο ευγενικό και μάτια ανοιχτά καστανά, όπως του πατέρα τους.

«Άι; Εγώ είμαι, η αδερφή σου, η Καεντέ. Δε με θυμάσαι;»

Το κορίτσι την κοίταξε κατά πρόσωπο. Τα μάτια της πλημμύρισαν με δάκρυα. «Αδερφή; Είσαι στ' αλήθεια εσύ; Για μια στιγμή, έτσι όπως σε είδα με το φως από πίσω σου, νόμιζα πως ήσουν η μητέρα μας».

Η Καεντέ αγκάλιασε την αδερφή της κι ένιωσε δάκρυα να αναβλύζουν από τα μάτια της. «Έχει πεθάνει, έτσι δεν είναι;»

«Πάνε δυο μήνες τώρα. Οι τελευταίες της κουβέντες ήταν για σένα. Λαχταρούσε να σε δει, αλλά, τουλάχιστον, η είδηση του γάμου σου την είχε γαληνέψει». Η Άι άρχισε να κομπιάζει και τραβήχτηκε από την αγκαλιά της Καεντέ. «Γιατί γύρισες; Πού είναι ο σύζυγός σου;»

«Δε μάθατε τα νέα από την Ινουγιάμα;»

«Τούτη τη χρονιά μάς ρήμαξαν οι τυφώνες. Πολλοί άνθρωποι πέθαναν και η σοδειά καταστράφηκε. Μάθαμε ελάχιστα – μονάχα κάτι φήμες που μιλούσαν για πόλεμο. Μετά την τελευταία καταιγίδα, πέρασε από δω μια ολάκερη στρατιά, αλλά δεν μπορέσαμε να καταλάβουμε ενάντια σε ποιον πολεμούσαν, ούτε και για ποιο λόγο».

«Ήταν ο στρατός του Αράι;»

«Ήταν Σεϊσού από τη Μαρουγιάμα και από ακόμη νοτιότερα. Πήγαιναν να βοηθήσουν τον άρχοντα Αράι ενάντια στους Τοχάν. Ο πατέρας ήταν έξαλλος, επειδή θεωρούσε τον εαυτό του σύμμαχο του Ιίντα. Προσπάθησε να τους σταματήσει και να τους εμποδίσει να περάσουν από εδώ. Τους συνάντησε κοντά στις Ιερές Σπηλιές. Εκείνοι θέλησαν να τον λογικέψουν και να τον πείσουν, όμως εκείνος τους επιτέθηκε».

«Ο πατέρας τούς πολέμησε; Είναι νεκρός;»

«Όχι. Νικήθηκε, φυσικά, και οι περισσότεροι από τους άντρες του σκοτώθηκαν, όμως εκείνος είναι ζωντανός. Θεωρεί τον Αράι προδότη, ένα νεόπλουτο σφετεριστή. Άλλωστε, είχε ορκιστεί πίστη και αφοσίωση στους Νογκούτσι όταν σε πήραν όμηρο».

«Οι Νογκούτσι ανατράπηκαν, εγώ δεν είμαι πια όμηρος κι έχω συμμαχήσει με τον Αράι» είπε η Καεντέ.

Τα μάτια της αδερφής της άνοιξαν διάπλατα. «Δεν καταλαβαίνω. Δεν καταλαβαίνω τίποτε απ' όλ' αυτά». Έδειξε να αντιλαμβάνεται μόλις τότε την παρουσία της Σιζούκα και των αντρών εκεί έξω. Έκανε μια χειρονομία απελπισίας. «Συγχώρα με, θα πρέπει να είστε εξαντλημένοι. Κάνατε μεγάλο ταξίδι ως εδώ. Οι άντρες θα πρέπει να πεινούν πολύ». Κατσούφιασε και ξαφνικά έμοιασε με παιδί. «Τι να κάνω;» ψιθύρισε. «Έχουμε τόσο λίγα να σας προσφέρουμε».

«Δεν υπάρχουν υπηρέτες πια;»

«Τους έδιωξα για να κρυφτούν στο δάσος μόλις άκουσα άλογα να καλπάζουν. Πιστεύω ότι θα γυρίσουν πριν νυχτώσει».

«Σιζούκα» είπε η Καεντέ «πήγαινε στην κουζίνα και δες τι υπάρχει εκεί. Ετοίμασε φαγητό και ποτά για τους άντρες. Μπορούν να ξεκουραστούν εδώ τη νύχτα. Θα χρειαστώ τουλάχιστον δέκα απ' αυτούς για να μείνουν εδώ μαζί μου». Έδειξε το Μακρυχέρη. «Άσε αυτόν να τους διαλέξει. Οι υπόλοιποι πρέπει να επιστρέψουν στην Ινουγιάμα. Εάν τολμήσουν να βλάψουν κάποιον απ' τους ανθρώπους μου ή την περιουσία μου, με τον οποιονδήποτε τρόπο, θα το πληρώσουν με τη ζωή τους».

Η Σιζούκα υποκλίθηκε. «Αρχόντισσά μου».

«Θα σε πάω εγώ» είπε η Άι και οδήγησε τη Σιζούκα στο πίσω μέρος του σπιτιού.

«Πώς σε λένε;» ρώτησε η Καεντέ το Μακρυχέρη.

Εκείνος γονάτισε μπροστά της. «Κόντο, αρχόντισσά μου».

«Είσαι ένας από τους άντρες του άρχοντα Αράι;»

«Η μητέρα μου ήταν μια Σεϊσού. Ο πατέρας μου, εάν μπορώ να σας εμπιστευτώ τα μυστικά μου, ανήκε στη Φυλή. Πολέμησα με τους άντρες του Αράι στο Κουσιμότο κι ύστερα απ' αυτό μου ζήτησε να μπω στην υπηρεσία του».

Τον κοίταξε έτσι όπως ήταν γονατισμένος. Δεν ήταν νεαρός. Τα μαλλιά του είχαν γκρίζες τούφες, το δέρμα στο λαιμό του ήταν ρυτιδιασμένο. Αναρωτήθηκε τι είδους παρελθόν να είχε, τι είδους έργο είχε επιτελέσει για τη Φυλή, πόσο πολύ μπορούσε να τον εμπιστεύεται. Από την άλλη, χρειαζόταν κάποιον για να διοικεί τους άντρες, να φροντίζει τα άλογα και να υπερασπίζεται το σπίτι. Ο Κόντο είχε σώσει τη ζωή της Σιζούκα, οι υπόλοιποι άντρες του Αράι τον φοβόντουσαν και τον σέβονταν και διέθετε όλες τις πολεμικές ικανότητες που της χρειάζονταν.

«Θα χρειαστώ τη βοήθειά σου για μερικές εβδομάδες» του είπε. «Μπορώ να βασίζομαι σε σένα;»

Την κοίταξε σηκώνοντας το βλέμμα του προς τα πάνω. Δεν μπόρεσε να διακρίνει την έκφρασή του μέσα στο σκοτάδι που ολοένα πύκνωνε. Τα δόντια του έλαμψαν κάτασπρα καθώς της χαμογέλασε κι η φωνή του είχε έναν τόνο ειλικρίνειας –ίσως και αφοσίωσης– όταν της αποκρίθηκε. «Η αρχόντισσα Οτόρι μπορεί να βασίζεται επάνω μου για όσο καιρό με χρειάζεται».

«Ορκίσου, τότε» είπε εκείνη κι ένιωσε να κοκκινίζει καθώς παρίστανε ότι κατείχε μια εξουσία την οποία δεν ήταν σίγουρη ότι διέθετε τελικά.

Οι ρυτίδες κάτω από τα μάτια του για μια στιγμή ζάρωσαν. Ακούμπησε το μέτωπό του στο πάτωμα και ορκίστηκε πίστη και αφοσίωση σ' εκείνη και στην οικογένειά της. Όμως της φάνηκε πως διέκρινε μια νότα ειρωνείας στη φωνή του. *Οι άνθρωποι της Φυλής πάντοτε υποκρίνονται*, σκέφτηκε και τότε ανατρίχιασε. *Άλλωστε, λογοδοτούν μονάχα στους εαυτούς τους.*

«Διάλεξε δέκα άντρες που να τους εμπιστεύεσαι» του είπε. «Έλεγξε πόση τροφή υπάρχει για τα άλογα κι αν οι στάβλοι είναι σε καλή κατάσταση».

«Αρχόντισσα Οτόρι» αποκρίθηκε εκείνος, όμως εκείνη νόμισε ότι άκουσε ξανά την ειρωνεία στη φωνή του. Αναρωτήθηκε πόσα πολλά να ήξερε άραγε, πόσα του είχε πει η Σιζούκα.

Μετά από λίγα λεπτά η Άι επέστρεψε, έπιασε την Καεντέ από το χέρι και είπε χαμηλόφωνα «Να το πω στον πατέρα;».

«Πού βρίσκεται; Πώς είναι; Είναι πληγωμένος;»

«Τραυματίστηκε ελαφρά. Αλλά το πρόβλημα δεν είναι τα τραύματά του... Ο θάνατος της μητέρας μας, ο χαμός τόσων αντρών... κάποιες φορές το μυαλό του μοιάζει να ταξιδεύει και δείχνει να μην καταλαβαίνει πού βρίσκεται. Μιλάει με φαντάσματα και βλέπει οράματα».

«Γιατί δεν αυτοκτόνησε;»

«Στην αρχή, όταν τον είχαν πρωτοφέρει, αυτό ήθελε να κάνει». Η φωνή της Άι λύγισε και ξέσπασε σε λυγμούς. «Εγώ τον εμπόδισα. Ήμουν τόσο αδύναμη. Η Χάνα κι εγώ πέσαμε στην αγκαλιά του και τον ικετέψαμε να μη μας αφήσει. Έκρυψα τα όπλα του». Έστρεψε το δακρυσμένο της πρόσωπο προς την Καεντέ. «Εγώ φταίω για όλα. Έπρεπε να φανώ πιο γενναία. Έπρεπε να τον βοηθήσω να πεθάνει, να θανατώσω τη Χάνα κι ύστερα να αυτοκτονήσω, έτσι όπως θα έπρεπε να κάνει η θυγατέρα ενός πολεμιστή. Όμως δεν μπορούσα να το κάνω. Δεν μπορούσα να τη σκοτώσω, ούτε μπορούσα να την αφήσω μόνη της. Έτσι, τώρα πια ζούμε μέσα στην ντροπή κι αυτό έχει τρελάνει τον πατέρα».

Η Καεντέ σκέφτηκε *Κι εγώ θα έπρεπε να είχα αυτοκτονήσει αμέσως μόλις πληροφορήθηκα ότι είχαν προδώσει τον άρχοντα Σιγκέρου. Αλλά δεν το έκανα. Αντί γι' αυτό, σκότωσα τον Ιίντα.* Χάιδεψε την Άι στο μάγουλο κι ένιωσε την υγρασία από τα δάκρυά της.

«Συγχώρεσέ με» ψιθύρισε η Άι. «Ήμουν τόσο αδύναμη».

«Όχι» απάντησε η Καεντέ. «Γιατί θα έπρεπε να πεθάνεις;» Η αδερφή της ήταν μόλις δεκατριών χρονών, δεν είχε διαπράξει κάποιο έγκλημα. «Γιατί να προτιμήσουμε το θάνατο;» της είπε. «Θα ζήσουμε. Πού βρίσκεται τώρα η Χάνα;»

«Την έστειλα στο δάσος, μαζί με τις γυναίκες».

Στο παρελθόν, η Καεντέ σπάνια είχε νιώσει συμπόνια. Τώρα όμως είχε ξυπνήσει μέσα της κι ήταν το ίδιο οδυνηρή με τον πόνο. Θυμήθηκε τη Λευκή Θεά που είχε εμφανιστεί μπροστά της. Η Φιλεύσπλαχνη την είχε παρηγορήσει, της είχε υποσχεθεί ότι ο Τακέο θα γύριζε κοντά της. Τώρα πια, στην υπόσχεση της θεάς είχαν προστεθεί και οι απαιτήσεις που υπαγόρευε αυτή η συμπόνια, ότι δηλαδή η Καεντέ έπρεπε να ζήσει για να φροντίσει τις αδερφές της, το λαό της, το αγέννητο παιδί της. Άκουσε από έξω τη φωνή του Κόντο να δίνει διαταγές και τους άντρες να αποκρίνονται φωνάζοντας. Ένα άλογο κλαυθμύρισε κι ένα άλλο του απάντησε. Η βροχή είχε δυναμώσει, δημιουργώντας μια σειρά από ήχους που της φαίνονταν γνώριμοι.

«Πρέπει να δω τον πατέρα» είπε. «Ύστερα πρέπει να δώσουμε φαγητό στους άντρες. Θα έρθει κανείς από τα γύρω χωριά για να μας βοηθήσει;»

«Λίγο πριν πεθάνει η μητέρα, οι αγρότες έστειλαν μια αντιπροσωπεία. Διαμαρτύρονταν για τη φορολογία του ρυζιού, για την κατάσταση στα χωράφια και στα αναχώματα, για την απώλεια της σοδειάς. Ο πατέρας είχε λυσσάξει από θυμό. Αρνήθηκε ακόμη και να συζητήσει μαζί τους. Η Αγιάμε τούς έπεισε να φύγουν λέγοντας ότι η μητέρα ήταν άρρωστη. Από εκείνη την ημέρα όλα είναι μπερδεμένα. Οι χωρικοί φοβούνται τον πατέρα – λένε ότι είναι καταραμένος».

«Και οι γείτονές μας;»

«Υπάρχει, βέβαια, ο άρχοντας Φουτζιβάρα. Επισκεπτόταν συχνά τον πατέρα».

«Δεν τον θυμάμαι. Τι είδους άνθρωπος είναι;»

«Είναι παράξενος. Κομψός, με καλούς τρόπους και ψυχρός. Λένε ότι έχει πολύ ευγενική καταγωγή κι ότι ζούσε στην πρωτεύουσα».

«Στην Ινουγιάμα;»

«Όχι, στην πραγματική πρωτεύουσα, εκεί που ζει ο αυτοκράτορας».

«Ώστε λοιπόν, είναι ένας αριστοκράτης, ε;»

«Υποθέτω πως είναι. Μιλάει με διαφορετικό τρόπο απ' ό,τι οι υπόλοιποι που ζουν εδώ. Εγώ τον καταλαβαίνω με δυσκολία. Δείχνει πολύ μορφωμένος. Ο πατέρας απολάμβανε να συζητάει μαζί του για ιστορία και για τους κλασικούς».

«Εντάξει, εάν έρθει για να επισκεφτεί τον πατέρα, ίσως ζητήσω τη συμβουλή του». Η Καεντέ σώπασε για μια στιγμή. Πάλευε με την κούραση. Τα άκρα της πονούσαν κι ένιωθε την κοιλιά της να βαραίνει. Λαχταρούσε να ξαπλώσει και να κοιμηθεί. Και κάπου βαθιά μέσα της ένιωθε ένοχη που δεν είχε πενθήσει περισσότερο. Όχι πως δεν ένιωθε οδύνη για το θάνατο της μητέρας της και τον εξευτελισμό του πατέρα της, αλλά δεν της είχε απομείνει ψυχή για περισσότερο πόνο και πένθος, ούτε κι άλλη δύναμη.

Κοίταξε ολόγυρα στο δωμάτιο. Ακόμη και στο μισοσκόταδο μπορούσε να δει ότι η ψάθα που ήταν στρωμένη στο πάτωμα ήταν παλιά, οι τοίχοι είχαν λερωθεί από την υγρασία, οι κουρτίνες είχαν σκιστεί. Η Άι παρατήρησε το βλέμμα της. «Ντρέπομαι» ψιθύρισε. «Υπήρχαν τόσα πολλά που έπρεπε να είχα κάνει. Και τόσα πολλά που δεν ξέρω να κάνω».

«Αρχίζω να θυμάμαι πώς έμοιαζε το σπίτι μας παλιά» είπε η Καεντέ. «Είχε μια λάμψη».

«Η μητέρα το έκανε να φαίνεται έτσι» είπε η Άι και έπνιξε μέσα της ένα λυγμό.

Ξαφνικά, από τη μεριά της κουζίνας ακούστηκε κάποιος να τραγουδάει. Η Καεντέ αναγνώρισε τη φωνή της

Σιζούκα· ήταν εκείνο το τραγούδι που έλεγε και την πρώτη φορά που την είχε γνωρίσει, εκείνη η ερωτική μπαλάντα που μιλούσε για το χωριό και το πεύκο.

Πού βρίσκει το κουράγιο να τραγουδάει αυτή την ώρα; σκέφτηκε, και τότε μπήκε στο δωμάτιο η Σιζούκα, κρατώντας από ένα φαναράκι σε κάθε χέρι της.

«Αυτά τα βρήκα στην κουζίνα» είπε «κι ευτυχώς οι φλόγες τους δεν είχαν σβήσει. Το ρύζι και το κριθάρι γίνονται. Ο Κόντο έστειλε άντρες στο χωριό για ν' αγοράσουν ό,τι μπορούν. Επέστρεψαν και οι γυναίκες του σπιτιού».

«Η αδερφή μας θα είναι μαζί τους» είπε η Άι αναστενάζοντας με ανακούφιση.

«Ναι, κι έφερε μαζί μια αγκαλιά βότανα και μανιτάρια που επιμένει να μαγειρέψει».

Η Άι κοκκίνισε. «Έχει γίνει ημιάγρια» άρχισε να δικαιολογείται.

«Θέλω να τη δω» είπε η Καεντέ. «Ύστερα θέλω να με πας στον πατέρα».

Η Άι βγήκε έξω, η Καεντέ άκουσε κάποιες διαφωνίες από την κουζίνα και, δευτερόλεπτα μετά, η Άι εμφανίστηκε μαζί μ' ένα κορίτσι εννιά χρονών περίπου.

«Αυτή είναι η μεγάλη μας αδερφή, η Καεντέ. Είχε φύγει από το σπίτι όταν εσύ ήσουν ακόμη μωρό» είπε η Άι στη Χάνα κι ύστερα την παρακίνησε «Καλωσόρισε τη μεγαλύτερη αδερφή σου όπως πρέπει».

«Καλώς όρισες στο σπίτι» ψιθύρισε η Χάνα, ύστερα γονάτισε και υποκλίθηκε στην Καεντέ. Η Καεντέ γονάτισε, την πήρε στην αγκαλιά της και τη σήκωσε όρθια.

«Ήμουν πιο μικρή στα χρόνια από σένα όταν έφυγα από εδώ» της είπε και παρατήρησε τα υπέροχα μάτια της, την τέλεια σωματική της διάπλαση κάτω από την παιδική εμφάνισή της.

«Μοιάζει με σας, αρχόντισσα» είπε η Σιζούκα.

«Εύχομαι να ευτυχήσει περισσότερο από μένα» αποκρίθηκε η Καεντέ· ύστερα τράβηξε τη Χάνα προς το μέρος της και την αγκάλιασε. Ένιωσε το λεπτό κορμί της να τρέμει και τότε συνειδητοποίησε ότι η μικρή έκλαιγε.

«Μητέρα! Θέλω τη μητέρα!»

Και η Καεντέ είχε δάκρυα στα μάτια.

«Σώπα, Χάνα, μην κλαις, αδερφούλα» προσπάθησε να την παρηγορήσει η Άι. «Συγγνώμη» είπε στην Καεντέ. «Πενθεί ακόμη. Δεν έχει διδαχτεί πώς να συμπεριφέρεται».

Θα μάθει, σκέφτηκε η Καεντέ, *όπως ακριβώς χρειάστηκε να μάθω κι εγώ. Θα μάθει να κρύβει τα συναισθήματά της, θα συμβιβαστεί με το γεγονός ότι η ζωή είναι γεμάτη πόνο και απώλειες, θα μάθει να κλαίει στα κρυφά – εάν θα είναι σε θέση να κλάψει.*

«Έλα» της είπε η Σιζούκα και την πήρε από το χέρι. «Πρέπει να μου δείξεις πώς να μαγειρέψω τα μανιτάρια. Δε γνωρίζω καλά τα μανιτάρια της περιοχής».

Το βλέμμα της αντάμωσε με το βλέμμα της Καεντέ πάνω από το κεφάλι του παιδιού, το χαμόγελό της ήταν ζεστό και ευδιάθετο.

«Η υπηρέτριά σου είναι καταπληκτική» είπε η Άι όταν είχαν φύγει. «Πόσον καιρό ζει μαζί σου;»

«Την πήρα κοντά μου πριν μερικούς μήνες, λίγο πριν φύγω από το κάστρο των Νογκούτσι» απάντησε η Καεντέ. Οι δυο αδερφές εξακολουθούσαν να μένουν γονατισμένες στο πάτωμα, δίχως να ξέρουν τι να πουν μεταξύ τους. Τώρα πια η βροχή έπεφτε δυνατά και χυνόταν από το γείσο της σκεπής σαν κουρτίνα από ατσαλένια βέλη. Είχε σχεδόν σκοτεινιάσει. Η Καεντέ σκέφτηκε *Δεν μπορώ να πω στην Άι ότι ο άρχοντας Αράι μού έστειλε τη Σιζούκα ως μέ-*

ρος του σχεδίου του να ανατρέψει τον Ιίντα, ούτε ότι η Σιζούκα είναι μέλος της Φυλής. Δεν μπορώ να της αποκαλύψω τίποτα. Είναι τόσο νέα, δεν έχει φύγει ποτέ της από τη Σιρακάβα, δε γνωρίζει τίποτα για τον κόσμο.

«Τώρα πρέπει να πάμε στον πατέρα» της είπε.

Όμως εκείνη ακριβώς τη στιγμή άκουσε τη φωνή του να καλεί από το βάθος του σπιτιού. «Άι! Αγιάμε!» Τα βήματά του πλησίασαν. Παραπονιόταν χαμηλόφωνα. «Έφυγαν όλες τους και μ' εγκατέλειψαν. Ανάξιες γυναίκες!»

Μπήκε στο δωμάτιο και κοντοστάθηκε μόλις αντίκρισε την Καεντέ.

«Ποιος είναι εκεί; Έχουμε επισκέψεις; Ποιος ήρθε τέτοια ώρα μέσα στη νύχτα και στη βροχή;»

Η Άι σηκώθηκε και τον πλησίασε. «Η Καεντέ είναι: η μεγαλύτερη θυγατέρα σου. Γύρισε πίσω. Είναι καλά».

«Η Καεντέ;» Έκανε ένα βήμα προς την κατεύθυνσή της. Εκείνη δε σηκώθηκε, παρέμεινε στη θέση της και υποκλίθηκε βαθιά, ακουμπώντας το μέτωπο στο πάτωμα.

Η Άι βοήθησε τον πατέρα της να κατέβει. Γονάτισε μπροστά στην Καεντέ. «Κάθισε ίσια, κάθισε ίσια» της είπε με ανυπομονησία. «Έλα να δούμε ο ένας την πίκρα και τα βάσανα του άλλου».

«Πατέρα;» ρώτησε καθώς σήκωσε το κεφάλι της.

«Είμαι ένας ατιμασμένος άνθρωπος» της εξομολογήθηκε. «Έπρεπε να είχα πεθάνει. Δεν το έκανα. Τώρα είμαι ένα άδειο κουφάρι, ένας μισοζώντανος. Κοίταξέ με, κόρη μου».

Η αλήθεια είναι ότι τρομακτικές αλλαγές είχαν αποτυπωθεί επάνω του. Υπήρξε πάντοτε πειθαρχημένος και αξιοπρεπής. Τώρα όμως έμοιαζε με το λείψανο του παλιού του εαυτού. Στο κεφάλι του είχε μια μισογιατρεμένη πληγή, από τον κρόταφο μέχρι το αυτί: η περιοχή γύρω από το τραύμα ήταν ξυρισμένη. Τα πόδια του ήταν ξυπόλυτα, το ρούχο του λερωμένο, το πιγούνι του κατάμαυρο και μελανιασμένο.

«Τι σου συνέβη;» τον ρώτησε προσπαθώντας να κρύψει το θυμό από τη φωνή της. Είχε πάει εκεί αναζητώντας καταφύγιο, ψάχνοντας για το σπίτι της χαμένης της αθωότητας, για το οποίο θρηνούσε επί οκτώ ολόκληρα χρόνια, και το είχε βρει σχεδόν κατεστραμμένο.

Ο πατέρας της έκανε μια βαριά χειρονομία. «Τι σημασία έχει; Όλα χάθηκαν, καταστράφηκαν. Ο γυρισμός σου είναι το τελειωτικό χτύπημα. Τι απέγινε ο γάμος σου με τον άρχοντα Οτόρι; Μη μου πεις ότι πέθανε».

«Δίχως να ευθύνομαι εγώ» είπε εκείνη με πικρία. «Τον δολοφόνησε ο Ιίντα».

Έσφιξε τα δόντια και το πρόσωπό του χλώμιασε. «Δεν πληροφορηθήκαμε τίποτα εδώ πέρα».

«Κι ο Ιίντα είναι νεκρός» συνέχισε εκείνη. «Ο στρατός του Αράι κατέλαβε την Ινουγιάμα. Οι Τοχάν ανατράπηκαν».

Η αναφορά στο όνομα του Αράι προφανώς τον αναστάτωσε. «Εκείνος ο προδότης» μονολόγησε και κάρφωσε το βλέμμα του στο σκοτάδι, λες κι εκεί είχαν μαζευτεί φαντάσματα. «Νίκησε τον Ιίντα;» Ύστερα από μια παύση συνέχισε «Φαίνεται ότι γι' άλλη μια φορά βρίσκομαι με τη μεριά των ηττημένων. Η οικογένειά μου θα πρέπει να κουβαλάει κάποια κατάρα. Για πρώτη φορά χαίρομαι που δεν έχω γιο να με κληρονομήσει. Η Σιρακάβα μπορεί πια να σβήσει και να χαθεί, κανείς δε θα την κλάψει».

«Μα έχεις τρεις θυγατέρες!» αποκρίθηκε η Καεντέ γεμάτη θυμό.

«Κι η μεγαλύτερη απ' αυτές είναι επίσης καταραμένη, στέλνει στο θάνατο κάθε άντρα που σχετίζεται μαζί της!»

«Ο Ιίντα προκάλεσε το θάνατο του άρχοντα Οτόρι! Ήταν από την αρχή μια συνωμοσία. Ο γάμος μου είχε σχεδιαστεί για να τον φέρουν στην Ινουγιάμα και στα χέρια του Ιίντα». Η βροχή χτυπούσε δυνατά στη σκεπή και χυνόταν από το γείσο. Η Σιζούκα ήρθε κουβαλώντας περισσότερα φαναράκια· τα ακούμπησε στο πάτωμα και γονάτισε δίπλα στην Καεντέ. *Πρέπει να συγκρατηθώ*, σκέφτηκε η Καεντέ. *Δεν πρέπει να του πω τα πάντα.*

Εκείνος την κοίταξε με απορία. «Είσαι τελικά παντρεμένη ή όχι;»

Η καρδιά της χτυπούσε δυνατά. Δεν είχε πει ποτέ ψέματα στον πατέρα της. Τώρα συνειδητοποιούσε ότι δεν μπορούσε να μιλήσει. Γύρισε το κεφάλι της από την άλλη μεριά, σαν να την είχε κυριεύσει η θλίψη.

Η Σιζούκα ψιθύρισε. «Μου επιτρέπετε να μιλήσω, άρχοντα Σιρακάβα;»

«Ποια είναι αυτή;» ρώτησε την Καεντέ.

«Είναι η υπηρέτριά μου. Τη γνώρισα στο κάστρο των Νογκούτσι».

Εκείνος έγνεψε προς τη μεριά της Σιζούκα. «Τι έχεις να πεις;»

«Η αρχόντισσα Σιρακάβα κι ο άρχοντας Οτόρι παντρεύτηκαν κρυφά στην Τεραγιάμα» είπε χαμηλόφωνα η Σιζούκα. «Η συγγένισσά σας ήταν μάρτυρας, όμως κι εκείνη σκοτώθηκε στην Ινουγιάμα, μαζί με τη θυγατέρα της».

«Η Μαρουγιάμα Ναόμι είναι νεκρή; Τα πράγματα χειροτερεύουν ολοένα και περισσότερο. Τώρα πια, τη γη θα την πάρει η οικογένεια της θετής της κόρης. Ας τους παραδώσουμε και τη Σιρακάβα λοιπόν».

«Εγώ είμαι η κληρονόμος της» είπε η Καεντέ. «Τα άφησε όλα σε μένα».

Εκείνος έβγαλε ένα σύντομο, πένθιμο γέλιο. «Για χρόνια ολόκληρα αυτή η περιοχή είναι αντικείμενο διαμάχης. Ο σύζυγος της θετής της κόρης είναι εξάδερφος του Ιίντα και τον υποστηρίζουν οι περισσότεροι τόσο από τους Τοχάν όσο και από τους Σεϊσού. Είσαι τρελή εάν νομίζεις ότι θα σε αφήσουν να την κληρονομήσεις».

Η Καεντέ μάλλον ένιωσε παρά άκουσε τη Σιζούκα να στριφογυρίζει πίσω από την πλάτη της. Ο πατέρας της ήταν ο πρώτος από μια μεγάλη σειρά ανθρώπων, από μια στρατιά, από μια ολάκερη φατρία, ίσως ακόμη κι από σύσσωμες τις Τρεις Χώρες, που θα προσπαθούσε να την εμποδίσει.

«Όπως και να 'χει, εγώ αυτό σκοπεύω να κάνω».

«Θα χρειαστεί να παλέψεις γι' αυτό» της είπε περιφρονητικά.

«Τότε, θα παλέψω». Κάθισαν για λίγο αμίλητοι μέσα στο σκοτεινό δωμάτιο, με τον κήπο μπροστά του μουσκεμένο από τη βροχή.

«Μας έχουν απομείνει μερικοί άντρες» είπε ο πατέρας της με πικρό ύφος. «Θα σε βοηθήσουν οι Οτόρι; Μάλλον πρέπει να παντρευτείς ξανά. Σου έχει γίνει κάποια πρόταση;»

«Είναι πολύ νωρίς για τέτοιες σκέψεις» είπε η Καεντέ. «Βρίσκομαι ακόμη σε πένθος». Πήρε μια βαθιά ανάσα, τόσο βαθιά ώστε να την ακούσει εκείνος. «Νομίζω πως είμαι έγκυος».

Υποκλίθηκε για να επιβεβαιώσει τα λόγια της, δίχως να τολμάει να μιλήσει.

«Βρε, βρε!» είπε ο πατέρας της, δείχνοντας μια αναπάντεχα εύθυμη διάθεση. «Πρέπει να το γιορτάσουμε! Ένας άντρας μπορεί να πεθάνει, αλλά ο σπόρος του συνεχίζει να ζει. Αυτό είναι ένα σημαντικό επίτευγμα!» Τόση ώρα μιλούσαν χαμηλόφωνα, όμως τώρα φώναξε με αιφνιδιαστική ένταση. «Αγιάμε!»

Η Καεντέ αναπήδησε, παρά την κατάστασή της. Έβλεπε τώρα ότι το μυαλό του είχε θολώσει, παλινδρομούσε ανάμεσα στη διαύγεια και στο σκότος. Τη φόβιζε, αλλά προσπάθησε να παραμερίσει το φόβο της. Εφόσον, για την ώρα, εκείνος πίστευε όλα όσα του έλεγε, θα μπορούσε να αντιμετωπίσει οτιδήποτε εμφανιζόταν στο δρόμο της.

Εκείνη η γυναίκα, η Αγιάμε, μπήκε μέσα και γονάτισε μπροστά στην Καεντέ. «Αρχόντισσα, καλώς ήρθατε. Συγχωρέστε μας για αυτή τη θλιμμένη υποδοχή».

Η Καεντέ σηκώθηκε· την έπιασε απ' τα χέρια και τη σήκωσε όρθια. Αγκαλιάστηκαν. Εκείνη η σφιχτή, αδάμαστη φιγούρα που θυμόταν η Καεντέ είχε μεταμορφωθεί σε μια γυναίκα που τώρα ήταν σχεδόν γριά. Αλλά, παρ' όλ' αυτά, θυμήθηκε το άρωμά της: της ξύπνησε αναμνήσεις από την παιδική της ηλικία.

«Πήγαινε να φέρεις κρασί» διέταξε ο πατέρας της Καεντέ. «Θέλω να πιω στην υγεία του εγγονιού μου».

Η Καεντέ ανατρίχιασε από τον τρόμο, γιατί, δίνοντας στο παιδί της ψεύτικη ταυτότητα, φοβόταν πως είχε υπονομεύσει τη ζωή του. «Είναι ακόμη πολύ νωρίς» είπε χαμηλόφωνα. «Ας μη γιορτάσουμε από τώρα».

«Καεντέ!» φώναξε η Αγιάμε, με τόνο που θα χρησιμοποιούσε για να προσφωνήσει ένα παιδί. «Μη λες τέτοια πράγματα, μην προκαλείς τη μοίρα».

«Φέρε κρασί» είπε ο πατέρας της με βροντερή φωνή. «Και κλείσε τα παραθυρόφυλλα. Γιατί καθόμαστε εδώ πέρα, μέσα στο κρύο;»

Η Αγιάμε προχώρησε προς τη βεράντα και τότε ακούστηκαν βήματα κι η φωνή του Κόντο απ' έξω «Αρχόντισσα Οτόρι!».

Η Σιζούκα πήγε μέχρι το κατώφλι για να του μιλήσει.

«Πες του να έρθει μέσα» είπε η Καεντέ.

Ο Κόντο πέρασε στο ξύλινο πάτωμα και γονάτισε στην είσοδο. Η Καεντέ τον αντιλήφθηκε να ρίχνει μια γρήγορη ματιά ολόγυρα στο δωμάτιο και να καταγράφει σε μια στιγμή τη διαρρύθμιση του σπιτιού και τους ανθρώπους που υπήρχαν μέσα. Απευθύνθηκε σ' εκείνη, όχι στον πατέρα της.

«Κατάφερα να συγκεντρώσω τρόφιμα από το χωριό. Διάλεξα τους άντρες που μου ζητήσατε. Εμφανίστηκε κι ένας νεαρός, ο Αμάνο Τέντζο· αυτός θ' αναλάβει να φροντίζει τ' άλογα. Θα στείλω τους άντρες για φαγητό και θα βάλω σκοπούς για τη νύχτα».

«Σε ευχαριστώ. Θα τα πούμε το πρωί».

Ο Κόντο υποκλίθηκε ξανά και έφυγε αθόρυβα.

«Ποιος είναι αυτός;» ζήτησε να μάθει ο πατέρας της. «Γιατί δε μίλησε σε μένα, για να μου ζητήσει τη γνώμη ή την άδεια;»

«Είναι κάποιος που δουλεύει για μένα» απάντησε η Καεντέ.

«Εάν είναι άνθρωπος του Αράι, δεν τον θέλω μέσα σ' αυτό το σπίτι».

«Σου είπα, δουλεύει για μένα». Η υπομονή της είχε αρχίσει να εξαντλείται. «Τώρα πια είμαστε σύμμαχοι του άρχοντα Αράι. Αυτός ελέγχει το μεγαλύτερο τμήμα των Τριών Χωρών. Αυτός είναι ο κυρίαρχος. Πρέπει να το αποδεχτείς, πατέρα. Ο Ιίντα είναι πια νεκρός και όλα έχουν αλλάξει».

«Αυτό σημαίνει ότι οι θυγατέρες έχουν το δικαίωμα να μιλούν στους πατεράδες τους κατ' αυτόν τον τρόπο;»

«Αγιάμε» είπε η Καεντέ «πήγαινε τον πατέρα στο δωμάτιό του. Θα δειπνήσει εκεί απόψε».

Ο πατέρας της άρχισε να διαμαρτύρεται. Εκείνη του ύψωσε τη φωνή για πρώτη φορά στη ζωή της. «Πατέρα, είμαι κουρασμένη. Θα μιλήσουμε αύριο το πρωί».

Η Αγιάμε την κοίταξε μ' ένα ύφος που η Καεντέ προτίμησε να αγνοήσει. «Κάνε αυτό που σου λέω» της είπε ψυχρά κι ύστερα από μια στιγμή η ηλικιωμένη γυναίκα υπάκουσε και συνόδευσε έξω τον πατέρα της.

«Πρέπει να φάτε, αρχόντισσά μου» είπε η Σιζούκα. «Καθίστε, θα σας φέρω εγώ κάτι».

«Φρόντισε να φάνε όλοι» είπε η Καεντέ. «Και τώρα κλείσε τα παραθυρόφυλλα».

Ύστερα από λίγο είχε ξαπλώσει και αφουγκραζόταν τη βροχή. Το σπιτικό και οι άντρες της ήταν εντάξει, είχαν φάει κατά κάποιον τρόπο και τώρα ήταν ασφαλείς, υπό την προϋπόθεση, βέβαια, ότι ο Κόντο ήταν άνθρωπος εμπιστοσύνης. Αναλογίστηκε τα γεγονότα εκείνης της ημέρας, τα προβλήματα που είχε να αντιμετωπίσει: τον πατέρα της, τη Χάνα, την παραμελημένη γη της Σιρακάβα, το φέουδο της Μαρουγιάμα, που όλοι διεκδικούσαν. Πώς θα κατάφερνε να απαιτήσει και να κρατήσει όλα όσα της ανήκαν;

Μακάρι να ήμουν άντρας, σκέφτηκε. *Πόσο εύκολα θα ήταν όλα. Εάν ήμουν γιος του πατέρα μου, και τι δε θα 'κανε για χάρη μου!*

Ήξερε πως ήταν αδίστακτη όπως ένας άντρας. Τον καιρό που την κρατούσαν όμηρο στο κάστρο των Νογκούτσι, είχε μαχαιρώσει ένα φρουρό δίχως να το σκεφτεί· όμως τον Ιίντα τον είχε σκοτώσει με απόλυτη συνείδηση. Ήταν διατεθειμένη να σκοτώσει ξανά παρά ν' αφήσει κάποιον άντρα να τη συνθλίψει. Η σκέψη της ταξίδεψε στην αρχόντισσα Μαρουγιάμα. *Μακάρι να σε είχα γνωρίσει καλύτερα,* σκέφτηκε. *Μακάρι να είχα διδα-*

χτεί περισσότερα από σένα. Λυπάμαι για τον πόνο που σου προκάλεσα. Μακάρι να είχαμε τη δυνατότητα να μιλήσουμε ελεύθερα. Αισθάνθηκε πως έβλεπε μπροστά της εκείνο το πανέμορφο πρόσωπο, πως άκουγε ξανά τη φωνή της. *Σου εμπιστεύομαι τη γη και το λαό μου. Να τα προσέχεις.*

Θα το κάνω, της υποσχέθηκε. *Θα μάθω πώς να τα καταφέρω.* Στενοχωριόταν για τη φτωχή της μόρφωση, όμως αυτό μπορούσε να διορθωθεί. Αποφάσισε ότι έπρεπε να βρει τον τρόπο να διοικήσει και να διαχειριστεί τη γη, να μιλήσει με τους αγρότες, να εκπαιδεύσει τους άντρες και να πολεμήσει, δηλαδή όλα εκείνα που ένας γιος θα είχε μάθει από την κούνια. *Ο πατέρας πρέπει να μου τα μάθει αυτά,* σκέφτηκε. *Μ' αυτόν τον τρόπο θα έχει να σκέφτεται και κάτι διαφορετικό από τον ίδιο του τον εαυτό.*

Ένιωσε να την τσιμπάει ένα συναίσθημα, φόβος ή ντροπή ή, ίσως, ένας συνδυασμός και των δύο. Πώς είχε γίνει έτσι; Μήπως ήταν ένα αφύσικο ον; Μήπως της είχαν κάνει μάγια, μήπως την είχαν καταραστεί; Ήξερε ότι καμιά άλλη γυναίκα δεν είχε ποτέ σκεφτεί όπως εκείνη τούτη τη στιγμή. Εκτός από την αρχόντισσα Μαρουγιάμα. Πιάστηκε από τη μοναδική σανίδα σωτηρίας που είχε, εκείνη την υπόσχεση που είχε δώσει στη συγγένισσά της, κι επιτέλους αποκοιμήθηκε.

Το επόμενο πρωί αποχαιρέτισε τους άντρες του Αράι και τους παρακίνησε να ξεκινήσουν το συντομότερο δυνατό. Ήταν χαρούμενοι που θα έφευγαν, ανυπομονούσαν να επιστρέψουν στις εκστρατείες στα ανατολικά πριν φτάσει ο χειμώνας. Η Καεντέ χαιρόταν εξίσου που θα τους ξεφορτωνόταν, επειδή φοβόταν ότι δε θα είχε τη δυνατότητα να τους ταΐσει για ακόμη μια μέρα. Ύστερα οργάνωσε τις οικιακές βοηθούς, για να καθαριστεί το σπίτι και να επιδιορθωθούν οι ζημιές στον κήπο. Με την ντροπή ζωγραφισμένη στο πρόσωπο, η Αγιάμε τής εκμυστηρεύτηκε ότι δεν είχαν να πληρώσουν τους εργάτες. Σχεδόν όλοι οι θησαυροί της Σιρακάβα, μαζί με όλα τα χρήματα, είχαν χαθεί.

«Τότε, πρέπει να κάνουμε ό,τι μπορούμε μόνες μας» είπε η Καεντέ, κι όταν πια οι δουλειές είχαν μπει σε πρόγραμμα, πήγε στους στάβλους με τον Κόντο.

Εκεί, ένας νεαρός άντρας τούς υποδέχτηκε και τους χαιρέτησε με σεβασμό, που όμως δεν μπορούσε να κρύψει την ικανοποίηση που ένιωθε ταυτόχρονα. Ήταν ο Αμάνο Τέντζο, που είχε συνοδεύσει τον πατέρα της στο κάστρο των Νογκούτσι και που τον ήξερε από τότε που κι οι δυο ήταν παιδιά.

«Τούτο δω είναι ένα υπέροχο άλογο» είπε όταν έφερε τον Ρακού και του φόρεσε τη σέλα.

«Είναι δώρο από το γιο του άρχοντα Οτόρι» είπε εκείνη και χτύπησε χαϊδευτικά το λαιμό του αλόγου.

Ο Αμάνο έλαμπε από χαρά. «Τα άλογα των Οτόρι φημίζονται για τη σωματική τους δύναμη και το καλό τους ένστικτο. Λένε ότι τα βάζουν να τρέχουν μέσα στα νεροχώραφα και γι' αυτό τα προστατεύει το πνεύμα του ποταμού. Με την άδειά σας, θα τον ζευγαρώσω με τις φοράδες μας, κι έτσι του χρόνου θα αποκτήσουμε τα πουλάρια του».

Της άρεσε που της απηύθυνε το λόγο με τόσο ευθύ τρόπο και της μιλούσε γι' αυτά τα πράγματα. Οι στάβλοι ήταν σε καλύτερη κατάσταση απ' ό,τι οι υπόλοιποι χώροι, καθαροί και φροντισμένοι. Ωστόσο, πέρα από τον Ρακού, τον καφετή του Αμάνο κι άλλα τέσσερα άλογα που ανήκαν στον Κόντο και στους άντρες του, υπήρχαν μονάχα άλλα τρία άτια, όλα τους γερασμένα και το ένα κουτσό. Κρανία αλόγων ήταν προσαρμοσμένα στη στέγη σαν ακροκέραμα κι ο άνεμος ακουγόταν σαν να μούγκριζε όταν φυσούσε μέσα από τις κόγχες των ματιών τους. Η Καεντέ ήξερε ότι τα είχαν τοποθετήσει εκεί για να προστατεύουν τα ζωντανά από κάτω, όμως, για την ώρα, τα νεκρά ήταν περισσότερα.

«Ναι, πρέπει να αποκτήσουμε περισσότερα άλογα» είπε εκείνη. «Πόσες φοράδες διαθέτουμε;»

«Για την ώρα, μονάχα δυο τρεις».

Έδειχνε σκυθρωπός. «Ο πόλεμος, η πείνα... τούτη η χρονιά ήταν καταστροφική για τη Σιρακάβα».

«Πρέπει να μου δείξεις και τα χειρότερα» του είπε. «Ας πάρουμε άλογα τώρα κι έλα να βγούμε έξω μαζί».

Το κεφάλι του Ρακού σηκώθηκε και τα αυτιά του τεντώθηκαν. Έμοιαζε σαν να τους κοιτούσε και να τους άκουγε. Κλαυθμύρισε ελαφρά όταν την είδε να πλησιάζει, αλλά εξακολούθησε να κοιτάζει μακριά.

«Νομίζω ότι του λείπει κάποιος, αφέντισσα» είπε ο Αμάνο. «Αλλά μη σας ανησυχεί αυτό. Θα συνηθίσει εδώ πέρα μαζί μας και θα το ξεπεράσει».

Χάιδεψε τον ανοιχτόγκριζο λαιμό του αλόγου. *Κι εμένα μου λείπει*, του ψιθύρισε από μέσα της. *Θα μπορέσουμε, άραγε, να το ξεπεράσουμε ποτέ*; Ένιωσε ότι ο δεσμός ανάμεσα σε κείνη και στο νεαρό άλογο είχε δυναμώσει.

Κάθε πρωί ανέβαινε στο άλογο κι εξερευνούσε την περιοχή με τον Κόντο και τον Αμάνο. Ύστερα από λίγες μέρες, ένας ηλικιωμένος άντρας εμφανίστηκε στο κατώφλι κι οι υπηρέτριες τον υποδέχτηκαν με δάκρυα χαράς. Ήταν ο Σότζι Κιγιόσι, ο βασικός ακόλουθος του πατέρα της, ο οποίος είχε πληγωθεί και όλοι νόμιζαν πως είχε πεθάνει. Είχε τεράστιες γνώσεις σχετικά με τη γη, τα χωριά και τους αγρότες. Η Καεντέ γρήγορα κατάλαβε ότι αυτός θα μπορούσε να της διδάξει πολλά απ' αυτά που ήθελε να μάθει. Στην αρχή, εκείνος αστειεύτηκε μαζί της, το βρήκε παράξενο κι ελαφρώς κωμικό που ένα κορίτσι είχε τέτοιου είδους ενδιαφέροντα· όμως γρήγορα τον εντυπωσίασε με τη δυνατή της μνήμη και τη μεγάλη αντίληψή της γύρω από τις υποθέσεις αυτές. Άρχισε να συζητάει μαζί της για τα διάφορα προβλήματα και, παρ' όλο που εκείνη ένιωθε ότι εξακολουθούσε να μην εγκρίνει την ανάμειξή της, την έκανε να αισθάνεται ότι μπορούσε να τον εμπιστεύεται.

Ο πατέρας της δεν ενδιαφερόταν για την καθημερινή διαχείριση των κτημάτων· η Καεντέ υποψιαζόταν ότι στο παρελθόν υπήρξε απρόσεκτος, ίσως ακόμη και άδικος, παρ' όλο που αυτό της φαινόταν ως έλλειψη εμπιστοσύνης προς το πρόσωπό του. Περνούσε τις μέρες του διαβάζοντας και γράφοντας, κλεισμένος στα ιδιαίτερα δωμάτιά του. Εκείνη τον επισκεπτόταν κάθε απόγευμα· καθόταν και τον παρακολουθούσε υπομονετικά. Ο πατέρας της περνούσε ατέλειωτες ώρες παρατηρώντας τον κήπο, δίχως να λέει τίποτε όσο η Αγιάμε κι οι υπηρέτριες δούλευαν εκεί ακούραστα. Κάποιες φορές μονάχα, μονολογούσε και παραπονιόταν για τη μοίρα του.

Τον παρακάλεσε να τη διδάξει· τον ικέτευσε «Συμπεριφέρσου σαν να ήμουν γιος σου», όμως εκείνος αρνιόταν να την πάρει στα σοβαρά.

«Μία σύζυγος οφείλει να είναι υπάκουη και, εάν είναι δυνατόν, όμορφη. Οι άντρες δε θέλουν γυναίκες που να σκέφτονται όπως εκείνοι».

«Όμως πάντοτε χρειάζονται κάποιον για να συζητούν» διαφώνησε εκείνη.

«Οι άντρες δε συζητούν με τις γυναίκες τους, συζητούν μεταξύ τους» απάντησε εκείνος. «Εν πάση περιπτώσει, εσύ δεν έχεις σύζυγο. Θα αξιοποιούσες καλύτερα το χρόνο σου εάν παντρευόσουν ξανά».

«Δε σκοπεύω να παντρευτώ κανέναν» είπε εκείνη. «Γι' αυτόν το λόγο θέλω να με διδάξεις. Πρέπει να κάνω μόνη μου για τον εαυτό μου όλα όσα θα έκανε ένας σύζυγος για μένα».

«Φυσικά και θα παντρευτείς» απάντησε γρήγορα εκείνος. «Κάτι θα κανονιστεί, κάποια συμφωνία θα γίνει». Αλλά, προς μεγάλη της ανακούφιση, δεν κατέβαλλε καμιά προσπάθεια προς εκείνη την κατεύθυνση.

Συνέχισε να κάθεται μαζί του κάθε μέρα, να γονατίζει δίπλα του όσο εκείνος προετοίμαζε το μελάνι και τα πινέλα κι ύστερα να παρατηρεί κάθε του κίνηση. Είχε διδαχτεί να διαβάζει και να γράφει τη συνεχόμενη και ρέουσα γραφή που χρησιμοποιούσαν οι γυναίκες· ο πατέρας της όμως έγραφε στη γλώσσα των αντρών, όπου το σχήμα του κάθε χαρακτήρα έμοιαζε σκληρό κι αδιαπέραστο, σαν τα σίδερα της φυλακής. Τον παρακολουθούσε υπομονετικά, ωσότου μια μέρα τής έδωσε το πινέλο και της ζήτησε να γράψει τις λέξεις *άντρας*, *γυναίκα* και *παιδί*.

Είχε γεννηθεί αριστερόχειρας, οπότε κρατούσε το πινέλο μ' αυτό το χέρι της, όταν όμως συνειδητοποίησε ότι την κοιτούσε συνοφρυωμένος, το έπιασε με το δεξί. Αυτό, βέβαια, σήμαινε ότι έπρεπε να καταβάλει μεγαλύτερη προσπάθεια. Έγραφε με θάρρος και λεβεντιά, αντιγράφοντας τις δικές του κινήσεις. Εκείνος έμεινε να παρατηρεί το αποτέλεσμα για πολλή ώρα.

«Γράφεις όπως ένας άντρας» είπε στο τέλος.

«Ας παραστήσουμε ότι είμαι». Ένιωσε το βλέμμα του επάνω της και σήκωσε το δικό της ώστε να συναντηθούν. Την κοιτούσε σαν να μην τη γνώριζε, σαν να τον φόβιζε και να τον γοήτευε συνάμα, όπως θα συνέβαινε με κάποιο εξωτικό ζώο.

«Θα είχε ενδιαφέρον» της είπε «να έβλεπα εάν ένα κορίτσι θα μπορούσε να διδαχτεί. Από τη στιγμή, μάλιστα, που δεν έχω γιο και δεν πρόκειται πια να αποκτήσω».

Η φωνή του εκτροχιάστηκε και κοίταξε στο κενό με μάτια που δεν έβλεπαν στην πραγματικότητα. Ήταν η πρώτη φορά που αναφερόταν, έστω και υπαινικτικά, στο θάνατο της μητέρας της.

Από εκείνη την ημέρα κι έπειτα, ο πατέρας της Καεντέ τη δίδαξε όλα όσα θα έπρεπε να είχε μάθει ως τότε αν είχε γεννηθεί αγόρι. Η Αγιάμε είχε μεγάλες αντιρρήσεις· το ίδιο και οι περισσότερες γυναίκες του σπιτιού, καθώς κι οι άντρες, ιδίως ο Σότζι, όμως η Καεντέ τούς αγνόησε. Μάθαινε γρήγορα, παρ' όλο που τα περισσότερα απ' όσα διδασκόταν τη γέμιζαν με απόγνωση.

«Ο πατέρας μου μιλάει διαρκώς για το ότι οι άντρες πρέπει να διοικούν τον κόσμο» παραπονέθηκε στη Σιζούκα. «Κάθε κείμενο, κάθε νόμος εξηγεί και δικαιολογεί την κυριαρχία τους».

«Έτσι είναι φτιαγμένος ο κόσμος» αποκρίθηκε η Σιζούκα. Ήταν βράδυ, είχαν ξαπλώσει πλάι πλάι και μιλούσαν ψιθυριστά. Η Άι, η Χάνα και οι υπόλοιπες γυναίκες κοιμόντουσαν στο διπλανό δωμάτιο. Η νύχτα ήταν σκοτεινή κι η ατμόσφαιρα κρύα.

«Δεν το πιστεύουν όλοι αυτό. Ίσως να υπάρχουν χώρες όπου οι άνθρωποι σκέφτονται διαφορετικά. Ακόμη κι εδώ υπάρχουν μερικοί που τολμούν να σκέφτονται διαφορετικά. Η αρχόντισσα Μαρουγιάμα, φέρ' ειπείν...» Η φωνή της Καεντέ χαμήλωσε ακόμη περισσότερο. «Οι Αφανείς...»

«Τι γνωρίζετε σχετικά με τους Αφανείς;» ρώτησε η Σιζούκα γελώντας ελαφρά.

«Εσύ μου μίλησες γι' αυτούς πριν από πολύ καιρό, όταν ήρθες να με βρεις στο κάστρο των Νογκούτσι. Είχες πει ότι πιστεύουν πως όλοι οι άνθρωποι θεωρούνται ίσοι κι όμοιοι από τη θρησκεία στην οποία πιστεύουν. Θυμάμαι ότι τότε είχα πιστέψει πως κι εσύ κι αυτοί είσαστε τρελοί. Τώρα όμως που έμαθα ότι ακόμη κι ο Πεφωτισμένος υποτιμάει τις γυναίκες –ή τουλάχιστον αυτό κάνουν οι ιερείς και οι μοναχοί του–, αναρωτιέμαι για ποιο λόγο να συμβαίνει αυτό».

«Τι περιμένατε;» ρώτησε η Σιζούκα. «Οι άντρες γράφουν την ιστορία και τα ιερά κείμενα. Ακόμη και την ποίηση. Δεν μπορείτε να αλλάξετε τον κόσμο. Πρέπει να μάθετε να δουλεύετε μέσα σ' αυτόν».

«Υπάρχουν και γυναίκες συγγραφείς» είπε η Καεντέ. «Θυμάμαι που άκουγα γι' αυτές όταν ζούσα στο κάστρο των Νογκούτσι. Ο πατέρας όμως λέει ότι δε θα έπρεπε να διαβάσω τα έργα τους, γιατί θα μου διαφθείρουν το μυαλό».

Υπήρχαν φορές που νόμιζε ότι ο πατέρας της επέλεγε να της δίνει κάποια βιβλία απλώς και μόνο επειδή έγραφαν τόσο σκληρά και άσχημα πράγματα για τις γυναίκες· είχε αρχίσει να πιστεύει ότι δεν υπήρχαν άλλου είδους βιβλία πέρα απ' αυτά. Αντιπαθούσε ιδιαίτερα τον Κουγκ Φου Τζου, τον οποίο ο πατέρας της θαύμαζε απεριόριστα. Ένα απόγευμα, ο πατέρας της της υπαγόρευε τις σκέψεις του μεγάλου σοφού κι εκείνη τις έγραφε, όταν έφτασε κάποιος επισκέπτης.

Ο καιρός είχε αλλάξει μέσα σε μια νύχτα. Η ατμόσφαιρα ήταν υγρή κι είχε αρχίσει να ψυχραίνει. Καπνός απ' τα ξύλα που καίγονταν, ανακατεμένος με την ομίχλη, κυμάτιζε πάνω από την κοιλάδα. Στον κήπο, οι βαριές κορυφές από τα τελευταία χρυσάνθεμα έσταζαν από την υγρασία. Τις τελευταίες εβδομάδες οι γυναίκες προετοίμαζαν τα ρούχα του χειμώνα· η Καεντέ χαιρόταν πολύ που τώρα πια φορούσε ζεστά εσώρουχα κάτω από τα φορέματά της. Με το να μένει καθισμένη για τόσες ώρες γράφοντας ή διαβάζοντας, ένιωθε τα χέρια και τα πόδια της να παγώνουν. Σύντομα θα έπρεπε να προμηθευτεί μαγκάλια για το σπίτι· φοβόταν πολύ τον επερχόμενο χειμώνα, αφού ήταν ακόμη απροετοίμαστοι για να τον αντιμετωπίσουν.

Η Αγιάμε όρμησε στο δωμάτιο και είπε με φωνή γεμάτη αναστάτωση «Έχει έρθει ο άρχοντας Φουτζιβάρα, κύριε».

Η Καεντέ είπε «Θα σας αφήσω μόνους», ακούμπησε κάτω το πινέλο και σηκώθηκε όρθια.

«Όχι, μείνε. Θα χαρεί πολύ να σε γνωρίσει. Δίχως αμφιβολία, έχει έρθει για να ακούσει τα νέα που μας έφερες από την Ανατολή».

Ο πατέρας της προχώρησε μέχρι το κατώφλι και βγήκε έξω για να υποδεχτεί τον επισκέπτη του. Γύρισε κι έγνεψε προς την Καεντέ· ύστερα έπεσε στα γόνατα.

Η αυλή είχε γεμίσει με έφιππους και πεζούς ακολούθους. Ο άρχοντας Φουτζιβάρα κατέβαινε από μια φορητή χειράμαξα, η οποία είχε τοποθετηθεί μπροστά σε μια τεράστια επίπεδη πέτρα που είχαν μόλις μεταφέρει στον κήπο γι' αυτόν το λόγο· η σκηνή αυτή θύμισε στην Καεντέ το παρελθόν, όταν ήταν ακόμη παιδί. Σκέφτηκε ότι όλοι θα έπρεπε να έχουν το δικαίωμα να ταξιδεύουν έτσι, ελεύθερα και κατά βούληση, ύστερα ευχήθηκε όλοι εκείνοι οι άντρες να είχαν κουβαλήσει μαζί και το φαγητό τους. Έπειτα έπεσε στα γόνατα, καθώς κάποιος από τους ακολούθους έλυσε τα σανδάλια του ευγενούς επισκέπτη κι εκείνος μπήκε ξυπόλυτος στο σπίτι.

Πρόλαβε να τον αντικρίσει πριν χαμηλώσει το βλέμμα της. Ήταν ψηλός κι αδύνατος, το πρόσωπό του ήταν λευκό κι ανάγλυφο σαν σκαλισμένη μάσκα και το μέτωπό του αφύσικα μεγάλο. Τα ρούχα του είχαν αχνά χρώματα, όμως ήταν κομψά και καμωμένα από λεπτό καλοφτιαγμένο ύφασμα. Σκόρπιζε ολόγυρα ένα σαγηνευτικό άρωμα, που πρόδιδε τόλμη και πρωτοτυπία. Ανταπέδωσε την υπόκλιση του πατέρα της με μεγαλοπρέπεια κι αποκρίθηκε στο καλωσόρισμά του με γλώσσα ευγενική και περίτεχνη.

Η Καεντέ παρέμεινε ακίνητη την ώρα που εκείνος μπήκε στο δωμάτιο περνώντας από μπροστά της, ενώ το άρωμά του της τρύπησε τη μύτη.

«Η μεγαλύτερη θυγατέρα μου» είπε ο πατέρας της με απλό ύφος, ακολουθώντας πίσω από τον επισκέπτη του. «Η Οτόρι Καεντέ».

«Αρχόντισσα Οτόρι» είπε εκείνος κι ύστερα συμπλήρωσε «θα ήθελα να τη δω».

«Πέρασε μέσα, κόρη μου» είπε ο πατέρας της με ανυπομονησία· εκείνη πέρασε μέσα γονατιστή.

«Άρχοντα Φουτζιβάρα» ψιθύρισε εκείνη.

«Είναι πολύ όμορφη» παρατήρησε ο ευγενής. «Για να δω το πρόσωπό της».

Εκείνη σήκωσε τα μάτια και συνάντησε το βλέμμα του.

«Εξαιρετική».

Μέσα στο σμιχτό, επαινετικό του βλέμμα, η Καεντέ διέκρινε το θαυμασμό, όχι τον πόθο. Αυτό την έκανε να ξαφνιαστεί και να χαμογελάσει ελαφρά, όχι όμως και απρόσεκτα. Κι εκείνος ξαφνιάστηκε εξίσου και η βλοσυρή, άκαμπτη γραμμή των χειλιών του μαλάκωσε.

«Σας ενοχλώ» απολογήθηκε κοιτάζοντας τα τυλιγμένα χαρτιά και τα σύνεργα της καλλιγραφίας. Η περιέργεια τον είχε κυριεύσει. Το ένα του φρύδι ανασηκώθηκε. «Κάποιο μάθημα;»

«Δεν είναι τίποτα» απάντησε ο πατέρας της νιώθοντας αμήχανα. «Πρόκειται για μια κοριτσίστικη ανοησία. Μάλλον θα σας φαίνομαι πολύ επιεικής ως γονιός».

«Κάθε άλλο, έχω εντυπωσιαστεί». Σήκωσε τη σελίδα όπου τόση ώρα εκείνη έγραφε. «Μου επιτρέπετε;»

«Παρακαλώ, παρακαλώ» είπε ο πατέρας της.

«Πολύ ικανό χέρι. Δύσκολα θα πίστευε κανείς ότι ανήκει σε κορίτσι».

Η Καεντέ ένιωσε να κοκκινίζει. Γι' άλλη μια φορά τής υπενθύμιζαν πόσο τολμηρή ήταν που επέμενε να διδαχτεί πράγματα που αφορούσαν τους άντρες.

«Σας αρέσει ο Κουγκ Φου Τζου;» Ο άρχοντας Φουτζιβάρα τής απηύθυνε το λόγο, γεγονός που την έκανε να μπερδευτεί ακόμη περισσότερο.

«Πολύ φοβάμαι ότι τα αισθήματά μου για το έργο του είναι συγκεχυμένα» αποκρίθηκε εκείνη. «Δείχνει να μη νοιάζεται καθόλου για μένα».

«Κόρη μου» διαμαρτυρήθηκε ο πατέρας της· όμως τα χείλη του Φουτζιβάρα κουνήθηκαν και πάλι, σχηματίζοντας κάτι που θύμιζε χαμόγελο.

«Δεν μπορούσε να φανταστεί ότι θα σας γνώριζε τόσο καλά» απάντησε εκείνος με εύθυμη διάθεση. «Έχω την εντύπωση ότι ήρθατε προσφάτως από την Ινουγιάμα. Πρέπει να σας εξομολογηθώ ότι η σημερινή μου επίσκεψη εν μέρει αποσκοπεί στο να πληροφορηθώ τα νέα».

«Έφτασα πριν από ένα μήνα περίπου» του απάντησε. «Όχι κατευθείαν από την Ινουγιάμα, αλλά από την Τεραγιάμα, όπου έχει ταφεί ο άρχοντας Οτόρι».

«Ο σύζυγός σας; Δεν το είχα πληροφορηθεί αυτό. Τα συλλυπητήριά μου».

Το βλέμμα του περιεργάστηκε το σχήμα του κορμιού της. *Τίποτα δεν του ξεφεύγει*, σκέφτηκε. *Έχει βλέμμα άπληστο σαν του φαλακροκόρακα.*

«Ο Ιίντα ευθύνεται για το θάνατό του» είπε χαμηλόφωνα. «Και οι Οτόρι τον τιμώρησαν με θάνατο».

Ο Φουτζιβάρα συνέχισε εκφράζοντας ακόμη περισσότερο τη συμπάθειά του κι εκείνη μίλησε εν συντομία για τον Αράι και περιέγραψε την κατάσταση στην Ινουγιάμα· όμως πίσω από το τυπικό κι ευγενικό του ύφος, εκείνη διέκρινε τη λαχτάρα του να μάθει περισσότερα. Αυτό την ενόχλησε αλλά συνάμα και τη δελέασε. Είχε την αίσθηση ότι μπορούσε να του πει τα πάντα και ότι τίποτα δε θα τον αναστάτωνε· επίσης την κολάκευε το προφανές ενδιαφέρον του για εκείνη.

«Πρόκειται για τον ίδιο Αράι που είχε ορκιστεί πίστη και αφοσίωση στους Νογκούτσι» συμπλήρωσε ο πατέρας της, που τώρα είχε επανέλθει θυμωμένος στο βασικό του παράπονο. «Εξαιτίας της δικής του προδοσίας, εγώ βρέθηκα να πολεμάω με το στρατό της φατρίας των Σεϊσού, και μάλιστα στην ίδια μου τη γη – ορισμένοι απ' αυτούς ήταν συγγενείς μου. Έπεσα θύμα προδοσίας και στο τέλος μάς υπερφαλάγγισαν».

«Πατέρα!» η Καεντέ προσπάθησε να τον κάνει να σωπάσει. Αυτό το ζήτημα δεν αφορούσε τον άρχοντα Φουτζιβάρα· άλλωστε, όσο λιγότερα αποκάλυπτε για την ατίμωση που είχε υποστεί, τόσο το καλύτερο.

Ο ευγενής αντιμετώπισε την αποκάλυψη που είχε μόλις γίνει με μια ελαφριά υπόκλιση. «Υποθέτω ότι ο άρχοντας Σιρακάβα τραυματίστηκε».

«Πολύ ελαφρά» απάντησε εκείνος. «Θα ήταν προτιμότερο να είχα σκοτωθεί. Έπρεπε να αυτοκτονήσω, όμως οι θυγατέρες μου με μετέπεισαν».

Η Καεντέ δεν ήθελε να ακούσει τίποτα περισσότερο. Ευτυχώς, η συζήτησή τους διακόπηκε από την Αγιάμε, που τους έφερε τσάι και μικρά κομμάτια από πάστα φασολιού, πασπαλισμένα με ζάχαρη. Η Καεντέ σερβίρισε τους άντρες κι ύστερα αποχώρησε από το δωμάτιο, αφήνοντάς τους να συνομιλήσουν μεταξύ τους. Το βλέμμα του Φουτζιβάρα παρακολούθησε τα βήματά της καθώς έφευγε. Τότε εκείνη ευχήθηκε να της δινόταν η δυνατότητα να συνομιλήσει μαζί του δίχως τον πατέρα της παρόντα.

Δεν μπορούσε να του προτείνει ευθέως μια τέτοια συνάντηση, άρχισε όμως να σκέφτεται διάφορους τρόπους για να συμβεί κάτι τέτοιο. Ύστερα από μερικές μέρες ωστόσο, ο πατέρας της της ανακοίνωσε ότι είχε λάβει μήνυμα από τον ευγενή, που προσκαλούσε την Καεντέ να τον επισκεφτεί, για να δει τη συλλογή ζωγραφικής και τους υπόλοιπους θησαυρούς του.

«Προξένησες το ενδιαφέρον του κατά κάποιον τρόπο» της είπε, ελαφρώς έκπληκτος.

Ικανοποιημένη αλλά και κάπως ανήσυχη, η Καεντέ ζήτησε από τη Σιζούκα να πάει στους στάβλους και να πει στον Αμάνο να ετοιμάσει τον Ρακού και να τη συνοδεύσει στην κατοικία του Φουτζιβάρα, που απείχε μια ώρα περίπου.

«Πρέπει να ταξιδέψετε με τη χειράμαξα» της αποκρίθηκε με αυστηρό ύφος η Σιζούκα.

«Γιατί;»

«Ο άρχοντας Φουτζιβάρα είναι άνθρωπος της αυλής, ένας ευγενής. Δε γίνεται να τον επισκεφτείτε καβάλα στο άλογο, σαν πολεμιστής». Η Σιζούκα έδειχνε βλοσυρή, όμως ύστερα ελάφρυνε την ατμόσφαιρα λέγοντας «Εάν, βέβαια, ήσασταν αγόρι και πηγαίνατε καβάλα στον Ρακού, τότε ίσως δε θα σας άφηνε να του φύγετε! Όμως τώρα πρέπει να τον εντυπωσιάσετε ως γυναίκα. Πρέπει να κάνετε μια τέλεια εμφάνιση». Ύστερα κοίταξε την Καεντέ με επικριτικό ύφος. «Θα του φανείτε πολύ ψηλή, δίχως αμφιβολία».

«Έχει ήδη πει ότι είμαι όμορφη» απάντησε ενοχλημένη η Καεντέ.

«Πρέπει να σας βρει άψογη. Σαν ένα κομμάτι από πορσελάνη ή σαν μια ζωγραφιά του Σέσσου. Κι ύστερα θα θελήσει να σας συμπεριλάβει στη συλλογή του».

«Δε θέλω να γίνω μέρος της συλλογής του» διαμαρτυρήθηκε εκείνη.

«Και *τι* ακριβώς θέλετε;» Τώρα πια η φωνή της Σιζούκα είχε σοβαρέψει.

Η Καεντέ αποκρίθηκε με ανάλογο ύφος. «Θέλω να περισώσω τη γη μου και να διεκδικήσω ό,τι μου ανήκει. Θέλω να έχω δύναμη όπως οι άντρες».

«Συνεπώς χρειάζεστε ένα σύμμαχο» απάντησε η Σιζούκα. «Εάν αυτός ο σύμμαχος πρόκειται να είναι ο άρχοντας Φουτζιβάρα, τότε πρέπει να του φανείτε τέλεια. Στείλτε του ένα μήνυμα όπου θα του εξηγείτε ότι είδατε κάποιον εφιάλτη κι ότι η μέρα είναι δυσοίωνη. Ενημερώστε τον ότι θα τον επισκεφτείτε μεθαύριο. Έτσι, θα κερδίσουμε χρόνο».

Το μήνυμα απεστάλη κι ύστερα η Καεντέ αφέθηκε στις φροντίδες της Σιζούκα. Της έλουσε τα μαλλιά, της μάδησε τα φρύδια, της έτριψε το δέρμα με βρόμη, την άλειψε με λάδια και κρέμες κι ύστερα την έτριψε και πάλι. Η Σιζούκα έψαξε στα ρούχα του σπιτιού και διάλεξε κάποια φορέματα που ανήκαν στη μητέρα της Καεντέ, για να τη ντύσει. Δεν ήταν καινούρια, όμως ήταν φτιαγμένα από υλικά πολύ καλής ποιότητας και τα χρώματα –γκρίζο σαν τη φτερούγα του περιστεριού και μαβί σαν το θαμνώδες τριφύλλι– αναδείκνυαν την εβένινη επιδερμίδα της Καεντέ και τις κυανόμαυρες ανταύγειες των μαλλιών της.

«Σίγουρα είστε αρκετά όμορφη για να κινήσετε το ενδιαφέρον του» είπε η Σιζούκα. «Πρέπει όμως και να τον γοητεύσετε. Μην του πείτε πολλά. Εάν σκοπεύετε να του αποκαλύψετε τα μυστικά σας, φροντίστε πρώτα να πληρώσει το ανάλογο τίμημα».

Τώρα πια οι νύχτες ήταν ψυχρές κι είχαν αρχίσει οι παγωνιές, τη μέρα όμως ο καιρός ήταν καλός. Στα βουνά που περιέκλειαν το σπίτι έλαμπαν οι σφένδαμοι και τα σουμάκια, κόκκινα σαν φωτιές ανάμεσα στους καταπράσινους κέδρους και στο γαλανό ουρανό.

Οι αισθήσεις της Καεντέ είχαν οξυνθεί λόγω της εγκυμοσύνης της· γι' αυτό, τη στιγμή που κατέβαινε από τη χειράμαξα στον κήπο της κατοικίας του Φουτζιβάρα, ένιωσε μεγάλη συγκίνηση από όλη αυτή την ομορφιά. Ήταν μια υπέροχη ημέρα του φθινοπώρου, που σε λίγο θα χανόταν για πάντα, αποδιωγμένο από τους δυνατούς ανέμους που θα κατέβαιναν με ορμή από τα βουνά.

Το σπίτι ήταν μεγαλύτερο από το δικό της και σε πολύ καλύτερη κατάσταση. Στον κήπο άφθονα νερά κυλούσαν πάνω σε παλιές πέτρες και σχημάτιζαν λιμνούλες όπου κολυμπούσαν τεμπέλικα χρυσοκόκκινοι κυπρίνοι. Τα βουνά φάνταζαν σαν να ξεπρόβαλλαν ακριβώς μέσα από αυτόν τον κήπο· ένας καταρράκτης αντηχούσε και καθρεφτιζόταν στο ρυάκι. Δύο μεγάλοι αετοί φτερούγιζαν στον πεντακάθαρο ουρανό.

Ένας νεαρός άντρας την υποδέχτηκε στο κατώφλι και μέσα από τη μεγάλη βεράντα την οδήγησε στο δωμάτιο όπου είχε καθίσει ο άρχοντας Φουτζιβάρα. Η Καεντέ διάβηκε την πόρτα και αμέσως έπεσε στα γόνατα ακουμπώντας το πάτωμα με το μέτωπο. Το ψάθινο κάλυμμα ήταν φρέσκο και καθαρό, το χρώμα του ήταν ακόμη πρασινωπό κι η μυρωδιά του έντονη.

Η Σιζούκα έμεινε έξω, γονατισμένη κι αυτή πάνω στο ξύλινο πάτωμα. Μέσα στο δωμάτιο επικρατούσε ησυχία. Η Καεντέ περίμενε να της μιλήσει εκείνος· ήξερε καλά ότι την περιεργαζόταν κι εκείνη προσπάθησε να δει όσο το δυνατόν περισσότερα από το δωμάτιο δίχως να κουνήσει ούτε το βλέμμα ούτε το κεφάλι της. Ανακουφίστηκε όταν στο τέλος τής απηύθυνε το λόγο και την παρακάλεσε να ανασηκωθεί.

«Είμαι πολύ χαρούμενος που ήρθατε» της είπε· αντάλλαξαν φιλοφρονήσεις, εκείνη μιλούσε γλυκά και χαμηλόφωνα, εκείνος χρησιμοποιούσε περίτεχνη γλώσσα, που μερικές φορές την έκανε να μαντεύει απλώς το νόημα των λέξεων. Ήλπιζε ότι, εάν μιλούσε ελάχιστα, θα την έβρισκε αινιγματική παρά ανιαρή.

Ο νεαρός επέστρεψε στο δωμάτιο κουβαλώντας τα σύνεργα του τσαγιού· ο ίδιος ο Φουτζιβάρα ανακάτεψε την πράσινη σκόνη σε βραστό νερό κι έφτιαξε τσάι. Οι κούπες ήταν καλοφτιαγμένες, σε ροζ και καφέ χρώμα, ευχάριστες τόσο στην όψη όσο και στην αφή. Άρχισε να περιεργάζεται τη δική της και να τη θαυμάζει.

«Είναι από το Χάγκι» της είπε. «Από την πατρίδα του άρχοντα Οτόρι. Είναι οι πιο αγαπημένες μου από όλα τα σκεύη τσαγιού που έχω». Ύστερα από μια στιγμή συμπλήρωσε «Θα επιστρέψετε εκεί;».

Ασφαλώς και θα 'πρεπε, σκέφτηκε αστραπιαία η Καεντέ. *Αν στ' αλήθεια ήταν σύζυγός μου και περίμενα το παιδί του, τότε θα πήγαινα στο σπίτι του, στην οικογένειά του.*

«Δεν μπορώ» είπε εκείνη απλοϊκά, ανασηκώνοντας τα μάτια. Όπως κάθε φορά, η ανάμνηση του θανάτου του Σιγκέρου κι η ανάμειξή της, η εκδίκηση, της έφεραν δάκρυα, που σκοτείνιασαν τα μάτια της και τα έκαναν να γυαλίζουν.

«Υπάρχουν πάντοτε λόγοι» είπε εκείνος με πλάγιο τρόπο. «Πάρτε για παράδειγμα εμένα. Ο γιος μου κι ο τάφος τη γυναίκας μου βρίσκονται στην πρωτεύουσα. Ίσως να μην το γνωρίζετε, αλλά εγώ ζήτησα να φύγω. Τα γραπτά μου ενοχλούσαν τον επίτροπο του αυτοκράτορα. Αμέσως μετά την εξορία μου, η πρωτεύουσα χτυπήθηκε από δυο ισχυρούς σεισμούς και μια σειρά από πυρκαγιές. Η γενικότερη αντίληψη ήταν ότι επρόκειτο για τη δυσαρέσκεια του Ουρανού, που είχε ενοχληθεί από την τόσο άδικη μεταχείριση ενός ακίνδυνου λόγιου. Άρχισαν να προσεύχονται και με ικέτευσαν να επιστρέψω. Όμως, για την ώρα, με ευχαριστεί η ζωή μου εδώ και δε βρίσκω το λόγο γιατί θα έπρεπε να υπακούσω αμέσως, εκτός, βέβαια, κι αν τελικά υποχρεωθώ να το κάνω».

«Ο άρχοντας Σιγκέρου έχει γίνει πια ένας θεός» είπε εκείνη. «Εκατοντάδες άνθρωποι πηγαίνουν κάθε μέρα για να προσευχηθούν στο μνημείο του, στην Τεραγιάμα».

«Ο άρχοντας Σιγκέρου, αλίμονο σε όλους μας, είναι πια νεκρός, ωστόσο εγώ είμαι ολοζώντανος. Είναι πολύ νωρίς για μένα να γίνω θεός από τώρα».

Της είχε αποκαλύψει κάτι για τον εαυτό του, και τώρα ένιωθε την ανάγκη να κάνει κι αυτή το ίδιο. «Οι θείοι του ήθελαν να πεθάνει» είπε. «Γι' αυτό δεν πρόκειται να πάω κοντά τους».

«Γνωρίζω ελάχιστα για τη φατρία των Οτόρι» της απάντησε «πέρα από τα υπέροχα κεραμικά που φτιάχνουν στο Χάγκι. Έχουν τη φήμη ότι είναι πολύ επιφυλακτικοί και κρυψίνοες οι άνθρωποι εκεί. Δύσκολα μπορεί να τους πλησιάσει κανείς, απ' ό,τι καταλαβαίνω. Έχουν, μάλιστα, κάποια προαιώνια σχέση με την αυτοκρατορική οικογένεια». Η φωνή του ακουγόταν ελαφριά και εύθυμη, σχεδόν σαν να αστειευόταν· ύστερα όμως άλλαξε ελαφρώς το ύφος του. Η Καεντέ ένιωσε στα λόγια του εκείνο το ίδιο έντονο συναίσθημα. «Συγχωρέστε με εάν γίνομαι αδιάκριτος, αλλά πώς ακριβώς πέθανε ο άρχοντας Σιγκέρου;»

Είχε μιλήσει ελάχιστα για όλα εκείνα τα τρομερά γεγονότα που είχαν συμβεί στην Ινουγιάμα και ήθελε πολύ να του εξομολογηθεί τα πάντα εκείνη τη στιγμή· όμως, όταν τον είδε να γέρνει μπροστά, προς τη μεριά της, διαισθάνθηκε ότι τον είχε κυριεύσει πάλι η λαχτάρα, όχι για εκείνη, αλλά για όσα εκείνη είχε υποφέρει.

«Δεν μπορώ να μιλήσω γι' αυτό» του είπε χαμηλόφωνα. Θα τον έκανε να πληρώσει για να μάθει τα μυστικά της. «Είναι πολύ οδυνηρό».

«Α!» Ο Φουτζιβάρα κοίταξε μέσα στην κούπα που κρατούσε. Η Καεντέ τον περιεργάστηκε· παρατήρησε τα οστά του προσώπου του που διαγράφονταν έντονα, τα αισθαντικά χείλη, τα μακριά κομψά δάχτυλα. Άφησε την κούπα του στην ψάθα και την κοίταξε. Εκείνη εσκεμμένα του ανταπέδωσε το βλέμμα, άφησε δάκρυα να μουσκέψουν τα μάτια της κι ύστερα έστρεψε το πρόσωπό της.

«Ίσως κάποια μέρα...» είπε με σιγανή φωνή.

Έμειναν καθισμένοι, δίχως να κινηθούν ή να μιλήσουν για αρκετή ώρα.

«Με έχετε σαγηνεύσει» της είπε στο τέλος. «Ελάχιστες γυναίκες το καταφέρνουν αυτό. Επιτρέψτε μου να σας ξεναγήσω στην ταπεινή μου κατοικία και να σας παρουσιάσω τη φτωχική μου συλλογή».

Άφησε την κούπα της στο πάτωμα και, με πολλή χάρη, σηκώθηκε όρθια. Εκείνος παρακολουθούσε κάθε κίνησή της, όχι όμως με την ίδια αρπακτική επιθυμία που το έκαναν οι υπόλοιποι άντρες. Η Καεντέ συνειδητοποίησε τι ακριβώς εννοούσε η Σιζούκα. Εάν τον γοήτευε, τούτος ο ευγενής θα ήθελε να τη συμπεριλάβει στη συλλογή του. Τι τιμή θα έδινε για να την αποκτήσει και πόσα θα έπρεπε να του ζητήσει;

Η Σιζούκα υποκλίθηκε μέχρι το δάπεδο καθώς πέρασαν από μπροστά της· ο νεαρός εμφανίστηκε και πάλι μέσα από τα σκοτάδια. Είχε εξαιρετική κατατομή κι ήταν κομψός σαν κορίτσι.

«Μαμόρου» είπε ο Φουτζιβάρα «η αρχόντισσα Οτόρι έχει την καλοσύνη να καταδεχτεί να δει τα θλιβερά μου έργα. Έλα μαζί μας».

Τη στιγμή που ο νεαρός τής υποκλινόταν, ο Φουτζιβάρα είπε «Φρόντισε να διδαχτείς από αυτήν. Παρατήρησέ την. Είναι ένα θαυμάσιο παράδειγμα».

Η Καεντέ τούς ακολούθησε στο κέντρο του σπιτιού, όπου υπήρχε μια αυλή και μια εξέδρα.

«Ο Μαμόρου είναι ηθοποιός» είπε ο Φουτζιβάρα. «Υποδύεται γυναικείους ρόλους. Μου αρέσει να ανεβάζω θεατρικά έργα σε αυτό το μικρό χώρο».

Ίσως ο χώρος να μην ήταν μεγάλος, όμως ήταν εξαιρετικός. Απλά ξύλινα δοκάρια στήριζαν την οροφή με τις σκαλιστές διακοσμήσεις, ενώ στο φόντο ήταν ζωγραφισμένο ένα γερμένο πεύκο.

«Πρέπει να έρθετε να παρακολουθήσετε μια από τις παραστάσεις» είπε ο Φουτζιβάρα. «Σε λίγο θα ξεκινήσουμε τις πρόβες για το *Ατσουμόρι*. Περιμένουμε την άφιξη του φλαουτίστα. Πριν απ' αυτό όμως, θα παρουσιάσουμε το *Κοπανίστρα*. Ο Μαμόρου μπορεί να διδαχτεί πολλά από εσάς κι εγώ θα ήθελα τη γνώμη σας σχετικά με την ερμηνεία του».

Εκείνη δεν απάντησε κι αυτός συνέχισε «Έχετε εξοικείωση με το θέατρο;».

«Παρακολούθησα μερικά έργα τον καιρό που ζούσα στην κατοικία του άρχοντα Νογκούτσι» απάντησε εκείνη. «Όμως γνωρίζω ελάχιστα πράγματα σχετικά».

«Ο πατέρας σας μου είχε πει ότι ήσασταν όμηρος των Νογκούτσι».

«Από την ηλικία των επτά χρόνων».

«Πόσο περίεργη είναι η ζωή των γυναικών» παρατήρησε εκείνος· εκείνη ένιωσε το κρύο να την τυλίγει.

Από την αίθουσα του θεάτρου προχώρησαν σε άλλο ένα δωμάτιο υποδοχής, το οποίο οδηγούσε σ' ένα μικρότερο κήπο. Οι ακτίνες του ήλιου ζέσταιναν το χώρο κι αυτό χαροποίησε πολύ την Καεντέ. Όμως ο ήλιος είχε αρχίσει να κρύβεται πίσω από τα βουνά. Σε λίγο θα χανόταν πίσω από τις κορφές τους και οι σκιές τους θα σκέπαζαν την κοιλάδα. Δεν μπορούσε να κρατηθεί· έτρεμε από το κρύο.

«Φέρε ένα μαγκάλι» διέταξε ο Φουτζιβάρα. «Η αρχόντισσα Οτόρι κρυώνει».

Ο Μαμόρου εξαφανίστηκε κι ύστερα επέστρεψε ακολουθούμενος από έναν πολύ μεγαλύτερό του άντρα, που κουβαλούσε ένα μικρό μαγκάλι με αναμμένα κάρβουνα.

«Καθίστε κοντά» είπε ο Φουτζιβάρα. «Είναι πολύ εύκολο να κρυολογήσετε αυτή την εποχή».

Ο Μαμόρου έφυγε και πάλι από το δωμάτιο, δίχως να έχει μιλήσει καθόλου όλη αυτή την ώρα· οι κινήσεις του ήταν μεγαλόπρεπες, ευλαβικές κι αθόρυβες. Όταν επέστρεψε, κρατούσε ένα μικρό σεντούκι από ξύλο παυλονίας. Το ακούμπησε στο πάτωμα. Βγήκε από το δωμάτιο και ξαναγύρισε άλλες τρεις φορές, μεταφέροντας κάθε φορά κι από ένα σεντούκι ή κάποιο κουτί. Το καθένα απ' αυτά ήταν καμωμένο από διαφορετικό είδος ξύλου, ζέλκοβα, κυπαρίσσι, κερασιά, και ήταν γυαλισμένα έτσι ώστε το χρώμα και η υφή να αναδεικνύουν τη μεγάλη ηλικία του κάθε δέντρου, τη βουνοπλαγιά όπου είχε μεγαλώσει, τις καυτές και παγωμένες εποχές, τις βροχές και τους ανέμους που είχαν περάσει από πάνω του.

Ο Φουτζιβάρα τα άνοιξε το ένα μετά το άλλο. Στο εσωτερικό τους υπήρχαν δέματα, αντικείμενα τυλιγμένα με πολλές στρώσεις ύφασμα. Κι αυτά τα υφάσματα ήταν όμορφα, παρ' όλο που ήταν, προφανώς, πολύ παλιά· ήταν μεταξωτά με πολύ λεπτή ύφανση και κομψά χρώματα. Όμως αυτά που έκρυβαν μέσα τους τούτα τα υφάσματα ξεπερνούσαν όλα όσα είχε δει έως τότε στη ζωή της η Καεντέ. Τα ξετύλιγε ένα ένα, τα ακουμπούσε στο δάπεδο μπροστά στα πόδια της και την παρότρυνε να τα πάρει στα χέρια της, να τα χαϊδέψει με τα δάχτυλά της, να τα ακουμπήσει στα χείλη ή στο φρύδι της, γιατί πολύ συχνά η αίσθηση της αφής και η μυρωδιά ενός αντικειμένου ήταν εξίσου σημαντικά με την όψη του. Εκείνος τύλιγε ξανά το κάθε δέμα και το τοποθετούσε στη θέση του πριν της αποκαλύψει το επόμενο.

«Σπανίως τα κοιτάζω» της είπε, κι η φωνή του έκρυβε μέσα της αγάπη. «Κάθε φορά που πέφτει επάνω τους ένα ανάξιο βλέμμα, μειώνεται η αξία τους. Και μόνο να τα ξετυλίγω είναι μια ερωτική πράξη για μένα. Το να τα μοιράζομαι με κάποιον που το βλέμμα του τους προσδίδει αξία αντί να τα μειώνει είναι μια από τις μεγαλύτερες αλλά σπανιότατες απολαύσεις».

Η Καεντέ δεν είπε τίποτα, αφού γνώριζε ελάχιστα για την αξία και την καταγωγή ακόμη και των αντικειμένων που είχε μπροστά της: ένα κύπελλο τσαγιού από την ίδια ροζ καφέ σειρά, στέρεο και συνάμα εύθραυστο, η φιγούρα του Πεφωτισμένου ανάμεσα σε κλαδιά λωτού, σκαλισμένη σε νεφρίτη, το κουτί που ήταν βαμμένο με χρυσό βερνίκι κι ήταν απλό και την ίδια στιγμή περίτεχνο στην εμφάνιση. Απλώς τα κοιτούσε και νόμιζε ότι εκείνα τα πανέμορφα πράγματα είχαν δικά τους μάτια και την κοιτούσαν κι αυτά.

Ο Μαμόρου δεν έμεινε για να αντικρίσει τα αντικείμενα, αλλά μετά από κάμποση ώρα –ο χρόνος είχε σταματήσει για την Καεντέ– επέστρεψε κρατώντας ένα μεγάλο, πλατύ κουτί. Ο Φουτζιβάρα έβγαλε από μέσα μια ζωγραφιά: ήταν ένα χειμωνιάτικο τοπίο με δύο κοράκια κατάμαυρα, μέσα στο χιόνι.

«Α, ο Σέσσου» ψιθύρισε εκείνη κι αυτή ήταν η πρώτη φορά που μιλούσε.

«Όχι ο Σέσσου, για την ακρίβεια, ένας από τους δασκάλους του» τη διόρθωσε. «Λένε ότι το παιδί δεν μπορεί να διδάξει το γονιό, όμως στην περίπτωση του Σέσσου πρέπει να δεχτούμε ότι ο μαθητής ξεπέρασε το δάσκαλο».

«Δεν υπάρχει μια παροιμία που λέει ότι το γαλάζιο της μπογιάς είναι πιο έντονο από το γαλάζιο του λουλουδιού;» είπε εκείνη.

«Συμφωνείτε με αυτό, φαντάζομαι».

«Εάν ούτε τα παιδιά ούτε οι μαθητές δεν ήταν εξυπνότεροι, τότε τίποτε δε θ' άλλαζε».

«Κι έτσι, οι περισσότεροι άνθρωποι θα ήταν ικανοποιημένοι!»

«Μονάχα όσοι έχουν εξουσία» είπε η Καεντέ. «Θέλουν να διατηρήσουν τη δύναμη και τη θέση τους, ενώ την ίδια ώρα κάποιοι άλλοι βλέπουν αυτή τη δύναμη και λαχταρούν να την αποκτήσουν. Η φιλοδοξία είναι χαρακτηριστικό όλων των ανθρώπων, κι αυτό οδηγεί στην αλλαγή. Το νέο εκθρονίζει το παλιό».

«Η φιλοδοξία είναι χαρακτηριστικό και των γυναικών;»

«Κανείς δεν καταδέχεται να τις ρωτήσει». Το βλέμμα της στράφηκε προς τη ζωγραφιά. «Δύο κοράκια, η αρσενική και η θηλυκή πάπια, το αρσενικό και το θηλυκό ελάφι – πάντα τα αναπαριστούν μαζί, πάντα εμφανίζονται ως ζευγάρια».

«Αυτό είναι το θέλημα της φύσης» είπε ο Φουτζιβάρα. «Άλλωστε είναι ένα από τα πέντε είδη σχέσεων που περιγράφει ο Κουγκ Φου Τζου».

«Και η μόνη που επιτρέπεται στις γυναίκες. Μας αντιμετωπίζει μονάχα ως συζύγους».

«Αυτό είναι οι γυναίκες».

«Δε θα μπορούσε μια γυναίκα να είναι ηγεμόνας ή φίλος;» Τα βλέμματά τους συναντήθηκαν.

«Είστε πολύ τολμηρή για κορίτσι» της απάντησε· της φάνηκε πως για πρώτη φορά έμοιαζε να γελάει. Εκείνη κοκκίνισε και κοίταξε ξανά προς τη ζωγραφιά.

«Η Τεραγιάμα είναι διάσημη για τα έργα του Σέσσου που βρίσκονται εκεί» είπε ο Φουτζιβάρα. «Τα έχετε δει;»

«Ναι, ο άρχοντας Οτόρι επιθυμούσε ο άρχοντας Τακέο να τα μελετήσει και να τα αντιγράψει».

«Ο μικρότερος αδερφός του;»

«Ο θετός του γιος». Το τελευταίο πράγμα που ήθελε η Καεντέ ήταν να μιλήσει στο Φουτζιβάρα για τον Τακέο. Προσπάθησε να φέρει στο μυαλό της κάποιο άλλο θέμα, όμως δεν μπορούσε να σκεφτεί τίποτα πέρα από την ανάμνηση της ζωγραφιάς με το μικρό πουλί του βουνού που της είχε χαρίσει ο Τακέο.

«Να υποθέσω ότι εκείνος εκδικήθηκε το θάνατό του; Θα πρέπει να είναι πολύ γενναίος. Αμφιβάλλω εάν ο δικός μου γιος θα έκανε το ίδιο για μένα».

«΄Ηταν πάντα πολύ σιωπηλός» του είπε. Λαχταρούσε να μιλήσει για εκείνον, αλλά φοβόταν να το κάνει. «Δε θα σας φάνταζε ιδιαίτερα γενναίος. Του άρεσε να σχεδιάζει και να ζωγραφίζει. Απέδειξε όμως πως ήταν ατρόμητος». Άκουσε την ίδια της τη φωνή κι ύστερα σταμάτησε απότομα, σίγουρη ότι μπορούσε να δει τα πάντα μέσα της.

«Α» έκανε ο Φουτζιβάρα και έμεινε να κοιτάζει τη ζωγραφιά για πολλή ώρα.

«Δεν πρέπει να ανακατεύομαι στις υποθέσεις σας» της είπε τελικά και το βλέμμα του επέστρεψε στο πρόσωπό της. «Αλλά σίγουρα θα παντρευτείτε το γιο του άρχοντα Σιγκέρου».

«Υπάρχουν κι άλλοι παράγοντες που πρέπει να ληφθούν υπόψη» είπε εκείνη, προσπαθώντας να μιλήσει με εύθυμο ύφος. «Υπάρχουν εκτάσεις εδώ αλλά και στη Μαρουγιάμα που πρέπει να τις διεκδικήσω. Εάν πάω στο Χάγκι και κλειστώ στο καβούκι μου όπως οι Οτόρι, ίσως τα χάσω όλα».

«΄Εχω την αίσθηση ότι κρύβετε πολλά μυστικά, παρά τη νεαρή σας ηλικία» της ψιθύρισε. «Εύχομαι μια μέρα να τα ακούσω».

Ο ήλιος είχε αρχίσει να γλιστράει και να χάνεται πίσω από τα βουνά. Οι ίσκιοι των τεράστιων κέδρων είχαν αρχίσει να τεντώνονται προς τη μεριά του σπιτιού.

«Είναι πια αργά» της είπε. «Λυπάμαι που θα σας χάσω, αλλά αισθάνομαι ότι πρέπει να σας αφήσω να φύγετε. Να έρθετε ξανά πολύ σύντομα». Τύλιξε τη ζωγραφιά και την τοποθέτησε στο κουτί της. Εκείνη μύρισε την ελαφριά μυρωδιά του ξύλου και των φύλλων από πήγανο που ήταν τοποθετημένα εκεί μέσα για να κρατούν μακριά τα έντομα.

«Σας ευχαριστώ από καρδιάς» του είπε εκείνη και σηκώθηκαν όρθιοι. Ο Μαμόρου είχε επιστρέψει αθόρυβα στο δωμάτιο· της υποκλίθηκε βαθιά καθώς εκείνη πέρασε από μπροστά του.

«Κοίταξέ την, Μαμόρου!» είπε ο Φουτζιβάρα. «Παρατήρησε πώς περπατάει, πώς ανταποδίδει την υπόκλισή σου. Εάν μπορείς να το κάνεις αυτό, τότε θα μπορείς να αποκαλείσαι ηθοποιός».

Αντάλλαξαν αποχαιρετισμούς, ο άρχοντας Φουτζιβάρα βγήκε στη βεράντα για να τη συνοδεύσει μέχρι τη χειράμαξά της και να στείλει ακολούθους να τη συνοδεύσουν.

«Καλά τα πήγατε» της είπε η Σιζούκα όταν είχαν φτάσει πια στο σπίτι. «Τον γοητεύσατε».

«Με αντιπαθεί» είπε η Καεντέ. Ένιωθε εξάντληση από αυτή τη συνάντηση.

«Αντιπαθεί τις γυναίκες, όμως εσάς σας αντιμετωπίζει σαν κάτι διαφορετικό».

«Κάτι το αφύσικο».

«Ίσως» είπε γελώντας η Σιζούκα. «Ή σαν κάτι μοναδικό και σπάνιο, που κανείς άλλος δεν έχει στην κατοχή του».

ΚΕΦΑΛΑΙΟ ΠΕΜΠΤΟ

ΤΗΝ ΕΠΟΜΕΝΗ ΗΜΕΡΑ, ο Φουτζιβάρα τής έστειλε δώρα μαζί με μια πρόσκληση για να παρακολουθήσει την παράσταση του θεατρικού έργου το βράδυ που θα είχε πανσέληνο. Η Καεντέ ξετύλιξε τα δώρα και βρήκε δύο φορέματα: ένα παλιό και κάπως συντηρητικό, που είχε ένα πανέμορφο χρυσοκόκκινο κέντημα με φασιανούς στη φθινοπωρινή χλόη, πάνω σε φόντο από εβένινο μετάξι· κι ένα καινούριο, όπως έδειχνε, και περισσότερο αποκαλυπτικό, με παιονίες σε έντονο μοβ και μπλε χρώμα, πάνω σε ανοιχτό ροζ φόντο.

Η Χάνα και η Άι έτρεξαν να τα θαυμάσουν. Ο άρχοντας Φουτζιβάρα είχε στείλει επίσης τρόφιμα, ορτύκια και γλυκόψαρα, διόσπυρους και ψωμιά από φασόλια. Η Χάνα, που ένιωθε πάντοτε πεινασμένη, όπως άλλωστε κι όλοι οι υπόλοιποι, είχε εντυπωσιαστεί πολύ.

«Μην τα αγγίζεις» την αποπήρε η Καεντέ. «Τα χέρια σου είναι βρόμικα».

Η Χάνα είχε λερώσει τα χέρια της μαζεύοντας κάστανα, αλλά την ενοχλούσε αφάνταστα όταν κάποιος την επέπληττε. Τα έκρυψε πίσω από την πλάτη της και κοίταξε άγρια τη μεγαλύτερη αδερφή της.

«Χάνα» είπε η Καεντέ προσπαθώντας να φανεί ευγενική. «Άφησε την Αγιάμε να σου πλύνει τα χέρια κι ύστερα μπορείς να τα δεις».

Η σχέση της με τη μικρή της αδερφή ήταν ακόμη τεταμένη. Πίστευε ότι η Αγιάμε και η Άι είχαν κακομάθει τη Χάνα. Θα ήθελε να μπορούσε να πείσει τον πατέρα τους να διδάξει και τη Χάνα, μιας και αντιλαμβανόταν ότι το μικρό αυτό κορίτσι χρειαζόταν πειθαρχία και προκλήσεις στη ζωή της. Θα ήθελε να της ενσταλάξει αυτές τις αρχές η ίδια, αλλά δε διέθετε ούτε το χρόνο ούτε και την απαραίτητη υπομονή. Αυτή ήταν άλλη μια απ' τις έγνοιες που θα την απασχολούσαν κατά τους μακριούς χειμωνιάτικους μήνες. Τώρα η Χάνα είχε τρέξει στην κουζίνα κλαίγοντας.

«Θα πάω να της μιλήσω» είπε η Άι.

«Είναι τόσο εγωίστρια» είπε η Καεντέ στη Σιζούκα. «Τι θα απογίνει στη ζωή, όντας τόσο όμορφη και πεισματάρα;»

Η Σιζούκα την κοίταξε ειρωνικά, αλλά δεν απάντησε.

«Τι;» είπε η Καεντέ. «Τι εννοείς;»

«Σας μοιάζει, κυρά μου» μουρμούρισε η Σιζούκα.

«Αυτό το έχεις ξαναπεί. Είναι πιο τυχερή απ' ό,τι εγώ όμως». Η Καεντέ σώπασε κι άρχισε να συλλογίζεται τις διαφορές που υπήρχαν μεταξύ τους. Όταν εκείνη βρισκόταν στην ηλικία της Χάνα, είχε ήδη περάσει πάνω από δυο χρόνια στο κάστρο των Νογκούτσι. Μπορεί, τελικά, να ζήλευε την αδερφή της κι ίσως αυτό την έκανε να έχει τόσο λίγη υπομονή μαζί της. Όμως η Χάνα είχε γίνει ανεξέλεγκτα ατίθαση κι ανυπάκουη.

Αναστέναξε κοιτάζοντας τα πανέμορφα φορέματα· λαχταρούσε να νιώσει το μαλακό μετάξι επάνω στο δέρμα της. Ζήτησε από τη Σιζούκα να της φέρει έναν καθρέφτη· σήκωσε το παλιό φόρεμα μέχρι το πρόσωπό της, για να δει πώς ταίριαζε με το χρώμα των μαλλιών της. Είχε εντυπωσιαστεί από αυτά τα δώρα πολύ περισσότερο απ' όσο είχε αφήσει να φανεί. Ένιωθε κολακευμένη από το ενδιαφέρον του άρχοντα Φουτζιβάρα. Της είχε πει ότι τον είχε γοητεύσει· κι εκείνος την είχε γοητεύσει εξίσου.

Φόρεσε το παλιό φόρεμα –αφού έδειχνε πιο κατάλληλο για το τέλος του φθινοπώρου– την ημέρα που εκείνη, ο πατέρας της, η Σιζούκα και η Άι επισκέφτηκαν τον άρχοντα Φουτζιβάρα για την παράσταση. Επρόκειτο να διανυκτερεύσουν εκεί, αφού το έργο θα διαρκούσε μέχρι αργά, κάτω από το ολόγιομο φεγγάρι. Η Χάνα, απογοητευμένη που δεν την είχαν προσκαλέσει, κρύφτηκε την ώρα που έφευγαν και δε βγήκε να τους αποχαιρετίσει. Η Καεντέ ευχόταν να μπορούσε να αφήσει στο σπίτι και τον πατέρα της. Ανησυχούσε για την απρόβλεπτη συμπεριφορά του και φοβόταν ότι μπορεί να ντροπιαζόταν ακόμη περισσότερο μπροστά στον κόσμο. Εκείνος όμως, νιώθοντας κολακευμένος αφάνταστα από την πρόσκληση, δε γινόταν να αποθαρρυνθεί.

Διάφοροι ηθοποιοί, ανάμεσά τους κι ο Μαμόρου, παρουσίασαν το έργο με τον τίτλο *Κοπανίστρα*. Το έργο ενόχλησε βαθύτατα την Καεντέ. Κατά τη διάρκεια της σύντομης επίσκεψής της, ο Μαμόρου είχε προλάβει να τη μελετήσει περισσότερο απ' όσο εκείνη είχε συνειδητοποιήσει. Τώρα έβλεπε να την υποδύονται μπροστά στα μάτια της, έβλεπε τις κινήσεις της, άκουγε τη φωνή της να αναστενάζει λέγοντας *Ο φθινοπωρινός άνεμος αφηγείται την ιστορία του έρωτα που πάγωσε,* καθώς η σύζυγος έχανε σιγά σιγά τα λογικά της, περιμένοντας την επιστροφή του άντρα της.

Η λαμπρότητα του φεγγαριού, το άγγιγμα του ανέμου. Τα λόγια του χορού την τρυπούσαν σαν βελόνα επάνω στη σάρκα της.

Η παγωνιά γυαλίζει στο αχνό φως, η καρδιά κρυώνει καθώς το κρόταλο χτυπάει κι ο νυχτερινός άνεμος βαριαναστενάζει.

Δάκρυα πλημμύρισαν τα μάτια της. Η μοναξιά και η λαχτάρα της γυναίκας επάνω στη σκηνή, μιας γυναίκας εμπνευσμένης από εκείνη την ίδια, έμοιαζαν να της ανήκουν. Εκείνη την εβδομάδα είχε βοηθήσει την Αγιάμε να ξεσκονίσει τα μεταξωτά τους ρούχα χτυπώντας τα με την κοπανίστρα, έτσι ώστε αυτά να μαλακώσουν και να αεριστούν. Ο πατέρας της είχε σχολιάσει ότι το επαναλαμβανόμενο χτύπημα της κοπανίστρας ήταν ένας από τους χαρακτηριστικούς ήχους του φθινοπώρου. Το έργο την είχε καταρρακώσει. Λαχταρούσε τον Τακέο, τόσο απόλυτα, τόσο επώδυνα. Εάν δεν μπορούσε να τον έχει, θα πέθαινε. Όμως, ακόμη κι εκείνη την ώρα που η καρδιά της σπάραζε, θυμήθηκε ότι έπρεπε να ζήσει για χάρη του παιδιού. Και της φάνηκε ότι το ένιωσε να φτερουγίζει για πρώτη φορά καθώς κολυμπούσε μέσα της.

Η λαμπρή σελήνη του δέκατου μήνα φώτιζε παγερή πάνω από τη σκηνή. Ο καπνός από τα κάρβουνα στα μαγκάλια ανέμιζε ψηλά στον ουρανό. Ο ελαφρύς χτύπος των τυμπάνων σίγασε. Οι ελάχιστοι θεατές παρακολουθούσαν εκστατικοί, μαγεμένοι από την ομορφιά του φεγγαριού και τη δύναμη των συναισθημάτων που παρουσιάζονταν ενώπιόν τους.

Ύστερα η Σιζούκα και η Άι επέστρεψαν στο δωμάτιό τους, όμως, προς μεγάλη έκπληξη της Καεντέ, ο άρχοντας

Φουτζιβάρα τής ζήτησε να μείνει με τη συντροφιά των αντρών, που έπιναν κρασί κι έτρωγαν μια ποικιλία από εξωτικά εδέσματα, μανιτάρια, καβούρια, κάστανα τουρσί και μικροσκοπικά καλαμάρια, που τα είχαν μεταφέρει από την ακτή μέσα σε πάγο και ξερό χορτάρι. Οι ηθοποιοί κάθισαν μαζί τους, αφήνοντας παράμερα τις μάσκες τους. Ο άρχοντας Φουτζιβάρα τούς επαίνεσε και τους έκανε δώρα. Ύστερα, όταν πια το κρασί είχε απελευθερώσει τις γλώσσες και είχε εντείνει τον ήχο των συζητήσεων, γύρισε στην Καεντέ και της είπε χαμηλόφωνα:

«Χαίρομαι που ήρθε και ο πατέρας σας μαζί. Απ' ό,τι κατάλαβα, δεν ήταν καλά, σωστά;».

«Είστε πολύ καλός μαζί του» του απάντησε. «Η κατανόηση και το ενδιαφέρον σας έχουν πολύ μεγάλη σημασία για μας». Δε θεωρούσε πρέπον να συζητήσει με εκείνον τον αριστοκράτη για την πνευματική διαύγεια του πατέρα της, όμως ο Φουτζιβάρα επέμεινε.

«Τον κυριεύει συχνά τούτος ο ζόφος;»

«Είναι κάπως ασταθής κατά διαστήματα. Ο θάνατος της μητέρας μου, ο πόλεμος...» Η Καεντέ κοίταξε τον πατέρα της, που μιλούσε εκστασιασμένος σε κάποιον ηθοποιό. Τα μάτια του γυάλιζαν και πράγματι έμοιαζε τρελός.

«Εύχομαι να προστρέξετε σε μένα οποιαδήποτε στιγμή κι αν χρειαστείτε βοήθεια».

Εκείνη υποκλίθηκε σιωπηλά, έχοντας πλήρη επίγνωση της τιμής που της έκανε αλλά και νιώθοντας μπερδεμένη από τη φροντίδα που της έδειχνε. Ποτέ άλλοτε δεν είχε βρεθεί σ' ένα δωμάτιο γεμάτο άντρες δίχως να νιώσει ότι δεν έπρεπε να βρίσκεται εκεί· ωστόσο δεν ήταν σίγουρη για το πώς θα έπρεπε να αποχωρήσει. Εκείνος άλλαξε το θέμα της συζήτησης με επιδεξιότητα.

«Πώς σας φάνηκε ο Μαμόρου; Νομίζω ότι έμαθε πολλά χάρη σε σας».

Για μια στιγμή δεν του απάντησε· έστρεψε το βλέμμα της από τον πατέρα της σ' εκείνον το νεαρό, ο οποίος είχε απεκδυθεί το γυναικείο του ρόλο, ωστόσο εξακολουθούσε να διατηρεί τα σημάδια του, τα σημάδια της.

«Τι να σας πω;» είπε στο τέλος. «Μου φάνηκε εξαιρετικός».

«Αλλά...;» τη ρώτησε.

«Εσείς μας κλέβετε τα πάντα». Ήθελε να το πει με εύθυμο ύφος, αλλά η φωνή της ήχησε πικρή, ακόμη και στα ίδια της τ' αυτιά.

«*Εσείς*;» επανέλαβε με ελαφριά έκπληξη.

«Οι άντρες. Παίρνετε τα πάντα από τις γυναίκες. Ακόμη και τον πόνο –τον ίδιο ακριβώς πόνο που εσείς οι ίδιοι μάς προκαλείτε– τον κλέβετε και τον παρουσιάζετε ως δικό σας».

Το θολό του βλέμμα εξερεύνησε το πρόσωπό της. «Ποτέ μου δεν είδα μια ερμηνεία πιο πειστική και συγκινητική από του Μαμόρου».

«Γιατί δεν υποδύονται γυναίκες τους γυναικείους ρόλους;»

«Τι αλλόκοτη ιδέα» της αποκρίθηκε. «Έχετε την εντύπωση πως εσείς θα ήσασταν πιο αυθεντικές, επειδή φαντάζεστε ότι αυτά τα αισθήματα σας είναι οικεία. Όμως η ικανότητα του ηθοποιού να δημιουργεί συναισθήματα με τα οποία δεν είναι εξοικειωμένος καταδεικνύει το ταλέντο του».

«Δε μας αφήνετε τίποτα» είπε η Καεντέ.

«Σας δίνουμε τα παιδιά μας. Δεν είναι αυτό μια δίκαιη συναλλαγή;»

Για άλλη μια φορά ένιωθε ότι τα μάτια του μπορούσαν

να δουν μέσα της. *Τον αντιπαθώ*, σκέφτηκε, *παρ' όλο που είναι σαγηνευτικός και μυστηριώδης. Δε θέλω να έχω σχέσεις μαζί του, ανεξάρτητα από τα όσα λέει η Σιζούκα.*

«Σας προσέβαλα» της είπε, λες κι ήταν σε θέση να διαβάσει τις σκέψεις της.

«Είμαι τόσο ασήμαντη για να ασχολείται μαζί μου ο άρχοντας Φουτζιβάρα» απάντησε εκείνη. «Τα συναισθήματά μου δεν έχουν σημασία».

«Τα συναισθήματά σας με ενδιαφέρουν πολύ: είναι πάντοτε τόσο γνήσια κι αναπάντεχα».

Η Καεντέ δεν απάντησε. Ύστερα από μια στιγμή εκείνος συνέχισε «Πρέπει να έρθετε για να παρακολουθήσετε την επόμενη παράστασή μας. Θα είναι το *Ατσουμόρι*. Αναμένουμε μονάχα το φλαουτίστα μας. Είναι ένας φίλος του Μαμόρου από τα παλιά και τον περιμένουμε να έρθει από μέρα σε μέρα. Έχετε υπόψη σας την υπόθεση;»

«Ναι» είπε εκείνη κι η σκέψη της ταξίδεψε στην τραγική ιστορία. Συνέχισε να την αναλογίζεται ακόμη κι αργότερα, όταν ξάπλωσε στον ξενώνα μαζί με την Άι και τη Σιζούκα: ο νεαρός, πανέμορφος και με χάρισμα στη μουσική, ο σκληροτράχηλος πολεμιστής που τον θανατώνει και του κόβει το κεφάλι κι ύστερα εξαιτίας των τύψεών του γίνεται μοναχός, αποζητώντας τη γαλήνη του Πεφωτισμένου. Αναλογίστηκε το φάντασμα του Ατσουμόρι που φωνάζει μέσα από σκοτάδι *Προσευχηθείτε για μένα. Απελευθερώστε το πνεύμα μου.*

Εκείνη η ασυνήθιστη αναστάτωση που ένιωθε, η συγκίνηση που της είχε προκαλέσει η παράσταση, η προχωρημένη ώρα, όλα αυτά την έκαναν να αισθάνεται ανήσυχη. Συλλογιζόταν τον Ατσουμόρι, το φλαουτίστα, παλινδρομούσε ανάμεσα στον ύπνο και στον ξύπνο και της φάνηκε ότι άκουσε τον ήχο του φλάουτου από τον κήπο. Της θύμισε κάτι. Άρχισε να βυθίζεται στον ύπνο, ανακουφισμένη από τη μουσική, όταν τελικά θυμήθηκε.

Ξύπνησε αμέσως. Ήταν η ίδια ακριβώς μουσική που είχε ακούσει στην Τεραγιάμα. Εκείνος ο νεαρός μοναχός που τους είχε ξεναγήσει και τους έδειξε τις ζωγραφιές – άραγε είχε παίξει τις ίδιες νότες με αυτόν τον τρόπο, τόσο βαρυφορτωμένες με οδύνη και πόθο;

Πέταξε τα σκεπάσματα και σηκώθηκε ήσυχα· άνοιξε τη συρόμενη πόρτα που ήταν καμωμένη από ριζόχαρτο κι αφουγκράστηκε. Άκουσε έναν ελαφρύ χτύπο, το τρίξιμο μιας ξύλινης πόρτας που άνοιγε, τη φωνή του Μαμόρου, ύστερα τη φωνή του φλαουτίστα. Στο τέλος του μικρού μονοπατιού, η λάμπα που βαστούσε ο υπηρέτης φώτισε για μια στιγμή τα πρόσωπά τους. Δεν έβλεπε όνειρο. Ήταν εκείνος.

Η Σιζούκα ψιθύρισε πίσω από την πλάτη της. «Είναι όλα εντάξει;»

Η Καεντέ έκλεισε την πόρτα. Γονάτισε δίπλα της. «Έχει έρθει ένας απ' τους μοναχούς της Τεραγιάμα».

«Εδώ;»

«Είναι ο φλαουτίστας που περίμεναν να έρθει».

«Ο Μακότο» είπε η Σιζούκα.

«Δεν ήξερα το όνομά του. Λες να με αναγνωρίσει άραγε;»

«Πώς γίνεται να σας έχει ξεχάσει;» απάντησε η Σιζούκα. «Θα φύγουμε νωρίς το πρωί. Θα πείτε ότι είστε άρρωστη. Δεν πρέπει να σας δει έτσι, στα ξαφνικά. Προσπαθήστε να κοιμηθείτε για λίγο. Θα σας ξυπνήσω μόλις χαράξει».

Η Καεντέ ξάπλωσε, όμως αργούσε να αποκοιμηθεί. Τελικά τα κατάφερε, κι όταν ξύπνησε, αντίκρισε το πρώτο φως να ξεπροβάλλει μέσα από τις χαραμάδες και τη Σιζούκα να βρίσκεται γονατισμένη δίπλα της.

Αναρωτήθηκε εάν μπορούσαν να φύγουν δίχως να τους καταλάβουν. Το σπίτι βρισκόταν ήδη στο πόδι. Άκουσε τα παντζούρια και τις μπαλκονόπορτες να ανοίγουν. Ο πατέρας της ξυπνούσε πάντοτε νωρίς. Δε γινόταν να φύγει δίχως να ενημερώσει τουλάχιστον εκείνον.

«Πήγαινε στο πατέρα μου και πες του πως είμαι αδιάθετη και πως πρέπει να επιστρέψω στο σπίτι. Ζήτησέ του να με δικαιολογήσει στον άρχοντα Φουτζιβάρα».

Η Σιζούκα επέστρεψε έπειτα από λίγα λεπτά. «Ο άρχοντας Σιρακάβα διαφωνεί με την ιδέα σας να φύγετε. Θέλει να μάθει εάν νιώθετε αρκετά καλά ώστε να πάτε να τον δείτε».

«Πού βρίσκεται;»

«Στο δωμάτιο που βλέπει στον κήπο. Ζήτησα να σας φέρουν τσάι· είστε πολύ χλωμή».

«Βοήθησέ με να ντυθώ» είπε η Καεντέ. Πράγματι, ένιωθε αδύναμη και αδιάθετη. Το τσάι την αναζωογόνησε κάπως. Η Άι είχε πια ξυπνήσει κι έμενε ξαπλωμένη κάτω από τα σκεπάσματα, με το γλυκό της πρόσωπο, τα ροδαλά της μάγουλα και τα μάτια πρησμένα από τον ύπνο, σαν της κούκλας.

«Καεντέ, τι τρέχει; Τι συμβαίνει;»

«Είμαι άρρωστη. Πρέπει να γυρίσω στο σπίτι».

«Θα έρθω μαζί σου». Η Άι πέταξε τα σκεπάσματα.

«Θα ήταν καλύτερα εάν έμενες εδώ μαζί με τον πατέρα» της είπε η Καεντέ. «Πρέπει να ζητήσεις συγγνώμη εκ μέρους μου από τον άρχοντα Φουτζιβάρα».

Ξαφνικά γονάτισε και χάιδεψε τα μαλλιά της αδερφής της. «Βοήθησέ με. Υπερασπίσου με» την ικέτεψε.

«Δε νομίζω πως ο άρχοντας Φουτζιβάρα έχει καν προσέξει ότι υπάρχω» είπε η Άι. «Εσύ είσαι που τον έχεις μαγέψει».

Τα πουλιά στα κλουβιά του κήπου τιτίβιζαν με θόρυβο. *Θα ανακαλύψει ότι τον εξαπάτησα και δε θα θελήσει να με ξαναδεί*, σκέφτηκε η Καεντέ· όμως δε φοβόταν την αντίδραση εκείνου του αριστοκράτη, αλλά του πατέρα της.

«Οι υπηρέτες μού είπαν ότι ο άρχοντας Φουτζιβάρα κοιμάται μέχρι αργά» ψιθύρισε η Σιζούκα. «Πάτε να μιλήσετε στον πατέρα σας. Ζήτησα να ετοιμάσουν τη χειράμαξα».

Η Καεντέ έγνεψε δίχως να πει τίποτα. Πάτησε στο γυαλισμένο ξύλινο δάπεδο της βεράντας. Οι σανίδες ήταν τοποθετημένες με πολύ όμορφο τρόπο. Καθώς βάδιζε προς το δωμάτιο όπου βρισκόταν ο πατέρας της, οι εικόνες του κήπου ξετυλίγονταν μπροστά στα μάτια της: ο πέτρινος φανοστάτης, τυλιγμένος από τα τελευταία κόκκινα φύλλα του σφενδάμου, το φως του ήλιου που λαμπύριζε στα στάσιμα νερά μιας λίμνης, οι κίτρινες και μαύρες λάμψεις από τις μακριές ουρές των πουλιών πάνω στις κούρνιες τους.

Ο πατέρας της ήταν καθισμένος και κοιτούσε προς τον κήπο. Της προξενούσε οίκτο. Η φιλία του άρχοντα Φουτζιβάρα είχε μεγάλη σημασία γι' αυτόν.

Μέσα στη λίμνη, ένας ερωδιός στεκόταν ακίνητος σαν άγαλμα.

Έπεσε στα γόνατα και περίμενε να της απευθύνει το λόγο ο πατέρας της.

«Τι ανοησίες είναι αυτές, Καεντέ; Η αγένειά σου είναι απίστευτη!»

«Συγχώρεσέ με, όμως δεν είμαι καλά» ψιθύρισε εκείνη. Όταν δεν πήρε απάντηση, σήκωσε τον τόνο της φωνής της. «Πατέρα, είμαι αδιάθετη. Θα επιστρέψω στο σπίτι τώρα».

Εκείνος δεν της είπε τίποτα, σαν να πίστευε ότι θα την έδιωχνε εάν συνέχιζε να την αγνοεί. Ο ερωδιός απογειώθηκε ξαφνικά τινάζοντας τις φτερούγες του. Δυο νεαροί άντρες περιδιάβαιναν τον κήπο και περιεργάζονταν τα πουλιά στα κλουβιά.

Η Καεντέ κοίταξε ολόγυρα στο δωμάτιο, ψάχνοντας να βρει μια πόρτα, ένα παραβάν ή οτιδήποτε άλλο όπου θα μπορούσε να κρυφτεί. Δεν υπήρχε τίποτα.

«Καλημέρα!» φώναξε με ευδιάθετο ύφος ο πατέρας της.

Οι άντρες γύρισαν να τον δουν. Ο Μαμόρου την αντίκρισε. Για μια στιγμή πίστεψε ότι θα έφευγε από τον κήπο δίχως να την πλησιάσει· όμως ο τρόπος που της είχε συμπεριφερθεί ο άρχοντας Φουτζιβάρα την προηγούμενη βραδιά, όταν την συμπεριέλαβε στη σύναξη των αντρών, θα πρέπει να του είχε δώσει το απαραίτητο θάρρος. Οδήγησε το δεύτερο άντρα ευθεία μπροστά κι ύστερα άρχισε να κάνει τις τυπικές συστάσεις με τον πατέρα της. Εκείνη έκανε μια βαθιά υπόκλιση, ελπίζοντας πως με αυτόν τον τρόπο θα έκρυβε το πρόσωπό της. Ο Μαμόρου ανέφερε το όνομα του μοναχού, Κούμπο Μακότο, και το ναό της Τεραγιάμα. Ο Μακότο υποκλίθηκε κι εκείνος με τη σειρά του.

«Ο άρχοντας Σιρακάβα» είπε ο Μαμόρου «και η θυγατέρα του, η αρχόντισσα Οτόρι».

Ο νεαρός μοναχός δεν μπόρεσε να κρύψει την αντίδρασή του. Χλώμιασε και το βλέμμα του καρφώθηκε στο πρόσωπό της. Την αναγνώρισε και μίλησε την ίδια ακριβώς στιγμή.

«Η αρχόντισσα Οτόρι; Τελικά παντρευτήκατε με τον άρχοντα Τακέο; Βρίσκεται εδώ μαζί σας;»

Ακολούθησε μια στιγμή σιωπής. Έπειτα μίλησε ο πατέρας της Καεντέ. «Ο σύζυγος της κόρης μου ήταν ο άρχοντας Οτόρι Σιγκέρου».

Ο Μακότο άνοιξε το στόμα του, σαν να προσπαθούσε να του φέρει αντιρρήσεις, ύστερα όμως το καλοσκέφτηκε και υποκλίθηκε δίχως να μιλήσει.

Ο πατέρας της Καεντέ έσκυψε μπροστά. «Είστε από την Τεραγιάμα; Δε γνωρίζετε ότι εκεί έγινε ο γάμος;»

Ο Μακότο δεν απάντησε. Ο πατέρας της της απηύθυνε το λόγο δίχως να στραφεί προς τη μεριά της. «Άφησέ μας μόνους».

Καμάρωσε που η φωνή της ακούστηκε τόσο σταθερή όταν μίλησε. «Θα επιστρέψω στο σπίτι. Σε παρακαλώ να ζητήσεις συγγνώμη εκ μέρους μου από τον άρχοντα Φουτζιβάρα».

Εκείνος δεν της αποκρίθηκε. *Θα με σκοτώσει*, σκέφτηκε. Υποκλίθηκε στους δύο νεαρούς άντρες και ένιωσε την αμηχανία και τη δυσφορία τους. Καθώς προχωρούσε, προσπαθώντας να μη βιαστεί, να μη γυρίσει το κεφάλι, ένιωσε τη συγκίνηση να ξετυλίγεται μέσα στη κοιλιά της. Είχε καταλάβει ότι πάντοτε θα την κοιτούσαν βλέμματα με τέτοια αμηχανία και καταφρόνια. Η ένταση αυτής της αίσθησης, η δύναμη της απόγνωσης που της προκαλούσε, της έκοψε την ανάσα. *Καλύτερα να πεθάνω*, σκέφτηκε. *Τι θ' απογίνει όμως το παιδί μου, το παιδί του Τακέο; Πρέπει να πεθάνει κι αυτό μαζί μου;*

Η Σιζούκα την περίμενε στην άκρη της βεράντας. «Μπορούμε να φύγουμε τώρα, κυρία μου. Ο Κόντο θα έρθει μαζί μας».

Η Καεντέ επέτρεψε σ' εκείνον τον άντρα να την ανεβάσει στη χειράμαξα. Ένιωσε ανακούφιση όταν βρέθηκε εκεί, μέσα στο μισοσκόταδο όπου κανείς δεν μπορούσε να δει το πρόσωπό της. *Ο πατέρας δεν πρόκειται να με κοιτάξει ξανά στο πρόσωπο*, σκέφτηκε. *Θα έχει το βλέμμα του στραμμένο αλλού ακόμη κι όταν θα με σκοτώσει.*

Όταν έφτασε στο σπίτι της, έβγαλε το φόρεμα που της είχε χαρίσει ο Φουτζιβάρα και το δίπλωσε με προσοχή. Φόρεσε ένα από τα παλιά φορέματα της μητέρας της που είχε ζεστή επένδυση. Είχε παγώσει μέχρι το κόκαλο και δεν ήθελε να τρέμει.

«Γύρισες!» Η Χάνα μπήκε τρέχοντας στο δωμάτιο. «Πού είναι η Άι;»

«Θα μείνει λίγο ακόμη στο σπίτι του άρχοντα Φουτζιβάρα».

«Εσύ γιατί γύρισες;» ρώτησε το κορίτσι.

«Δεν ένιωθα καλά. Όμως τώρα είμαι μια χαρά». Κι ύστερα η Καεντέ είπε «Θα σου χαρίσω το φθινοπωρινό φόρεμα, αυτό που σου αρέσει τόσο πολύ. Πρέπει όμως να το φυλάξεις και να το φροντίζεις ωσότου να μεγαλώσεις αρκετά για να μπορείς να το φοράς».

«Δεν το θέλεις;»

«Θέλω να το κρατήσεις εσύ και να με σκέφτεσαι όταν θα το φοράς και να προσεύχεσαι για μένα».

Η Χάνα την κοίταξε με μάτια που γυάλιζαν. «Πού θα πας;» Όταν η Καεντέ δεν της αποκρίθηκε, εκείνη συνέχισε «Μη φύγεις ξανά, μεγάλη μου αδερφή».

«Ούτε που θα σε νοιάξει» είπε η Καεντέ, θέλοντας να την πειράξει. «Καθόλου δε θα σου λείψω».

Τρόμαξε μόλις είδε τη Χάνα να κλαίει με λυγμούς κι ύστερα να φωνάζει «Θα μου λείψεις! Μη μ' αφήσεις! Μη μ' αφήσεις!».

Η Αγιάμε ήρθε τρέχοντας. «Τι συμβαίνει τώρα, Χάνα; Μη φέρεσαι άσχημα στην αδερφή σου».

Η Σιζούκα μπήκε στο δωμάτιο. «Ο πατέρας σας ανεβαίνει το ποτάμι» της είπε. «Έρχεται μόνος του, καβάλα στ' άλογο».

«Αγιάμε» είπε η Καεντέ. «Πάρε τη Χάνα και βγείτε έξω για λίγο. Πήγαινέ τη στο δάσος. Πρέπει να έρθουν μαζί κι όλες οι υπηρέτριες. Δε θέλω να μείνει κανείς μέσα στο σπίτι».

«Μα, αρχόντισσα Καεντέ, είναι ακόμη νωρίς και κάνει πολύ κρύο».

«Σε παρακαλώ, κάνε αυτό που σου λέω» την ικέτευσε η Καεντέ. Η Χάνα φώναζε ακόμη πιο δυνατά την ώρα που την απομάκρυνε η Αγιάμε.

«Η θλίψη της είναι που την κάνει να φέρεται σαν αγρίμι» είπε η Σιζούκα.

«Φοβάμαι ότι θα πρέπει να της προκαλέσω ακόμη περισσότερο πόνο» αναστέναξε η Καεντέ. «Όμως δεν πρέπει να βρίσκεται εδώ».

Σηκώθηκε και πλησίασε το μικρό σεντούκι, όπου φυλούσε ορισμένα αντικείμενα. Έβγαλε το μαχαίρι και το ζύγιασε στο απαγορευμένο αριστερό της χέρι. Σε λίγο κανείς δε θα νοιαζόταν για το ποιο χέρι χρησιμοποιούσε.

«Πού είναι καλύτερα, στο λαιμό ή στην καρδιά;»

«Δεν είστε υποχρεωμένη να το κάνετε αυτό» είπε χαμηλόφωνα η Σιζούκα. «Μπορούμε να φύγουμε από εδώ. Η Φυλή θα σας κρύψει. Σκεφτείτε το παιδί».

«Δεν μπορώ να το σκάσω!» Η Καεντέ ξαφνιάστηκε από τη δύναμη της ίδιας της φωνή της.

«Τότε, αφήστε με να σας δώσω δηλητήριο. Θα είναι γρήγορο και ανώδυνο. Απλώς θα αποκοιμηθείτε και δε θα ξανα–».

Η Καεντέ τη διέκοψε. «Είμαι θυγατέρα ενός πολεμιστή. Δε φοβάμαι το θάνατο. Εσύ γνωρίζεις καλύτερα από οποιονδήποτε άλλο πόσο συχνά σκέφτομαι να αυτοκτονήσω. Πρώτα πρέπει να ζητήσω τη συγχώρεση του πατέρα κι ύστερα θα στρέψω επάνω μου αυτό το μαχαίρι. Η μοναδική μου απορία είναι σε ποιο σημείο είναι καλύτερα;»

Η Σιζούκα την πλησίασε. «Ακουμπήστε εδώ τη μύτη, στην άκρη του λαιμού σας. Στρίψτε το στο πλάι κι ύστερα προς τα επάνω. Έτσι θα κοπεί η αρτηρία». Η φωνή της έτρεμε και η Καεντέ είδε πως τα μάτια της είχαν γεμίσει με δάκρυα. «Μην το κάνετε» ψιθύρισε η Σιζούκα. «Μην απελπίζεστε από τώρα».

Η Καεντέ μετέφερε το μαχαίρι στο δεξί της χέρι. Άκουσε τους φρουρούς να φωνάζουν και το ποδοβολητό του αλόγου καθώς ο πατέρας της διέσχισε την πύλη. Άκουσε τον Κόντο να τον χαιρετάει.

Κοίταξε έξω, προς τον κήπο. Μια ξαφνική ανάμνηση την κυρίευσε: εκείνη, μικρό κορίτσι, να τρέχει κατά μήκος της βεράντας, μακριά από τον πατέρα και τη μητέρα της, κι ύστερα να επιστρέφει και πάλι κοντά τους. *Ποτέ άλλοτε δεν το είχα θυμηθεί αυτό,* σκέφτηκε και ψιθύρισε αθόρυβα *Μητέρα, Μητέρα!*

Ο πατέρας της ανέβηκε στη βεράντα. Μόλις πέρασε το κατώφλι της πόρτας, τόσο εκείνη όσο κι η Σιζούκα έπεσαν στα γόνατα, με το μέτωπο να ακουμπάει στο δάπεδο.

«Κόρη» είπε εκείνος κι η φωνή του ήταν αδύναμη κι αβέβαιη. Κοίταξε ψηλά για να τον δει κι αντίκρισε το πρόσωπό του χαραγμένο από δάκρυα, το στόμα του να τρέμει. Φοβόταν το θυμό του, όμως τώρα αντίκριζε την τρέλα του, κι αυτό την τρόμαζε περισσότερο.

«Συγχώρεσέ με» του ψιθύρισε.

«Τώρα πια πρέπει να σκοτωθώ». Κάθισε μπροστά της πέφτοντας με όλο του το βάρος. Τράβηξε το μαχαίρι από τη ζώνη του. Έμεινε να περιεργάζεται τη λεπίδα για πολλή ώρα.

«Στείλε να φωνάξουν το Σότζι» είπε στο τέλος. «Πρέπει να με βοηθήσει. Πες στον άνθρωπό σου να πάει στο σπίτι του και να τον φέρει».

Όταν εκείνη δεν αντέδρασε καθόλου, τότε έβαλε απότομα τις φωνές. «Κάν' το!»

«Θα πάω εγώ» ψιθύρισε η Σιζούκα. Σύρθηκε με τα γόνατα μέχρι την άκρη της βεράντας· η Καεντέ την άκουσε να μιλάει στον Κόντο, όμως εκείνος δεν έφυγε. Αντίθετα, τον είδε να ανεβαίνει στη βεράντα και τότε κατάλαβε ότι θα στεκόταν και θα περίμενε έξω από την είσοδο του δωματίου.

Ο πατέρας της έκανε μια ξαφνική χειρονομία προς το μέρος της. Εκείνη μαζεύτηκε, νομίζοντας ότι ήθελε να τη χτυπήσει. Της είπε «Δεν υπήρξε ποτέ γάμος!».

«Συγχώρεσέ με» του επανέλαβε. «Σε ντρόπιασα. Είμαι έτοιμη να πεθάνω».

«Υπάρχει όμως στ' αλήθεια παιδί;» Την κοίταζε λες κι αντίκριζε μια οχιά που ήταν έτοιμη να του ορμήξει ανά πάσα στιγμή.

«Ναι, υπάρχει παιδί».

«Ποιος είναι ο πατέρας; Ή μήπως δεν ξέρεις; Είναι ένας από τους πολλούς;»

«Δεν έχει καμία σημασία τώρα πια» αποκρίθηκε εκείνη. «Το παιδί θα πεθάνει μαζί μου».

Σκέφτηκε τα λόγια, *Στρίψτε το στο πλάι κι ύστερα προς τα επάνω.* Ένιωσε όμως και τα μικροσκοπικά χεράκια του παιδιού να γραπώνονται στους μυς της προσπαθώντας να την αποτρέψουν.

«Ναι, ναι, πρέπει να αυτοκτονήσεις». Ο τόνος της φωνής του υψώθηκε, παίρνοντας μια διαπεραστική χροιά.

«Και οι αδερφές σου πρέπει να πεθάνουν. Αυτή είναι η τελευταία προσταγή μου προς εσένα. Με αυτόν τον τρόπο θα χαθεί για πάντα η οικογένεια των Σιρακάβα, κι όχι πριν την ώρα της. Και δε θα περιμένω να έρθει ο Σότζι. Θα το κάνω μόνος μου. Τούτη θα είναι η τελευταία πράξη τιμής που θα κάνω».

Ξέλυσε τη ζώνη του κι άνοιξε τη ρόμπα του· παραμέρισε το μισοφόρι για να φανεί η σάρκα του. «Μην αποστρέψεις το βλέμμα σου. Εσύ με οδήγησες σε αυτό το σημείο». Ακούμπησε την άκρη της λεπίδας στο χαλαρό ρυτιδιασμένο δέρμα του και πήρε μια βαθιά ανάσα.

Εκείνη δεν μπορούσε να πιστέψει αυτό που συνέβαινε. Είδε τα χέρια του να σφίγγουν τη λαβή, είδε το πρόσωπό του να συσπάται. Έβγαλε μια άγρια κραυγή και το μαχαίρι τού έπεσε από τα χέρια. Δεν υπήρχε ούτε αίμα ούτε πληγή. Έβγαλε μερικές ακόμα κοφτές κραυγές κι ύστερα άρχισε να κλαίει βασανιστικά.

«Δεν μπορώ να το κάνω» ξέσπασε με λυγμούς. «Το κουράγιο μου έχει χαθεί. Έχεις ρουφήξει τη ζωή από μέσα μου τέτοια αφύσικη γυναίκα που είσαι. Μου πήρες την τιμή, μου πήρες και τον ανδρισμό μου. Δεν είσαι κόρη μου εσύ, είσαι ένας δαίμονας! Σκορπάς το θάνατο σε όλους τους άντρες. Είσαι καταραμένη». Άπλωσε τα χέρια και την έπιασε, τραβώντας την από τα ρούχα. «Άσε με να σε δω» φώναξε. «Άσε με να δω αυτό που ποθούν όλοι οι υπόλοιποι άντρες! Δώσε μου το θάνατο, όπως έκανες και με τους άλλους».

«Όχι» φώναξε εκείνη και αντιστάθηκε στα χέρια του, προσπαθώντας να τον απωθήσει. «Μη, πατέρα!»

«Με αποκαλείς πατέρα; Δεν είμαι πατέρας σου. Τα αληθινά μου παιδιά είναι οι γιοι που ποτέ μου δεν απέκτησα. Οι γιοι των οποίων τη θέση πήρατε εσύ και οι καταραμένες αδερφές σου. Η δαιμονική σας δύναμη θα πρέπει να τους σκότωσε όταν ήσασταν ακόμη στην κοιλιά της μητέρας σας!» Η τρέλα τον είχε δυναμώσει. Ένιωσε τα ρούχα της να τραβιούνται από τους ώμους της, τα χέρια του να αγγίζουν το δέρμα της. Δεν μπορούσε να χρησιμοποιήσει το μαχαίρι, δεν μπορούσε να του ξεφύγει. Καθώς προσπαθούσε να του ξεφύγει, το φόρεμά της γλίστρησε μέχρι τη μέση της κι αποκάλυψε το γυμνό κορμί της. Τα μαλλιά της λύθηκαν κι έπεσαν στους γυμνούς της ώμους.

«Είσαι όμορφη» της φώναξε. «Το παραδέχομαι. Σε πόθησα. Όσον καιρό σε δίδασκα, σε ήθελα και σε ποθούσα. Αυτή ήταν η τιμωρία μου, που θέλησα να πάω αντίθετα στη φύση. Μ' έχεις διαφθείρει πλήρως. Τώρα πρέπει να με σκοτώσεις!»

«Άφησέ με, πατέρα!» του φώναξε, προσπαθώντας να κρατηθεί ψύχραιμη και να τον φέρει στα λογικά του. «Δεν είσαι ο εαυτός σου. Εφόσον πρέπει να πεθάνουμε, τότε άφησέ μας να το κάνουμε με αξιοπρέπεια». Όμως όλα αυτά τα λόγια φάνταζαν αδύναμα κι ασυνάρτητα μπροστά στην παραίσθηση που εκείνος βίωνε.

Τα μάτια του ήταν υγρά, τα χείλη του έτρεμαν. Έπιασε το μαχαίρι της και το πέταξε στην άλλη άκρη του δωματίου, κράτησε τους δυο καρπούς της με το αριστερό του χέρι και την κατέβασε προς το μέρος του. Με το δεξί του χέρι άγγιξε τα μαλλιά της, τα παραμέρισε, έσκυψε από πάνω της κι ακούμπησε τα χείλη του στο σβέρκο της.

Στην αρχή την κυρίευσαν η φρίκη και η αποστροφή, ύστερα η λύσσα. Είχε προετοιμαστεί να πεθάνει, σύμφωνα με όσα επέβαλλε ο σκληρός κώδικας της τάξης της, για να περισώσει την τιμή της οικογένειάς της. Όμως ο πατέρας της, που της είχε διδάξει με αυστηρότητα τούτον

τον κώδικα, που της είχε διδάξει επιμελώς την ανωτερότητα του φύλου του, είχε πια παραδοθεί στην τρέλα και τώρα της αποκάλυπτε αυτό που κρύβεται κάτω από τους αυστηρούς κανόνες συμπεριφοράς της τάξης των πολεμιστών: τον πόθο και τον εγωισμό των αντρών. Τούτη η μανία είχε ξυπνήσει μέσα της τη δύναμη που γνώριζε ότι έκρυβε και θυμήθηκε τότε που είχε αποκοιμηθεί μέσα στον πάγο. Φώναξε στη Λευκή Θεά *Βοήθησέ με!*

Άκουσε την ίδια της τη φωνή –«Βοήθησέ με! Βοήθησέ με!»–, κι όταν εκείνη φώναξε, η λαβή του πατέρα της χαλάρωσε. *Ξαναβρήκε τα λογικά του*, σκέφτηκε και τον έσπρωξε από πάνω της. Σηκώθηκε επάνω, φόρεσε ξανά τα ρούχα της κι έδεσε τη ζώνη της· ύστερα, δίχως καν να σκέφτεται, παραπάτησε μέχρι την πιο απόμακρη γωνιά του δωματίου. Έκλαιγε με αναφιλητά από ταραχή και θυμό.

Γύρισε και αντίκρισε τον Κόντο γονατισμένο μπροστά στον πατέρα της, που ήταν καθισμένος οκλαδόν· στην αρχή νόμισε ότι η Σιζούκα τον υποβάσταζε. Ύστερα συνειδητοποίησε ότι τα μάτια του πατέρα της δεν έβλεπαν τίποτα. Ο Κόντο βούλιαξε το χέρι του στην κοιλιά του πατέρα της και την ξέσχισε στο πλάι. Το σχίσιμο έβγαλε έναν αηδιαστικό, ελαφρύ θόρυβο. Το αίμα ακούστηκε να σφυρίζει και να αναβλύζει καθώς έτρεξε προς τα έξω.

Η Σιζούκα άφησε το λαιμό του κι εκείνος έπεσε μπροστά. Ο Κόντο έβαλε το μαχαίρι στο δεξί του χέρι.

Ένιωσε το στομάχι της να ανακατεύεται και διπλώθηκε κάνοντας εμετό. Η Σιζούκα την πλησίασε ανέκφραστη. «Τέλειωσε».

«Ο άρχοντας Σιρακάβα έχασε τα λογικά του» είπε ο Κόντο. «Και αυτοκτόνησε. Είχαν προηγηθεί πολλά επεισόδια παραφοράς και συχνά έλεγε ότι θα το κάνει. Πέθανε με τιμή και με μεγάλη γενναιότητα». Στάθηκε και την κοίταζε κατάματα. Για μια στιγμή σκέφτηκε να φωνάξει τους φρουρούς, να τους καταγγείλει και τους δυο και να διατάξει την εκτέλεσή τους· όμως εκείνη η στιγμή πέρασε κι εκείνη δεν έκανε τίποτα. Ήξερε καλά ότι δε θα αποκάλυπτε ποτέ και σε κανέναν το φόνο.

Ο Κόντο χαμογέλασε ανεπαίσθητα και συνέχισε «Αρχόντισσα Οτόρι, πρέπει να απαιτήσετε από τους άντρες να σας ορκιστούν πίστη. Πρέπει να φανείτε δυνατή. Ειδάλλως, καθένας απ' αυτούς μπορεί να καταλάβει το φέουδό σας και να σφετεριστεί την εξουσία σας».

«Ήμουν έτοιμη να σκοτωθώ» είπε εκείνη αργά. «Αλλά, όπως φαίνεται, δεν υπάρχει πια λόγος να το κάνω».

«Κανένας λόγος» συμφώνησε εκείνος. «Φτάνει να φανείτε δυνατή».

«Πρέπει να ζήσετε για χάρη του παιδιού» την παρακίνησε η Σιζούκα. «Κανένας δε θα νοιαστεί να μάθει ποιος είναι ο πατέρας, φτάνει να γίνετε ισχυρή. Τώρα όμως πρέπει να δράσετε. Κόντο, μάζεψε τους άντρες το συντομότερο δυνατό».

Η Καεντέ άφησε τη Σιζούκα να την οδηγήσει στα δωμάτια των γυναικών, να την πλύνει και να της αλλάξει ρούχα. Το μυαλό της ήταν ακόμη ταραγμένο, όμως είχε προσκολληθεί στη συνειδητοποίηση της ίδιας της δύναμής της. Τώρα πια ο πατέρας της ήταν νεκρός κι αυτή ήταν ακόμα ζωντανή. Εκείνος ήθελε πράγματι να πεθάνει, δε θα της ήταν λοιπόν δύσκολο να υποκριθεί ότι στ' αλήθεια είχε αυτοκτονήσει κι ότι είχε πεθάνει με τιμή, αφού ήταν μια επιθυμία του που την είχε εκφράσει αρκετές φορές. Στην πραγματικότητα λοιπόν, με το να προστατεύσει την τιμή του, σεβόταν τις επιθυμίες του, σκέφτηκε πικρόχολα. Δε σκόπευε, ωστόσο, να υπακούσει στην τελευταία προσταγή του. Δε θα αυτοκτονούσε κι ούτε θα άφηνε τις αδερφές της να πεθάνουν.

Ο Κόντο είχε συγκεντρώσει τους άντρες· αγόρια είχαν σταλεί στο χωριό για να φωνάξουν τους άντρες που ζούσαν στις αγροικίες. Μέσα σε μια ώρα είχαν συγκεντρωθεί οι περισσότεροι από τους υποτακτικούς του πατέρα της. Οι γυναίκες είχαν ετοιμάσει τα ρούχα του πένθους, που μόλις πρόσφατα είχαν μαζέψει μετά το θάνατο της μητέρας της. Ο ιερέας είχε ειδοποιηθεί να έρθει. Ο ήλιος ανέβηκε ακόμη πιο ψηλά κι έλιωσε την παγωνιά. Ο αέρας μύριζε καπνό και πευκοβελόνες. Τώρα που της είχε περάσει η αρχική ταραχή, η Καεντέ ένιωθε ότι την καθοδηγούσε ένα αίσθημα που δεν μπορούσε να κατανοήσει, η έντονη ανάγκη της να διαφυλάξει όσα της ανήκαν, να προστατεύσει τις αδερφές της και το σπιτικό της, να βεβαιωθεί ότι τίποτε δικό της δε θα χανόταν, ούτε και θα της το έπαιρναν. Οποιοσδήποτε από τους άντρες σκόπευε να της αρπάξει την περιουσία δε θα δίσταζε να το κάνει εάν έδειχνε το παραμικρό σημάδι αδυναμίας. Είχε δει την απόλυτη ασπλαχνία που κρυβόταν πίσω από την καλόκαρδη στάση της Σιζούκα και την ειρωνική εμφάνιση του Κόντο. Αυτή η ασπλαχνία τής είχε σώσει τη ζωή και αυτή θα συνδύαζε τώρα με τη δική της σκληρότητα.

Θυμήθηκε την πυγμή του Αράι, που έκανε τους άντρες να τον ακολουθούν και είχε φέρει το μεγαλύτερο τμήμα των Τριών Χωρών κάτω από την εξουσία του. Τώρα έπρεπε κι εκείνη να επιδείξει την ίδια αποφασιστικότητα. Ο Αράι επρόκειτο να σεβαστεί τη συμμαχία τους, εάν όμως κάποιος άλλος έπαιρνε τη θέση της, τότε τι θα τον απέτρεπε από το να κάνει πόλεμο; Δε θ' άφηνε το λαό της να καταστραφεί, δε θ' άφηνε τις αδερφές της να πέσουν όμηροι.

Ο θάνατος εξακολουθούσε να της γνέφει, όμως τούτο το νέο μανιασμένο πνεύμα εντός της δεν την άφηνε να του αποκριθεί. *Πράγματι είμαι δαιμονισμένη,* σκέφτηκε καθώς βγήκε στη βεράντα για να μιλήσει στους άντρες που είχαν συγκεντρωθεί στον κήπο. *Πόσο λίγοι είναι,* σκέφτηκε και θυμήθηκε το πλήθος που διοικούσε ο πατέρας της όταν εκείνη ήταν παιδί. Δέκα ήταν οι άντρες του Αράι που είχε διαλέξει ο Κόντο κι άλλοι είκοσι περίπου ήταν όσοι εξακολουθούσαν να υπηρετούν την οικογένεια των Σιρακάβα. Τους γνώριζε όλους με το όνομά τους· από την ημέρα που επέστρεψε, είχε καταπιαστεί με το να μάθει τη θέση που κατείχε ο καθένας τους και μερικά πράγματα για τους χαρακτήρες τους.

Ο Σότζι ήταν από τους πρώτους που είχαν καταφτάσει και τώρα ήταν πεσμένος μπροστά στο πτώμα του πατέρα της. Στο πρόσωπό του υπήρχαν ακόμα ίχνη από δάκρυα. Στάθηκε στα δεξιά της, ο Κόντο στ' αριστερά. Αντιλήφθηκε το σεβασμό που έδειχνε ο Κόντο προς αυτόν τον ηλικιωμένο άντρα, αντιλήφθηκε επίσης ότι ήταν προσποιητός, όπως άλλωστε το μεγαλύτερο μέρος της συμπεριφοράς του. *Ωστόσο, αυτός σκότωσε τον πατέρα μου για λογαριασμό μου*, σκέφτηκε. *Τώρα πια έχει δεθεί μαζί μου. Τι θα απαιτήσει όμως για αντάλλαγμα;*

Οι άντρες γονάτισαν μπροστά της, με τα κεφάλια κατεβασμένα, ύστερα κάθισαν στις φτέρνες τους για να την ακούσουν.

«Ο άρχοντας Σιρακάβα αυτοκτόνησε» είπε. «Ήταν δική του επιλογή και, παρά τη θλίψη μου, οφείλω να σεβαστώ και να τιμήσω τούτη την πράξη του. Ο πατέρας μου με προόριζε για κληρονόμο του. Γι' αυτόν το λόγο είχε ξεκινήσει να με εκπαιδεύει σαν να ήμουν γιος του. Σκοπεύω να πραγματοποιήσω τις επιθυμίες του». Για μια στιγμή σταμάτησε κι αφουγκράστηκε μέσα της τα τελευταία λόγια που της είχε πει, που ήταν τόσο διαφορετικά: *Μ' έχεις διαφθείρει πλήρως. Τώρα πρέπει να με σκοτώσεις.* Όμως δε δείλιασε. Στους άντρες που την κοίταζαν φάνταζε να διακατέχεται από μια βαθιά δύναμη που έκανε τα μάτια της να λάμπουν και τη φωνή της ακαταμάχητη. «Ζητώ από τους άντρες του πατέρα μου να μου ορκιστούν πίστη και αφοσίωση, όπως ακριβώς είχατε κάνει και μ' εκείνον. Δεδομένου ότι είμαι σύμμαχος του άρχοντα Αράι, αναμένω ότι όσοι βρίσκεστε στην υπηρεσία του θα συνεχίσετε να υπακούτε στις δικές μου διαταγές. Ως αντάλλαγμα, θα σας παρέχω προστασία και προαγωγές. Στόχος μου είναι να σταθεροποιήσω την κατάσταση εδώ στη Σιρακάβα και τον επόμενο χρόνο να καταλάβω τα εδάφη που μου έχουν κληροδοτηθεί στη Μαρουγιάμα. Ο πατέρας μου θα κηδευτεί αύριο».

Ο Σότζι ήταν ο πρώτος που γονάτισε μπροστά της. Ο Κόντο ακολούθησε, αν και η συμπεριφορά του την εκνεύρισε για άλλη μια φορά. *Υποκρίνεται*, σκέφτηκε. *Η πίστη και η αφοσίωση δεν έχουν καμία σημασία γι' αυτόν. Ανήκει στη Φυλή. Τι σχέδια έχουν για μένα, άραγε, που εγώ τα αγνοώ; Μπορώ να τους εμπιστεύομαι; Τι θα κάνω εάν ανακαλύψω ότι δεν μπορώ να εμπιστεύομαι τη Σιζούκα;*

Η καρδιά της σκίρτησε, παρ' όλο που κανείς από τους άντρες που περνούσαν από μπροστά της δεν ήταν σε θέση να το αντιληφθεί. Δέχτηκε τους όρκους τους, παρατηρώντας τον καθένα τους, καταγράφοντας τα χαρακτηριστικά τους, τα ρούχα τους, τις πανοπλίες και τον οπλισμό τους. Οι περισσότεροι είχαν φτωχό εξοπλισμό, τα σιρίτια στις πανοπλίες τους ήταν σκισμένα και ξεφτισμένα, τα κράνη τους ήταν χαραγμένα και ραγισμένα· όλοι τους όμως είχαν τόξα και σπαθιά. Ήξερε επίσης ότι οι περισσότεροι διέθεταν άλογα.

Όλοι γονάτισαν εμπρός της, εκτός από δύο. Ο πρώτος, ένας γίγαντας που τον έλεγαν Χιρογκάβα, φώναξε με βροντερή φωνή. «Με όλο μου το σεβασμό, αρχόντισσα, αλλά ποτέ μου δεν υπηρέτησα γυναίκα και τώρα πια είμαι πολύ μεγάλος στα χρόνια για να το κάνω». Υποκλίθηκε απρόθυμα και βάδισε προς την πύλη με κομπασμό, γεγονός που την εξόργισε. Ένας άλλος, λιγότερο σωματώδης, ο Νακάο, τον ακολούθησε δίχως να πει κουβέντα, δίχως καν να υποκλιθεί.

Ο Κόντο την κοίταξε. «Αρχόντισσα Οτόρι;»

«Σκοτώστε τους» είπε εκείνη, γνωρίζοντας πως έπρεπε να φανεί αδίστακτη και πως έπρεπε, μάλιστα, ν' αρχίσει από εκείνη ακριβώς τη στιγμή.

Ο Κόντο κινήθηκε πιο γρήγορα απ' όσο εκείνη νόμιζε πως θα μπορούσε να είναι δυνατόν· χτύπησε με το σπαθί του το Νακάο πριν εκείνος προλάβει να συνειδητοποιήσει τι του συνέβαινε. Ο Χιρογκάβα επέστρεψε στην πύλη και τράβηξε το σπαθί του.

«Πάτησες τον όρκο σου και πρέπει να πεθάνεις» του φώναξε ο Κόντο.

Ο μεγαλόσωμος άντρας έβαλε τα γέλια. «Εσύ δεν κατάγεσαι καν από τη Σιρακάβα. Ποιος θα σου δώσει σημασία εσένα;» Κράτησε το σπαθί με τα δυο του χέρια, έτοιμος να επιτεθεί. Ο Κόντο έκανε στα γρήγορα ένα βήμα μπροστά. Απέφυγε το πρώτο χτύπημα του Χιρογκάβα με το σπαθί του, αποκρούοντας την αντίπαλη λεπίδα με ασυνήθιστη δύναμη και κραδαίνοντας το δικό του όπλο σαν τσεκούρι. Αντεπιτέθηκε χτυπώντας το Χιρογκάβα στην κοιλιά, που είχε μείνει απροστάτευτη. Τότε, λειτουργώντας περισσότερο σαν ξυράφι παρά σαν τσεκούρι, το σπαθί ξέσχισε τη σάρκα. Ο Χιρογκάβα παραπάτησε προς τα εμπρός, ο Κόντο τον απέφυγε παραμερίζοντας στα δεξιά, κι έτσι βρέθηκε από πίσω του. Περιστράφηκε γύρω από τον εαυτό του κι ύστερα τον χτύπησε με δύναμη προς τα κάτω, σχίζοντάς του την πλάτη από τον ώμο μέχρι τη λεκάνη.

Ο Κόντο δεν κοίταξε τους άντρες που ψυχορραγούσαν, αλλά γύρισε για να αντικρίσει τους υπόλοιπους. Τους είπε «Είμαι στην υπηρεσία της αρχόντισσας Οτόρι Καεντέ, κληρονόμου της Σιρακάβα και της Μαρουγιάμα. Υπάρχει κανείς άλλος που να μην επιθυμεί να την υπηρετήσει τόσο έμπιστα όσο εγώ;».

Κανείς δεν κουνήθηκε. Η Καεντέ νόμισε πως διέκρινε οργή στο πρόσωπο του Σότζι· εκείνος όμως απλώς έσφιξε τα χείλη του και δε μίλησε.

Σε αναγνώριση των υπηρεσιών που στο παρελθόν είχαν προσφέρει στον πατέρα της, επέτρεψε στις οικογένειες των νεκρών να πάρουν τα πτώματα και να τα θάψουν· επειδή όμως οι νεκροί είχαν παρακούσει τις εντολές της, διέταξε τον Κόντο να διώξει τους συγγενείς τους από τα σπίτια τους και κατάσχεσε τη γη τους.

«Ήταν το μοναδικό πράγμα που μπορούσατε να κάνετε» της είπε η Σιζούκα. «Εάν τους αφήνατε να ζήσουν, στο μέλλον θα δημιουργούσαν προβλήματα εδώ ή θα πήγαιναν με τους εχθρούς σας».

«Ποιοι είναι οι εχθροί μου;» ρώτησε η Καεντέ. Ήταν πια σούρουπο. Βρίσκονταν στο αγαπημένο δωμάτιο της Καεντέ. Τα παντζούρια ήταν κλειστά, όμως τα μαγκάλια μόλις και μετά βίας μπορούσαν να ζεστάνουν τον παγωμένο αέρα της νύχτας. Τράβηξε τα ζεστά φορέματα πιο σφιχτά επάνω της. Από την κεντρική αίθουσα του σπιτιού ακούγονταν οι ψαλμωδίες των ιερέων, που ξαγρυπνούσαν το νεκρό.

«Η προγονή της αρχόντισσας Μαρουγιάμα έχει παντρευτεί έναν εξάδερφο του άρχοντα Ιίντα, το Ναριάκι.

Αυτοί θα είναι οι σημαντικότεροι αντίπαλοί σας στη διεκδίκηση των εδαφών».

«Μα οι Σεϊσού μισούν τους Τοχάν» απάντησε η Καεντέ. «Πιστεύω ότι θα με υποδεχτούν με χαρά. Εγώ είμαι η νόμιμη κληρονόμος άλλωστε και η πιο κοντινή συγγενής της αρχόντισσας Μαρουγιάμα».

«Κανείς δεν αμφισβητεί το νόμιμο δικαίωμά σας» απάντησε η Σιζούκα. «Όμως θα πρέπει να πολεμήσετε για να αποκτήσετε την κληρονομιά σας. Δε σας αρκούν τα εδάφη που έχετε εδώ στη Σιρακάβα;»

«Οι άντρες που έχω στη διάθεσή μου είναι ελάχιστοι κι ο εξοπλισμός τους θλιβερός» είπε σκεφτική η Καεντέ. «Και μόνο για να υπερασπιστώ τη Σιρακάβα χρειάζομαι ένα μικρό στρατό. Με τους πόρους που διαθέτουμε εδώ, δεν είμαι σε θέση να συντηρήσω έναν τέτοιο στρατό. Θα χρειαστώ τον πλούτο της Μαρουγιάμα. Μόλις τελειώσει η περίοδος του πένθους, πρέπει να στείλεις κάποιον στον ακόλουθο και βασικό σύμβουλο της αρχόντισσας Ναόμι, το Σουτζίτα Χαρούκι. Γνωρίζεις ποιος είναι, τον συναντήσαμε στο ταξίδι μας στο Τσουβάνο. Ας ελπίσουμε ότι εξακολουθεί να έχει τον έλεγχο της περιοχής».

«Εγώ πρέπει να στείλω κάποιον;»

«Εσύ ή ο Κόντο. Κάποιον από τους κατασκόπους που έχετε».

«Θέλετε να εμπλέξετε τη Φυλή σ' αυτή την υπόθεση;» είπε έκπληκτη η Σιζούκα.

«Σας έχω ήδη εμπλέξει» απάντησε η Καεντέ. «Τώρα απλώς θέλω να αξιοποιήσω τις ικανότητές σας». Ήθελε να μάθει από τη Σιζούκα περισσότερες πληροφορίες για πολλά πράγματα ακόμη, όμως ένιωθε εξαντλημένη κι αισθανόταν μεγάλη πίεση στην κοιλιά και στη μήτρα της.

Αύριο μεθαύριο θα της μιλήσω, υποσχέθηκε στον εαυτό της, *όμως για την ώρα πρέπει να ξαπλώσω.*

Η μέση της πονούσε· όταν επιτέλους ξάπλωσε, δεν κατάφερε να βολευτεί και δεν την έπαιρνε ο ύπνος. Είχε περάσει όλη εκείνη την τρομακτική ημέρα κι ήταν ακόμη ζωντανή, όμως τώρα που το σπίτι είχε ησυχάσει, οι θρήνοι και οι ψαλμωδίες είχαν σιγήσει, την κυρίευσε ένας έντονος φόβος. Τα λόγια του πατέρα της αντηχούσαν στ' αυτιά της. Το πρόσωπό του, όπως και τα πρόσωπα των άλλων δύο νεκρών, σχηματίζονταν αμυδρά μπροστά στα μάτια της. Φοβόταν ότι τα φαντάσματά τους θα προσπαθούσαν να της κλέψουν το παιδί του Τακέο. Στο τέλος αποκοιμήθηκε, με τα χέρια τυλιγμένα γύρω από την κοιλιά της.

Ονειρεύτηκε τον πατέρα της να της επιτίθεται. Είχε τραβήξει το μαχαίρι από τη ζώνη του, όμως αντί να το βυθίσει στη δική του κοιλιά, την πλησίασε, έβαλε το χέρι του στο σβέρκο της κι έμπηξε το μαχαίρι στο κορμί της. Την κυρίευσε ένας βασανιστικός πόνος, που την έκανε να ξυπνήσει με κραυγές. Ο πόνος επανερχόταν με ρυθμό. Τα πόδια της είχαν βουτηχτεί στο αίμα.

Η κηδεία του πατέρα της έγινε δίχως να παρευρεθεί. Το παιδί γλίστρησε από τη μήτρα της σαν χέλι κι ύστερα ακολούθησε μια μεγάλη αιμορραγία, που κόντεψε να την οδηγήσει στο θάνατο. Ακολούθησε πυρετός, που την έκανε να τα βλέπει όλα κόκκινα· η γλώσσα της άρχισε ν' αφρίζει και βασανιζόταν από εφιαλτικά οράματα.

Η Σιζούκα και η Αγιάμε έβρασαν όλα τα βότανα που γνώριζαν. Ύστερα, απελπισμένες, έκαψαν θυμίαμα και χτύπησαν τα σήμαντρα για να διώξουν μακριά τα κακά πνεύματα που την είχαν κυριεύσει· κάλεσαν τους ιερείς και μια μάγισσα, για να τα διώξουν μακριά.

Ύστερα από τρεις ημέρες, όλα έδειχναν ότι δεν μπορούσε να σωθεί. Η Άι δεν είχε φύγει από το πλευρό της. Ακόμη και τα δάκρυα της Χάνα είχαν πια στερέψει. Ήταν περίπου η ώρα της Γίδας όταν η Σιζούκα βγήκε έξω για να φέρει νερό· κάποιος από το φυλάκιο τη φώναξε.

«Έρχονται επισκέπτες. Έφιπποι και δυο χειράμαξες. Νομίζω πως είναι ο άρχοντας Φουτζιβάρα».

«Δεν πρέπει να περάσει μέσα» είπε εκείνη. «Το σπίτι έχει μολυνθεί από το αίμα και το θάνατο».

Οι βαστάζοι ακούμπησαν τις χειράμαξες έξω από την πύλη. Εκείνη γονάτισε μόλις ο Φουτζιβάρα κοίταξε έξω.

«Άρχοντα Φουτζιβάρα, συγχωρέστε με. Είναι αδύνατον να περάσετε μέσα».

«Μου είπαν ότι η αρχόντισσα Οτόρι είναι βαριά άρρωστη» αποκρίθηκε. «Ας πάμε στον κήπο. Θέλω να σας μιλήσω».

Εκείνη παρέμεινε γονατιστή καθώς την προσπέρασε. Ύστερα σηκώθηκε και τον ακολούθησε στο κιόσκι που βρισκόταν δίπλα στο ρυάκι. Έγνεψε στους υπηρέτες να φύγουν και γύρισε προς τη μεριά της Σιζούκα.

«Είναι πολύ σοβαρά;»

«Δε νομίζω ότι θα βγάλει τη νύχτα» είπε χαμηλόφωνα η Σιζούκα. «Δοκιμάσαμε τα πάντα».

«Έφερα μαζί το γιατρό μου» είπε ο Φουτζιβάρα. «Οδήγησέ τον μέσα κι ύστερα γύρνα πάλι εδώ».

Του υποκλίθηκε και πήγε πίσω στην πύλη, όπου ο γιατρός, ένας μεσήλικας με ευγενική κι έξυπνη όψη, μόλις έβγαινε από τη δεύτερη χειράμαξα. Τον οδήγησε στο δωμάτιο όπου βρισκόταν η Καεντέ. Η καρδιά της σπάραξε μόλις αντίκρισε το χλωμό της δέρμα και τα μάτια της, που ήταν χαμένα στο κενό. Η Καεντέ ανάσαινε γρήγορα και κοφτά· κάθε τόσο έβγαζε δυνατές κραυγές – αδύνατον να καταλάβει κανείς αν ήταν από τον πόνο ή το φόβο.

Όταν επέστρεψε, βρήκε τον άρχοντα Φουτζιβάρα όρθιο να ατενίζει την άκρη του κήπου, εκεί όπου το ρυάκι έπεφτε πάνω στα βράχια. Η ατμόσφαιρα είχε αρχίσει να ψυχραίνει· ο ήχος του καταρράκτη ακουγόταν μοναχικός και απόμακρος. Η Σιζούκα γονάτισε και πάλι και περίμενε να μιλήσει πρώτος εκείνος.

«Ο Ισίντα είναι πολύ ικανός» της είπε. «Μην απελπίζεσαι από τώρα».

«Η καλοσύνη του άρχοντα Φουτζιβάρα είναι απέραντη» μουρμούρισε εκείνη. Το μόνο που είχε στο μυαλό της ήταν το χλωμό πρόσωπο και το θολό βλέμμα της Καεντέ. Λαχταρούσε να επιστρέψει κοντά της, όμως δεν μπορούσε να φύγει δίχως την άδεια του αριστοκράτη.

«Δεν είμαι καλός άνθρωπος» αποκρίθηκε. «Τα κίνητρά μου είναι κατά κανόνα οι ίδιες μου οι επιθυμίες, ο εγωισμός μου. Είμαι από τη φύση μου σκληρός». Την κοίταξε για λίγο και είπε «Πόσον καιρό δουλεύεις για την αρχόντισσα Σιρακάβα; Δεν κατάγεσαι από τούτα τα μέρη;».

«Με έστειλαν κοντά της την άνοιξη, όταν βρισκόταν ακόμη στο κάστρο των Νογκούτσι».

«Ποιος σε έστειλε;»

«Ο άρχοντας Αράι».

«Αλήθεια; Κι εσύ του αναφέρεις όσα συμβαίνουν;»

«Τι εννοεί ο άρχοντας Φουτζιβάρα;» είπε η Σιζούκα.

«Έχεις κάτι που είναι ασυνήθιστο για υπηρέτρια. Αναρωτιέμαι εάν είσαι κατάσκοπος».

«Ο άρχοντας Φουτζιβάρα υπερεκτιμά τις ικανότητές μου» απάντησε η Σιζούκα.

«Εύχομαι να μην προκαλέσεις ποτέ τη σκληρότητά μου».

Κατάλαβε την απειλή που έκρυβαν τα λόγια του και δεν απάντησε.

Εκείνος συνέχισε σαν να μονολογούσε. «Η προσωπικότητά της, ολόκληρη η ζωή της με συγκινούν με έναν τρόπο που είναι πρωτόγνωρος για μένα. Είχα την εντύπωση πως δεν είχε απομείνει κάποιο νέο συναίσθημα για να γνωρίσω. Δε θα αφήσω σε κανέναν και τίποτα –ούτε καν στο θάνατο– να μου την πάρει».

«Όποιος τη βλέπει μαγεύεται» ψιθύρισε η Σιζούκα. «Όμως η μοίρα τής έχει φερθεί με ασυνήθιστη αγριότητα».

«Θα ήθελα να μάθω την πραγματική ζωή της» είπε εκείνος. «Ξέρω ότι κρύβει πολλά μυστικά. Ο πρόσφατος τραγικός θάνατος του πατέρα της είναι ένα απ' αυτά, υποθέτω. Εύχομαι να μου τα πεις εσύ μια μέρα εάν εκείνη δε θα είναι σε θέση να το κάνει». Η φωνή του λύγισε. «Η ιδέα και μόνο ότι μια τέτοια ομορφιά κινδυνεύει να χαθεί μου ραγίζει την καρδιά» είπε. Η Σιζούκα ένιωσε ότι η φωνή του έκρυβε προσποίηση, όμως τα μάτια του είχαν γεμίσει με δάκρυα. «Εάν ζήσει, θα την παντρευτώ» της είπε. «Έτσι, θα την έχω για πάντα μαζί μου. Μπορείς να φύγεις τώρα, μπορείς όμως να της το πεις αυτό;»

«Άρχοντα Φουτζιβάρα». Η Σιζούκα ακούμπησε το μέτωπο στο χώμα και σύρθηκε προς τα πίσω.

Εάν ζήσει...

ΚΕΦΑΛΑΙΟ ΕΚΤΟ

ΤΟ ΜΑΤΣΟΥΕ ΗΤΑΝ ΜΙΑ ΚΡΥΑ ΚΑΙ ΦΤΩΧΙΚΗ πόλη του Βορρά. Φτάσαμε εκεί περί τα μέσα του φθινοπώρου, τότε που ο άνεμος από την ενδοχώρα φύσαγε μανιασμένα πάνω από μια θάλασσα που ήταν σκοτεινή σαν το σίδερο. Όταν άρχιζαν τα χιόνια, το Ματσούε, όπως ακριβώς και το Χάγκι, αποκοβόταν από την υπόλοιπη χώρα για τρεις μήνες. Ήταν ιδανικό μέρος για να μάθω όλα όσα έπρεπε.

Για μια βδομάδα περπατούσαμε ολημερίς στον παραλιακό δρόμο. Δεν έβρεξε, όμως ο ουρανός ήταν συνήθως συννεφιασμένος· κάθε μέρα ήταν πιο σύντομη και πιο ψυχρή από την προηγούμενη. Σταματούσαμε σε πολλά χωριά και δίναμε παραστάσεις στα παιδιά, με επιδείξεις ταχυδακτυλουργίας, ακροβατικών και παιχνιδιών με σκοινί, που ήξεραν να κάνουν η Γιούκι και η Κέικο. Κάθε βράδυ βρίσκαμε κατάλυμα σε σπίτια εμπόρων που ανήκαν στο δίκτυο της Φυλής. Ξαγρυπνούσα ως αργά ακούγοντας τις ψιθυριστές συζητήσεις και τα ρουθούνια μου γέμιζαν από τη μυρωδιά της μπίρας ή της σόγιας. Ονειρευόμουν την Καεντέ, την ποθούσα και μερικές φορές, όταν έμενα μόνος, έβγαζα το γράμμα του Σιγκέρου και διάβαζα τα τελευταία του λόγια, αυτά με τα οποία μου είχε αναθέσει να εκδικηθώ το θάνατό του και να φροντίσω την αρχόντισσα Σιρακάβα. Με πλήρη συνείδηση είχα αποφασίσει να ενταχθώ στη Φυλή, όμως ακόμη και τότε, τις πρώτες μέρες, λίγο πριν με πάρει ο ύπνος, έρχονταν απρόσκλητες μπροστά μου οι εικόνες των θείων του, που εξακολουθούσαν να μένουν ατιμώρητοι στο Χάγκι, και του σπαθιού του, του Τζάτο, που κοιμόταν τώρα πια στην Τεραγιάμα.

Από τη στιγμή που φτάσαμε στο Ματσούε, η Γιούκι κι εγώ γίναμε εραστές. Συνέβη αναπόφευκτα, όχι όμως και με τη θέλησή μου. Την παρατηρούσα διαρκώς στο δρόμο, όλες μου οι αισθήσεις ήταν επικεντρωμένες στη φωνή της, στο άρωμά της. Όμως το μέλλον μου διαγραφόταν αβέβαιο, όπως ακριβώς η θέση μου στην ομάδα, αφού με περιφρουρούσαν ασφυκτικά και δεν μπορούσα να την πλησιάσω. Ήταν προφανές ότι και ο Ακίο την έβρισκε ελκυστική. Μαζί της ένιωθε πιο άνετα απ' όσο με οποιονδήποτε άλλον· αποζητούσε τη συντροφιά της, βάδιζε πλάι της στο δρόμο, καθόταν δίπλα της όταν τρώγαμε. Δεν ήθελα να τον ανταγωνιστώ ακόμη περισσότερο.

Η θέση που κατείχε η Γιούκι στην ομάδα δεν ήταν σαφής. Υπάκουγε στις εντολές του Ακίο και πάντοτε του φερόταν με σεβασμό, ωστόσο έδειχνε να είναι ισότιμη μαζί του και, όπως συνειδητοποίησα, οι ικανότητές της ήταν πολύ μεγαλύτερες. Η Κέικο ήταν, προφανώς, κατώτερη στην ιεραρχία· ίσως να καταγόταν από κάποια οικογένεια μικρότερης σημασίας ή από κάποιο συγγενικό παρακλάδι. Εξακολουθούσε να με αγνοεί, αλλά έδειχνε τυφλή υπακοή στον Ακίο. Όσο για το μεγαλύτερο άντρα, τον Καζούο, όλοι τού συμπεριφέρονταν σαν να ήταν κάτι ανάμεσα σε υπηρέτη και θείο. Διέθετε πολλά χρήσιμα ταλέντα, ανάμεσά τους ήταν και η ικανότητά του να κλέβει.

Ο Ακίο ήταν ένας Κικούτα τόσο από την πλευρά του πατέρα του όσο και της μητέρας του. Ήμασταν δεύτερα ξαδέρφια και τα χέρια μας είχαν το ίδιο σχήμα. Οι σωματικές του ικανότητες ήταν εκπληκτικές· διέθετε τα πιο γρήγορα αντανακλαστικά που είχα δει ποτέ μου σε άνθρωπο και πηδούσε τόσο ψηλά, που έμοιαζε να πετάει· όμως πέρα από την ικανότητά του να γίνεται αόρατος και να χωρίζεται στα δυο, καθώς και την επιδεξιότητά του στην ταχυδακτυλουργία, δεν είχε κληρονομήσει κανένα από τα σπάνια χαρίσματα των Κικούτα. Αυτό μου το είπε η Γιούκι μια μέρα που βαδίζαμε έχοντας ξεμακρύνει κάπως από τους υπόλοιπους.

«Οι δάσκαλοι φοβούνται ότι τα ταλέντα μας έχουν αρχίσει να χάνονται. Κάθε γενιά εμφανίζει ολοένα και λιγότερα». Μου έριξε ένα πλάγιο βλέμμα και συμπλήρωσε «Γι' αυτό είναι σημαντικό για μας να σε κρατήσουμε».

Η μητέρα της μου είχε πει τα ίδια ακριβώς λόγια και θα μου άρεσε να είχα μάθει περισσότερα, όμως ο Ακίο μού φώναξε πως ήταν η σειρά μου να σπρώξω το καρότσι. Καθώς πλησίαζα προς το μέρος του, είδα στο πρόσωπό του να διαγράφεται η ζήλια. Την κατανοούσα απόλυτα, όπως ακριβώς και την έχθρα του για μένα. Ήταν φανατικά πιστός στη Φυλή, είχε ανατραφεί με τις διδαχές της και τον τρόπο ζωής της. Συνειδητοποιούσα ότι η ξαφνική μου εμφάνιση ίσως να αποτελούσε κίνδυνο για τις φιλοδοξίες και τα όνειρά του. Το γεγονός ότι κατανοούσα την αντιπάθειά του δε με βοηθούσε να την υπομείνω, ούτε, βέβαια, με έκανε να τον συμπαθήσω.

Δεν είπα τίποτα· απλώς έπιασα τα χερούλια της καρότσας. Έτρεξε μπροστά για να βρεθεί δίπλα στη Γιούκι και άρχισε να της ψιθυρίζει, λησμονώντας, όπως έκανε συχνά, ότι μπορούσα να ακούσω κάθε του λέξη. Είχε αρχίσει να με αποκαλεί Σκύλο, και τούτο το παρατσούκλι μού ταίριαζε αρκετά. Όπως είπα και νωρίτερα, αγαπάω τα σκυλιά, μπορώ να ακούσω όσα ακούνε και ξέρω πώς είναι να μένεις σιωπηλός.

«Τι έλεγες στο Σκύλο;» τη ρώτησε.

«Του μάθαινα, του δίδασκα» αποκρίθηκε εκείνη αυτοσχεδιάζοντας. «Έχει πολλά να μάθει».

Αυτό όμως στο οποίο αποδείχτηκε εξαιρετική δασκάλα ήταν η τέχνη του έρωτα.

Στη διαδρομή, τόσο η Γιούκι όσο και η Κέικο υποδύονταν τις πόρνες, εφόσον παρουσιαζόταν ανάγκη για κάτι τέτοιο. Το ίδιο έκαναν και πολλά άλλα μέλη της Φυλής, άντρες και γυναίκες, ενώ κανείς δεν τους κατηγορούσε γι' αυτό. Ήταν απλώς ένας ακόμη ρόλος τον οποίο έπρεπε να ενσαρκώσουν κι ύστερα να τον εγκαταλείψουν. Οι άντρες που ανήκαν σε φατρίες είχαν, ασφαλώς, εντελώς διαφορετικές απόψεις σχετικά με την παρθενιά των γυναικών που παντρεύονταν και την πίστη των συζύγων τους. Οι άντρες μπορούσαν να κάνουν ό,τι ήθελαν· οι γυναίκες όφειλαν να είναι αγνές. Εγώ είχα ανατραφεί με αντιλήψεις που τοποθετούνταν κάπου στο ενδιάμεσο: οι Αφανείς έπρεπε να παραμένουν αγνοί στα ζητήματα που αφορούσαν το σαρκικό πόθο, όμως, στην πραγματικότητα, συγχωρούσαν τα ολισθήματα του άλλου, όπως άλλωστε έκαναν και σε όλα τα ζητήματα.

Την τέταρτη νύχτα καταλύσαμε σ' ένα μεγάλο χωριό, στο σπίτι μιας πλούσιας οικογένειας. Παρά τις ελλείψεις που υπήρχαν σε ολόκληρη την περιοχή μετά τις καταιγίδες, αυτοί είχαν πλούσια αποθέματα σε προμήθειες και αποδείχτηκαν γενναιόδωροι οικοδεσπότες. Ο έμπορος μας πρόσφερε γυναίκες, τις υπηρέτριες του σπιτιού. Ο Ακίο και ο Καζούο δέχτηκαν. Εγώ επινόησα μια δικαιολογία, γεγονός που ξεσήκωσε μια σειρά από πειράγματα, αλλά δε με πίεσαν. Όταν αργότερα τα κορίτσια ήρθαν στο δωμάτιο και πλάγιασαν με τους άλλους άντρες, εγώ πήρα το στρώμα μου στη βεράντα. Έτρεμα από το κρύο κάτω από τις εύθραυστες παγωμένες κουκκίδες των αστεριών. Η επιθυμία μου, ο πόθος μου για την Καεντέ –για να είμαι ειλικρινής, ο πόθος για οποιαδήποτε γυναίκα εκείνη τη στιγμή– με βασάνιζε. Η συρταρωτή μπαλκονόπορτα άνοιξε και ένα από τα κορίτσια του σπιτιού, όπως νόμισα, βγήκε στη βεράντα. Έκλεισε την πόρτα πίσω της. Μύρισα το άρωμά της και αναγνώρισα το βάδισμά της.

Η Γιούκι γονάτισε πλάι μου. Άπλωσα τα χέρια για να την αγγίξω και την κατέβασα δίπλα μου. Η ζώνη της ήταν ήδη λυμένη, το φόρεμά της ανοιχτό. Θυμάμαι ότι ένιωθα απεριόριστη ευγνωμοσύνη γι' αυτό που έκανε. Έλυσε τα ρούχα μου για να με διευκολύνει – και με διευκόλυνε υπερβολικά: ήμουν πολύ γρήγορος. Εκείνη με μάλωσε για την ανυπομονησία μου και υποσχέθηκε ότι θα με δίδασκε. Αυτό ακριβώς έκανε.

Το επόμενο πρωινό ο Ακίο με κοίταξε διερευνητικά.

«Άλλαξες γνώμη χτες το βράδυ;»

Αναρωτήθηκα πώς το είχε μάθει, εάν είχαμε ακουστεί μέσα από τα λεπτά παντζούρια ή εάν απλώς το είχε μαντέψει.

«Ήρθε κάποιο απ' τα κορίτσια. Μου φάνηκε αγενές να την έδιωχνα» του απάντησα.

Γρύλισε ελαφρά και δε συνέχισε τη συζήτηση, όμως άρχισε να παρατηρεί προσεκτικά εμένα και τη Γιούκι

–παρ’ όλο που δεν είχαμε ανταλλάξει κουβέντα–, σαν να ήξερε πως κάτι είχε αλλάξει ανάμεσά μας. Τη σκεφτόμουν διαρκώς, ταλαντευόμουν ανάμεσα στον ενθουσιασμό και στην απόγνωση· ενθουσιασμό επειδή η ερωτική πράξη μαζί της ήταν απερίγραπτα όμορφη, απόγνωση επειδή δεν ήταν η Καεντέ κι επειδή αυτό που είχαμε κάνει με έδενε ακόμη πιο σφιχτά με τη Φυλή.

Θυμήθηκα τα λόγια που μου είχε πει ο Κέντζι καθώς έφευγε: *Ευτυχώς η Γιούκι θα βρίσκεται κοντά σου για να σε προσέχει.* Ήξερε ότι θα συνέβαινε αυτό. Μήπως αυτός το είχε σχεδιάσει, μήπως αυτός την είχε καθοδηγήσει να το κάνει; Μήπως ο Ακίο το ήξερε επειδή του το είχαν πει; Ήμουν γεμάτος με ανησυχία κι άσχημα προαισθήματα· δεν εμπιστευόμουν τη Γιούκι, όμως δε σταμάτησα να τη συναντώ κάθε φορά που δινόταν ευκαιρία. Εκείνη, πολύ πιο έμπειρη σ’ αυτά τα ζητήματα απ’ ό,τι εγώ, φρόντιζε ώστε να εμφανίζονται συχνά τέτοιες ευκαιρίες. Κι έτσι, η ζήλια του Ακίο γινόταν ολοένα και πιο φανερή κάθε μέρα που περνούσε.

Κάποτε η μικρή μας ομάδα έφτασε στο Ματσούε, ενωμένη φαινομενικά και σε απόλυτη αρμονία, όμως, στην πραγματικότητα, χωρισμένη από τα έντονα συναισθήματα, τα οποία, ως γνήσια μέλη της Φυλής, όλοι φροντίζαμε να τα κρύβουμε τόσο από τους ξένους όσο και μεταξύ μας.

Μέναμε σε σπίτι των Κικούτα, στην έδρα κάποιου άλλου εμπόρου, που μύριζε φασόλια σόγιας, πάστα και σάλτσα. Ο ιδιοκτήτης, ο Γκοσαμπούρο, ήταν ο μικρότερος γιος του Κοτάρο και πρώτος εξάδερφος του πατέρα μου. Δεν υπήρχε ανάγκη για μυστικότητα. Τώρα πια βρισκόμασταν πέρα από τις Τρεις Χώρες, μακριά από τον Αράι. Η τοπική φατρία του Ματσούε, οι Γιοσίντα, δεν είχε διαφορές με τη Φυλή, καθώς τους χρησίμευε για δανεισμό χρημάτων, κατασκοπία και δολοφονίες. Εκεί μάθαμε και νέα σχετικά με τον Αράι, ο οποίος ήταν απασχολημένος με το να καθυποτάξει την Ανατολική και τη Μέση Χώρα, να συνάψει συμμαχίες, να αντιμετωπίσει συνοριακές αψιμαχίες και να οργανώσει τη διοίκησή του. Ακούσαμε και κάποιες φήμες σχετικά με την εκστρατεία του εναντίον της Φυλής και την επιθυμία του να την εξαλείψει από την επικράτειά του, φήμες που προκάλεσαν πολύ γέλιο και χλευασμό.

Δε θα αναφέρω τις λεπτομέρειες της εκπαίδευσής μου. Αποσκοπούσε στο να μου σκληρύνει την καρδιά και να με κάνει αδίστακτο. Όμως, ακόμη και τώρα, που έχουν περάσει τόσα χρόνια από τότε, η ανάμνηση εκείνης της αυστηρότητας με κάνει να δυσανασχετώ και ν' αποστρέφω τη σκέψη μου μακριά. Υπήρξαν ημέρες πολύ σκληρές: ίσως οι ουρανοί να είχαν θυμώσει, ίσως οι άνθρωποι να είχαν κυριευτεί από τους δαίμονες, ίσως όταν οι δυνάμεις του καλού εξασθενίζουν, τότε ορμάει το κτήνος, που οσφραίνεται τη σήψη. Η Φυλή, η πιο αδίστακτη απ' όλους τους αδίστακτους, βρισκόταν στο απόγειό της.

Ήμουν το μόνο μέλος της Φυλής που περνούσε από εκπαίδευση. Υπήρχαν κι άλλα αγόρια, τα περισσότερα πιο νεαρά στην ηλικία, που ήταν όλα Κικούτα από γεννησιμιού τους κι είχαν μεγαλώσει μέσα στην οικογένεια. Ο πιο κοντινός στην ηλικία μου ήταν ένας βραχύσωμος, χαρωπός νεαρός, με τον οποίο συχνά μας έβαζαν να δουλέψουμε ως ζευγάρι. Τον έλεγαν Χατζίμε και, παρ' όλο που δε με προστάτευε απόλυτα από την οργή του Ακίο –δεδομένου ότι κάτι τέτοιο θα συνιστούσε αδιανόητη απείθεια–, ωστόσο κατόρθωνε να με απαλλάσσει από ένα μέρος της. Είχε κάτι που μου άρεσε, αν και δε θα έλεγα ότι τον εμπιστευόμουν κιόλας. Η ικανότητά του στη μάχη ήταν πολύ μεγαλύτερη από τη δική μου. Ήταν παλαιστής αλλά και αρκετά δυνατός για να χειριστεί τα τεράστια πολεμικά τόξα. Όμως στις ικανότητες που κληρονομούνται παρά διδάσκονται ούτε εκείνος ούτε κι οποιοσδήποτε από τους άλλους μπορούσε να με ξεπεράσει. Μόλις τότε είχα αρχίσει να συνειδητοποιώ πόσο μοναδικά ήταν αυτά τα ταλέντα. Μπορούσα να γίνομαι αόρατος για ολόκληρα λεπτά, ακόμη και μέσα σε διάδρομο με κατάλευκους τοίχους. Μερικές φορές, ούτε ο Ακίο μπορούσε να με δει. Όταν πάλευα, μπορούσα να χωρίζομαι στα δύο και να παρατηρώ τον αντίπαλό μου να μάχεται με τη δεύτερή μου υπόσταση από την άλλη άκρη του δωματίου. Μπορούσα να κινούμαι αθόρυβα, η δική μου ακοή είχε γίνει ακόμη πιο δυνατή· τα μικρότερα αγόρια είχαν μάθει να μη με κοιτάζουν κατάματα. Είχα αρχίσει να μαθαίνω πώς να ελέγχω αυτή μου την ικανότητα, την οποία εξασκούσα επάνω τους. Όταν τους κοίταζα στα μάτια, μπορούσα να διακρίνω την αδυναμία και τους φόβους που τους έκαναν ευάλωτους στο βλέμμα μου: άλλες φορές ήταν οι φόβοι που έκρυβαν μέσα τους οι ίδιοι κι άλλες ο φόβος τους για μένα και για τις μυστηριώδεις δυνάμεις με τις οποίες ήμουν προικισμένος.

Κάθε πρωί έκανα ασκήσεις με τον Ακίο για να αποκτήσω δύναμη και ταχύτητα. Ήμουν πιο αργός και πιο αδύναμος απ' ό,τι ήταν εκείνος σχεδόν σε όλα τα επίπεδα· όμως η υπομονή του δεν είχε βελτιωθεί καθόλου. Για να είμαι όμως δίκαιος μαζί του, πρέπει να αναφέρω ότι είχε αποφασίσει να μου διδάξει μερικά από τα μυστικά στο άλμα και στο πέταγμα· και τα κατάφερε. Ένα τμήμα από αυτές τις ικανότητες το διέθετα ήδη μέσα μου –άλλωστε ο πατριός μου συνήθιζε να με αποκαλεί «αγριοπίθηκο»–, οπότε η σκληρή και επιδέξια διδασκαλία του Ακίο κατάφερε να τις βγάλει στην επιφάνεια και με υποχρέωσε να τις ελέγξω. Χρειάστηκαν μονάχα λίγες εβδομάδες ώσπου να συνειδητοποιήσω την αλλαγή που είχε συντελεστεί μέσα μου, πόσο πολύ είχε δυναμώσει το μυαλό και το κορμί μου.

Πάντοτε ολοκληρώναμε με πάλη με γυμνά χέρια – όχι πως η Φυλή χρησιμοποιούσε πολύ αυτή την πολεμική τέχνη, αφού προτιμούσε το φόνο από την πραγματική μάχη, ωστόσο όλοι εκπαιδευόμασταν σ' αυτή. Έπειτα διαλογιζόμασταν σιωπηλά, με ένα χιτώνα μόνο ριγμένο πάνω από τα παγωμένα κορμιά μας, προσπαθώντας να ζεσταθούμε μονάχα με τη δύναμη της θέλησης. Συνήθως το κεφάλι μου πονούσε μετά από κάποιο χτύπημα ή κάποιο πέσιμο και δεν κατάφερνα πάντα να αδειάσω το μυαλό μου όπως όφειλα, αλλά, αντίθετα, πάσχιζα να ανακαλύψω τρόπους για να κάνω τον Ακίο να υποφέρει. Σκεφτόμουν ότι τον υπέβαλλα στα βασανιστήρια που πέρασε ο Χο-Αν, όπως ακριβώς μου τα είχε περιγράψει κάποτε ο ίδιος.

Η εκπαίδευσή μου είχε σχεδιαστεί με τέτοιον τρόπο ώστε να τονώνει τη σκληρότητα και τη βαναυσότητα· εκείνο το διάστημα εγώ της είχα αφοσιωθεί ολόψυχα, χαρούμενος για τις ικανότητες που μου έδινε, ικανοποιημένος από το γεγονός ότι βελτίωνε όλα όσα είχα μάθει κοντά στους γιους των πολεμιστών των Οτόρι, τότε που ζούσε ακόμη ο Σιγκέρου. Μέσα μου είχε αρχίσει να ξυπνάει το αίμα του πατέρα μου, το αίμα των Κικούτα. Η συμπόνια κι η καλοσύνη της μητέρας μου είχαν εξαφανιστεί, μαζί με όλα όσα είχα διδαχτεί όταν ήμουν παιδί. Είχα πάψει να προσεύχομαι· ούτε ο Απόκρυφος ούτε ο Πεφωτισμένος ούτε και τα αρχαία πνεύματα σήμαιναν κάτι για μένα. Δεν πίστευα ότι πράγματι υπήρχαν· ούτε κι έβλεπα ν' αγαπούν και να προστατεύουν όσους πίστευαν κάτι τέτοιο. Μερικές φορές ξυπνούσα μέσα στη νύχτα, αντίκριζα τον εαυτό μου κι ανατρίχιαζα με αυτό στο οποίο μεταμορφωνόμουν· τότε σηκωνόμουν, κι εφόσον μπορούσα, πήγαινα να βρω τη Γιούκι, πλάγιαζα μαζί της και χανόμουν μέσα της.

Ποτέ δεν περνούσαμε ολόκληρη τη νύχτα μαζί. Οι συναντήσεις μας ήταν πάντοτε σύντομες και συνήθως σιωπηλές. Κάποιο απόγευμα ωστόσο, δεν ήταν κανένας άλλος μέσα στο σπίτι εκτός από τους υπηρέτες που ήταν απασχολημένοι στο μαγαζί. Ο Ακίο και ο Χατζίμε είχαν πάει με τα νεότερα αγόρια στο βωμό, για κάποια αφιερωματική τελετουργία. Εμένα μου είχαν αναθέσει να αντιγράψω κάποια κείμενα για τον Γκοσαμπούρο. Ήμουν πολύ χαρούμενος γι' αυτό. Σπάνια έπιανα πινέλο στα χέρια μου· είχα μάθει να γράφω σε μεγάλη ηλικία και τώρα φοβόμουν ότι θα ξεχνούσα πώς γίνεται. Ο έμπορος είχε μερικά βιβλία, και, όπως μου είχε διδάξει ο Σιγκέρου, διάβαζα όποτε μου δινόταν ευκαιρία. Όμως η πέτρα με το μελάνι και τα πινέλα μου είχαν χαθεί στην Ινουγιάμα και από τότε ελάχιστες φορές είχα γράψει.

Με μεγάλη επιμέλεια αντέγραψα εκείνα τα κείμενα, που ήταν σημειώσεις της επιχείρησης, λογαριασμοί σχετικά με τις ποσότητες σόγιας και ρυζιού που είχαν αγοραστεί από τους ντόπιους αγρότες. Τα δάχτυλά μου όμως λαχταρούσαν να ζωγραφίσουν. Θυμήθηκα την πρώτη μου επίσκεψη στην Τεραγιάμα, τη λαμπρότητα εκείνης της καλοκαιρινής μέρας, τις όμορφες ζωγραφιές, το μικρό βουνίσιο πουλί που είχα ζωγραφίσει και είχα χαρίσει στην Καεντέ.

Όπως πάντα, κάθε φορά που συλλογιζόμουν το παρελθόν με την καρδιά μου αφύλακτη, ερχόταν στη σκέψη μου και με κυρίευε πάλι από την αρχή. Ένιωθα την παρουσία της, μύριζα το άρωμα των μαλλιών της, άκουγα τη φωνή της. Ήταν τόσο έντονη αυτή η αίσθηση, που για μια στιγμή φοβήθηκα, λες και κάποιο φάντασμα είχε μπει μέσα στο δωμάτιο. Το δικό της φάντασμα θα ήταν εξαγριωμένο μαζί μου, πλημμυρισμένο από δυσφορία και οργή επειδή την είχα εγκαταλείψει. Τα λόγια της αντηχούσαν στ' αυτιά μου: *Φοβάμαι τον εαυτό μου. Μονάχα κοντά σου αισθάνομαι ασφαλής.*

Έκανε κρύο μέσα στο δωμάτιο κι είχε αρχίσει να σκοτεινιάζει, ενώ ακόμη δεν είχε καταφτάσει η απειλή του χειμώνα. Αναρίγησα, πλημμυρισμένος από τύψεις κι ενοχές. Τα χέρια μου είχαν μουδιάσει από το κρύο.

Άκουσα τα βήματα της Γιούκι να πλησιάζουν από το πίσω μέρος του κτιρίου. Ξανάρχισα να γράφω. Διέσχισε την αυλή, άφησε τα σανδάλια της στη βεράντα και πέρασε στο δωμάτιο. Οσμίστηκα μυρωδιά από κάρβουνα που καίγονταν. Είχε φέρει ένα μικρό μαγκάλι, που το ακούμπησε στο πάτωμα, δίπλα σε μένα.

«Δείχνεις σαν να κρυώνεις» μου είπε. «Να σου φέρω τσάι;»

«Ίσως αργότερα». Άφησα κάτω το πινέλο και τέντωσα τα χέρια μου για να ζεσταθούν. Τα πήρε και τα έτριψε μέσα στα δικά της.

«Θα κλείσω τα παντζούρια» είπε.

«Τότε, πρέπει να φέρεις μια λάμπα. Δε θα μπορώ να δω για να συνεχίσω το γράψιμο».

Γέλασε χαμηλόφωνα. Τα ξύλινα παραθυρόφυλλα έκλεισαν το ένα μετά το άλλο. Το δωμάτιο σκοτείνιασε, φωτιζόταν μονάχα από την ελαφριά λάμψη του κάρβουνου. Όταν επέστρεψε, η Γιούκι είχε ήδη βγάλει τα ρούχα της. Σε λίγη ώρα είχαμε ζεσταθεί κι οι δυο. Όμως μετά την ερωτική πράξη, που ήταν υπέροχη όπως πάντα, με κυρίευσε ξανά η ανησυχία. Το πνεύμα της Καεντέ βρισκόταν κοντά μου, μέσα στο δωμάτιο. Μήπως της προξενούσα πόνο και οδύνη; Μήπως την έκανα να ζηλεύει και να θυμώνει;

Με το ζεστό κορμί της κουλουριασμένο επάνω μου, η Γιούκι είπε «Ήρθε μήνυμα από την ξαδέρφη σου».

«Ποια ξαδέρφη;» Τώρα πια διέθετα πάρα πολλά ξαδέρφια.

«Τη Μούτο Σιζούκα».

Απομακρύνθηκα κάπως από τη Γιούκι, για να μην ακούσει το χτύπο της καρδιάς μου, που είχε δυναμώσει. «Τι λέει το μήνυμα;»

«Η αρχόντισσα Σιρακάβα πεθαίνει. Η Σιζούκα φοβάται πως το τέλος της πλησιάζει». Η Γιούκι συμπλήρωσε νωχελικά «Καημένο πλάσμα».

Έλαμπε από ζωή και ικανοποίηση. Όμως το μοναδικό πράγμα που σκεφτόμουν μέσα σ' εκείνο το δωμάτιο ήταν η Καεντέ, η αδυναμία της, το πάθος της, η υπερφυσική ομορφιά της. Της φώναξα μέσα από τα βάθη της ψυχής μου: *Δε γίνεται να πεθάνεις. Πρέπει να σε ξαναδώ. Θα έρθω κοντά σου. Μην πεθάνεις πριν σ' αντικρίσω ξανά!*

Το πνεύμα της με κοίταζε, τα μάτια της είχαν σκοτεινιάσει απ' το παράπονο και τη θλίψη.

Η Γιούκι γύρισε και μ' αντίκρισε, ξαφνιασμένη από τη σιωπή μου. «Η Σιζούκα έκρινε πως έπρεπε να το μάθεις – υπήρξε κάτι ανάμεσά σας; Ο πατέρας άφησε να εννοηθεί κάτι τέτοιο, όμως είπε πως επρόκειτο για νεανικό έρωτα. Είπε ότι όποιος την έβλεπε ξετρελαινόταν μαζί της».

Δεν της απάντησα. Η Γιούκι ανασηκώθηκε, ρίχνοντας στους ώμους της το φόρεμά της. «Ήταν κάτι περισσότερο απ' αυτό, σωστά; Την αγάπησες». Μου πήρε τα χέρια και με γύρισε έτσι ώστε να την κοιτάξω κατάματα. «Την αγάπησες» επανέλαβε κι η ζήλια είχε αρχίσει να ξεπροβάλλει στα λόγια της. «Έχει τελειώσει;»

«Ποτέ δε θα τελειώσει» της είπα. «Ακόμη κι αν πεθάνει, εγώ δε θα πάψω να την αγαπάω». Τώρα πια, που ήταν πολύ αργά για να το ομολογήσω στην ίδια την Καεντέ, είχα συνειδητοποιήσει ότι αυτή ήταν η αλήθεια.

«Αυτό το κεφάλαιο της ζωής σου έχει κλείσει» είπε η Γιούκι, με φωνή χαμηλόφωνη αλλά και μανιασμένη. «Τελειωτικά. Ξέχασέ την! Δε θα την ξαναδείς». Στη φωνή της διέκρινα το θυμό και την ανησυχία.

«Δε θα σου το έλεγα ποτέ εάν δεν ανέφερες το όνομά της». Πήρα τα χέρια μου από πάνω της και φόρεσα τα ρούχα μου. Η ζέστη είχε φύγει από το κορμί μου το ίδιο γρήγορα όπως ακριβώς είχε έρθει. Το μαγκάλι κρύωνε σιγά σιγά.

«Φέρε λίγο ακόμη κάρβουνο» είπα στη Γιούκι. «Και λάμπες. Πρέπει να τελειώσω τη δουλειά μου».

«Τακέο» ξεκίνησε να λέει κι ύστερα σταμάτησε απότομα. «Θα στείλω την υπηρέτρια» είπε και σηκώθηκε επάνω. Με άγγιξε στο σβέρκο καθώς έφευγε, όμως εγώ δεν αντέδρασα. Τα κορμιά μας είχαν αποκτήσει στενή σχέση: τα χέρια της με είχαν τρίψει, με είχαν χτυπήσει για να με τιμωρήσουν. Είχαμε σκοτώσει ο ένας πλάι στον άλλο, είχαμε κάνει έρωτα. Όμως δεν είχε καταφέρει να αγγίξει την καρδιά μου κι εκείνη τη στιγμή το είχαμε συνειδητοποιήσει κι οι δυο.

Δεν έδειξα τον πόνο μου, όμως μέσα μου θρήνησα για την Καεντέ και για τη ζωή που θα μπορούσαμε να είχαμε ζήσει μαζί. Δεν ήρθαν άλλα νέα από τη Σιζούκα, παρ' όλο που εγώ δε σταμάτησα να αφουγκράζομαι μήπως κι ερχόταν κάποιος αγγελιοφόρος. Η Γιούκι δεν αναφέρθηκε ξανά στο θέμα. Δεν μπορούσα να πιστέψω ότι η Καεντέ είχε πεθάνει· κατά τη διάρκεια της μέρας ήμουν προσκολλημένος σ' αυτή την ιδέα, όμως τα βράδια ήταν αλλιώτικα.

Το τελευταίο ίχνος χρώματος χάθηκε όταν έπεσαν τα φύλλα από τους σφενδάμους και τις ιτιές. Σμήνη από αγριόχηνες διέσχιζαν το μουντό ουρανό με κατεύθυνση το Νότο. Οι αγγελιοφόροι έρχονταν ολοένα και πιο σπάνια, ενώ η πόλη σιγά σιγά έκλεινε για το χειμώνα. Συνέχισαν ωστόσο να καταφτάνουν αραιά και πού, φέρνοντας τα νέα για τις δραστηριότητες της Φυλής και για τον πόλεμο στις Τρεις Χώρες και, όπως πάντα, νέες οδηγίες που αφορούσαν το επάγγελμά μας.

Έτσι αποκαλούσαμε την ειδικότητά μας, δηλαδή την κατασκοπία και τις δολοφονίες. Επάγγελμα, όπου ζυγίζαμε τις ανθρώπινες ζωές όπως ακριβώς ζυγίζουν και τόσα άλλα εμπορεύματα. Συχνά αντέγραφα και τέτοιου είδους λογαριασμούς κι αναφορές· ξενυχτούσα μέχρι αργά με τον Γκοσαμπούρο, τον έμπορο, και μεταπηδούσαμε από τους υπολογισμούς σχετικά με τη σοδειά της σόγιας σε υπολογισμούς μιας πολύ πιο θανάσιμης σοδειάς. Και οι δυο παρουσίαζαν τεράστια κέρδη, παρ' όλο που η σόγια είχε επηρεαστεί από τις καταιγίδες, ενώ, αντίθετα, οι δολοφονίες καθόλου. Κάποιο υποψήφιο θύμα δολοφονίας είχε πνιγεί πριν προλάβει η Φυλή να το βγάλει από τη μέση, κι έτσι είχε παρουσιαστεί μεγάλη διαφωνία σχετικά με την καταβολή της αμοιβής.

Οι Κικούτα, που ήταν οι πιο αδίστακτοι, υποτίθεται πως ήταν πιο αποτελεσματικοί στις δολοφονίες από τους Μούτο, οι οποίοι παραδοσιακά θεωρούνταν ικανοί κατάσκοποι. Αυτές οι δύο οικογένειες ήταν η αριστοκρατία της Φυλής. Οι άλλες τρεις, οι Κουρόντα, οι Κούντο κι οι Ιμάι, ασχολούνταν με βοηθητικές και δευτερεύουσες εργασίες, έκαναν τους υπηρέτες, τους μικροκακοποιούς, τους πληροφοριοδότες και τα σχετικά. Δεδομένου ότι οι κληρονομικές τους ικανότητες θεωρούνταν μεγάλης αξίας, γίνονταν πολλοί γάμοι ανάμεσα στους Μούτο και στους Κικούτα και λιγότεροι ανάμεσα σ' αυτούς και στις άλλες οικογένειες· αν και συχνά οι εξαιρέσεις παρήγαν σπουδαία ταλέντα, όπως ο Σιντάρο, ο δολοφόνος.

Κάθε φορά που τελειώναμε με τους λογαριασμούς, ο Κικούτα Γκοσαμπούρο μού έδινε μαθήματα γενεαλογίας και μου εξηγούσε τις περίπλοκες σχέσεις που υπήρχαν ανάμεσα στη Φυλή, η οποία εξαπλωνόταν σαν τον ιστό της αράχνης πάνω από τις Τρεις Χώρες, το Βορρά και πέρα απ' αυτόν. Ήταν ένας χοντρός άντρας με διπλοσάγονο, που έμοιαζε γυναικείο, και λείο παχουλό πρόσωπο, που έδειχνε απατηλά ευγενικό. Τα ρούχα και το δέρμα του είχαν πια ποτίσει από τη μυρωδιά της ωριμασμένης σόγιας. Όταν είχε καλή διάθεση, ζητούσε να φέρουν κρασί και μεταπηδούσε από τη γενεαλογία στην ιστορία – την ιστορία της Φυλής και των προγόνων μου. Ελάχιστα είχαν αλλάξει μέσα στους αιώνες. Πολέμαρχοι έρχονταν και περνούσαν, φατρίες άκμαζαν και εξαφανίζονταν, όμως η πορεία της Φυλής συνεχιζόταν απρόσκοπτη. Μόνο που τώρα πια ο Αράι ήθελε να αλλάξει τα πράγματα. Όλοι οι υπόλοιποι ισχυροί πολέμαρχοι συνεργάζονταν με τη Φυλή. Μονάχα ο Αράι ήθελε να την καταστρέψει.

Τα προγούλια του Γκοσαμπούρο ταρακουνήθηκαν καθώς γέλασε με την ιδέα αυτή.

Στην αρχή με χρησιμοποιούσαν μονάχα ως κατάσκοπο. Μ' έστελναν να κρυφακούσω συζητήσεις σε ταβέρνες και τεϊοποτεία, με διέταζαν να σκαρφαλώνω σε τοίχους και σε στέγες μέσα στη νύχτα για να ακούσω τους άντρες που μιλούσαν εμπιστευτικά στους γιους και στις συζύγους τους. Άκουγα τα μυστικά και τους φόβους των κατοίκων της πόλης, τα σχέδια που έκανε η φατρία των Γιοσίντα για την άνοιξη, τις ανησυχίες που έτρεφαν στο κάστρο σχετικά με τις βλέψεις που είχε ο Αράι πέρα από τα σύνορά του και σχετικά με την εξέγερση των χωρικών, που αναμενόταν να ξεσπάσει. Πήγα στα ορεινά χωριά, άκουσα τους χωρικούς και κατάφερα να ανακαλύψω τους αρχηγούς της συνωμοσίας.

Ένα βράδυ ο Γκοσαμπούρο πλατάγισε τη γλώσσα του με δυσφορία καθώς μελετούσε ένα λογαριασμό που καθυστερούσε για πολύ καιρό να εξοφληθεί. Όχι μόνο δεν είχαν πληρωθεί οι δόσεις, αλλά είχαν παραγγελθεί επιπλέον εμπορεύματα. Το όνομα του οφειλέτη ήταν Φουρόντα· ήταν ένας χαμηλόβαθμος πολεμιστής, που είχε στραφεί στη γεωργία, για να μπορέσει να συντηρήσει την πολυάριθμη οικογένειά του, καθώς και την αγάπη του για τις απολαύσεις της ζωής. Κάτω από το όνομά του διάβασα τα σύμβολα που υποδήλωναν τον αυξανόμενο βαθμό εκφοβισμού που του είχαν ήδη εφαρμόσει: ένας αχυρώνας είχε καεί, μια από τις θυγατέρες του είχε απαχθεί, ένα γιος του είχε ξυλοκοπηθεί, σκυλιά και άλογα είχαν θανατωθεί. Παρ' όλ' αυτά, εξακολουθούσε να βουλιάζει ολοένα και βαθύτερα στα χρέη προς τους Κικούτα.

«Αυτή είναι δουλειά για το Σκύλο» είπε ο έμπορος στον Ακίο, ο οποίος είχε καθίσει μαζί μας, για να πιει ένα ποτήρι κρασί. Όπως όλοι, εκτός από τη Γιούκι, χρησιμοποιούσε το παρατσούκλι που μου είχε δώσει ο Ακίο.

Ο Ακίο πήρε το χαρτί κι άρχισε να διαβάζει τη θλιβερή ιστορία του Φουρόντα. «Του δόθηκαν μεγάλα περιθώρια».

«Η αλήθεια είναι πως πρόκειται για συμπαθητικό τύπο. Τον γνωρίζω από τότε που ήμασταν παιδιά. Ωστόσο δεν μπορώ να του χαρίζω χρήματα».

«Θείε, εάν δεν τον βάλεις στη θέση του, τότε δε θα περιμένουν κι όλοι οι υπόλοιποι την ίδια επιείκεια;» είπε ο Ακίο.

«Αυτό είναι το πρόβλημα. Αυτή την περίοδο κανείς δεν πληρώνει στην ώρα του. Όλοι τους πιστεύουν ότι θα τη γλιτώσουν ακριβώς επειδή την έχει γλιτώσει ο Φουρόντα». Ο Γκοσαμπούρο αναστέναξε βαθιά· τα μάτια του σχεδόν χάθηκαν κάτω από τις δίπλες του προσώπου του. «Είμαι πολύ καλόκαρδος. Αυτό είναι το πρόβλημά μου. Μου το λένε συνεχώς τ' αδέρφια μου».

«Κι ο Σκύλος είναι καλόκαρδος» είπε ο Ακίο «όμως εμείς τον εκπαιδεύουμε να μην είναι. Αυτός θα κανονίσει το Φουρόντα για λογαριασμό σου. Θα του κάνει καλό».

«Εάν τον σκοτώσεις, τότε δε θα σου ξεπληρώσει ποτέ τα χρέη του» είπα εγώ.

«Όμως θα το κάνουν όλοι οι υπόλοιποι». Ο Ακίο μίλησε λες κι εξηγούσε ένα προφανές γεγονός σε κάποιον βλάκα.

«Είναι συχνά ευκολότερο ν' απαιτείς τα χρήματά σου από ένα νεκρό παρά από ένα ζωντανό» πρόσθεσε ο Γκοσαμπούρο με απολογητικό ύφος.

Δε γνώριζα αυτόν τον απερίσκεπτο, καλοπερασάκια, ανεύθυνο άνθρωπο και δεν ήθελα να τον σκοτώσω. Όμως το έκανα. Λίγες μέρες αργότερα, πήγα νύχτα στο σπίτι του, στα περίχωρα της πόλης. Σώπασα τα σκυλιά, έγινα αόρατος και προσπέρασα τους φρουρούς δίχως να γίνω αντιληπτός. Το σπίτι ήταν καλά ασφαλισμένο, όμως εγώ κάθισα και τον περίμενα έξω από το αποχωρητήριο.

Είχα παρακολουθήσει το σπίτι και γνώριζα ότι κάθε βράδυ σηκωνόταν αργά για να ξαλαφρώσει. Ήταν ένας μεγαλόσωμος, καλοθρεμμένος άντρας, που είχε εγκαταλείψει κάθε μορφής σωματική άσκηση από καιρό κι είχε αφήσει τις σκληρές γεωργικές εργασίες στους γιους του. Είχε γίνει πλαδαρός. Πέθανε δίχως να κάνει θόρυβο.

Όταν ξετύλιξα τη στραγγάλη, είχε αρχίσει να βρέχει. Τα τούβλα στους τοίχους γλιστρούσαν. Ήταν η πιο σκοτεινή ώρα της νύχτας. Η βροχή θα μπορούσε να ήταν και χιονόνερο. Επέστρεψα στο σπίτι των Κικούτα σιωπηλός, λες και το σκοτάδι και το κρύο είχαν καταφέρει να τρυπώσουν μέσα μου κι είχαν αφήσει μια σκιά πάνω στην ψυχή μου.

Οι γιοι του Φουρόντα ξεπλήρωσαν το χρέος κι ο Γκοσαμπούρο έμεινε ευχαριστημένος μαζί μου. Δεν επέτρεψα σε κανέναν να καταλάβει πόσο είχα συγκλονιστεί απ' αυτόν το φόνο· όμως ο επόμενος ήταν ακόμη χειρότερος. Έγινε κατόπιν εντολών της οικογένειας Γιοσίντα. Αποφασισμένοι να σταματήσουν την αναταραχή που επικρατούσε ανάμεσα στους χωρικούς πριν έρθει ο χειμώνας, ζήτησαν να εξοντωθεί ο ηγέτης τους. Εγώ τον γνώριζα αυτόν τον άνθρωπο, ήξερα το κρυφό χωράφι που καλλιεργούσε· ωστόσο δεν είχα ακόμα αποκαλύψει σε κανέναν το όνομά του. Όμως αναγκάστηκα να πω στον Γκοσαμπούρο και στον Ακίο πού βρισκόταν μόνος κάθε δειλινό κι εκείνοι με έστειλαν να τον συναντήσω.

Καλλιεργούσε ρύζι και γλυκοπατάτες σε μια κρυμμένη σπηλιά που βρισκόταν μέσα στην πλαγιά ενός βουνού και την προστάτευαν βράχια και θάμνοι. Όταν έφτασα αθόρυβα εκεί, εργαζόταν στην άκρη του χωραφιού. Τον είχα υποτιμήσει: ήταν πιο δυνατός απ' όσο νόμιζα και προσπάθησε να με απωθήσει με την τσάπα του. Καθώς παλεύαμε, η κουκούλα μου γλίστρησε και τότε αντίκρισε το πρόσωπό μου. Με αναγνώρισε και μια έκφραση φρίκης κάλυψε το βλέμμα του. Εκείνη ακριβώς τη στιγμή χρησιμοποίησα το δεύτερο εαυτό μου, τον πλησίασα από πίσω και του έκοψα το λαιμό. Τον άκουσα να φωνάζει στην εικόνα μου.

«Άρχοντα Σιγκέρου!»

΄Ημουν βουτηγμένος στο αίμα, το δικό του και το δικό μου, και παραπατούσα από το χτύπημα, που δεν κατάφερα τελικά να αποφύγω. Η τσάπα είχε γρατσουνίσει το κεφάλι μου κι η πληγή αιμορραγούσε ασταμάτητα. Τα λόγια του με τάραξαν. Καλούσε, άραγε, το πνεύμα του Σιγκέρου σε βοήθεια ή μήπως είχε διακρίνει την ομοιότητά μας και νόμισε πως εγώ ήμουν αυτός; ΄Ηθελα να τον ρωτήσω, όμως εκείνος είχε καρφώσει το άδειο βλέμμα του στον ουρανό, που φωτιζόταν από το φως της χαραυγής. Τώρα πια είχε σωπάσει για πάντα.

΄Εγινα αόρατος και παρέμεινα έτσι ωσότου έφτασα έξω από το σπίτι των Κικούτα· ήταν η πρώτη φορά που είχα χρησιμοποιήσει αυτό το τέχνασμα για τόσο μεγάλη διάρκεια. Εάν μπορούσα, θα έμενα για πάντα έτσι. Δεν μπορούσα να ξεχάσω τα τελευταία λόγια εκείνου του ανθρώπου και μετά θυμήθηκα εκείνο που μου είχε πει ο Σιγκέρου πριν από πολύ καιρό στο Χάγκι: *Ποτέ δε σκότωσα άοπλο, ποτέ δε σκότωσα για ευχαρίστηση.*

Οι αρχηγοί της φατρίας έμειναν απόλυτα ικανοποιημένοι. Ο θάνατος εκείνου του ανθρώπου είχε καταστρέψει την εξέγερση. Με μεγάλη προθυμία, οι χωρικοί επέδειξαν υπακοή και πειθαρχία. Πολλοί απ' αυτούς θα πέθαιναν από την πείνα ως το τέλος του χειμώνα. ΄Ηταν ένα εξαιρετικό αποτέλεσμα, είπε ο Γκοσαμπούρο.

Εγώ όμως άρχισα κάθε βράδυ να ονειρεύομαι το Σιγκέρου. Ερχόταν στο δωμάτιό μου κι έστεκε μπροστά μου, έμοιαζε σαν να είχε μόλις βγει από το ποτάμι, έσταζε αίμα και νερό, δεν έλεγε τίποτα, είχε το βλέμμα του καρφωμένο επάνω μου σαν να με περίμενε, όπως περίμενε –με την υπομονή του ερωδιού– να ξαναμιλήσω.

Σιγά σιγά άρχισα να συνειδητοποιώ ότι δε θα μπορούσα ν' αντέξω τη ζωή που έκανα, δεν ήξερα όμως με ποιον τρόπο θα ξέφευγα. Είχα κάνει μια συμφωνία με τον Κικούτα, όμως τώρα μου ήταν αδύνατο να την τηρήσω. Είχα κάνει αυτή τη συμφωνία μέσα στην έξαψη του πάθους, δεδομένου ότι δεν περίμενα πως θα έβγαινα ζωντανός από εκείνη τη νύχτα και δίχως να καταλαβαίνω τον ίδιο μου τον εαυτό. Είχα πιστέψει ότι ο δάσκαλος Κικούτα, που έδειχνε να με γνωρίζει, θα με βοηθούσε να αντιμετωπίσω τις μεγάλες διαφορές και τις αντιφάσεις της ίδιας μου της φύσης, όμως εκείνος με είχε στείλει στο Ματσούε με τον Ακίο, όπου η ζωή μου με τη Φυλή μπορεί να μου είχε μάθει πώς να κρύβω αυτές τις αντιφάσεις, ωστόσο δε με βοηθούσε να τις ξεδιαλύνω. Απλά είχαν θαφτεί βαθιά μέσα μου.

Η κακή μου διάθεση επιδεινώθηκε όταν έφυγε η Γιούκι. Δε με είχε ενημερώσει σχετικά, απλώς μια μέρα εξαφανίστηκε. Το πρωί είχα ακούσει τη φωνή και το βάδισμά της την ώρα που έκανα εξάσκηση. Την άκουσα να βγαίνει από την εξώπορτα δίχως να αποχαιρετίσει κανέναν. Όλη μέρα αφουγκραζόμουν περιμένοντας να γυρίσει, όμως εκείνη δεν επέστρεψε. Προσπάθησα να ρωτήσω πού είχε πάει, με ύφος άνετο και συνηθισμένο, όμως εισέπραττα απαντήσεις γεμάτες υπεκφυγή. Δεν ήθελα να ρωτήσω ευθέως τον Ακίο ή τον Γκοσαμπούρο. Μου έλειπε πολύ, όμως ταυτόχρονα ένιωθα ανακουφισμένος που δε θα είχα να αντιμετωπίσω το δίλημμα εάν θα πλάγιαζα μαζί της ή όχι. Κάθε μέρα, από τότε που μου είχε μιλήσει για την Καεντέ, αποφάσιζα πως δε θα το έκανα· κάθε νύχτα, ωστόσο, παρέβαινα την απόφασή μου.

Δύο μέρες μετά, ενώ τη συλλογιζόμουν κατά τη διάρκεια της αυτοσυγκέντρωσης και του διαλογισμού που ακολουθούσε μετά την ολοκλήρωση των πρωινών ασκήσεων, άκουσα μια από τις υπηρέτριες να στέκει στην πόρτα και να καλεί χαμηλόφωνα τον Ακίο. Εκείνος άνοιξε αργά τα μάτια του και με γαλήνια αταραξία, που πάντοτε τον διέκρινε μετά το διαλογισμό (και που εγώ ήμουν πεπεισμένος ότι ήταν προσποιητή), σηκώθηκε και πλησίασε στην πόρτα.

«Ο δάσκαλος βρίσκεται εδώ» είπε το κορίτσι «και σε περιμένει».

«Ε, Σκύλε» μου φώναξε ο Ακίο. Σηκώθηκα, ενώ οι υπόλοιποι παρέμειναν ακίνητοι, δίχως καν να με κοιτάξουν. Ο Ακίο μού έγνεψε κι εγώ τον ακολούθησα στη μεγάλη αίθουσα του σπιτιού, όπου ο Κικούτα Κοτάρο έπινε τσάι με τον Γκοσαμπούρο.

Περάσαμε μέσα και υποκλιθήκαμε μπροστά του ως το πάτωμα.

«Σηκωθείτε» είπε εκείνος και με περιεργάστηκε για μερικές στιγμές. Ύστερα απευθύνθηκε στον Ακίο. «Είχαμε προβλήματα;»

«Μάλλον όχι» είπε ο Ακίο, υπονοώντας ότι είχαν παρουσιαστεί μερικά.

«Από άποψη συμπεριφοράς; Έχετε παράπονα;»

Ο Ακίο κούνησε αργά το κεφάλι του.

«Ωστόσο, πριν φύγετε από τη Γιαμαγκάτα...»

Ο Κοτάρο μού έδινε να καταλάβω πως γνώριζε τα πάντα.

«Όλα διορθώθηκαν» απάντησε βιαστικά ο Ακίο.

«Μου ήταν ιδιαίτερα χρήσιμος» πρόσθεσε ο Γκοσαμπούρο.

«Χαίρομαι που τ' ακούω αυτό» είπε ξερά ο Κοτάρο.

Ο αδερφός του σηκώθηκε και ζήτησε συγγνώμη που έπρεπε να φύγει – η πίεση της δουλειάς, η ανάγκη στο μαγαζί. Όταν έφυγε από το δωμάτιο, ο δάσκαλος είπε «Μίλησα με τη Γιούκι χτες το βράδυ».

«Πού βρίσκεται;»

«Αυτό δεν έχει σημασία. Μου είπε ωστόσο κάτι που με αναστάτωσε λίγο. Δεν ξέραμε ότι ο Σιγκέρου ήρθε στο Μίνο ειδικά για να σε βρει. Είχε δώσει την εντύπωση στο Μούτο Κέντζι ότι η συνάντησή σας υπήρξε τυχαία».

Σταμάτησε, όμως εγώ δε μίλησα. Θυμήθηκα την ημέρα που το είχε μάθει αυτό η Γιούκι, την ώρα που μου έκοβε τα μαλλιά. Το είχε θεωρήσει σημαντική πληροφορία, ιδιαίτερα σημαντική για να την αναφέρει στο δάσκαλο. Δίχως αμφιβολία, θα του είχε πει κι όλα τ' άλλα που με αφορούσαν.

«Με κάνει να υποψιάζομαι ότι ο Σιγκέρου γνώριζε πολύ καλύτερα τη Φυλή απ' όσο νομίζαμε» είπε ο Κοτάρο. «Αληθεύει αυτό;»

«Είναι αλήθεια πως γνώριζε ποιος ήμουν» απάντησα. «Υπήρξε φίλος για πολλά χρόνια με το δάσκαλο Μούτο. Αυτό είναι το μόνο που γνωρίζω για τη σχέση του με τη Φυλή».

«Δε σου είπε ποτέ τίποτε περισσότερο;»

«Όχι». Έλεγα ψέματα. Στην πραγματικότητα, ο Σιγκέρου μού *είχε* πει περισσότερα το βράδυ που συζητήσαμε στο Τσουβάνο – ότι, δηλαδή, είχε αφοσιωθεί στις έρευνες σχετικά με τη Φυλή κι ότι ήξερε τα περισσότερα από οποιονδήποτε άλλον ξένο. Ποτέ μου δεν το είπα αυτό στον Κέντζι και δεν έβλεπα για ποιο λόγο θα έπρεπε να το αποκαλύψω στον Κοτάρο. Ο Σιγκέρου ήταν πια νεκρός κι εγώ ήμουν δεμένος με τη Φυλή, όμως δε σκόπευα να προδώσω τα μυστικά του.

Προσπάθησα να πάρω αθώα έκφραση και να κάνω τη φωνή μου ν' ακουστεί άδολη και είπα «Η Γιούκι με ρώτησε ακριβώς το ίδιο πράγμα. Μα τι σημασία έχει τώρα πια;».

«Είχαμε την εντύπωση πως γνωρίζαμε το Σιγκέρου, πως ξέραμε τη ζωή του» απάντησε ο Κοτάρο. «Εξακολουθεί να μας εκπλήσσει, ακόμη και μετά θάνατον. Κρατούσε μυστικά ακόμη κι από τον Κέντζι – φέρ' ειπείν για τη σχέση του με τη Μαρουγιάμα Ναόμι. Τι άλλο μπορεί να έκρυβε;»

Ανασήκωσα ελαφρά τους ώμους μου. Σκέφτηκα το Σιγκέρου, που τον αποκαλούσαν «Γεωργό», με το καλόκαρδο χαμόγελο, τη φαινομενική ειλικρίνεια και την απλότητά του. Όλοι τον είχαν παρεξηγήσει και υποτιμήσει, ειδικά η Φυλή. Ήταν πολλά περισσότερα απ' όσα υποψιάζονταν.

«Είναι πιθανό να κρατούσε σημειώσεις για όλα όσα γνώριζε σχετικά με τη Φυλή;»

«Κρατούσε πολλές σημειώσεις για ένα σωρό πράγματα» απάντησα με προβληματισμένο ύφος. «Για τις εποχές του χρόνου, τα γεωργικά του πειράματα, τη γη και τις σοδειές, για τους χωρικούς που είχε στη δούλεψή του. Ο Ιτσίρο, ο παλιός του δάσκαλος, τον βοηθούσε να κρατάει αυτό το αρχείο, όμως συχνά έγραφε κι ο ίδιος».

Τον έβλεπα να γράφει αργά τη νύχτα, κάτω από το φως της λάμπας που τρεμόπαιζε, μέσα στο διαπεραστικό κρύο, με πρόσωπό που φανέρωνε έξαψη και ευφυΐα, εντελώς διαφορετικό από την ήπια έκφραση που είχε συνήθως.

«Τον συνόδευες στα ταξίδια του;»

«Όχι, εκτός από τότε που δραπετεύσαμε από το Μίνο».

«Πόσο συχνά ταξίδευε;»

«Δεν είμαι σίγουρος. Όσο εγώ βρισκόμουν στο Χάγκι, δεν έφυγε καθόλου από την πόλη».

Ο Κοτάρο γρύλισε ελαφρά. Σιωπή σκέπασε την αίθουσα. Μόλις και μετά βίας μπορούσα ν' ακούσω τις ανάσες τους. Από μακριά αντηχούσαν οι απογευματινοί ήχοι του σπιτιού και του μαγαζιού: ο χτύπος του άβακα, οι φωνές των πελατών, οι πλανόδιοι πωλητές που φώναζαν στο δρόμο. Άρχισε να φυσάει· ο άνεμος σφύριζε στο γείσο της στέγης και ταρακουνούσε τα παραθυρόφυλλα. Το φύσηγμά του κουβαλούσε το άρωμα του χιονιού.

Ο δάσκαλος μίλησε. «Το πιο πιθανό είναι πως πράγματι κρατούσε σημειώσεις στο αρχείο του. Σε αυτή την περίπτωση, πρέπει να τις βρούμε. Εάν πέσουν στα χέρια του Αράι τούτη την περίοδο, αυτό θα είναι καταστροφή. Πρέπει να πας στο Χάγκι. Να ελέγξεις εάν πράγματι υπάρχει τέτοιο αρχείο και να το φέρεις εδώ».

Δεν μπορούσα να το πιστέψω. Νόμιζα ότι ποτέ πια δε θα επέστρεφα σ' εκείνο το μέρος. Τώρα όμως με έστελναν στο σπίτι που είχα αγαπήσει τόσο πολύ.

«Το ζήτημα είναι το δάπεδο με τ' αηδόνια» είπε ο Κοτάρο. «Απ' όσο γνωρίζω, ο Σιγκέρου είχε ζητήσει να φτιάξουν ένα τέτοιο δάπεδο γύρω από το σπίτι του κι εσύ κατάφερες να το ξεγελάσεις».

Μου φάνηκε πως βρισκόμουν ήδη εκεί: ένιωσα τη νυχτερινή ατμόσφαιρα του έκτου μήνα, είδα τον εαυτό μου να τρέχει αθόρυβα σαν το φάντασμα, άκουσα τη φωνή του Σιγκέρου: *Μπορείς να το ξανακάνεις;*

Προσπάθησα να ελέγξω την έκφραση στο πρόσωπό μου, αλλά ένιωσα τους μυς μου να συσπώνται στην προσπάθειά τους να χαμογελάσουν.

«Πρέπει να φύγεις αμέσως» συνέχισε ο Κοτάρο. «Πρέπει να πας εκεί και να επιστρέψεις πριν αρχίσουν τα χιόνια. Πλησιάζει το τέλος της χρονιάς. Μέχρι το τέλος του πρώτου μήνα, τόσο το Χάγκι όσο και το Ματσούε θα έχουν αποκλειστεί από το χιόνι».

Ποτέ άλλοτε δεν είχε ακουστεί θυμωμένος· τώρα όμως ήταν, και δεν το έκρυβε. Ίσως να είχε αντιληφθεί το χαμόγελό μου.

«Γιατί δεν το ανέφερες ποτέ αυτό;» με ρώτησε. «Γιατί το έκρυψες από τον Κέντζι;»

Ένιωσα το δικό μου θυμό να φουντώνει καθώς του απαντούσα. «Ο άρχοντας Σιγκέρου συμπεριφερόταν έτσι, κι εγώ ακολουθώ το παράδειγμά του. Ο πρώτος όρκος πίστης και αφοσίωσης που έδωσα ήταν προς αυτόν. Ποτέ μου δε θα αποκάλυπτα κάτι που εκείνος θα ήθελε να παραμείνει κρυφό. Άλλωστε, εκείνη την περίοδο ήμουν ένας Οτόρι».

«Κι εξακολουθεί να αισθάνεται έτσι» συμπλήρωσε ο Ακίο. «Είναι ζήτημα αφοσίωσης. Θα του είναι για πάντα πιστός». Κι ύστερα συμπλήρωσε κοφτά «Ο σκύλος έχει μονάχα ένα αφεντικό».

Έριξα το βλέμμα μου επάνω του, ανυπομονώντας να με κοιτάξει έτσι ώστε να τον κάνω να σωπάσει, να τον υπνωτίσω· όμως ύστερα από μια σύντομη και περιφρονητική ματιά, εκείνος κοίταξε το πάτωμα.

«Τέλος πάντων, αυτό θα ξεκαθαριστεί με τον έναν ή τον άλλον τρόπο» αποκρίθηκε ο Κοτάρο. «Αυτή η αποστολή θα δοκιμάσει στο έπακρο την αφοσίωσή σου. Εάν εκείνος ο Ιτσίρο γνωρίζει την ύπαρξη και το περιεχόμενο αυτού του αρχείου, ασφαλώς και θα πρέπει να φύγει από τη μέση».

Υποκλίθηκα δίχως να πω κουβέντα. Αναρωτιόμουν εάν η καρδιά μου είχε σκληρύνει τόσο ώστε να μπορώ να σκοτώσω τον Ιτσίρο, εκείνον το γέρο που υπήρξε δάσκαλος του Σιγκέρου αλλά και δικός μου. Ίσως να το επιθυμούσα κάποτε, τότε που με τιμωρούσε και με ανάγκαζε να μελετάω με τη βία· όμως ήταν ένας από τους Οτόρι, ζούσε στο σπίτι του Σιγκέρου. Ήμουν ενωμένος μαζί του με τους δεσμούς της πίστης και του καθήκοντος. Αισθανόμουν γι' αυτόν έναν ελαφρώς μνησίκακο σεβασμό και, όπως τώρα πια συνειδητοποιούσα, αγάπη.

Την ίδια στιγμή προσπαθούσα να ερμηνεύσω το θυμό του δασκάλου, να νιώσω τη γεύση του. Έμοιαζε με την –λίγο ως πολύ μόνιμη– οργή που έβγαζε εναντίον μου ο Ακίο· με μισούσαν και με φοβόντουσαν, και οι δυο τους. *Οι Κικούτα ενθουσιάστηκαν με την ιδέα ότι ο Ιζαμού είχε αποκτήσει ένα γιο*, είχε πει η γυναίκα του Κέντζι. Εφόσον είχαν χαρεί τόσο πολύ, τότε γιατί ήταν τόσο οργισμένοι μαζί μου; Είχε μάλιστα συμπληρώσει *Όλοι μας χαρήκαμε*. Κι έπειτα η Γιούκι μού είπε ότι η μητέρα της ήταν κάποτε ερωτευμένη με το Σιντάρο. Θα μπορούσε άραγε ο θάνατός του να τη χαροποιήσει;

Μου είχε δώσει την εντύπωση μιας φλύαρης ηλικιωμένης γυναίκας κι εγώ είχα πιστέψει όλα όσα μου είχε πει κρίνοντας μονάχα από το ύφος και την έκφρασή της. Λίγες στιγμές μετά, μου έκανε μια μικρή επίδειξη των ικανοτήτων της. Με κολάκευε, χάιδευε τη ματαιοδοξία μου όπως χάιδευε τους κροτάφους μου με τα μαγικά της χέρια. Η αντίδραση των Κικούτα στην ξαφνική μου εμφάνιση ήταν πιο ασαφής και πιο περίπλοκη απ' όσο ήθελαν να πιστέψω: ίσως να είχαν ενθουσιαστεί με τις ικανότητές μου, όμως υπήρχε κάτι σε μένα που τους αναστάτωνε και τους ανησυχούσε. Κι εγώ δεν ήμουν ακόμη σε θέση να το εντοπίσω.

Η οργή, που κανονικά θα έπρεπε να με κάνει πιο υπάκουο, είχε, αντιθέτως, ως αποτέλεσμα να γίνω πιο πεισματάρης. Για την ακρίβεια, πυροδοτούσε το πείσμα μου και μου έδινε δύναμη. Ένιωσα αυτή την ενέργεια να συσσωρεύεται μέσα μου κι αναρωτιόμουν για τη μοίρα που με έστελνε και πάλι στο Χάγκι.

«Μπαίνουμε σε μια επικίνδυνη περίοδο» είπε ο δάσκαλος Κοτάρο, ενώ ταυτόχρονα με περιεργαζόταν σαν να ήταν σε θέση να διαβάσει τις σκέψεις μου. «Έγινε έρευνα στο σπίτι των Μούτο, στη Γιαμαγκάτα. Κάποιος υποψιάστηκε, φαίνεται, πως βρισκόσουν εκεί. Ωστόσο, τώρα ο Αράι έχει επιστρέψει στην Ινουγιάμα και το Χάγκι βρίσκεται πολύ μακριά από εκεί. Η επιστροφή σου θα είναι γεμάτη κινδύνους. Όμως ο κίνδυνος να πέσουν τούτες οι σημειώσεις σε λάθος χέρια είναι πολύ μεγαλύτερος».

«Κι αν δε βρίσκονται στο σπίτι του άρχοντα Σιγκέρου; Θα μπορούσε να τις έχει κρύψει οπουδήποτε».

«Προφανώς ο Ιτσίρο θα γνωρίζει πού ακριβώς. Ανάκρινέ τον και φέρε τις σημειώσεις οπουδήποτε κι αν βρίσκονται».

«Πρέπει να φύγω αμέσως;»

«Το συντομότερο δυνατό».

«Θα παραστήσω το θεατρίνο;»

«Κανένας θεατρίνος δεν ταξιδεύει αυτή την εποχή» είπε περιφρονητικά ο Ακίο. «Άλλωστε θα ταξιδέψουμε μόνοι μας».

Προσευχήθηκα σιωπηλά να μην έρθει κι εκείνος μαζί μου. Ο δάσκαλος είπε «Ο Ακίο θα σε συνοδεύσει. Ο παππούς του –ο παππούς σας– έχει πεθάνει κι εσείς επιστρέφετε στο Χάγκι για την επιμνημόσυνη τελετή».

«Θα προτιμούσα να μην ταξιδέψω με τον Ακίο» είπα.

Ο Ακίο εισέπνευσε απότομα. Ο Κοτάρο είπε «Δεν υπάρχουν προτιμήσεις για σένα. Μονάχα υπακοή».

Ένιωσα το πείσμα μου ν' ανάβει και τον κοίταξα κατάματα. Με κοίταζε κι εκείνος στα μάτια, όπως είχε κάνει άλλη μια φορά στο παρελθόν: τότε με είχε υπνωτίσει αμέσως. Αυτή τη φορά όμως ήμουν σε θέση να αντικρίσω το βλέμμα του δίχως να ηττηθώ. Κάτι πίσω απ' τα μάτια του τον έκανε να υποχωρήσει. Ερεύνησα εκείνο το βλέμμα και τότε μέσα στο μυαλό μου γεννήθηκε η υποψία.

Αυτός είναι ο άνθρωπος που σκότωσε τον πατέρα μου.

Για μια στιγμή ένιωσα τρόμο γι' αυτό που έκανα. Το βλέμμα μου έμεινε σταθερό κι ανεπηρέαστο. Φάνηκαν τα δόντια μου, όμως εγώ δε χαμογελούσα. Είδα το δάσκαλο να με κοιτάζει εντυπωσιασμένος· ύστερα η όψη του σκοτείνιασε. Τότε ο Ακίο σηκώθηκε και με χτύπησε στο πρόσωπο, σχεδόν μ' έριξε κάτω.

«Πώς τολμάς να κάνεις κάτι τέτοιο στο δάσκαλο; Κάθαρμα, δεν έχεις καθόλου σεβασμό».

Ο Κοτάρο είπε «Ακίο, κάθισε κάτω».

Τα μάτια μου καρφώθηκαν και πάλι επάνω του, όμως εκείνος δε με κοίταξε.

«Συγγνώμη, δάσκαλε» είπα με ήπιο τόνο. «Συγχώρεσέ με».

Και οι δύο γνωρίζαμε πως η απολογία μου ήταν ψεύτικη. Σηκώθηκε με μια γρήγορη κίνηση κι αντέδρασε με θυμό.

«Από την ημέρα που σε ανακαλύψαμε προσπαθούμε να σε προστατεύσουμε από τον ίδιο σου τον εαυτό». Δε φώναζε, όμως η οργή του ήταν ξεκάθαρη. «Όχι μόνο για το δικό σου καλό, βέβαια. Γνωρίζεις καλά τα προσόντα σου και πόσο χρήσιμα θα ήταν για μας. Όμως η ανατροφή, η μεικτή καταγωγή, ο ίδιος σου ο χαρακτήρας λειτουργούν εις βάρος σου. Νόμιζα ότι η εκπαίδευσή σου εδώ θα βοηθούσε, όμως δεν έχουμε άλλο χρόνο για να τη συνεχίσουμε. Ο Ακίο θα έρθει μαζί σου στο Χάγκι κι εσύ θα εξακολουθήσεις να τον υπακούς σε όλα τα ζητήματα. Είναι πολύ πιο έμπειρος από σένα, γνωρίζει τα κρησφύγετα, τους συνδέσμους και αυτούς που μπορείτε να εμπιστεύεστε».

Σταμάτησε για λίγο τη στιγμή που εγώ υποκλίθηκα για να δηλώσω τη συμμόρφωσή μου στις εντολές του· ύστερα συνέχισε: «Εσύ κι εγώ κάναμε μια συμφωνία στην Ινουγιάμα. Επέλεξες να παρακούσεις τις διαταγές μου κι επέστρεψες στο κάστρο. Αυτό είχε ως αποτέλεσμα το θάνατο του Ιίντα, γεγονός το οποίο δεν αποδείχτηκε καλό για μας. Ήμασταν πολύ καλύτερα μ' εκείνον στην εξουσία παρά με τον Αράι. Πέρα από τους νόμους μας, που επιβάλλουν υπακοή και που τους διδάσκονται όλα τα παιδιά μας πριν καν συμπληρώσουν τα επτά τους χρόνια, η ζωή σου μου ανήκει βάσει της ίδιας σου της υπόσχεσης».

Δεν του απάντησα. Ένιωσα πως ήταν έτοιμος να με παρατήσει, πως η υπομονή κι η κατανόηση που έδειχνε για τη φύση μου, αυτό που τον ηρεμούσε και τον εξευμένιζε, είχαν πια στερέψει. Το ίδιο είχε συμβεί και με την εμπιστοσύνη που του είχα εγώ. Εκείνη η τρομερή υποψία είχε κολλήσει στο μυαλό μου· από τη στιγμή που είχε γεννηθεί δεν μπορούσα να τη διαγράψω – ο πατέρας μου βρήκε το θάνατο από την ίδια τη Φυλή, ίσως να τον είχε σκοτώσει ο ίδιος ο Κοτάρο, επειδή είχε προσπαθήσει να τους εγκαταλείψει. Αργότερα θ' ανακάλυπτα πως έτσι ερμηνεύονταν πολλά πράγματα σχετικά με τη συμπεριφορά των Κικούτα απέναντί μου – με την επιμονή τους να είμαι υπάκουος, την αντιφατική στάση που είχαν ως προς τις ικανότητές μου, την περιφρόνηση που έδειχναν για την αφοσίωσή μου προς το Σιγκέρου· όμως εκείνη την εποχή, το μόνο που κατάφερνε να μου προξενεί ήταν να επιτείνει τη θλίψη που ένιωθα. Ο Ακίο με μισούσε, είχα προσβάλει το δάσκαλο Κικούτα, η Γιούκι με είχε εγκαταλείψει, η Καεντέ ήταν, προφανώς, νεκρή... Δε θέλησα να συνεχίσω την απαρίθμηση. Κάρφωσα το άδειο βλέμμα μου στο πάτωμα, ενώ ο Κικούτα κι ο Ακίο συζητούσαν τις λεπτομέρειες του ταξιδιού.

Ξεκινήσαμε το επόμενο πρωινό. Στο δρόμο υπήρχαν πολλοί ταξιδιώτες που ήθελαν να εκμεταλλευτούν τις τελευταίες εβδομάδες πριν αρχίσουν οι χιονοπτώσεις για να επιστρέψουν στα σπίτια τους πριν τη Γιορτή του Νέου Έτους. Ανακατευτήκαμε μαζί τους, δυο αδέρφια που επέστρεφαν στην πατρίδα τους για κάποια κηδεία. Δε μου ήταν δύσκολο να υποκριθώ πως με είχε κυριεύσει η θλίψη. Είχε αρχίσει να γίνεται η συνηθισμένη κατάστασή μου. Το μοναδικό πράγμα που φώτιζε κάπως τη σκοτεινιά που με είχε περιβάλει ήταν η σκέψη ότι θα αντίκριζα ξανά το σπίτι στο Χάγκι κι ότι θα άκουγα γι' άλλη μια φορά το χειμωνιάτικο τραγούδι του.

Ο Χατζίμε, που εκπαιδευόταν κι αυτός μαζί μου, ταξίδεψε μαζί μας την πρώτη ημέρα. Θα περνούσε το χειμώνα σ' έναν οίκο πάλης, όπου θα προετοιμαζόταν για τους ανοιξιάτικους αγώνες. Εκείνο το βράδυ το περάσαμε παρέα με τους παλαιστές και φάγαμε βραδινό μαζί τους. Κατανάλωσαν τεράστια καζάνια με λαχανικά και κότα, της οποίας το κρέας θεωρούσαν πως φέρνει τύχη, επειδή τα χέρια της δεν αγγίζουν ποτέ τη γη, μαζί με ζυμαρικά φτιαγμένα από ρύζι και σίκαλη. Ο καθένας τους έτρωγε περισσότερο φαγητό απ' όσο μια ολόκληρη οικογένεια σε μια εβδομάδα. Ο Χατζίμε, ογκώδης καθώς ήταν και με ήρεμο πρόσωπο, ήδη τους έμοιαζε. Ήταν μαθητής σ' εκείνον τον οίκο, που τον έλεγχαν οι Κικούτα, από τότε που ήταν παιδί· οι παλαιστές τού συμπεριφέρονταν με αγάπη και πειράγματα. Πριν το δείπνο, πλυθήκαμε μαζί τους στο τεράστιο λουτρό που ήταν χτισμένο πάνω από μια θερμή, φωσφορούχα πηγή. Μασέρ και προπονητές βρίσκονταν ανάμεσά τους, έτριβαν κι έπλεναν τα τεράστια άκρα και τους κορμούς τους. Ήταν σαν να είχαμε βρεθεί ανάμεσα σε μια φυλή γιγάντων. Όλοι τους, βέβαια, γνώριζαν τον Ακίο και του συμπεριφέρονταν με σεβασμό, επειδή ανήκε στην οικογένεια του αφεντικού, αναμεμειγμένο με καλοσυνάτη περιφρόνια, επειδή δεν ήταν κι ο ίδιος παλαιστής. Καμιά συζήτηση δεν έγινε για μένα και κανείς δε μου έδωσε σημασία. Ήταν απορροφημένοι στο δικό τους κόσμο. Προφανώς, δεν είχα σχέση μ' εκείνον τον κόσμο και συνεπώς δεν παρουσίαζα κανένα ενδιαφέρον γι' αυτούς.

Γι' αυτό δεν έλεγα τίποτα, παρά μόνο άκουγα. Άκουσα σχέδια για το ανοιξιάτικο πρωτάθλημα, τις ελπίδες και τις επιθυμίες των παλαιστών, τα αστεία που ψιθύριζαν οι μασέρ, τις προτάσεις που είτε γίνονταν δεκτές είτε απορρίπτονταν. Και πολύ αργότερα, αφότου ο Ακίο με διέταξε να πάω για ύπνο κι εγώ είχα ξαπλώσει σ' ένα στρώμα μέσα στη μεγάλη αίθουσα προπονήσεων, τον άκουσα να συζητάει με το Χατζίμε στο δωμάτιο που βρισκόταν ακριβώς από κάτω. Είχαν αποφασίσει να ξενυχτήσουν λιγάκι και να πιουν μαζί πριν αποχωριστούν την επόμενη ημέρα.

Αδιαφόρησα για τα ροχαλητά των παλαιστών κι επικεντρώθηκα στις φωνές που ακούγονταν από κάτω. Μέσα από το πάτωμα, τους άκουγα πολύ καθαρά να συνομιλούν. Με εξέπληττε πάντοτε το γεγονός ότι ο Ακίο έδειχνε να ξεχνάει πόσο δυνατή ήταν η ακοή μου. Υποθέτω ότι δεν ήθελε να αναγνωρίσει τις ικανότητές μου κι αυτό τον έκανε να με υποτιμάει. Στην αρχή νόμιζα πως αυτό ήταν ένα ελάττωμα, ίσως το μοναδικό που διέθετε. Αργότερα κατάλαβα ότι πιθανόν να υπήρχαν κάποια πράγματα που ήθελε να ακούσω.

Η συζήτησή τους ήταν κοινότοπη –σχετικά με την εκπαίδευση που έπρεπε να περάσει ο Χατζίμε, τους κοινούς τους φίλους που είχαν συναντήσει–, ωσότου το κρασί άρχισε να λύνει τις γλώσσες τους.

«Να υποθέσω ότι πηγαίνεις στη Γιαμαγκάτα;» ρώτησε ο Χατζίμε.

«Όχι. Ο δάσκαλος Μούτο βρίσκεται ακόμη στα βουνά και το σπίτι είναι άδειο».

«Φαντάζομαι ότι η Γιούκι γύρισε στην οικογένειά της».

«Όχι. Πήγε στο χωριό των Κικούτα, βόρεια από το Ματσούε. Θα μείνει εκεί ώσπου να γεννηθεί το παιδί».

«Το παιδί;» Ο Χατζίμε ακούστηκε τόσο κατάπληκτος όσο ήμουν κι εγώ.

Ακολούθησε μια μακριά σιωπή. Άκουσα τον Ακίο να πίνει και να καταπίνει. Όταν μίλησε ξανά, η φωνή του ακουγόταν πιο ήρεμη. «Θα γεννήσει το παιδί του Σκύλου».

Ο Χατζίμε σφύριξε μέσα από τα δόντια. «Συγγνώμη, ξάδερφε, δε θέλω να σε εκνευρίσω, αλλά ήταν κι αυτό μέρος του σχεδίου;»

«Γιατί να μην ήταν;»

«Πάντοτε νόμιζα ότι εσύ κι εκείνη... ότι μια μέρα θα παντρευόσασταν».

«Είμαστε ταγμένοι ο ένας στον άλλον από τότε που ήμασταν παιδιά» είπε ο Ακίο. «Μπορεί να παντρευτούμε τελικά. Οι δάσκαλοι ήθελαν να πλαγιάσει μαζί του για να του κλείσει το στόμα, να του αποσπάσει την προσοχή, κι αν ήταν δυνατόν, ν' αποκτήσει ένα παιδί».

Ακόμη κι αν ένιωθε πόνο μέσα του, δεν το έδειχνε. «Εγώ έπρεπε να παραστήσω τον καχύποπτο και το ζηλιάρη» είπε με ψυχρό ύφος. «Εάν ο Σκύλος γνώριζε ότι τον εκμεταλλεύονταν, ίσως και να μην είχε πλαγιάσει μαζί της. Τέλος πάντων, δε χρειάστηκε να υποκριθώ – δεν είχα συνειδητοποιήσει πόσο πολύ της άρεσε. Δεν μπορούσα να πιστέψω πώς πήγαινε μαζί του, ότι τον αποζητούσε νύχτα και μέρα σαν ξαναμμένη σκύλα...» Η φωνή του λύγισε. Τον άκουσα να αδειάζει μια κούπα κρασί· ύστερα άκουσα το μεταλλικό και μετά το γάργαρο ήχο του φλασκιού καθώς η κούπα ξαναγέμιζε.

«Κάτι καλό θα προκύψει ωστόσο» είπε ο Χατζίμε κι η φωνή του είχε ξαναβρεί κάτι από τη συνηθισμένη ευθυμία της. «Το παιδί θα κληρονομήσει ένα σπάνιο συνδυασμό από ταλέντα».

«Αυτό ακριβώς πιστεύει κι ο δάσκαλος Κικούτα. Μάλιστα, τούτο το παιδί θα ζήσει ανάμεσά μας από την ημέρα που θα γεννηθεί. Θα ανατραφεί σωστά, δίχως καμιά απ' τις ελλείψεις και τα ελαττώματα του Σκύλου».

«Αυτό είναι εξαιρετικό νέο» είπε ο Χατζίμε. «Να λοιπόν γιατί έδειχνες τόσο προβληματισμένος κι ανήσυχος».

«Τον περισσότερο χρόνο σκέφτομαι με ποιον τρόπο θα τον σκοτώσω» του εκμυστηρεύτηκε ο Ακίο και κατάπιε ακόμη μία μεγάλη γουλιά.

«Σου έδωσαν τέτοια εντολή;» ρώτησε ωμά ο Χατζίμε.

«Όλα θα εξαρτηθούν από το τι θα συμβεί στο Χάγκι. Μπορείς να πεις ότι του έχει δοθεί μια τελευταία ευκαιρία».

«Αυτός το ξέρει; Γνωρίζει ότι περνάει μια δοκιμασία;»

«Κι αν δεν το γνωρίζει, θα το μάθει σύντομα» είπε ο Ακίο. Μετά από άλλη μια μακριά παύση είπε «Εάν οι Κικούτα γνώριζαν την ύπαρξή του, θα τον είχαν πάρει κοντά τους από τότε που ήταν παιδί και θα τον είχαν μεγαλώσει οι ίδιοι. Τώρα πια έχει καταστραφεί, πρώτα από την ανατροφή που του δόθηκε κι ύστερα από τη σχέση του με τους Οτόρι».

«Ο πατέρας του πέθανε πριν αυτός γεννηθεί. Ξέρεις ποιος τον σκότωσε;»

«Τράβηξαν κλήρο» ψιθύρισε ο Ακίο. «Κανείς δεν ξέρει ποιος στ' αλήθεια το έκανε, όμως η απόφαση πάρθηκε απ' ολόκληρη την οικογένεια. Αυτό μου το είπε ο δάσκαλος όταν ήμασταν στην Ινουγιάμα».

«Κρίμα» μουρμούρισε ο Χατζίμε. «Τόσο ταλέντο πήγε χαμένο».

«Αυτό συμβαίνει όταν αναμειγνύονται τα αίματα» είπε ο Ακίο. «Είναι αλήθεια ότι καμιά φορά γεννιούνται σπάνια ταλέντα μ' αυτόν τον τρόπο, όμως, όπως φαίνεται, τα συνοδεύει η βλακεία. Και το μόνο γιατρικό για τη βλακεία είναι ο θάνατος».

Λίγο αργότερα ήρθαν να πλαγιάσουν. Εγώ έμεινα ακίνητος, παριστάνοντας ότι κοιμόμουν, μέχρι το ξημέρωμα· το μυαλό μου επεξεργαζόταν τα νέα που είχα ακούσει. Ήμουν σίγουρος πως οτιδήποτε κι αν έκανα ή αποτύγχανα να κάνω στο Χάγκι, ο Ακίο θα έβρισκε μια αφορμή για να με σκοτώσει.

Το επόμενο πρωί, όταν αποχαιρετίσαμε το Χατζίμε, εκείνος απέφυγε να με κοιτάξει στο πρόσωπο. Η φωνή του είχε μια ψεύτικη ευθυμία· μας κοίταξε σκυθρωπός. Φαντάζομαι πως σκεφτόταν ότι δε θα με ξανάβλεπε.

Ταξιδεύαμε για τρεις ημέρες, σχεδόν χωρίς να ανταλλάσσουμε κουβέντα, ωσότου φτάσαμε στο οδόφραγμα που έδειχνε ότι από εκείνο το σημείο ξεκινούσαν τα εδάφη των Οτόρι. Δεν είχαμε κανένα πρόβλημα μ' αυτό, αφού ο Ακίο είχε μαζί του τα απαραίτητα αποδεικτικά που χρησίμευαν για τους ελέγχους. Εκείνος έπαιρνε όλες τις αποφάσεις που αφορούσαν το ταξίδι, πού θα τρώγαμε, πού θα σταματούσαμε για να διανυκτερεύσουμε, ποια διαδρομή θα ακολουθούσαμε. Εγώ τον υπάκουα παθητικά. Ήξερα ότι δε θα με σκότωνε πριν φτάσουμε στο Χάγκι· με χρειαζόταν για να μπω στο σπίτι του Σιγκέρου, να διασχίσω το δάπεδο με τ' αηδόνια. Ύστερα από λίγο άρχισα να μετανιώνω που δεν ήμασταν δυο καλοί φίλοι που ταξίδευαν παρέα. Έμοιαζε άσκοπο το ταξίδι μ' αυτόν τον τρόπο. Λαχταρούσα μια συντροφιά, κάποιον σαν το Μακότο ή τον παλιό μου φίλο από το Χάγκι, το Φούμιο, με τους οποίους θα μπορούσα να συζητάω στη διαδρομή και να μοιράζομαι τις συγκεχυμένες σκέψεις μου.

Όταν φτάσαμε στη γη των Οτόρι, εγώ ανέμενα πως η ύπαιθρος θα ήταν το ίδιο πλούσια κι εύφορη όπως την πρώτη φορά που τη διέσχισα μαζί με το Σιγκέρου. Όμως ολόγυρα υπήρχαν σημάδια από τις καταστροφές που είχαν προκαλέσει οι καταιγίδες κι από την πείνα που ακολούθησε. Πολλά χωριά έδειχναν εγκαταλελειμμένα, τα ρημαγμένα σπίτια δεν είχαν επιδιορθωθεί κι οι πεινασμένοι ζητιάνευαν στην άκρη του δρόμου. Από κάποιες κουβέντες που είχα κατορθώσει ν' ακούσω, έμαθα ότι οι άρχοντες Οτόρι απαιτούσαν τώρα το εξήντα τοις εκατό, κι όχι το σαράντα που εισέπρατταν παλαιότερα, από τη σοδειά του ρυζιού, ώστε να πληρώσουν το στρατό που ετοίμαζαν για να πολεμήσουν τον Αράι· ότι οι άντρες προτιμούσαν να σκοτώσουν τα παιδιά τους και μετά να σκοτωθούν οι ίδιοι παρά να πεθάνουν αργά από την πείνα όταν θα ερχόταν ο χειμώνας.

Εάν είχαμε ξεκινήσει το ταξίδι μας νωρίτερα, θα μπορούσαμε να κινηθούμε γρηγορότερα χρησιμοποιώντας κάποιο καΐκι· τώρα όμως οι αέρηδες του χειμώνα είχαν ήδη αρχίσει να μαστιγώνουν την ακτή κι έριχναν γκρίζα αφρώδη κύματα πάνω στις παραλίες. Οι ψαράδες είχαν δέσει τα καΐκια τους στους μόλους έτσι ώστε να είναι προφυλαγμένα ή τα είχαν σύρει βαθιά μέσα στη στεριά, όπου θα έμεναν με τις οικογένειές τους μέχρι να ερχόταν η άνοιξη. Σ' όλη τη διάρκεια του χειμώνα, οι ψαράδες με τις οικογένειές του άναβαν φωτιές για να βγάλουν αλάτι απ' το θαλασσινό νερό. Μια δυο φορές σταματήσαμε για να ζεσταθούμε και να φάμε μαζί τους· ο Ακίο τούς πλήρωνε με μερικά νομίσματα. Το φαγητό ήταν φτωχό: παστό ψάρι, σούπα από φύκια, αχινοί και μικρά όστρακα.

Κάποιος μας ικέτευσε να αγοράσουμε την κόρη του· να την πάρουμε μαζί μας στο Χάγκι κι είτε να την κρατήσουμε για τους εαυτούς μας είτε να την πουλήσουμε σε κάποιο πορνείο. Δεν ήταν μεγαλύτερη από δεκατριών χρονών, δύσκολα θα μπορούσε να χαρακτηριστεί γυναίκα. Δεν ήταν όμορφη, όμως ακόμη θυμάμαι το πρόσωπό της, τα μάτια της, που ήταν φοβισμένα κι εκλιπαρούσαν, τα δάκρυά της, την έκφραση της ανακούφισης που πήρε και την απόγνωση του πατέρα της όταν ο Ακίο αρνήθηκε ευγενικά και του γύρισε την πλάτη.

Εκείνο το βράδυ ο Ακίο παραπονιόταν για το κρύο και μετάνιωνε για την απόφαση που είχε πάρει. «Θα με κράταγε ζεστό» έλεγε και ξανάλεγε.

Τη φανταζόμουν να κοιμάται πλάι στη μητέρα της, αντιμέτωπη με το δίλημμα να διαλέξει ανάμεσα στην πείνα και στη σκλαβιά. Συλλογίστηκα την οικογένεια του Φουρόντα, εκδιωγμένη απ' το φτωχικό της σπίτι, εκείνον τον άνθρωπο που είχα σκοτώσει στο κρυφό χωράφι και το χωριό που θα ξεκληριζόταν εξαιτίας μου.

Όλ' αυτά δεν απασχολούσαν κανέναν –έτσι ήταν άλλωστε ο κόσμος–, όμως εμένα με στοίχειωναν. Κι όπως έκανα κάθε βράδυ, επανεξέταζα τις σκέψεις που είχαν γεννηθεί εντός μου κατά τη διάρκεια της ημέρας.

Η Γιούκι εγκυμονούσε το παιδί μου. Θα το μεγάλωνε η Φυλή. Κατά πάσα πιθανότητα, εγώ δε θα το αντίκριζα ποτέ.

Οι Κικούτα είχαν σκοτώσει τον πατέρα μου επειδή είχε παραβεί τους κανόνες της Φυλής. Δε θα δίσταζαν να σκοτώσουν ακόμη κι εμένα.

Δεν πήρα αποφάσεις, ούτε κι έβγαλα συμπεράσματα. Απλώς ξαγρυπνούσα ώρες ολόκληρες, κρατούσα γερά τις σκέψεις μου και τις μελετούσα, όπως ακριβώς θα έκανα και με μια χούφτα μαύρα βότσαλα.

Τα βουνά που περικύκλωναν το Χάγκι ξεπρόβαλαν μέσα από τη θάλασσα· έπρεπε να διασχίσουμε την ενδοχώρα και ν' ανεβούμε την απότομη πλαγιά προτού φτάσουμε στο τελευταίο πέρασμα κι αρχίσουμε την κατάβαση προς την πόλη.

Η καρδιά μου ήταν γεμάτη συγκίνηση, παρ' όλο που δεν είπα τίποτα και δεν άφησα τίποτα να φανεί. Η πόλη ήταν χτισμένη στην καρδιά ενός κόλπου, περικυκλωμένη από δίδυμα ποτάμια και τη θάλασσα. Ήταν αργά το απόγευμα, την ημέρα του χειμερινού ηλιοστασίου· ο χλωμός ήλιος πάσχιζε να φανεί μέσα από τα γκρίζα σύννεφα. Τα δέντρα ήταν γυμνά, τα πεσμένα φύλλα τους είχαν στρώσει πυκνό χαλί στο χώμα. Οι τελευταίοι ορυζώνες καίγονταν κι ο καπνός είχε σκεπάσει τα ποτάμια στο ύψος της πέτρινης γέφυρας.

Είχαν αρχίσει ήδη οι προετοιμασίες για τη Γιορτή του Νέου Έτους: καθαγιασμένα σκοινιά, καμωμένα από άχυρο, ήταν κρεμασμένα παντού, σκουρόχρωμα πεύκα είχαν τοποθετηθεί στα κατώφλια των σπιτιών, οι βωμοί ήταν κατάμεστοι από επισκέπτες. Το ποτάμι είχε φουσκώσει απ' την παλίρροια, που τώρα ετοιμαζόταν να μετατραπεί σε άμπωτη. Το άκουσα να μου λέει το σκληρό τραγούδι του και κάτω από τον ήχο του ασταμάτητου νερού μού φάνηκε πως άκουσα τη φωνή του χτίστη που είχε κλειστεί μέσα στο ίδιο του το δημιούργημα και τώρα πια συνομιλούσε αδιάκοπα με το ποτάμι. Ένας ερωδιός απογειώθηκε από την ξέρα και πέταξε προς τη μεριά μας.

Όταν διασχίσαμε τη γέφυρα, διάβασα και πάλι την επιγραφή που μου είχε διαβάσει κάποτε ο Σιγκέρου: *Η φατρία των Οτόρι καλωσορίζει τους δίκαιους και τους πιστούς. Ας ανησυχούν οι άδικοι κι οι άπιστοι.*

Οι άδικοι κι οι άπιστοι. Εγώ ήμουν κι απ' τα δύο. Άπιστος προς το Σιγκέρου, που μου είχε εμπιστευτεί τη γη του, κι άδικος όσο η Φυλή· άδικος και άσπλαχνος.

Περπατούσα στους δρόμους με το κεφάλι σκυφτό και το βλέμμα χαμηλωμένο, με αλλαγμένα τα χαρακτηριστικά μου, όπως μου είχε μάθει ο Κέντζι. Δεν περίμενα να με αναγνωρίσει κανείς. Είχα μεγαλώσει κάπως, ενώ τους τελευταίους μήνες είχα αδυνατίσει και ήμουν πιο γυμνασμένος. Τα μαλλιά μου ήταν κοντοκουρεμένα, τα ρούχα μου έμοιαζαν με τεχνίτη. Η στάση του κορμιού μου, ο τρόπος που μιλούσα, που βάδιζα, όλα είχαν αλλάξει από την εποχή που διέσχιζα αυτούς τους δρόμους ως ο νεαρός άρχοντας της φατρίας των Οτόρι.

Κατευθυνθήκαμε προς ένα ζυθοποιείο στην άκρη της πόλης. Είχα περάσει απ' έξω δεκάδες φορές στο παρελθόν δίχως να γνωρίζω το παραμικρό για την πραγματική του ταυτότητα. *Όμως*, σκέφτηκα, *ο Σιγκέρου θα ήξερε σίγουρα*. Αυτή η ιδέα με έκανε να ευχαριστηθώ, ότι δηλαδή παρακολουθούσε και κατέγραφε όλες τις δραστηριότητες της Φυλής, ότι εκείνος γνώριζε πράγματα που αγνοούσαν, ότι γνώριζε την ύπαρξή μου.

Στο εσωτερικό επικρατούσε αναστάτωση από τις προετοιμασίες του χειμώνα. Τεράστιες ποσότητες από ξύλα συγκεντρώνονταν για να ζεστάνουν τα καζάνια κι η ατμόσφαιρα ήταν αποπνικτική από τη μυρωδιά του βραστού ρυζιού. Εκεί συναντήσαμε ένα μικρόσωμο, αναστατωμένο άντρα, που έμοιαζε με τον Κέντζι. Ήταν μέλος της οικογένειας των Μούτο· Γιουζούρου ήταν το όνομά του. Δεν περίμενε επισκέψεις τόσο νωρίς· η παρουσία μου εκεί αλλά κι όσα πληροφορήθηκε σχετικά με την αποστολή μου τον έκαναν να εκνευριστεί. Μας οδήγησε βιαστικά σ' ένα κλειστό δωμάτιο.

«Οι καιροί είναι άσχημοι» είπε. «Είναι σίγουρο ότι οι Οτόρι ετοιμάζονται να επιτεθούν στον Αράι την άνοιξη. Για την ώρα, η μοναδική μας προστασία είναι ο χειμώνας».

«Έχεις μάθει για την εκστρατεία που ετοιμάζει ο Αράι εναντίον της Φυλής;»

«Όλοι μιλάνε γι' αυτό» αποκρίθηκε ο Γιουζούρου. «Μας είπαν ότι πρέπει να υποστηρίξουμε τους Οτόρι με κάθε δυνατό τρόπο γι' αυτόν ακριβώς το λόγο». Μου έριξε ένα βλέμμα και είπε περιφρονητικά «Τα πράγματα ήταν πολύ καλύτερα με τον Ιίντα. Κι είναι πολύ μεγάλο σφάλμα που τον κουβάλησες αυτόν εδώ. Εάν τον αναγνωρίσει κάποιος...».

«Θα φύγουμε αύριο» αποκρίθηκε ο Ακίο. «Πρέπει απλώς να πάρει κάτι απ' το παλιό του σπίτι».

«Από το σπίτι του άρχοντα Σιγκέρου; Αυτό είναι τρέλα. Θα τον πιάσουν».

«Δεν το νομίζω. Είναι πολύ ικανός». Μου φάνηκε ότι διέκρινα ειρωνεία στο επαινετικό του σχόλιο· ήταν ακόμη μια ένδειξη ότι ήθελε να με σκοτώσει.

Ο Γιουζούρου κρέμασε προς τα έξω το κάτω χείλος του. «Ακόμη κι ο πίθηκος μπορεί να γλιστρήσει από το δέντρο. Τι μπορεί να 'ναι τόσο σημαντικό;»

«Πιστεύουμε ότι ο Οτόρι κρατούσε λεπτομερή στοιχεία για τις δραστηριότητες της Φυλής».

«Ο Σιγκέρου; Ο Γεωργός; Αδύνατον!»

Το βλέμμα του Ακίο σκλήρυνε. «Γιατί το λες αυτό;»

«Όλοι το ξέρουν... να, ο Σιγκέρου ήταν καλός άνθρωπος. Όλοι τον αγαπούσαν. Ο θάνατός του ήταν μια φριχτή τραγωδία. Όμως πέθανε επειδή ήταν...» Ο Γιουζούρου ανοιγόκλεισε τα μάτια και με κοίταξε απολογητικά. «Ήταν τόσο εύπιστος. Σχεδόν αθώος. Δεν υπήρξε ποτέ δολοπλόκος και συνωμότης. Δεν ήξερε τίποτα για τη Φυλή».

«Έχουμε λόγους να πιστεύουμε το ακριβώς αντίθετο» είπε ο Ακίο. «Πριν το ξημέρωμα, θα ξέρουμε ποιος απ' τους δυο μας έχει δίκιο».

«Θα πάτε εκεί απόψε;»

«Πρέπει να επιστρέψουμε στο Ματσούε πριν αρχίσουν τα χιόνια».

«Και φέτος θα ξεκινήσουν από νωρίς. Πιθανόν πριν το τέλος της χρονιάς». Ο Γιουζούρου έδειχνε σχεδόν ανακουφισμένος που συζητούσε για κάτι τόσο απλό και συνηθισμένο όπως ο καιρός. «Όλα τα σημάδια δείχνουν ότι θα έχουμε μακρύ και σκληρό χειμώνα. Κι αν η άνοιξη θα φέρει πόλεμο, μακάρι να μην έρθει ποτέ».

Είχε αρχίσει να κάνει πολύ κρύο μέσα σ' εκείνο το μικρό, σκοτεινό δωμάτιο· ήταν το τρίτο κατά σειρά δωμάτιο στο οποίο με είχαν κρύψει. Ο ίδιος ο Γιουζούρου μάς έφερε φαγητό και τσάι, που είχαν κιόλας κρυώσει όταν τα δοκιμάσαμε· και κρασί. Ο Ακίο ήπιε το κρασί, εγώ όμως όχι, επειδή ένιωθα ότι έπρεπε να διατηρήσω τις αισθήσεις μου σε καλή κατάσταση. Μείναμε καθισμένοι κι αμίλητοι μέχρι που νύχτωσε.

Το ζυθοποιείο άρχισε σιγά σιγά να ησυχάζει, ωστόσο η μυρωδιά δεν εξαφανίστηκε. Άκουγα τους ήχους της πόλης: ο καθένας μού ήταν τόσο γνώριμος, που μπορούσα να εντοπίσω ακριβώς το συγκεκριμένο δρόμο, το συγκεκριμένο σπίτι απ' όπου προερχόταν. Αυτή η αίσθηση της οικειότητας με ηρέμησε και μετρίασε κάπως την κατάθλιψη που ένιωθα. Η καμπάνα του Νταϊσουάν, που ήταν ο πιο κοντινός ναός, ήχησε καλώντας τους πιστούς για τη βραδινή προσευχή. Έφερα στη σκέψη μου την εικόνα του ανεμοδαρμένου κτιρίου, τη σκουροπράσινη σκοτεινιά στο μικρό αλσύλλιο, τους πέτρινους φανοστάτες δίπλα από τους τάφους όπου ήταν θαμμένοι οι αρχηγοί των Οτόρι κι οι ακόλουθοί τους. Δεν είχα κοιμηθεί ακόμη, όταν άρχισα να βλέπω ένα όραμα· περπατούσα ανάμεσα στους τάφους.

Με πλησίασε ξανά ο Σιγκέρου, βγαίνοντας από ένα άσπρο σύννεφο· έσταζε νερό και αίμα, τα ματιά του ήταν κατάμαυρα. Το νόημα ήταν ξεκάθαρο. Ξύπνησα αναριγώντας από το κρύο.

Ο Ακίο μού είπε «Πιες λίγο κρασί, θα σε βοηθήσει να διατηρήσεις την ψυχραιμία σου».

Έγνεψα αρνητικά· σηκώθηκα κι άρχισα να ξεμουδιάζω κάνοντας τις ασκήσεις που στη Φυλή χρησιμοποιούσαν για το ζέσταμα. Ύστερα άρχισα να διαλογίζομαι, προσπαθώντας να παραμείνω ζεστός. Επικεντρώθηκα στην αποστολή μου και συγκέντρωσα τις δυνάμεις μου. Τώρα πια ήμουν έτοιμος να κάνω συνειδητά κι από επιλογή αυτό που κάποτε είχα κάνει από ένστικτο.

Από το Νταϊσουάν αντήχησε η καμπάνα. Μεσάνυχτα.

Άκουσα το Γιουζούρου να πλησιάζει κι η πόρτα άνοιξε. Μας έγνεψε και μέσω του σπιτιού μάς οδήγησε ως την εξώπορτα. Εκεί ξύπνησε τους φρουρούς δημιουργώντας αντιπερισπασμό κι εμείς σκαρφαλώσαμε στον τοίχο. Κάποιος σκύλος γάβγισε για λίγο, σώπασε όμως μ' ένα χτύπημα.

Το σκοτάδι ήταν πυκνό, η ατμόσφαιρα παγωμένη, ο άνεμος λυσσομανούσε από τη θάλασσα. Μια τέτοια άγρια νύχτα κανείς δεν κυκλοφορούσε στο δρόμο. Πλησιάσαμε αθόρυβα στην ακροποταμιά και κινηθήκαμε νοτιοανατολικά, προς το σημείο όπου ενώνονταν τα δυο ποτάμια. Τα δίχτυα των ψαράδων, απ' όπου πολλές φορές είχα περάσει απέναντι, τώρα τα είχε ξεβράσει η παλίρροια. Ακριβώς από πάνω βρισκόταν το σπίτι του Σιγκέρου. Στην όχθη έστεκαν προσδεμένες μερικές βάρκες και καΐκια. Τις χρησιμοποιούσαμε για να πάμε στα κτήματά του, που βρίσκονταν απέναντι, στους ορυζώνες και στα χωράφια, όπου προσπαθούσε να με διδάξει σχετικά με τη γεωργία και την άρδευση, τις σοδειές και τα ζιζάνια. Τέτοιες βάρκες είχαν μεταφέρει την ξυλεία για να φτιαχτεί το δωμάτιο του τσαγιού και το δάπεδο των αηδονιών, γέρνοντας βαρυφορτωμένες με τις φρεσκοκομμένες σανίδες που ανέδιναν εκείνη τη γλυκιά μυρωδιά από τα δάση που απλώνονταν πέρα από τα χωράφια. Όμως εκείνο το βράδυ ήταν τόσο σκοτεινό, που δεν μπορούσες να διακρίνεις καν τις βουνοπλαγιές όπου φύτρωναν εκείνα τα δέντρα.

Κουρνιάσαμε στην άκρη του στενού δρόμου και παρατηρήσαμε το σπίτι. Δε φαινόταν να υπήρχαν αναμμένα φώτα, μονάχα η αμυδρή λάμψη απ' το μαγκάλι που έκαιγε στο φυλάκιο της εισόδου. Άκουσα άντρες και σκυλιά να βαριανασαίνουν στον ύπνο τους. Και τότε σκέφτηκα: δε θα κοιμόντουσαν κατ' αυτόν τον τρόπο εάν ζούσε ο Σιγκέρου. Είχα θυμώσει για λογαριασμό του, καθόλου για μένα τον ίδιο.

Ο Ακίο ψιθύρισε «Ξέρεις τι πρέπει να κάνεις;».

Εγώ έγνεψα.

«Πήγαινε τότε».

Δεν κάναμε καμιά άλλη προετοιμασία. Με έδιωξε σαν να ήμουν γεράκι ή κυνηγόσκυλο. Ήξερα αρκετά καλά ποιο ήταν το δικό του σχέδιο: αφού θα επέστρεφα με τις σημειώσεις, θα μου τις έπαιρνε κι ύστερα θα έλεγε ότι για κακή μου τύχη με σκότωσαν οι φρουροί κι ότι είχαν πετάξει το σώμα μου στο ποτάμι.

Διέσχισα το δρόμο, έγινα αόρατος, πήδησα τον τοίχο και προσγειώθηκα στον κήπο. Αμέσως άρχισα να νιώθω πως αντηχούσε μέσα μου το σιγανό τραγούδι του σπιτιού: ο άνεμος που αναστέναζε στα δέντρα, το ρυάκι που ψιθύριζε παραπονεμένα, ο παφλασμός του καταρράκτη, η ορμή του ποταμού καθώς είχε αρχίσει να έρχεται η παλίρροια. Με κυρίευσε η θλίψη. Τι γύρευα εδώ; Γιατί είχα επιστρέψει μέσα στη νύχτα σαν τον κλέφτη; Σχεδόν δίχως να το συνειδητοποιήσω, άφησα το πρόσωπό μου να ξαναπάρει την όψη που είχα ως Οτόρι.

Το δάπεδο με τ' αηδόνια εκτεινόταν γύρω από ολόκληρο το σπίτι, όμως δε με φόβιζε. Ακόμη και μέσα στο σκοτάδι μπορούσα να το διασχίσω δίχως να τ' αφήσω να κελαηδήσει. Από την άλλη άκρη του σπιτιού ανέβηκα στον τοίχο και σκαρφάλωσα μέχρι το παράθυρο του δωματίου που βρισκόταν στον επάνω όροφο – ήταν ακριβώς η ίδια διαδρομή που πριν ένα χρόνο είχε ακολουθήσει ο Σιντάρο, ο εκτελεστής της Φυλής. Από εκεί ψηλά στάθηκα για να αφουγκραστώ. Το δωμάτιο φαινόταν άδειο.

Τα παραθυρόφυλλα ήταν κλειστά, για να μην μπαίνει μέσα ο παγερός αέρας της νύχτας. Δεν ήταν όμως μανταλωμένα, οπότε δε δυσκολεύτηκα να τα ανοίξω τόσο ώστε να γλιστρήσω ανάμεσά τους και να τρυπώσω μέσα.

Το εσωτερικό του δωματίου δεν ήταν ούτε πιο ζεστό ούτε και πιο φωτεινό απ' ό,τι έξω. Το δωμάτιο μύριζε σαν να είχε παραμείνει κλειστό για μεγάλο διάστημα, λες και κανείς δεν έμενε εκεί μέσα παρά μόνο φαντάσματα.

Άκουσα ολόκληρο το σπίτι να βαριανασαίνει κι αμέσως αναγνώρισα τον κάθε έναν από τον ήχο που έκανε καθώς κοιμόταν. Όμως δεν μπορούσα να διακρίνω αυτόν που έψαχνα: τον Ιτσίρο. Κατέβηκα τη στενή σκάλα με προσοχή, γνωρίζοντας κάθε τρίξιμο που έβγαζε όπως ακριβώς ήξερα τα ίδια μου τα χέρια. Μόλις βρέθηκα στο ισόγειο, συνειδητοποίησα ότι το σπίτι δεν ήταν θεοσκότεινο, όπως μου είχε φανεί από το δρόμο. Στο απομονωμένο δωμάτιο, εκείνο που πάντοτε προτιμούσε ο Ιτσίρο, έκαιγε μια λάμπα. Το πλησίασα αθόρυβα. Το χώρισμα, που ήταν καμωμένο από ριζόχαρτο, ήταν κλειστό, όμως στην επιφάνειά του διαγραφόταν η σκιά του ηλικιωμένου άντρα. Άνοιξα την πόρτα.

Σήκωσε το κεφάλι και με κοίταξε δίχως να εκπλαγεί. Χαμογέλασε θλιμμένα κι έκανε ένα ελαφρύ νεύμα με το χέρι του. «Τι μπορώ να κάνω για σένα; Ξέρεις ότι θα έκανα τα πάντα για να σου χαρίσω τη γαλήνη, όμως είμαι πια γέρος. Περισσότερο χρησιμοποίησα την πένα παρά το σπαθί στη ζωή μου».

«Δάσκαλε» ψιθύρισα. «Εγώ είμαι, ο Τακέο». Μπήκα στο δωμάτιο, έκλεισα την πόρτα ξοπίσω μου και γονάτισα μπροστά του.

Ανατρίχιασε, σαν να κοιμόταν τόση ώρα και είχε μόλις ξυπνήσει ή σαν να βρισκόταν στον κόσμο των νεκρών κι είχε μόλις επιστρέψει στον κόσμο των ζωντανών. Μ' έπιασε από τους ώμους και με κατέβασε προς το μέρος του, κάτω από το φως της λάμπας. «Ο Τακέο; Είσαι στ' αλήθεια εσύ;» Χάιδεψε το κεφάλι μου με τα δυο του χέρια, σαν να φοβόταν πως ήμουν κάποιο όραμα ή κάποιο φάντασμα· δάκρυα άρχισαν να κυλάνε στα μάγουλά του. Ύστερα με αγκάλιασε κι ακούμπησε το κεφάλι μου στον ώμο του, σαν να ήμουν ο γιος που είχε χάσει πριν από πολλά χρόνια. Ένιωθα το αδύνατο στήθος του να βαριανασαίνει.

Έκανε λιγάκι πίσω και αντίκρισε το πρόσωπό μου. «Νόμιζα πως ήσουν ο Σιγκέρου. Με επισκέπτεται συχνά τις νύχτες. Στέκεται εδώ, στο κατώφλι. Ξέρω τι αποζητάει, όμως εγώ τι να κάνω;» Σκούπισε τα δάκρυά του με το μανίκι. «Μεγάλωσες και τώρα πια του μοιάζεις. Αυτό είναι ένα μυστήριο. Πού βρισκόσουν όλον αυτόν τον καιρό; Στην αρχή πιστέψαμε ότι είχαν σκοτώσει κι εσένα, όμως κάθε τόσο κάποιος έρχεται στο σπίτι και σε ψάχνει, οπότε συμπεράναμε ότι ήσουν ακόμη ζωντανός».

«Με είχε κρύψει η Φυλή» είπα κι αναρωτήθηκα πόσα να ήξερε άραγε για την καταγωγή μου. «Αρχικά στη Γιαμαγκάτα και τους τελευταίους μήνες στο Ματσούε. Έκανα μια συμφωνία μαζί τους. Με είχαν απαγάγει στην Ινουγιάμα, όμως με άφησαν ελεύθερο για να μπω στο κάστρο και να λυτρώσω τον άρχοντα Σιγκέρου από το μαρτύριό του. Σε αντάλλαγμα, συμφώνησα να μπω στην υπηρεσία τους. Ίσως να μη γνωρίζεις ότι με ενώνουν μαζί τους δεσμοί αίματος».

«Το είχα συμπεράνει» είπε ο Ιτσίρο. «Για ποιον άλλο λόγο θα εμφανιζόταν εδώ ο Μούτο Κέντζι;» Έπιασε το χέρι μου και το έσφιξε με συγκίνηση. «Όλοι γνωρίζουν πώς έσωσες το Σιγκέρου και πώς σκότωσες τον Ιίντα για εκδίκηση. Δεν πειράζει να το παραδεχτώ, πάντοτε πίστευα ότι έκανε τεράστιο σφάλμα που σε υιοθέτησε· όμως εσύ κατάφερες να διαψεύσεις όλους τους φόβους και τις ανησυχίες μου κι εκείνο το βράδυ ξεπλήρωσες όλες τις οφειλές απέναντί του».

«Όχι ακριβώς όλες. Οι άρχοντες των Οτόρι ήταν αυτοί που τον πρόδωσαν στον Ιίντα, και παραμένουν ακόμη ατιμώρητοι».

«Γι' αυτό ξαναγύρισες; Έτσι θα αναπαυτεί το πνεύμα του».

«Όχι, μ' έστειλε η Φυλή. Πιστεύουν ότι ο άρχοντας Σιγκέρου κρατούσε στο αρχείο του σημειώσεις που τους αφορούν και τώρα θέλουν να τις αποκτήσουν».

Ο Ιτσίρο χαμογέλασε στραβά. «Κρατούσε σημειώσεις στο αρχείο του για πολλά θέματα. Κάθε βράδυ τις μελετάω. Οι άρχοντες των Οτόρι ισχυρίζονται ότι η υιοθεσία σου δεν ήταν νόμιμη κι ότι, εν πάση περιπτώσει, είσαι τώρα πια νεκρός, συνεπώς ο Σιγκέρου δεν έχει κληρονόμους, οπότε τα κτήματά του πρέπει να επιστραφούν στο κάστρο. Ψάχνω για επιπλέον αποδείξεις, που να σε βοηθήσουν να κρατήσεις όσα σου ανήκουν». Η φωνή του δυνάμωσε κι ακούστηκε αγωνιώδης. «Πρέπει να γυρίσεις πίσω, Τακέο. Η μισή φατρία θα πάρει το μέρος σου εξαιτίας όσων έκανες στην Ινουγιάμα. Πολλοί υποψιάζονται ότι οι θείοι του Σιγκέρου σχεδίασαν το θάνατό του κι έχουν εξοργιστεί απ' αυτό. Γύρισε πίσω και ολοκλήρωσε την εκδίκησή σου!»

Η παρουσία του Σιγκέρου υπήρχε ολόγυρά μας. Περίμενα ότι από στιγμή σε στιγμή θα έμπαινε στο δωμάτιο με το δυναμικό βάδισμα, το ανοιχτόκαρδο χαμόγελό του και τα σκουρόχρωμα μάτια του, που έδειχναν συνάμα ειλικρινή αλλά και γεμάτα μυστικά.

«Αισθάνομαι ότι αυτό πρέπει να κάνω» είπα αργά. «Δε θα βρω ηρεμία και γαλήνη εάν δεν το κάνω. Όμως σίγουρα οι άνθρωποι της Φυλής θα προσπαθήσουν να με σκοτώσουν αν τους εγκαταλείψω – όχι απλώς θα προσπαθήσουν, αλλά δε θα ησυχάσουν αν δεν το καταφέρουν».

Ο Ιτσίρο πήρε μια βαθιά ανάσα. «Δεν πιστεύω ότι σε έχω παρεξηγήσει» είπε. «Εάν το έχω πράξει, τότε ήρθες εδώ με σκοπό να με σκοτώσεις ούτως ή άλλως. Είμαι γέρος, έτοιμος να φύγω. Όμως θα ήθελα να δω το έργο του Σιγκέρου να ολοκληρώνεται. Είναι αλήθεια ότι κρατούσε σημειώσεις σχετικά με τη Φυλή. Πίστευε ότι κανείς δε θα κατόρθωνε να φέρει την ειρήνη στη Μέση Χώρα όσο η Φυλή παρέμενε ισχυρή, οπότε αφοσιώθηκε στο να ανακαλύψει όσα περισσότερα μπορούσε και να τα καταγράψει όλα. Φρόντισε να μη μάθει κανείς τι περιείχαν τα αρχεία του, ούτε καν εγώ. Ήταν εξαιρετικά μυστικοπαθής, περισσότερο απ' όσο μπορούσε να καταλάβει ο οποιοσδήποτε. Έπρεπε να είναι: για δέκα χρόνια ο Ιίντα και οι θείοι του προσπαθούσαν να τον βγάλουν από τη μέση».

«Μπορείς να μου δώσεις αυτές τις σημειώσεις;»

«Δε θα τις παραδώσω στα χέρια της Φυλής» είπε εκείνος. Η λάμπα τρεμόπαιξε κι έκανε το πρόσωπό του να πάρει ένα πανούργο ύφος, που δεν είχα ξαναδεί ποτέ άλλοτε. «Πρέπει να βάλω κι άλλο λάδι, ειδάλλως θα καθόμαστε στα σκοτεινά. Πάω να ξυπνήσω την Τσίγιο».

«Όχι καλύτερα» είπα εγώ, αν και θα ήθελα πάρα πολύ να έβλεπα ξανά εκείνη την ηλικιωμένη γυναίκα που φρόντιζε το σπίτι και μου φερόταν σαν να ήμουν γιος της. «Δεν μπορώ να μείνω».

«Ήρθες μόνος;»

Κούνησα το κεφάλι. «Ο Κικούτα Ακίο με περιμένει απ' έξω».

«Είναι επικίνδυνος;»

«Είναι σχεδόν σίγουρο πως θα προσπαθήσει να με σκοτώσει. Ειδικά αν επιστρέψω με άδεια χέρια». Αναρωτήθηκα τι ώρα να ήταν, τι να έκανε ο Ακίο. Το χειμωνιάτικο τραγούδι του σπιτιού με είχε περιβάλει. Δεν ήθελα να φύγω από εκεί. Οι επιλογές μου είχαν αρχίσει να λιγοστεύουν. Ο Ιτσίρο δε θα παρέδιδε ποτέ τις σημειώσεις στη Φυλή. Εγώ δε θα μπορούσα ποτέ να τον σκοτώσω για να τις πάρω. Έβγαλα το μαχαίρι από το ζωνάρι μου και το ζύγιασα στο χέρι μου. «Πρέπει να σκοτωθώ αυτή τη στιγμή».

«Ναι, αυτή θα ήταν μια λύση» είπε ο Ιτσίρο και ρουθούνισε. «Όχι όμως ιδιαίτερα ικανοποιητική. Σ' αυτή την περίπτωση, θα έχω δυο ανήσυχα φαντάσματα που θα με επισκέπτονται τα βράδια. Κι οι δολοφόνοι του Σιγκέρου θα παραμείνουν ατιμώρητοι».

Η λάμπα μούσκεψε κι άρχισε να σβήνει. «Θα φέρω κι άλλο λάδι» μουρμούρισε. Τον άκουσα να τριγυρίζει μέσα στο σπίτι και συλλογίστηκα το Σιγκέρου. Πόσες νύχτες άραγε είχε καθίσει μέχρι αργά μέσα σ' εκείνο το δωμάτιο; Κουτιά γεμάτα με χαρτιά τυλιγμένα σε κυλίνδρους υπήρχαν ολόγυρά μου. Καθώς τα κοιτούσα βαριεστημένα, έξαφνα θυμήθηκα –με απόλυτη διαύγεια πνεύματος– εκείνο το ξύλινο σεντούκι που είχα κουβαλήσει στη βουνοπλαγιά και που ήταν δώρο προς τον ηγούμενο, την ημέρα που είχαμε επισκεφτεί το ναό για να δούμε τις ζωγραφιές του Σέσσου. Μου φάνηκε πως αντίκρισα το Σιγκέρου να μου χαμογελάει.

Όταν ο Ιτσίρο επέστρεψε κι άναψε ξανά τη λάμπα, μου είπε «Όπως και να 'χει, οι σημειώσεις δε βρίσκονται εδώ».

«Το ξέρω» απάντησα. «Βρίσκονται στην Τεραγιάμα».

Ο Ιτσίρο μειδίασε. «Εάν θέλεις τη συμβουλή μου, παρά το γεγονός ότι ποτέ στο παρελθόν δεν της έδωσες μεγάλη σημασία, πήγαινε εκεί. Πήγαινε τώρα, απόψε. Εγώ θα σου δώσω χρήματα για το ταξίδι. Θα σε κρύψουν μέχρι να περάσει ο χειμώνας. Κι εκεί θα μπορέσεις να σχεδιάσεις την εκδίκησή σου ενάντια στους άρχοντες των Οτόρι. Αυτό θέλει ο Σιγκέρου».

«Αυτό θέλω κι εγώ. Όμως έχω κάνει μια συμφωνία με το δάσκαλο Κικούτα. Έχω δώσει το λόγο μου να παραμείνω με τη Φυλή».

«Νομίζω ότι πρώτα ορκίστηκες πίστη και αφοσίωση στους Οτόρι» είπε ο Ιτσίρο. «Ο Σιγκέρου δεν ήταν που σου έσωσε τη ζωή πριν ακόμη η Φυλή πληροφορηθεί την ύπαρξή σου;»

Έγνεψα καταφατικά.

«Κι εσύ δεν είπες ότι ο Ακίο θα σε σκοτώσει; Η Φυλή έχει ήδη διαρρήξει τη σχέση πίστης μαζί σου. Δεν μπορείς να του ξεφύγεις; Πού βρίσκεται;»

«Τον άφησα να περιμένει έξω, στο δρόμο. Αυτή τη στιγμή μπορεί να βρίσκεται οπουδήποτε».

«Πάντως, εσύ είσαι σε θέση να τον αφουγκραστείς πριν σε καταλάβει, έτσι δεν είναι; Κι εκείνα τα τεχνάσματα που συνήθιζες να κάνεις σε μένα; Βρισκόσουν πάντοτε κάπου αλλού ενώ εγώ νόμιζα ότι μελετούσες».

«Δάσκαλε» άρχισα να λέω. Είχα αρχίσει να απολογούμαι, όμως εκείνος μου έγνεψε να σταματήσω. «Σου συγχωρώ τα πάντα. Δεν ήταν η δική μου διδασκαλία που σ' έκανε ικανό να πάρεις το Σιγκέρου από την Ινουγιάμα».

Βγήκε ξανά από το δωμάτιο κι επέστρεψε κρατώντας μια κλωστή όπου ήταν περασμένα μερικά νομίσματα και μερικές ρυζόπιτες τυλιγμένες σε φύκι. Δεν κουβαλούσα μαζί μου δισάκι, ούτε κάποιο κουτί για να τα κρύψω μέσα· όπως και να 'χε, χρειαζόμουν και τα δυο μου χέρια ελεύθερα. Έκρυψα τα χρήματα στο μισοφόρι κάτω από τα ρούχα μου κι έβαλα τις ρυζόπιτες στο ζωνάρι μου.

«Ξέρεις πώς να πας εκεί;» είπε φλυαρώντας, όπως το συνήθιζε άλλωστε και στο παρελθόν κάθε φορά που μιλούσε για την επίσκεψη σε κάποιο ναό ή οπουδήποτε αλλού.

«Νομίζω πως ναι».

«Θα σου ετοιμάσω ένα γράμμα, για να σ' αφήσουν να περάσεις τα οδοφράγματα. Θα είσαι ένας υπηρέτης αυτού του σπιτιού –μ' αυτό μοιάζεις άλλωστε– που έχει αναλάβει τις προετοιμασίες για την επίσκεψή μου στο ναό την ερχόμενη χρονιά. Θα συναντηθούμε στην Τεραγιάμα μόλις λιώσουν τα χιόνια. Να με περιμένεις εκεί. Ο Σιγκέρου ήταν σύμμαχος με τον Αράι. Δεν ξέρω πώς είναι τα πράγματα ανάμεσά σας τώρα πια, ωστόσο πρέπει να ζητήσεις απ' τον Αράι να σε προστατεύσει. Θα σου είναι ευγνώμων για οποιαδήποτε πληροφορία που θα μπορούσε να χρησιμοποιήσει ενάντια στη Φυλή».

Πήρε το πινέλο κι άρχισε να γράφει γρήγορα. «Θυμάσαι ακόμα πώς να γράφεις;» με ρώτησε δίχως να σηκώσει το βλέμμα του.

«Όχι με μεγάλη δεξιοτεχνία».

«Θα έχεις όλο το χειμώνα μπροστά σου για να εξασκηθείς». Σφράγισε το γράμμα και σηκώθηκε. «Στ' αλήθεια, τι απέγινε ο Τζάτο;»

«Περιήλθε στην κατοχή μου. Τον φυλάνε στην Τεραγιάμα για λογαριασμό μου».

«Είναι καιρός πια να πας να τον πάρεις». Χαμογέλασε ξανά και είπε χασκογελώντας «Η Τσίγιο θα με σκοτώσει που δεν την ξύπνησα».

Έκρυψα το γράμμα μέσα στα ρούχα μου κι αγκαλιαστήκαμε.

«Κάποια παράξενη μοίρα σε συνδέει με τούτο το σπίτι» μου είπε. «Πιστεύω πως είναι ένας δεσμός απ' τον οποίο δεν μπορείς να ξεφύγεις». Η φωνή του λύγισε και κατάλαβα πως ήταν έτοιμος να κλάψει και πάλι.

«Το ξέρω» ψιθύρισα. «Θα κάνω όλα όσα με συμβούλεψες». Ήξερα ότι δεν μπορούσα να εγκαταλείψω τούτο το σπίτι και τούτη την κληρονομιά. Μου ανήκαν. Θα τα διεκδικούσα. Όλα όσα μού είχε πει ο Ιτσίρο ήταν πέρα για πέρα σωστά κι αληθινά. Έπρεπε να ξεφύγω από τη Φυλή. Τα αρχεία του Σιγκέρου θα με προστάτευαν απ' αυτούς και θα μου έδιναν τη δύναμη να διαπραγματευτώ με τον Αράι. Εάν κατόρθωνα να φτάσω στην Τεραγιάμα...

ΚΕΦΑΛΑΙΟ ΕΒΔΟΜΟ

ΕΦΥΓΑ ΑΠΟ ΤΟ ΣΠΙΤΙ ΜΕ ΤΟΝ ΙΔΙΟ ΤΡΟΠΟ που είχα μπει· βγήκα έξω από το παράθυρο του επάνω ορόφου, κατέβηκα τον τοίχο και διέσχισα το δάπεδο με τα αηδόνια. Γλίστρησε κάτω από τα πόδια μου, ενώ εγώ υποσχέθηκα ότι την επόμενη φορά που θα το περπατούσα θα το έκανα να κελαηδήσει. Δε σκαρφάλωσα στον τοίχο του περίβολου για να βγω στο δρόμο. Αντίθετα, διέσχισα τρέχοντας αθόρυβα τον κήπο, έγινα αόρατος και, σκαρφαλώνοντας σαν αράχνη επάνω στους βράχους, ανέβηκα στο άνοιγμα απ' όπου το ρυάκι έπεφτε μέσα στο ποτάμι. Πήδησα δίπλα στην κοντινότερη βάρκα, την έλυσα, πήρα το κουπί που βρισκόταν παρατημένο στην πρύμνη και την έσπρωξα μέσα στο ποτάμι.

Η βάρκα έτριξε ελαφρά από το βάρος μου και τότε το ρεύμα του ποταμού την αγκάλιασε ακόμη πιο σφιχτά. Προς μεγάλη μου απογοήτευση, ο ουρανός είχε πια καθαρίσει από τα σύννεφα. Έκανε περισσότερο κρύο· η σελήνη των τριών τετάρτων φώτιζε τώρα περισσότερο την ατμόσφαιρα. Άκουσα τον ήχο βημάτων από την όχθη· έστειλα την εικόνα μου πίσω στον τοίχο ενώ εγώ κρύφτηκα μέσα στη βάρκα. Όμως ο Ακίο δε γελάστηκε από το δεύτερο εαυτό μου. Πήδησε από τον τοίχο σαν να πετούσε στον αέρα. Έγινα ξανά αόρατος, παρ' όλο που γνώριζα ότι κάτι τέτοιο μάλλον δε θα με βοηθούσε να τον αντιμετωπίσω. Πήδησα από τη βάρκα μου και πέταξα πάνω από την επιφάνεια του νερού σε μια άλλη, από εκείνες που ήταν αραγμένες στην περίφραξη του ποταμού. Παιδεύτηκα ωσότου να λύσω το σκοινί που τη συγκρατούσε κι ύστερα έσπρωξα με το κουπί. Αντίκρισα τον Ακίο να προσγειώνεται και να ισορροπεί στο ταλαντευόμενο σκάφος, ύστερα να τινάζεται και να πετάει ξανά στον αέρα· εγώ χώρισα ξανά τον εαυτό μου, άφησα τη δεύτερη εικόνα μου στη μια βάρκα και πήδησα στην άλλη. Ένιωσα τον αέρα να αναταράζεται καθώς προσπεράσαμε ο ένας τον άλλο. Έλεγξα την προσγείωσή μου κι έπεσα στην πρώτη βάρκα, πήρα το κουπί κι άρχισα να σπρώχνω γρηγορότερα από οποιαδήποτε άλλη φορά στη ζωή μου. Ο δεύτερος εαυτός μου άρχισε να χάνεται την ώρα που ο Ακίο τον είχε αρπάξει· ύστερα τον είδα να ετοιμάζεται για ένα νέο άλμα. Ο μόνος τρόπος διαφυγής πλέον ήταν να βουτήξω στο ποτάμι. Τράβηξα το μαχαίρι μου. Μόλις προσγειώθηκε, όρμησα να τον καρφώσω με το ένα χέρι. Εκείνος αντέδρασε με τη συνηθισμένη του ταχύτητα κι έσκυψε αποφεύγοντας εύκολα το μαχαίρι. Εγώ είχα προβλέψει αυτή την κίνησή του και τον χτύπησα στο κεφάλι με το κουπί. Μούδιασε για μια στιγμή κι ύστερα έπεσε κάτω, ενώ εγώ, έχοντας χάσει την ισορροπία μου από το δυνατό τράνταγμα της βάρκας, κόντεψα να βρεθώ στο νερό. Άφησα το κουπί κι όρμησα στο ξύλινο πλευρό του σκάφους. Δεν ήθελα να βρεθώ στα παγωμένα νερά, παρεκτός κι αν έπαιρνα κι εκείνον μαζί και τον έπνιγα. Γλίστρησα προς την άλλη πλευρά και τότε ο Ακίο ξαναβρήκε τις αισθήσεις του. Σηκώθηκε αμέσως επάνω και όρμησε καταπάνω μου. Πέσαμε κάτω στη βάρκα κι οι δυο μαζί. Με είχε πιάσει από το λαιμό.

Εξακολουθούσα να είμαι αόρατος· ήμουν όμως κι αβοήθητος έτσι όπως είχα βρεθεί καρφωμένος από κάτω του, σαν ψάρι πάνω στον πάγκο του μάγειρα. Η όρασή μου άρχισε να θολώνει. Ύστερα χαλάρωσε ελαφρά τη λαβή του.

«Προδότη!» είπε. «Ο Κέντζι μάς είχε προειδοποιήσει ότι στο τέλος θα επέστρεφες στους Οτόρι. Χαίρομαι πολύ που το έκανες αυτό, γιατί ήθελα να πεθάνεις από την πρώτη στιγμή που συναντηθήκαμε. Τώρα θα πληρώσεις. Για την ασέβειά σου προς τους Κικούτα, για το χέρι μου. Και για τη Γιούκι».

«Σκότωσέ με» είπα. «Όπως ακριβώς η οικογένειά σου σκότωσε τον πατέρα μου. Δε θα ξεφύγετε ποτέ από τα φαντάσματα. Θα σας καταριούνται και θα σας κυνηγάνε μέχρι τη μέρα που θα πεθάνετε. Σκοτώσατε το ίδιο σας το αίμα».

Η βάρκα μετακινήθηκε καθώς το ρεύμα την παρέσυρε. Εάν εκείνη τη στιγμή ο Ακίο είχε χρησιμοποιήσει τα χέρια του ή το μαχαίρι, εγώ δε θα ήμουν σε θέση να αφηγηθώ τούτη την ιστορία. Δεν μπόρεσε όμως να αντισταθεί στην επιθυμία του να με χλευάσει για ακόμη μια φορά. «Το παιδί σου θα γίνει δικό μου. Θα το αναθρέψω σωστά, σαν πραγματικό Κικούτα». Με ταρακούνησε με βία. «Δείξε μου το πρόσωπό σου» ούρλιαξε. «Θέλω να δω την έκφρασή σου όταν θα σου λέω πως θα τον μάθω να σε μισεί. Θέλω να σε βλέπω καθώς θα πεθαίνεις».

Πλησίασε πιο κοντά και τα μάτια του έψαχναν για το πρόσωπό μου. Η βάρκα παρασυρόταν κάτω από το φεγγαρόφωτο. Μόλις αντίκρισα τη λαμπρότητα της σελήνης, έγινα και πάλι ορατός και τον κοίταξα κατάματα. Βρήκα αυτό που έψαχνα: το μίσος και η ζήλια του για μένα είχαν σκοτεινιάσει την κρίση του και τον είχαν κάνει αδύναμο.

Για μια στιγμή το συνειδητοποίησε και προσπάθησε να τραβήξει το βλέμμα του, όμως το χτύπημα από το κουπί θα πρέπει να του είχε στερήσει τη συνηθισμένη του σβελτάδα. Ήταν πια αργά. Είχε αρχίσει να ζαλίζεται από το διεισδυτικό ύπνο των Κικούτα. Έπεσε στο πλάι, ενώ τα βλέφαρά του ανοιγόκλεισαν σπασμωδικά καθώς προσπαθούσε να αντισταθεί. Η βάρκα έγειρε απότομα. Το ίδιο του το βάρος τον έκανε να πέσει με το κεφάλι στο ποτάμι.

Η βάρκα συνέχισε να προχωράει πιο γρήγορα, παρασυρμένη από τα ορμητικά νερά. Είδα το σχήμα του σώματός του να διαγράφεται και να επιπλέει πάνω στο φεγγαρόλουστο δρόμο του ποταμού. Δε σκόπευα να γυρίσω πίσω για να τον αποτελειώσω. Ευχόμουν να πεθάνει είτε από πνιγμό είτε από το κρύο, όμως αυτό θα το αποφάσιζε η μοίρα. Σήκωσα το κουπί κι έσπρωξα τη βάρκα προς την απέναντι όχθη.

Όταν έφτασα εκεί, έτρεμα απ' το κρύο. Οι πρώτοι πετεινοί είχαν αρχίσει να λαλούν· το φεγγάρι στεκόταν τώρα πια χαμηλά στον ουρανό. Το γρασίδι στην όχθη είχε σκληρύνει από την παγωνιά· οι πέτρες και τα κλωνάρια είχαν ασπρίσει. Ξύπνησα έναν ερωδιό κι αναρωτήθηκα εάν ήταν ο ίδιος που είχε έρθει για να ψαρέψει στον κήπο του Σιγκέρου. Πέταξε ψηλά από την κορφή μιας ιτιάς με το συνηθισμένο τίναγμα των φτερών του.

Ήμουν πολύ κουρασμένος αλλά και σε μεγάλη υπερένταση για να σκεφτώ το ενδεχόμενο του ύπνου. Άλλωστε έπρεπε να συνεχίσω να κινούμαι για να κρατηθώ ζεστός. Πίεσα τον εαυτό μου να περπατήσει σε πιο γρήγορο ρυθμό κι ακολούθησα το στενό ορεινό μονοπάτι που οδηγούσε στα νοτιοανατολικά. Το φεγγάρι ήταν λαμπρό κι εγώ ήξερα καλά το δρόμο. Με το που χάραξε, εγώ είχα ήδη διασχίσει το πρώτο πέρασμα και κατηφόριζα προς ένα μικρό χωριό. Σχεδόν κανείς δεν είχε ξυπνήσει ακόμη, παρά μονάχα μια γριά που τίναζε τις στάχτες απ' το τζάκι της και που μου ζέστανε λίγη σούπα με αντάλλαγμα μερικά νομίσματα. Της παραπονέθηκα για τον ξεμωραμένο γέρο αφέντη μου που με είχε στείλει σ' ένα απίστευτο ταξίδι πάνω στα βουνά, με προορισμό έναν απομακρυσμένο ναό. Το δίχως άλλο, ο χειμώνας θα τον αποτέλειωνε κι εγώ θα έμενα αποκλεισμένος εκεί πάνω.

Εκείνη κακάρισε και είπε «Τότε, θα πρέπει να γίνεις μοναχός!».

«Όχι εγώ. Μου αρέσουν πολύ οι γυναίκες».

Αυτή η κουβέντα την έκανε να χαρεί και τότε έφερε μερικά φρεσκο-αρμυρισμένα δαμάσκηνα, τα οποία πρόσθεσε στο πρωινό μου. Μόλις αντίκρισε το κορδόνι με τα νομίσματα, θέλησε να μου προσφέρει στέγη μαζί με το φαγητό. Το φαγητό είχε φέρει ακόμη πιο κοντά μου το δαίμονα του ύπνου κι εγώ λαχταρούσα να ξαπλώσω, όμως φοβόμουν ότι θα με αναγνώριζε, και μάλιστα είχα μετανιώσει που της είχα πει τόσα πολλά. Μπορεί να είχα παρατήσει τον Ακίο στο ποτάμι, όμως ήξερα καλά πώς ξεβράζει το ποτάμι τα θύματά του, τόσο τους ζωντανούς όσο και τους νεκρούς. Δεν ένιωθα περήφανος για το γεγονός ότι είχα εγκαταλείψει τη Φυλή ενώ είχα ορκιστεί ότι θα την υπακούω· κάτω από το παγερό κρύο του πρωινού άρχισα να συνειδητοποιώ πώς θα ήταν το υπόλοιπο της ζωής μου. Είχα επιλέξει να επιστρέψω στους

Οτόρι, όμως από εκείνη τη στιγμή κι έπειτα ποτέ δε θα κατόρθωνα να ελευθερωθώ από τον τρόμο της δολοφονίας. Μια ολόκληρη μυστική οργάνωση θα κινητοποιούσε όλες τις δυνάμεις της με σκοπό να με τιμωρήσει για την απιστία μου. Για να ξεγλιστρήσω μέσω του ιστού των ανθρώπων της, έπρεπε να κινηθώ γρηγορότερα απ' ό,τι οποιοσδήποτε αγγελιοφόρος τους. Κι έπρεπε να φτάσω στην Τεραγιάμα προτού ξεκινήσουν τα χιόνια.

Ο ουρανός είχε πάρει το χρώμα του μολυβιού όταν έφτασα στο Τσουβάνο το απόγευμα της δεύτερης ημέρας. Σκεφτόμουν την πρώτη φορά που είχα συναντήσει εκεί την Καεντέ –όταν εκπαιδευόμουν στην ξιφασκία–, τότε που την είχα ερωτευτεί. Το όνομά της είχε άραγε γραφτεί τώρα πια στα κατάστιχα των νεκρών; Θα έπρεπε να ανάβω κεριά στη μνήμη της από δω κι έπειτα, κάθε χρόνο στη Γιορτή των Νεκρών, έως ότου να πεθάνω; Θα ανταμώναμε στον άλλο κόσμο ή ήμασταν καταδικασμένοι να μη συναντηθούμε ποτέ ξανά, ούτε στη ζωή ούτε στο θάνατο; Η θλίψη κι η ντροπή με κατέτρωγαν. Μου είχε πει *Μονάχα κοντά σου νιώθω ασφαλής*, κι εγώ την είχα εγκαταλείψει. Εάν η μοίρα επρόκειτο να φανεί καλή μαζί μου και την κρατούσα και πάλι στην αγκαλιά μου, δε θα την άφηνα ποτέ να ξαναφύγει. Είχα μετανιώσει πικρά για την απόφασή μου ν' ακολουθήσω τη Φυλή και τώρα ανέλυα διαρκώς τους λόγους που με είχαν οδηγήσει σ' αυτή την επιλογή μου. Πίστεψα πως είχα κάνει μια συμφωνία μαζί τους και πως η ζωή μου τους ανήκε – αυτός ήταν ο ένας λόγος. Αλλά, πέρα απ' αυτό, έφταιγε η ίδια η ματαιοδοξία μου. Θέλησα να εξερευνήσω και να καλλιεργήσω την πλευρά της προσωπικότητάς μου που προερχόταν από τον πατέρα μου, από τους Κικούτα, από τη Φυλή: τη σκοτεινή κληρονομιά που μου είχε χαρίσει τις δεξιότητες για τις οποίες ήμουν υπερήφανος. Με ανυπομονησία και προθυμία αφέθηκα να με αποπλανήσουν· μ' εκείνο το συνδυασμό της κολακείας, της κατανόησης και της σκληρότητας είχαν κατορθώσει να με χρησιμοποιήσουν αλλά και να μ' εκμεταλλευτούν. Αναρωτήθηκα πόσες ελπίδες είχα να ξεφύγω απ' αυτούς.

Οι σκέψεις στριφογύριζαν μέσα στο μυαλό μου. Παραπατούσα μέσα στην παραζάλη. Κοιμήθηκα για λίγο το καταμεσήμερο, μέσα σε μια σπηλιά στην άκρη του δρόμου, όμως ξύπνησα απ' το κρύο. Ο μόνος τρόπος για να παραμείνω ζεστός ήταν να συνεχίσω την πορεία μου. Παρέκαμψα την πόλη και, κατηφορίζοντας μέσα από κάποιο μονοπάτι, βγήκα και πάλι στο δρόμο σε κάποιο σημείο κοντά στον ποταμό. Οι πλημμύρες που είχαν προξενήσει οι θύελλες, οι οποίες μας είχαν καθυστερήσει στο Τσουβάνο, είχαν πια καταλαγιάσει· η στάθμη του νερού είχε υποχωρήσει, οι όχθες είχαν επιδιορθωθεί, αλλά η ξύλινη γέφυρα που υπήρχε εκεί ήταν ακόμη κατεστραμμένη. Πλήρωσα ένα βαρκάρη να με περάσει απέναντι. Κανείς άλλος δεν ταξίδευε τέτοια ώρα· εγώ ήμουν ο τελευταίος πελάτης του. Ένιωσα να με κοιτάζει περίεργα, αλλά δε μου μίλησε. Δε θα τον έκανα για άνθρωπο της Φυλής, αλλά, και πάλι, μ' έκανε να αισθάνομαι παράξενα. Με άφησε στην απέναντι όχθη κι εγώ συνέχισα την πορεία μου βαδίζοντας με γρήγορο ρυθμό. Όταν στη στροφή του δρόμου γύρισα να κοιτάξω ξοπίσω μου, εκείνος συνέχιζε να με παρακολουθεί. Έκανα ένα νεύμα με το κεφάλι μου, όμως εκείνος δεν ανταποκρίθηκε.

Έκανε περισσότερο κρύο από κάθε άλλη φορά, ο αέρας ήταν υγρός και παγωμένος. Είχα ήδη μετανιώσει που δεν είχα βρει κάποιο καταφύγιο για τη νύχτα. Εάν έπεφτα σε χιονοθύελλα πριν να φτάσω στην επόμενη πόλη, θα είχα ελάχιστες πιθανότητες να επιβιώσω. Η Γιαμαγκάτα βρισκόταν ακόμα αρκετές ημέρες μακριά. Θα συναντούσα ένα φυλάκιο στη συνοριακή γραμμή που χώριζε τα δύο φέουδα, αλλά, παρά την επιστολή του Ιτσίρο και τη μεταμφίεσή μου ως υπηρέτη, δεν ήθελα να περάσω τη νύχτα εκεί – θα υπήρχαν πάρα πολλοί περίεργοι άνθρωποι, πάρα πολλοί φρουροί. Δεν ήξερα τι να κάνω, οπότε συνέχισα να περπατάω.

Η νύχτα έπεσε. Ακόμη και με το εκπαιδευμένο από τη Φυλή βλέμμα μου ήταν δύσκολο να διακρίνω το δρόμο. Δύο φορές βγήκα από την πορεία μου και χρειάστηκε ν' ανιχνεύσω τα ίδια μου τα βήματα. Κάποια στιγμή σκόνταψα σε κάτι που έμοιαζε με λακκούβα ή τάφρο, που έκρυβε νερό στον πάτο, κι έβρεξα τα πόδια μου μέχρι το γόνατο. Ο αέρας φύσαγε μανιασμένα, ήχοι αλλόκοτοι ακούγονταν απ' το δάσος και μου θύμισαν τους μύθους που μιλάνε για τέρατα και ξωτικά και μ' έκαναν να σκεφτώ ότι οι νεκροί βάδιζαν ξοπίσω μου.

Μέχρις ότου ο ουρανός άρχισε να ξεθωριάζει από την πλευρά της ανατολής, εγώ είχα παγώσει μέχρι το κόκαλο κι έτρεμα ανεξέλεγκτα. Χάρηκα που αντίκριζα τη χαραυγή, αλλά αυτό δε με ανακούφισε καθόλου από εκείνο το πικρό κρύο. Αντιθέτως, μ' έκανε να συνειδητοποιήσω πόσο μόνος ήμουν. Για πρώτη φορά μού ήρθε η πονηρή ιδέα, εφόσον τα σύνορα των φέουδων φυλάσσονταν από άντρες του Αράι, να τους παραδοθώ. Θα με πήγαιναν στον Αράι, δεν υπήρχε αμφιβολία, αλλά σίγουρα πρώτα θα μου έδιναν κάτι ζεστό να πιω. Θα μ' έβαζαν να καθίσω μέσα, δίπλα στη φωτιά, και θα μου έφτιαχναν τσάι. Βασανιζόμουν σκληρά στη σκέψη εκείνου του τσαγιού. Ένιωθα τους καυτούς υδρατμούς του ν' αναδύονται μέχρι το πρόσωπό μου, το κύπελλο να μου ζεσταίνει τα χέρια μου. Ήμουν τόσο απορροφημένος από τη σκέψη αυτή, που δεν αντιλήφθηκα ότι κάποιος βάδιζε στα ίχνη μου.

Ένιωσα ξαφνικά την παρουσία κάποιου πίσω μου. Γύρισα, έκπληκτος που δεν είχα ακούσει τα βήματά του στο δρόμο, που δεν τον είχα ακούσει καν ν' αναπνέει. Ήμουν συγκλονισμένος, ακόμη και φοβισμένος, από το γεγονός ότι είχα χάσει την ακοή μου. Έμοιαζε λες κι αυτός ο ταξιδιώτης είχε πέσει απ' τον ουρανό ή βάδιζε πάνω απ' τη γη, όπως οι νεκροί. Ύστερα κατάλαβα πως ούτε το μυαλό μου είχε θολώσει απ' την εξάντληση ούτε, βέβαια, αντίκριζα κάποιο φάντασμα· ο άνθρωπος που βάδιζε ακριβώς ξοπίσω μου ήταν εκείνος ο απόκληρος, ο Χο-Αν, που νόμιζα ότι τον είχαν βασανίσει μέχρι θανάτου οι άντρες του Αράι στη Γιαμαγκάτα.

Η έκπληξή μου ήταν τόσο μεγάλη, που νόμισα ότι θα λιποθυμούσα. Το αίμα άδειασε απ' το κεφάλι μου και μ' έκανε να τρεκλίζω. Ο Χο-Αν μ' άρπαξε καθώς έπεφτα· τα χέρια του έμοιαζαν αληθινά, τα ένιωσα δυνατά και γερά, ποτισμένα από τη μυρωδιά του βυρσοδεψείου. Η γη κι ο ουρανός στριφογύριζαν γύρω μου και μαύρες σκιές θόλωναν το βλέμμα μου. Με ακούμπησε στη γη και μου πίεσε το κεφάλι ανάμεσα στα γόνατα. Κάτι παράξενο αντηχούσε στ' αυτιά μου και με ξεκούφαινε. Έμεινα σκυμμένος σ' αυτή τη στάση, με τα χέρια του να συγκρατούν το κεφάλι μου, έως ότου εκείνος ο βρυχηθμός κόπασε και το σκοτάδι υποχώρησε απ' την όρασή μου. Κοίταξα κάτω στο χώμα. Το γρασίδι είχε παγώσει· μικρά κομμάτια μαύρης πάχνης υπήρχαν ανάμεσα σε κάθε πέτρα. Ο αέρας ούρλιαζε μανιασμένα ανάμεσα στους κέδρους. Εκτός από αυτόν, ο μοναδικός ήχος που ακουγόταν ήταν το κροτάλισμα των δοντιών μου.

Ο Χο-Αν μού μίλησε. Αυτή ήταν το δίχως άλλο η φωνή του. «Συγχωρέστε με, αφέντη. Σας τρόμαξα. Δεν ήθελα να σας ανησυχήσω».

«Μου είχαν πει πως ήσουν νεκρός. Δεν ήξερα εάν είσαι κάποιο ζωντανό πλάσμα ή μήπως κάποιο φάντασμα».

«Ναι, ίσως να πέθανα για λίγο» ψιθύρισε. «Έτσι πίστεψαν οι άνθρωποι του Αράι και πέταξαν το σώμα μου στο βάλτο. Αλλά ο Απόκρυφος είχε άλλα σχέδια για μένα, κι έτσι μ' έστειλε ξανά πίσω σε τούτον τον κόσμο. Το έργο που πρέπει να επιτελέσω εδώ δεν έχει ολοκληρωθεί ακόμη».

Σήκωσα προσεκτικά το κεφάλι μου και τον κοίταξα. Είχε μια καινούρια ουλή, που πρέπει να 'χε κλείσει πρόσφατα, απ' τη μύτη ως τ' αυτί και του έλειπαν μερικά δόντια. Έπιασα τον καρπό του κι έφερα μπροστά μου το χέρι του, έτσι ώστε να μπορέσω να το δω. Δεν υπήρχαν νύχια, τα δάχτυλά του ήταν τσακισμένα και παραμορφωμένα.

«Πρέπει να σου ζητήσω συγγνώμη» του είπα, αισθανόμενος αηδία.

«Τίποτα δε μας συμβαίνει που να μην είναι προσχεδιασμένο από το Θεό» απάντησε εκείνος.

Αναρωτήθηκα γιατί τα σχέδια του κάθε θεού έπρεπε να περιλαμβάνουν βασανιστήρια, αλλά δεν το είπα αυτό στο Χο-Αν. Αντίθετα τον ρώτησα «Πώς με βρήκες;».

«Ο βαρκάρης ήρθε και μου είπε ότι είχε μεταφέρει απέναντι κάποιον που νόμιζε πως ήσαστε εσείς. Τόσον καιρό περίμενα να πληροφορηθώ τα νέα σας. Ήξερα ότι θα επιστρέφατε». Πήρε το δισάκι που είχε αφήσει στην άκρη του δρόμου κι άρχισε να το ξετυλίγει. «Άλλωστε η προφητεία πρέπει να εκπληρωθεί».

«Ποια προφητεία;» Θυμήθηκα ότι η γυναίκα του Κέντζι τον είχε αποκαλέσει τρελό.

Δεν απάντησε. Ξετύλιξε δύο μικρά κομμάτια κεχρί, είπε μια προσευχή και μου έδωσε το ένα.

«Πάντοτε μου δίνεις φαγητό» του είπα. «Δε νομίζω πως μπορώ να φάω».

«Ε τότε, πιείτε» είπε ο Χο-Αν και μου έδωσε ένα φλασκί από ακατέργαστο μπαμπού. Δεν ήμουν σίγουρος εάν ήθελα να πιω, όμως σκέφτηκα ότι θα με βοηθούσε να ζεσταθώ. Όμως τη στιγμή που το ποτό έπεσε στο στομάχι μου, με κυρίευσε ξανά η άγρια σκοτεινιά· έκανα εμετό αρκετές φορές τόσο απότομα, που μ' έπιασε σύγκρυο κι άρχισα να τρέμω δυνατά.

Ο Χο-Αν πλατάγισε τη γλώσσα του, όπως θα 'κανε σε κάποιο άλογο ή ένα βόδι. Είχε το υπομονετικό ύφος του ανθρώπου που έχει μάθει να συναναστρέφεται με ζώα, αν και, φυσικά, είχε να κάνει μ' αυτά από τη στιγμή του θανάτου τους και έπειτα, όταν έγδερνε τα πτώματά τους. Όταν μπόρεσα να μιλήσω και πάλι, του είπα μέσα απ' τα δόντια μου που κροτάλιζαν «Πρέπει να συνεχίσω το ταξίδι μου».

«Πού πηγαίνετε;» με ρώτησε.

«Στην Τεραγιάμα. Θα περάσω το χειμώνα εκεί».

«Μάλιστα» είπε κι έπεσε σε μια απ' τις συνηθισμένες σιωπές του. Προσευχόταν, ακούγοντας, μάλλον, κάποια εσωτερική φωνή που θα του έλεγε τι να κάνει. «Αυτό είναι καλό» είπε τελικά. «Θα διασχίσουμε τα βουνά. Εάν ακολουθήσετε το δρόμο, θα σας σταματήσουν στα σύνορα και, όπως και να 'χει, αυτό θα σας καθυστερήσει. Θα χιονίσει προτού προλάβετε να φτάσετε στη Γιαμαγκάτα».

«Θα διασχίσουμε τα βουνά;» Κοίταξα την κορυφογραμμή που απλωνόταν προς τα βορειοανατολικά. Ο δρόμος από το Τσουβάνο στη Γιαμαγκάτα ήταν χαραγμένος έτσι ώστε να οδηγεί περιμετρικά γύρω από τους πρόποδες των βουνών· αλλά η ίδια η Τεραγιάμα βρισκόταν ακριβώς από πίσω τους. Η οροσειρά ήταν τυλιγμένη από χαμηλά γκρίζα σύννεφα, μ' εκείνη τη θαμπή και υγρή γυαλάδα που προμήνυε χιόνι.

«Η ανάβαση θα είναι απότομη και δύσκολη» είπε ο Χο-Αν. «Πρέπει να ξεκουραστείτε για λίγο πριν ξεκινήσουμε».

Άρχισα να σκέφτομαι πως έπρεπε να σηκωθώ και να σταθώ στα πόδια μου. «Δεν έχω χρόνο. Πρέπει να φτάσω στο ναό πριν χιονίσει».

Ο Χο-Αν κοίταξε ψηλά στον ουρανό και μύρισε τον αέρα. «Απόψε θα κάνει πολύ κρύο για να χιονίσει, αλλά κάλλιστα θα μπορούσε να χιονίσει αύριο. Θα ζητήσουμε από τον Απόκρυφο να το καθυστερήσει».

Σηκώθηκε και με βοήθησε να σταθώ στα πόδια μου. «Μπορείτε να περπατήσετε τώρα; Δεν είναι μακριά από εδώ το μέρος όπου ζω. Εκεί μπορείτε να ξεκουραστείτε κι ύστερα θα σας πάω στους ανθρώπους που θα σας δείξουν το δρόμο που βγάζει πίσω από το βουνό».

΄Ενιωθα εξαντλημένος, λες και το σώμα μου είχε χάσει την ίδια του την υπόσταση, σχεδόν σαν να είχα χωριστεί στα δύο και τώρα είχα απομείνει με την εικόνα μου. ΄Ημουν ευγνώμων που η Φυλή με είχε διδάξει ν' ανακαλύπτω και να χρησιμοποιώ εκείνα τα αποθέματα δύναμης που έκρυβα μέσα μου και που οι περισσότεροι άνθρωποι αγνοούσαν ότι διέθεταν. Αργά, καθώς συγκεντρωνόμουν για να επανακτήσω ρυθμό στην αναπνοή μου, αισθάνθηκα να επιστρέφει μέσα μου η ενέργεια κι η ανθεκτικότητα. Δίχως να αμφιβάλλει καθόλου, ο Χο-Αν απέδωσε την ανάρρωσή μου στη δύναμη των προσευχών του. Με κοίταξε για μια στιγμή με τα βαθουλωμένα μάτια του, ύστερα γύρισε και μ' ένα τρεμουλιαστό χαμόγελο ξεκίνησε να περπατάει προς τα πίσω, προς τα εκεί απ' όπου είχαμε έρθει.

Προς στιγμήν δίστασα, εν μέρει επειδή σιχαινόμουν την ιδέα ότι θα έπρεπε να ακολουθήσω και πάλι τα ίδια βήματα, ότι θα πήγαινε στράφι όλη εκείνη η διαδρομή που μου είχε κοστίσει τόσο πολύ για να την καλύψω, αλλά κι επειδή δείλιαζα ν' ακολουθήσω εκείνον τον απόκληρο. Ήταν άλλο να συζητάω μαζί του τη νύχτα, μόνος μου, και κάπως διαφορετικό να βαδίζω πλάι του, να δείχνουμε πως είμαστε συνταξιδιώτες. Θύμισα στον εαυτό μου ότι δεν είχα γίνει ακόμη ένας άρχοντας των Οτόρι και πως δεν ήμουν πλέον μέλος της Φυλής, πως ο Χο-Αν μού προσέφερε βοήθεια και καταφύγιο. Εγώ όμως ανατρίχιασα καθώς τον ακολουθούσα.

Αφού περπατήσαμε για λιγότερο από μια ώρα, στρίψαμε από τον κεντρικό δρόμο σ' ένα μικρότερο μονοπάτι, παράλληλα με τις όχθες ενός στενού ποταμού, και περάσαμε μέσα από ένα δυο φτωχικά χωριά. Τα παιδιά βγήκαν έξω για να ζητιανέψουν τροφή, αλλά έκαναν πίσω μόλις αντίκρισαν τον απόκληρο. Στο δεύτερο χωριό, δύο μεγαλύτερα αγόρια φάνηκαν αρκετά τολμηρά και μας πέταξαν πέτρες. Μια απ' αυτές παρά λίγο να με χτυπήσει στην πλάτη –εγώ την αντιλήφθηκα εγκαίρως να έρχεται καταπάνω μου και παραμέρισα– και ετοιμάστηκα να γυρίσω πίσω για να τιμωρήσω το παλιόπαιδο, αλλά ο Χο-Αν με σταμάτησε.

Πολύ πριν φτάσουμε, μπορούσα να μυρίσω το βυρσοδεψείο. Ο ποταμός άνοιγε σ' εκείνο το σημείο κι έπεφτε τελικά στο μεγάλο κανάλι. Στη συμβολή τους ξεπρόβαλαν σειρές από ξύλινα πλαίσια που είχαν επάνω τους τεντωμένα δέρματα. Σε τούτο το υγρό, προφυλαγμένο μέρος μπορούσαν να είναι προστατευμένα από τον παγετό·

όμως, καθώς το ψύχος του χειμώνα θα δυνάμωνε, θα έπρεπε να μαζευτούν και να αποθηκευτούν μέχρι την άνοιξη. Μερικοί άντρες δούλευαν ήδη εκεί, όλοι τους απόκληροι φυσικά, όλοι τους ημίγυμνοι, παρά το κρύο, όλοι τους σκελετωμένοι όπως ο Χο-Αν και με την ίδια έκφραση του κυνηγημένου σκύλου στα πρόσωπά τους. Ομίχλη κρεμόταν πάνω απ' το ποτάμι, ανακατεμένη με τον καπνό που αναδυόταν απ' τις φωτιές που είχαν ανάψει με κάρβουνα. Μια πλωτή γέφυρα ένωνε τις δύο όχθες του ποταμού, καμωμένη από καλάμια και μπαμπού δεμένα με σκοινιά. Θυμήθηκα πως ο Χο-Αν μού είχε πει να έρθω στη γέφυρα των απόκληρων εάν ποτέ χρειαζόμουν βοήθεια. Τώρα κάποια μοίρα μ' είχε φέρει εδώ – εκείνος θα ισχυριζόταν πως ήταν αναμφίβολα η δύναμη του Απόκρυφου.

Πέρα από εκείνα τα πλαίσια, είχαν στηθεί μερικές μικρές ξύλινες καλύβες. Έμοιαζαν λες και θα τις σάρωνε ο δυνατός άνεμος. Καθώς ακολούθησα το Χο-Αν στο κατώφλι της πιο κοντινής απ' αυτές, οι άντρες συνέχισαν να δουλεύουν, όμως εγώ αισθάνθηκα να με κοιτάζουν. Όλοι τους με κοίταζαν μ' ένα είδος έντονης παράκλησης και ικεσίας, σαν να σήμαινα κάτι γι' αυτούς και σαν να μπορούσα να τους βοηθήσω με κάποιον τρόπο.

Προσπαθώντας να κρύψω το δισταγμό μου, πέρασα μέσα δίχως να χρειαστεί να βγάλω τα παπούτσια μου, αφού δεν υπήρχε πάτωμα, παρά μονάχα γυμνό χώμα. Μια μικρή φωτιά έκαιγε στη χόβολη. Η ατμόσφαιρα ήταν βαριά από τον καπνό κι έκανε τα μάτια μου να καίνε. Υπήρχε κάποιος άλλος εκεί μέσα, ζαρωμένος στη γωνία, κάτω από ένα σωρό από δέρματα. Σκέφτηκα πως ήταν η γυναίκα του Χο-Αν, μέχρι που πλησίασε γονατιστός κι έσκυψε το κεφάλι του μπροστά μου, μέχρι το χώμα. Ήταν ο άνθρωπος που με είχε περάσει στην άλλη άκρη του ποταμού.

«Περπάτησε σχεδόν όλη τη νύχτα μονάχα για να μου πει πως σας είχε δει» είπε ο Χο-Αν με ύφος απολογητικό. «Έπρεπε να ξεκουραστεί λίγο πριν επιστρέψει πίσω».

Γνώριζα καλά τι είδους θυσία αυτό συνεπαγόταν, όχι μόνο επειδή είχε περπατήσει μονάχος του μέσα στο σκοτάδι με τα ξωτικά, αλλά κι επειδή είχε αψηφήσει τους ληστές και τις περιπόλους, χάνοντας έτσι τις αμοιβές μιας ολόκληρης ημέρας.

«Γιατί το έκανε αυτό για μένα;»

Τότε ο βαρκάρης ανασηκώθηκε, ύψωσε το βλέμμα και με κοίταξε για λίγο. Δεν είπε τίποτα, όμως το βλέμμα που μου έριξε ήταν ίδιο με το βλέμμα των ανθρώπων που δούλευαν στο βυρσοδεψείο, ένα βλέμμα πάθους κι αδημονίας. Το είχα αντικρίσει ξανά στο παρελθόν, μήνες νωρίτερα, στα πρόσωπα των ανθρώπων τότε που επιστρέφαμε από την Τεραγιάμα στη Γιαμαγκάτα, ένα βλέμμα που έμοιαζε σαν έκκληση και ικεσία στο Σιγκέρου. Είχαν βρει στο πρόσωπο του Σιγκέρου την υπόσχεση για κάτι –για δικαιοσύνη, για συμπόνια– και τώρα αυτοί οι άνθρωποι έψαχναν σε μένα το ίδιο πράγμα. Όσα τους είχε πει για μένα ο Χο-Αν είχαν τώρα μεταμορφωθεί σε ελπίδα γι' αυτούς.

Και κάτι μέσα μου ανταποκρινόταν σ' αυτό, ακριβώς όπως είχε συμβεί και με τους χωρικούς, τους αγρότες με τις κρυμμένες καλλιέργειες. Τους αντιμετώπιζαν σαν σκυλιά, τους χτυπούσαν, τους άφηναν να λιμοκτονούν, όμως εγώ τους είχα συμπεριφερθεί ως ανθρώπους, με ανθρώπινα μυαλά κι ανθρώπινες καρδιές, δίχως να υπολείπονται σε τίποτε απ' τον κάθε πολεμιστή ή έμπορο. Είχα μεγαλώσει ανάμεσα σ' ανθρώπους σαν κι αυτούς κι είχα διδαχτεί πως ο Απόκρυφος τους θεωρούσε όλους ίσους. Ανεξάρτητα από τι τελικά θ' απογινόμουν, ανεξάρτητα από την εκπαίδευση στην οποία είχα υποβληθεί από τους Οτόρι ή τη Φυλή, παρά τον ίδιο μου το δισταγμό, μου ήταν αδύνατο να το ξεχάσω αυτό.

Ο Χο-Αν είπε «Είναι δικός σας άνθρωπος τώρα πια. Όπως είμαι εγώ, όπως είμαστε όλοι. Δεν έχετε παρά να μας καλέσετε». Χαμογέλασε, τα σπασμένα δόντια του έλαμψαν στο λιγοστό φως. Είχε ετοιμάσει τσάι και μου έδωσε μια μικρή ξύλινη κούπα. Αισθάνθηκα τον ατμό ν' αναδύεται προς το πρόσωπό μου. Το τσάι ήταν φτιαγμένο από κλωνάρια, όπως ακριβώς το πίναμε στο Μίνο.

«Γιατί θα έπρεπε να καλέσω εσάς; Αυτό που μου χρειάζεται είναι ένας στρατός ολάκερος!» Ήπια κι ένιωσα τη θερμότητα να απλώνεται μέσα μου.

«Ναι, ένας στρατός» απάντησε ο Χο-Αν. «Έχετε να συναντήσετε πολλές μάχες μπροστά σας. Η προφητεία το λέει αυτό».

«Συνεπώς, με ποιον τρόπο μπορείτε εσείς να με βοηθήσετε; Δε σας επιτρέπεται να σκοτώσετε».

«Οι πολεμιστές θα σκοτώσουν» απάντησε ο Χο-Αν. «Αλλά υπάρχουν πολλά πράγματα που δε θα κάνουν και που είναι εξίσου απαραίτητα. Πράγματα που εκείνοι θεωρούν υποτιμητικά. Να χτίσουν, να σφάξουν, να θάψουν. Θα το καταλάβετε όταν μας χρειαστείτε».

Το τσάι βοήθησε το στομάχι μου να ηρεμήσει. Ο Χο-Αν έβγαλε δύο μικρότερα κομμάτια κεχρί, αλλά εγώ δεν είχα όρεξη και πίεσα το βαρκάρη να φάει το μερίδιό μου. Ούτε κι ο Χο-Αν έφαγε, αλλά έκρυψε και πάλι το δεύτερο κομμάτι. Είδα το βλέμμα του άλλου άντρα να μένει καρφωμένο πάνω σ' αυτό και, προτού να φύγει, του έδωσα μερικά νομίσματα. Δε θέλησε να τα πάρει, όμως εγώ τα έχωσα μέσα στο χέρι του.

Ο Χο-Αν μουρμούρισε προς το μέρος του την ευλογία της αναχώρησης κι ύστερα παραμέρισε τα δέρματα, έτσι ώστε να πάρω εγώ τη θέση του από κάτω. Η ζεστασιά του τσαγιού με είχε τονώσει. Τα δέρματα βρομούσαν, αλλά με προφύλαξαν από το κρύο και κάλυπταν το θόρυβο. Σκέφτηκα για λίγο ότι όλοι εκείνοι οι πεινασμένοι άνθρωποι θα με πρόδιδαν για ένα πιάτο σούπα, όμως τώρα δεν είχα άλλη επιλογή. ΄Επρεπε να εμπιστευτώ το Χο-Αν. Άφησα το σκοτάδι να με τυλίξει και να με παρασύρει στον ύπνο.

Με ξύπνησε μερικές ώρες αργότερα. ΄Ηταν αργά το μεσημέρι. Μου έδωσε τσάι, που μόλις και μετά βίας ήταν κάτι περισσότερο από βραστό νερό, και ζήτησε συγγνώμη που δεν είχε κάτι φαγώσιμο για να μου προσφέρει.

«Πρέπει να φύγουμε τώρα» είπε «εάν θέλουμε να φτάσουμε στους καρβουνιάρηδες πριν πέσει το σκοτάδι».

«Στους καρβουνιάρηδες;» Συνήθως ξυπνούσα εύκολα, όμως εκείνη την ημέρα ήμουν ζαλισμένος από τον ύπνο.

«Βρίσκονται ακόμα στο βουνό. ΄Εχουν μονοπάτια που διασχίζουν το δάσος και που θα σας οδηγήσουν πέρα απ' τα σύνορα. Αλλά κι εκείνοι θα φύγουν με το πρώτο χιόνι». Σταμάτησε για μια στιγμή κι ύστερα συμπλήρωσε «Πρέπει να δούμε κάποιον στο δρόμο μας».

«Ποιον;»

«Δε θα καθυστερήσουμε πολύ». Μου χάρισε ένα από τα αχνά χαμόγελά του. Βγήκαμε έξω κι εγώ γονάτισα στην ακροποταμιά και κατάβρεξα με νερό το πρόσωπό μου. ΄Ηταν παγωμένο. ΄Οπως είχε προβλέψει ο Χο-Αν, η θερμοκρασία είχε πέσει κι η ατμόσφαιρα ήταν ξηρή. ΄Εκανε πάρα πολύ κρύο κι είχε ελάχιστη υγρασία στην ατμόσφαιρα για να χιονίσει.

Τίναξα τα βρεγμένα χέρια μου ενώ εκείνος μιλούσε με τους άντρες. Τα μάτια τους στράφηκαν προς το μέρος μου. Καθώς φεύγαμε, εκείνοι σταμάτησαν τη δουλειά και γονάτισαν με σκυμμένο το κεφάλι καθώς πέρασα από μπροστά τους.

«Ξέρουν ποιος είμαι;» ρώτησα σιγανά το Χο-Αν. Γι' άλλη μια φορά, φοβόμουν την προδοσία εκείνων των ανθρώπων που είχαν τόσα λίγα.

«Ξέρουν ότι είστε ο Οτόρι Τακέο» απάντησε. «Ο Άγγελος της Γιαμαγκάτα, που θα φέρει τη δικαιοσύνη και την ειρήνη. Αυτό λέει η προφητεία».

«Ποια προφητεία;» ρώτησα και πάλι.

Εκείνος μου είπε «Θα την ακούσετε ο ίδιος».

Με είχε κυριεύσει η ανησυχία. Τι έκανα κι εμπιστεύτηκα τη ζωή μου σε αυτόν τον τρελό; Πίστευα ότι κάθε επιπλέον λεπτό που θα σπαταλούσα στο τέλος θα με εμπόδιζε να φτάσω στην Τεραγιάμα πριν προλάβει να με πιάσει είτε το χιόνι είτε η Φυλή. Όμως τώρα πια είχα συνειδητοποιήσει πως η μόνη μου ελπίδα ήταν να περάσω πάνω απ' το βουνό. Έπρεπε λοιπόν ν' ακολουθήσω το Χο-Αν.

Διασχίσαμε ένα μικρότερο ποτάμι λίγο πιο πάνω, πιασμένοι από το δίχτυ που παγίδευε τα ψάρια. Προσπεράσαμε μερικούς ανθρώπους, ένα δυο ψαράδες και κάτι κορίτσια που πήγαιναν φαγητό στους άντρες που έκαιγαν ρυζοκάλαμα κι έσπερναν κοπριά στα άδεια χωράφια. Τα κορίτσια προτίμησαν να σκαρφαλώσουν στην ακροποταμιά παρά ν' ακολουθήσουν τη δική μας διαδρομή· ο ένας απ' τους ψαράδες έφτυσε προς τη μεριά μας. Ο άλλος έβρισε το Χο-Αν επειδή ταράξαμε τα νερά. Κράτησα το κεφάλι χαμηλά και το πρόσωπο στραμμένο αλλού, αλλά εκείνοι δε μου έδωσαν προσοχή. Στην πραγματικότητα, απέφυγαν να μας κοιτάξουν κατά πρόσωπο, λες κι εκείνη η οπτική επαφή, ακόμη, θα τους μόλυνε και θα τους έφερνε την κακή τύχη.

Ο Χο-Αν φάνηκε να μη δίνει καμία σημασία σ' αυτή την εχθρότητα, κλείστηκε στον εαυτό του λες κι είχε τυλιχτεί μ' ένα σκούρο μανδύα, όταν όμως τους είχαμε προσπεράσει είπε «Δε μας επέτρεπαν να χρησιμοποιήσουμε τη δική τους γέφυρα για να περάσουμε απέναντι τα δέρματα. Έτσι λοιπόν, χρειάστηκε να μάθουμε πώς να φτιάξουμε τη δική μας. Τώρα η δική τους γέφυρα έχει καταστραφεί, όμως αυτοί αρνούνται να χρησιμοποιήσουν τη δική μας». Κούνησε το κεφάλι και ψιθύρισε «Μακάρι να γνώριζαν τον Απόκρυφο».

Στην αντίπερα όχθη περπατήσαμε κατά μήκος του ποταμού για ακόμη ενάμισι δύο χιλιόμετρα κι ύστερα στρίψαμε προς τα βορειοανατολικά, οπότε και ξεκινήσαμε την ανάβαση στο βουνό. Οι σφένδαμοι κι οι βελανιδιές με τα γυμνωμένα κλαδιά έδωσαν τη θέση τους στα πεύκα και στους κέδρους. Όσο περπατούσαμε μέσα στο δάσος, το μονοπάτι γινόταν όλο και πιο σκοτεινό, ολοένα και πιο απότομο κι απόκρημνο, έως ότου αρχίσαμε να σκαρφαλώνουμε πάνω σε βράχους και σε πέτρες, προχωρώντας τόσο στα τέσσερα όσο κι όρθιοι. Ο ύπνος με είχε αναζωογονήσει και τώρα μπορούσα να νιώσω τις δυνάμεις μου να επιστρέφουν. Ο Χο-Αν βάδιζε ακούραστος, σχεδόν δίχως να λαχανιάσει. Μου ήταν δύσκολο να υπολογίσω την ηλικία του. Η φτώχεια και οι κακουχίες τον είχαν απομυζήσει, κι έτσι έμοιαζε γέρος, αλλά θα μπορούσε να μην είναι και μεγαλύτερος από τριάντα χρονών. Είχε κάτι το απόκοσμο επάνω του, σαν να είχε πράγματι γυρίσει απ' τους νεκρούς.

Αναρριχηθήκαμε τελικά πέρα από ένα λόφο και σταθήκαμε σε ένα μικρό πλάτωμα. Ένας τεράστιος βράχος το διέσχιζε σε όλο του το μήκος, πεσμένος από τον ακόμη μεγαλύτερο βράχο που κρεμόταν ακριβώς από πάνω του. Από κάτω μας μπορούσα να διακρίνω την αντανάκλαση του ποταμού, σχεδόν μέχρι το Τσουβάνο. Καπνός κι ομίχλη ταξίδευαν πάνω απ' την κοιλάδα. Τα σύννεφα είχαν κατέβει χαμηλά κι έκρυβαν την οροσειρά που βρισκόταν απέναντι. Η ανάβαση μας είχε ζεστάνει, μας είχε κάνει ακόμη και να ιδρώσουμε, όταν όμως σταματήσαμε, τα χνότα μας άσπριζαν μέσα στον καθαρό αέρα. Μερικά όψιμα μούρα γυάλιζαν ακόμα κατακόκκινα πάνω στους γυμνούς θάμνους, κατά τα άλλα δεν υπήρχε καθόλου χρώμα οπουδήποτε αλλού. Ακόμη και τα αειθαλή δέντρα είχαν γίνει σχεδόν κατάμαυρα. Άκουγα το νερό να κυλάει αργά και πάνω από το βράχο δυο κοράκια που καλούσαν το ένα τ' άλλο. Όταν τελικά σώπασαν, άκουσα κάποιον ν' ανασαίνει.

Ο ήχος αυτός ερχόταν, αργός και ρυθμικός, από τον ίδιο το βράχο. Επιβράδυνα την αναπνοή μου, άγγιξα το μπράτσο του Χο-Αν και του έγνεψα με το κεφάλι προς εκείνη τη μεριά.

Μου χαμογέλασε και είπε χαμηλόφωνα «Μην ανησυχείτε. Αυτόν έχουμε έρθει να δούμε».

Τα κοράκια έκρωξαν και πάλι, με φωνές άγριες και δυσοίωνες. Άρχισα να τρέμω. Το κρύο με πολιορκούσε και με τύλιγε. Οι φόβοι της προηγούμενης νύχτας απειλούσαν να ξαναβγούν στην επιφάνεια. Ήθελα να συνεχίσω το ταξίδι μου. Δεν ήθελα να συναντήσω αυτόν που κρυβόταν πίσω απ' το βράχο, που ανέπνεε τόσο αργά ώστε δύσκολα θα μπορούσε να είναι άνθρωπος με σάρκα και οστά.

«Ελάτε» είπε ο Χο-Αν κι εγώ τον ακολούθησα γύρω από την άκρη του βράχου, κρατώντας το βλέμμα μου μακριά απ' τον γκρεμό που βρισκόταν από κάτω μας. Πίσω μας, μια σπηλιά έχασκε ορθάνοιχτη στο πλευρό του βουνού. Έσταζε νερό από την οροφή. Με το πέρασμα των αιώνων είχε σχηματίσει σταλαγμίτες και σταλακτίτες κι είχε ανοίξει στο δάπεδο ένα κανάλι που οδηγούσε σε μια μικρή βαθιά λιμνούλα, στο μέγεθος δεξαμενής και στο λευκό χρώμα του ασβεστόλιθου. Το ίδιο το νερό ήταν κατάμαυρο.

Η οροφή της σπηλιάς είχε κλίση που ακολουθούσε το σχήμα του βουνού και στην επάνω, την πιο στεγνή πλευρά της, καθόταν μια φιγούρα που θα νόμιζα πως ήταν άγαλμα εάν δεν την είχα ακούσει νωρίτερα ν' ανασαίνει. Ήταν γκριζόλευκη, όπως ο ασβεστόλιθος, σαν να είχε μείνει εκεί τόσον καιρό που είχε αρχίσει κι αυτή να ασβεστοποιείται. Ήταν δύσκολο να καταλάβω εάν ήταν αρσενικό ή θηλυκό: πίστεψα πως ήταν ένας από εκείνους τους υπέργηρους, ένας ερημίτης, ένας μοναχός ή μια καλόγρια, που είχε υπερβεί το ίδιο του το φύλο και το γένος κι είχε γεράσει κατ' αυτόν τον τρόπο τόσο κοντά στο άλλο κόσμο, που είχε καταντήσει σχεδόν καθαρό πνεύμα. Τα μαλλιά του έπεφταν σαν κάτασπρο σάλι, το πρόσωπο και τα χέρια ήταν γκριζωπά, σαν ένα παλιό έγγραφο.

Η μορφή εκείνη καθόταν στο δάπεδο της σπηλιάς και διαλογιζόταν δίχως να δείχνει σημάδι ενόχλησης. Μπροστά της έστεκε ένα είδος πέτρινου βωμού, φορτωμένου με μαραμένα λουλούδια –που έμοιαζαν με τα τελευταία κρίνα του φθινοπώρου–, καθώς κι άλλα πρόσφορα: δυο άγρια πορτοκάλια με ζαρωμένο φλοιό, ένα μικρό κομμάτι ύφασμα και μερικά νομίσματα μικρής αξίας. Έμοιαζε με οποιονδήποτε άλλο βωμό αφιερωμένο στο θεό του βουνού, εκτός απ' το γεγονός ότι ήταν χαραγμένο στην πέτρα το σημάδι που χρησιμοποιούσαν οι Αφανείς, εκείνο που η αρχόντισσα Μαρουγιάμα είχε σχεδιάσει στο χέρι μου όταν είχαμε βρεθεί στην Τσιγκάβα πριν πολύ καιρό.

Ο Χο-Αν άνοιξε το δισάκι του κι έβγαλε έξω το τελευταίο κομμάτι κέχρινο ψωμί. Γονάτισε και το ακούμπησε προσεκτικά πάνω στο βωμό κι ύστερα άγγιξε με το κεφάλι του το έδαφος. Η μορφή άνοιξε τα μάτια και μας κοίταξε, κοίταξε αλλά δεν είδε. Τα μάτια της ήταν σκοτεινιασμένα· ήταν τυφλή. Μια έκφραση του προσώπου της μ' έκανε να πέσω στα γόνατα και να υποκλιθώ μπροστά της – ήταν η έκφραση της απεριόριστης τρυφερότητας και της συμπόνιας, συνδυασμένη με την απόλυτη γνώση. Δεν είχα καμία αμφιβολία πως βρισκόμουν μπροστά σε μια ιερή ύπαρξη.

«Τομάσου» μου είπε, και τότε κατάλαβα πως η φωνή έμοιαζε περισσότερο με γυναίκας παρά με άντρα. Είχε περάσει πολύς καιρός από την τελευταία φορά που κάποιος με είχε αποκαλέσει με τ' όνομα που μου είχε δώσει η μητέρα όταν με βούτηξαν στο νερό· οι τρίχες στο σβέρκο μου ανασηκώθηκαν και δεν άρχισα να τρέμω μονάχα από το κρύο.

«Σηκωθείτε» είπε. «Έχω λόγια να πω που πρέπει να ακούσεις. Είσαι ο Τομάσου από το Μίνο, αλλά έχεις γίνει και Οτόρι και Κικούτα. Τρία αίματα αναμειγνύονται μέσα σου. Γεννήθηκες Αφανής, όμως η ζωή σου αποκαλύφθηκε και τώρα πλέον δε σου ανήκει. Η γη θα δώσει αυτό που επιθυμεί ο ουρανός».

Ύστερα σώπασε. Τα λεπτά κυλούσαν. Το κρύο διαπερνούσε τα κόκαλά μου. Αναρωτήθηκα εάν θα έλεγε κάτι άλλο. Αρχικά είχα εντυπωσιαστεί που ήξερε ποιος ήμουν, κατόπιν όμως σκέφτηκα ότι ο Χο-Αν θα πρέπει να της είχε μιλήσει για μένα. Εάν αυτή ήταν η προφητεία, ήταν τόσο σκοτεινή κι ασαφής, που δε σήμαινε τίποτε για μένα.

Εάν παρέμενα γονατισμένος εκεί για περισσότερη ώρα, σκέφτηκα, θα πάγωνα μέχρι θανάτου, όμως με συγκράτησε η δύναμη των ματιών εκείνης της τυφλής γυναίκας.

Αφουγκράστηκα τις ανάσες και των τριών μας, τους ήχους του βουνού, τα κοράκια, που έκρωζαν ακόμα με τις σκληρές φωνές τους, τους κέδρους, που τους αναστάτωνε ο βορειοανατολικός άνεμος, τον ήχο του νερού που έσταζε, το μουγκρητό του ίδιου του βουνού καθώς έπεφτε η θερμοκρασία κι οι βράχοι συστέλλονταν.

«Τα εδάφη σου θα εκτείνονται από τη μια θάλασσα ως την άλλη» είπε τελικά. «Όμως η ειρήνη θα κερδηθεί με αιματοχυσία. Πέντε μάχες θα σου χαρίσουν την ειρήνη, τέσσερις θα κερδηθούν και μια θα χαθεί. Πολλοί πρόκειται να πεθάνουν, εσύ ο ίδιος όμως είσαι προφυλαγμένος απ' το θάνατο, όχι όμως και απ' τα χέρια του ίδιου του γιου σου».

Ακολούθησε ακόμη μια μακριά σιωπή. Κάθε δευτερόλεπτο που περνούσε, το φως λιγόστευε κι ο αέρας πάγωνε. Το βλέμμα μου περιπλανήθηκε ολόγυρα μέσα στη σπηλιά. Στην πλευρά της αγίας έστεκε ένα περιστρεφόμενο προσευχητάρι, στηριγμένο σε μια μικρή ξύλινη βάση, που στις άκρες της είχε σκαλισμένα φύλλα λωτού. Είχα μπερδευτεί. Ήξερα ότι πολλοί απ' τους ορεινούς βωμούς ήταν τόποι απαγορευμένοι για τις γυναίκες και σε κανέναν απ' όσους είχα επισκεφτεί δεν είχα δει μια τέτοια ανάμειξη συμβόλων, λες και ο Απόκρυφος, ο Πεφωτισμένος και τα πνεύματα του βουνού συγκατοικούσαν σ' εκείνο το μέρος.

Μίλησε σαν να είχε διαβάσει τις σκέψεις μου· η φωνή της έκρυβε ένα είδος γέλιου ανάμεικτο με κατάπληξη. «Όλα είναι ένα. Φύλαξέ το καλά μέσα στην καρδιά σου αυτό. Όλα είναι ένα».

Άγγιξε το προσευχητάρι και το περιέστρεψε. Ο ρυθμός του έμοιασε σαν να τρύπωνε στις φλέβες μου κι ενώθηκε με το αίμα μου. Άρχισε να ψέλνει σιγανά κάποια λόγια που δεν είχα ακούσει ποτέ ξανά και που δεν καταλάβαινα. Αιωρήθηκαν πάνω και γύρω από μας κι ύστερα εξατμίστηκαν στον αέρα. Όταν ακούστηκαν και πάλι, είχαν μεταμορφωθεί στην αποχαιρετιστήρια ευλογία των Αφανών. Μας έδωσε μια κούπα και ζήτησε να πιούμε απ' τη λιμνούλα προτού φύγουμε.

Ένα λεπτό στρώμα πάγου είχε ήδη σχηματιστεί στην επιφάνεια και το νερό ήταν τόσο κρύο, που πόνεσαν τα δόντια μου. Ο Χο-Αν δε σπατάλησε χρόνο και με οδήγησε γρήγορα έξω, κοιτάζοντας με αγωνία προς την κατεύθυνση του Βορρά. Πριν κατηφορίσουμε το λόφο, κοίταξα για τελευταία φορά την αγία. Έστεκε ακίνητη· από εκείνη την απόσταση φάνταζε σαν να 'ταν κομμάτι του βράχου. Δεν μπορούσα να πιστέψω ότι θα έμενε εκεί έξω μόνη όλη τη νύχτα.

«Πώς επιβιώνει;» ρώτησα το Χο-Αν. «Θα πεθάνει από το κρύο».

Εκείνος συνοφρυώθηκε. «Ο Θεός τη συντηρεί. Δεν τη νοιάζει εάν πεθάνει».

«Ώστε είναι σαν κι εσένα, λοιπόν».

«Είναι ιερό πρόσωπο. Κάποια στιγμή πίστεψα πως ήταν άγγελος, όμως είναι ένας απλός άνθρωπος που έχει μεταμορφωθεί από τη δύναμη του Θεού».

Δε θέλησε να μιλήσει περισσότερο. Έδειξε να αντιλαμβάνεται τη βιασύνη μου. Κατεβήκαμε με γρήγορο ρυθμό έως ότου φτάσαμε σε μια μικρή συστάδα βράχων που είχαν κατολισθήσει και την περάσαμε σκαρφαλώνοντας. Από την άλλη πλευρά υπήρχε ένα στενό μονοπάτι, που είχε δημιουργηθεί από ανθρώπους που διέσχιζαν ολομόναχοι το σκοτεινό δάσος. Μόλις βρεθήκαμε στο μονοπάτι, αρχίσαμε και πάλι την αναρρίχηση.

Τα πεσμένα φύλλα κι οι πευκοβελόνες κάλυπταν τον ήχο των βημάτων μας. Μέσα από τα δέντρα σχεδόν ξεχώριζε η νύχτα. Ο Χο-Αν συνέχιζε να προχωράει ακόμη πιο γρήγορα. Αυτός ο ρυθμός με βοήθησε να ζεσταθώ κάπως, όμως οι πατούσες κι οι γάμπες μου είχαν αρχίσει να γίνονται σκέτη πέτρα, λες και το ασβεστούχο νερό που είχα πιει με είχε ασβεστοποιήσει. Η καρδιά μου είχε παγώσει κι αυτή απ' τα μπερδεμένα λόγια της γριάς κι όλα όσα υπονοούσαν για το μέλλον μου. Δεν είχα πολεμήσει ποτέ σε μάχη: στ' αλήθεια έπρεπε να δώσω πέντε ολόκληρες μάχες; Εάν η αιματοχυσία ήταν το τίμημα της ειρήνης, πέντε μάχες θα ήταν πράγματι ένα βαρύ κόστος. Κι η ιδέα ότι ο ίδιος ο γιος μου, που δεν είχε γεννηθεί ακόμα, θα ήταν αυτός που θα με σκότωνε με γέμισε με αβάσταχτη θλίψη.

Πλησίασα το Χο-Αν και τον έπιασα απ' το χέρι. «Τι σημαίνει αυτό;»

«Σημαίνει αυτό που λέει» μου απάντησε, επιβραδύνοντας λίγο για ν' ανασάνει.

«Είχε πει νωρίτερα τα ίδια ακριβώς λόγια και σε σένα;»

«Τα ίδια ακριβώς».

«Πότε συνέβη αυτό;»

«Αφότου πέθανα και ξαναγύρισα στη ζωή. Θέλησα να ζήσω όπως εκείνη, σαν ένας ερημίτης στο βουνό. Σκέφτηκα να γίνω υπηρέτης της, μαθητής της. Αλλά εκείνη μου είπε ότι το έργο μου στον κόσμο δεν είχε ακόμα ολοκληρωθεί κι ύστερα είπε αυτά τα λόγια για σας».

«Της είχες πει ποιος ήμουν, για την προηγούμενη ζωή μου κι όλα τ' άλλα;»

«Όχι» είπε υπομονετικά. «Δεν υπήρξε ανάγκη να το κάνω, γιατί τα ήξερε ήδη όλα. Μου είπε ότι πρέπει να σας υπηρετήσω επειδή μονάχα εσείς θα φέρετε την ειρήνη».

«Την ειρήνη;» επανέλαβα. Αυτό εννοούσε όταν μίλαγε για την επιθυμία του ουρανού; Δεν ήμουν ακόμα βέβαιος για το τι ακριβώς εννοούσε μ' αυτά τα λόγια. Η ιδέα της ειρήνης έμοιαζε σαν μια από τις ονειροφαντασίες των Αφανών, σαν τις ιστορίες για εκείνο το βασίλειο που μου ψιθύριζε η μητέρα μου τη νύχτα. Θα ήταν ποτέ δυνατό να σταματήσουν οι φατρίες τον πόλεμο; Ολόκληρη η τάξη των πολεμιστών πολεμούσε: γι' αυτό είχαν ανατραφεί και εκπαιδευτεί, γι' αυτό ζούσαν. Εκτός από τις παραδόσεις και την προσωπική αίσθηση τιμής, υπήρχε η σταθερή ανάγκη στις χώρες να διατηρούν στρατούς ώστε να αποκτήσουν περισσότερα εδάφη, υπήρχαν οι στρατιωτικοί κανόνες και η εναλλαγή των συμμαχιών, υπήρχε η επηρμένη φιλοδοξία διαφόρων πολέμαρχων, όπως ο Ιίντα Σανταμού, και τώρα, όπως ήταν πολύ πιθανό, του Αράι Ντάιτσι. «Ειρήνη μέσω του πολέμου;»

«Υπάρχει άλλος τρόπος;» αποκρίθηκε ο Χο-Αν. «Θα δοθούν μάχες».

Τέσσερις θα κερδηθούν, μία θα χαθεί.

«Γι' αυτό προετοιμαζόμαστε τώρα. Θα παρατηρήσατε τους άντρες στο βυρσοδεψείο, είδατε τα μάτια τους. Από τότε που πήγατε στο κάστρο της Γιαμαγκάτα και δώσατε τέλος στα μαρτύρια των βασανισμένων Αφανών, είστε ένας ήρωας γι' αυτούς τους ανθρώπους. Κι άλλωστε οι τιμές που αποδώσατε στον άρχοντα Σιγκέρου στην Ινουγιάμα..., ακόμη και χωρίς την προφητεία θα ήταν έτοιμοι να πολεμήσουν για σας. Τώρα ξέρουν ότι ο Θεός είναι μαζί σας».

«Ζει σ' ένα βωμό πάνω στο βουνό και χρησιμοποιεί ένα περιστρεφόμενο προσευχητάρι» είπα «ωστόσο μας έδωσε την ευλογία της με τον τρόπο που το κάνουν οι δικοί σου άνθρωποι».

«*Οι δικοί μας* άνθρωποι» με διόρθωσε.

Κούνησα το κεφάλι μου. «Τώρα πια δεν ακολουθώ αυτή τη διδασκαλία. Έχω σκοτώσει πολλές φορές. Στ' αλήθεια πιστεύεις ότι εκφέρει το λόγο του Θεού σας;»

Σύμφωνα με τη διδασκαλία των Αφανών, ο Απόκρυφος είναι ο μόνος αληθινός και τα πνεύματα στα οποία πιστεύουν οι υπόλοιποι άνθρωποι είναι απλώς αυταπάτες.

«Δεν ξέρω γιατί ο Θεός μού λέει να υπακούω σ' εκείνη» παραδέχτηκε. «Όμως το κάνει, κι αυτό κάνω κι εγώ απ' τη μεριά μου».

Είναι τρελός, σκέφτηκα, *τα βασανιστήρια και ο φόβος τού έχουν σαλέψει το μυαλό.* «Είπε πως "Όλα είναι ένα". Αλλά εσύ δεν το πιστεύεις αυτό, έτσι δεν είναι;»

Μου ψιθύρισε «Πιστεύω σε όλες τις διδασκαλίες του Απόκρυφου. Τις ακολουθώ από τότε που ήμουν παιδί. Ξέρω πως είναι αληθινές. Αλλά πιστεύω πως υπάρχει κάτι, ένας τόπος πέρα από τις διδασκαλίες, πέρα από τις λέξεις, ένας τόπος που μπορεί και να 'ναι αληθινός. Εκεί όπου όλες οι πεποιθήσεις πηγάζουν από την ίδια πηγή. Ο αδερφός μου ήταν ιερέας· θα έλεγε ότι αυτό είναι αίρεση. Εγώ δεν έχω φτάσει ακόμη σ' εκείνον τον τόπο, αλλά αυτή εκεί κατοικεί».

Ήμουν σιωπηλός, σκεφτόμουν ότι τα λόγια του είχαν απόλυτη εφαρμογή στην περίπτωσή μου. Ένιωθα τα τρία στοιχεία που συναπάρτιζαν τη φύση μου κουλουριασμένα μέσα μου όπως τρία ξεχωριστά φίδια, καθένα θανάσιμο για τ' άλλα δύο εάν του δινόταν η ευκαιρία να επιτεθεί. Δε θα μπορούσα ποτέ να ζήσω τη μια ζωή δίχως ν' απαρνηθώ τα δύο τρίτα του εαυτού μου. Ο μόνος τρόπος ήταν να προχωρήσω μπροστά, να ξεπεράσω τους διαχωρισμούς και να βρω έναν τρόπο να τα ενώσω μεταξύ τους.

«Κι εσείς το ίδιο» πρόσθεσε ο Χο-Αν, διαβάζοντας τις σκέψεις μου·

«Αυτό θα ήθελα να πιστεύω» είπα στο τέλος. «Ωστόσο, ενώ για εκείνη είναι ο τόπος της πιο βαθιάς πνευματικότητας, εγώ είμαι πιο πρακτικός. Για μένα, αυτό μόλις που έχει κάποιο νόημα».

«Γι' αυτό λοιπόν είστε εκείνος που θα φέρει την ειρήνη».

Δε θέλησα να πιστέψω αυτή την προφητεία. Ήταν πολύ περισσότερα αλλά και συνάμα πολύ λιγότερα απ' όσα θέλησα στη ζωή μου. Όμως τα λόγια της γριάς είχαν αγγίξει τη βαθύτερη ύπαρξή μου και δεν μπορούσα να τους ξεφύγω.

«Οι άνθρωποι στο βυρσοδεψείο, οι άνθρωποί σου, δεν πρόκειται να πολεμήσουν, έτσι δεν είναι;»

«Μερικοί θα το κάνουν» είπε ο Χο-Αν.

«Ξέρουν πώς;»

«Μπορούν να μάθουν. Κι υπάρχουν πολλά άλλα πράγματα που μπορούν να κάνουν, να χτίσουν, να μεταφέρουν, να σας οδηγήσουν σε μυστικά μονοπάτια».

«Όπως αυτό εδώ;»

«Ναι, οι καρβουνιάρηδες το έφτιαξαν αυτό. Κρύβουν τις εισόδους με σωρούς από πέτρες. Διαθέτουν δρόμους σ' ολόκληρο το βουνό».

Αγρότες, απόκληροι, καρβουνιάρηδες – κανένας από δαύτους δεν προοριζόταν να πάρει τα όπλα ή να εμπλακεί στους πολέμους των φατριών. Αναρωτήθηκα πόσοι απ' αυτούς έμοιαζαν με τον αγρότη που είχα σκοτώσει στο Ματσούε ή με το Χο-Αν. Το θάρρος και η νοημοσύνη θα παρέμεναν ανεκμετάλλευτα εάν δε συμφωνούσα να χρησιμοποιήσω ανθρώπους σαν κι αυτούς. Εάν επρόκειτο να τους εκπαιδεύσω και να τους εξοπλίσω, θα αποκτούσα τους άντρες που χρειαζόμουν. Όμως οι πολεμιστές θα καταδέχονταν να πολεμήσουν στο πλάι τους; Ή μήπως θα με θεωρούσαν κι εμένα απόκληρο;

Αυτές οι σκέψεις με απασχολούσαν όταν μου ήρθε η μυρωδιά καμένου και μερικές στιγμές αργότερα άκουσα φωνές από μακριά και κάποιους άλλους θορύβους που μαρτυρούσαν ανθρώπινη δραστηριότητα, το γδούπο ενός τσεκουριού, το τσιτσίρισμα της φωτιάς. Ο Χο-Αν με παρατήρησε καθώς κουνούσα το κεφάλι μου.

«Τους ακούσατε από τώρα;»

Έγνεψα καταφατικά, ενώ παράλληλα αφουγκραζόμουν, για να μετρήσω πόσοι ήταν. Τέσσερις από τις φωνές, σκέφτηκα, ίσως και κάποιος άλλος που δε μιλούσε, αλλά που περπατούσε με χαρακτηριστικό βηματισμό, κανένα σκυλί, πράγμα το οποίο μου φάνηκε ασυνήθιστο. «Ξέρεις ότι είμαι κατά το ήμισυ Κικούτα, από τη Φυλή. Διαθέτω πολλά από τα ταλέντα τους».

Κοντοστάθηκε ελαφρώς. Αυτά τα ταλέντα φάνταζαν καθαρή μαγεία στους Αφανείς. Ο πατέρας μου είχε απαρνηθεί όλες τις δεξιότητες που είχε κληρονομήσει από τη Φυλή όταν ασπάστηκε τις πεποιθήσεις των Αφανών: είχε πεθάνει επειδή ορκίστηκε πως δε θα σκότωνε ποτέ ξανά.

«Το γνωρίζω» αποκρίθηκε ο Χο-Αν.

«Θα τους χρειαστώ όλους εάν πρόκειται να κάνω αυτό που προσδοκάτε».

«Τα μέλη της Φυλής είναι παιδιά του διαβόλου» μουρμούρισε και πρόσθεσε γρήγορα, όπως είχε ξανακάνει «όμως η δική σας περίπτωση είναι διαφορετική, αφέντη».

Αυτό μ' έκανε να συνειδητοποιήσω τους κινδύνους που αντιμετώπιζε για χάρη μου, όχι μονάχα από την άποψη των ανθρωπίνων δυνάμεων, αλλά και των υπερφυσικών. Το αίμα της Φυλής μέσα μου πρέπει να με έκανε να φαντάζω στο μυαλό του τόσο επικίνδυνος όσο ένα ξωτικό ή κάποιο πνεύμα του ποταμού. Γι' άλλη μια φορά με κατέπλησσε με τη δύναμη της πίστης που τον οδηγούσε και με τον απόλυτο τρόπο με τον οποίον είχε αφεθεί στα χέρια μου.

Η μυρωδιά του καμένου δυνάμωσε περισσότερο. Κομμάτια από στάχτη έπεφταν πάνω στα ρούχα και στο δέρμα μας, θυμίζοντάς μου τον απειλητικό ερχομό του χιονιού. Το έδαφος ήταν γκριζωπό. Το μονοπάτι οδηγούσε σ' ένα ξέφωτο ανάμεσα στα δέντρα όπου υπήρχαν μερικοί φούρνοι που παρήγαν κάρβουνο, σκεπασμένοι με υγρό χώμα και τύρφη. Μονάχα ο ένας απ' αυτούς έκαιγε ακόμα· οι ρωγμές στις άκρες του ήταν κατακόκκινες από τη θερμότητα. Τρεις άντρες είχαν καταπιαστεί με το άδειασμα των φούρνων που είχαν κρυώσει και τη συσκευασία του κάρβουνου. Ένας άλλος ήταν γονατισμένος πάνω από ένα σκεύος, που άχνιζε κρεμασμένο σ' ένα τρίποδο. Τέσσερις· όμως μου φάνηκε ότι ήταν πέντε συνολικά. Άκουσα βαριά βήματα ξοπίσω μου, μαζί μ' εκείνη την ασυναίσθητη εισπνοή αέρα που προηγείται πριν από μια επίθεση. Έσπρωξα το Χο-Αν στην άκρη και γύρισα για ν' αντικρίσω αυτόν που ετοιμαζόταν να μας ορμήξει.

Ήταν ο πιο μεγαλόσωμος άντρας που είχα δει ποτέ μου, με τα χέρια του απλωμένα, έτοιμα να μας αρπάξουν. Το ένα χέρι τεράστιο, το άλλο ακρωτηριασμένο. Εξαιτίας αυτής της αναπηρίας που είχε ήδη, δίστασα να τον πληγώσω ακόμη περισσότερο. Άφησα την εικόνα μου στο μονοπάτι και γλίστρησα από πίσω του· του φώναξα για να γυρίσει, κρατώντας έτσι το μαχαίρι ώστε να μπορέσει να δει ξεκάθαρα τη λεπίδα, και απείλησα πως θα του έκοβα το λαιμό.

Ο Χο-Αν φώναξε «Εγώ είμαι, βλάκα! Ο Χο-Αν!».

Ο άντρας που έστεκε στη φωτιά γέλασε δυνατά κι οι άλλοι καρβουνιάρηδες ήρθαν τρέχοντας.

«Μην του κάνετε κακό, αφέντη» μου είπαν. «Δεν ήθελε να σας πειράξει. Τον αιφνιδιάσατε, αυτό είναι όλο».

Ο γίγαντας είχε κατεβάσει τα χέρια και τώρα έστεκε με το ένα χέρι του απλωμένο προς τα εμπρός, σε στάση υποταγής.

«Είναι μουγγός» είπε ο Χο-Αν. «Όμως ακόμη και μ' ένα χέρι, είναι δυνατός όσο δύο βόδια και σπουδαίος δουλευταράς».

Ήταν ολοφάνερο πως οι καρβουνιάρηδες ανησυχούσαν μήπως τιμωρήσω ένα από τα πιο σημαντικά μέλη της ομάδας τους. Έπεσαν στα πόδια μου και ικέτευσαν για έλεος. Τους είπα να σηκωθούν και να μάθουν να συγκρατούν το γίγαντά τους.

«Θα μπορούσα να τον έχω σκοτώσει!»

Σηκώθηκαν όλοι τους επάνω· άρχισαν τα καλωσορίσματα, χτύπησαν το Χο-Αν στον ώμο, υποκλίθηκαν και πάλι σε μένα και μ' έβαλαν να καθίσω κοντά στη φωτιά. Κάποιος σέρβιρε τσάι από το σκεύος. Δεν είχα ιδέα από τι μπορεί να ήταν φτιαγμένο, αφού η γεύση του δεν έμοιαζε με τίποτε απ' όσα είχα γευτεί ως τότε, ήταν όμως καυτό. Ο Χο-Αν τούς πήρε παράμερα κι είχαν μεταξύ τους μια ψιθυριστή συζήτηση, της οποίας όμως μπόρεσα ν' ακούσω την κάθε λέξη.

Ο Χο-Αν τούς είπε ποιος ήμουν –γεγονός το οποίο προκάλεσε αναφιλητά κι ακόμη περισσότερες υποκλίσεις– και ότι έπρεπε να φτάσω στην Τεραγιάμα το συντομότερο δυνατό. Η μικρή ομάδα συζήτησε για λίγο σχετικά με το ποια θα ήταν η ασφαλέστερη διαδρομή και για το αν θα έπρεπε να ξεκινήσω ευθύς αμέσως ή αν θα ήταν καλύτερα να περιμένω μέχρι το ξημέρωμα· ύστερα πλησίασαν όλοι κοντά στη φωτιά, κάθισαν σε κύκλο και με κοίταξαν επίμονα, με τα μάτια τους να λαμπυρίζουν στα σκοτεινά τους πρόσωπα. Ήταν μαυρισμένοι από την κάπνα και τη στάχτη, ντυμένοι ελαφρά, δίχως όμως να νοιάζονται για το κρύο. Μίλησαν όλοι μαζί, ως ομάδα, κι έδειξαν ότι σκέφτονταν κι αισθάνονταν κατ' αυτόν τον τρόπο. Σκέφτηκα ότι εδώ στο δάσος ζούσαν με τους δικούς τους κανόνες, σαν πρωτόγονοι, σχεδόν όπως τα ζώα.

«Δεν έχουν μιλήσει ποτέ ξανά με άρχοντα» είπε ο Χο-Αν. «Ένας απ' αυτούς θέλει να μάθει εάν είστε ο Γιοσιτσούνε, ο ήρωας που επέστρεψε από την ενδοχώρα. Τους είπα ότι, παρ' όλο που κι εσείς περιπλανιέστε στα βουνά όπως ο Γιοσιτσούνε κι όλοι σας κυνηγούν, θα γίνετε ακόμα μεγαλύτερος ήρωας, γιατί εκείνος απέτυχε, ενώ τη δική σας επιτυχία την έχει υποσχεθεί ο Θεός».

«Θα μας επιτρέψει ο αφέντης να κόβουμε ξύλα στα μέρη που εμείς επιλέγουμε;» ρώτησε ένας από τους πιο ηλικιωμένους. Δε μιλούσαν σε μένα, αλλά απηύθυναν όλες τις παρατηρήσεις τους στο Χο-Αν. «Υπάρχουν πολλά μέρη στο δάσος όπου δε μας επιτρέπεται να πάμε. Εάν κόψουμε ένα δέντρο εκεί...» Έκανε τη χαρακτηριστική χειρονομία του αποκεφαλισμού.

«Ένα κεφάλι για ένα δέντρο, ένα χέρι για ένα κλαδί» είπε κάποιος άλλος. Πλησίασε το γίγαντα και σήκωσε ψηλά το ακρωτηριασμένο χέρι του. Η πληγή είχε κλείσει με μια μαυροκίτρινη ζαρωμένη ουλή, ενώ γκρίζες γραμμές το διέτρεχαν κατά μήκος, στο σημείο όπου το είχαν καυτηριάσει. «Τα πρωτοπαλίκαρα των Τοχάν τού το 'καναν αυτό πριν δυο χρόνια. Αυτός δεν κατάλαβε γιατί, όμως εκείνοι του 'κοψαν το χέρι».

Ο γίγαντας μου έδειξε το κομμένο χέρι του και κούνησε το κεφάλι αρκετές φορές, με πρόσωπο σαστισμένο και περίλυπο.

Ήξερα ότι κι η φατρία των Οτόρι είχε επίσης νόμους που απαγόρευαν το αλόγιστο κόψιμο των δέντρων: είχαν σκοπό να προστατεύουν τα δάση, όμως δεν είχα σκεφτεί ότι προέβλεπαν τόσο σκληρές τιμωρίες για τους παραβάτες. Αναρωτήθηκα τι αποτέλεσμα μπορεί να είχε το να σακατεύεις έναν άνθρωπο· μια ανθρώπινη ζωή είχε στ' αλήθεια μικρότερη αξία απ' όσο ένα δέντρο;

«Ο άρχοντας Οτόρι θα πάρει πίσω όλα αυτά τα εδάφη» είπε ο Χο-Αν. «Θα κυβερνήσει από τη μια άκρη της θάλασσας ως την άλλη. Θα φέρει τη δικαιοσύνη».

Υποκλίθηκαν και πάλι κι ορκίστηκαν ότι θα με υπηρετήσουν, κι εγώ τους υποσχέθηκα πως θα έκανα ό,τι μπορούσα γι' αυτούς όταν θα ερχόταν εκείνη η ημέρα. Ύστερα μας έδωσαν φαγητό – κρέας: κάτι μικρά πουλιά που είχαν πιάσει κι ένα λαγό. Έτρωγα κρέας τόσο σπάνια, που δεν μπορούσα να θυμηθώ πότε είχα δοκιμάσει για τελευταία φορά πέρα απ' το βραστό κοτόπουλο που είχαν φτιάξει οι παλαιστές. Εκείνο όμως ήταν άνοστο σε σχέση με το λαγό. Τον είχαν πιάσει μια εβδομάδα νωρίτερα και τον είχαν φυλάξει για την τελευταία νύχτα που θα περνούσαν στο βουνό· τον είχαν κρύψει απ' τα βλέμματα των ανθρώπων της φατρίας που τυχόν θα εμφανίζονταν για να επιθεωρήσουν την κατασκήνωσή τους. Είχε μέσα του τη γεύση της γης και του αίματος.

Όσο τρώγαμε συζητούσαν για τα σχέδια της επόμενης ημέρας. Αποφάσισαν πως ένας απ' αυτούς θα μου έδειχνε το δρόμο για τα σύνορα. Δεν τολμούσαν να τα περάσουν οι ίδιοι, όμως είπαν ότι ο δρόμος που οδηγούσε από το βουνό στην Τεραγιάμα ήταν αρκετά εύκολος. Θα φεύγαμε με το πρώτο φως και δε θα μου έπαιρνε περισσότερο από δώδεκα ώρες, υπό την προϋπόθεση ότι δε θα χιόνιζε.

Ο αέρας είχε αρχίσει τώρα να φυσάει βόρειος κι είχε μια απειλητική σκληρότητα. Είχαν ήδη προγραμματίσει ν' αδειάσουν και τον τελευταίο φούρνο εκείνο το βράδυ και να αρχίσουν την κατάβαση του βουνού την επόμενη ημέρα. Ο Χο-Αν θα μπορούσε να τους βοηθήσει εάν έμενε μαζί τους εκείνο το βράδυ, αντικαθιστώντας έτσι το άτομο που θα γινόταν ο οδηγός μου.

«Δεν έχουν αντίρρηση να δουλέψεις μαζί τους;» ρώτησα το Χο-Αν αργότερα. Εκείνοι οι καρβουνιάρηδες με είχαν μπερδέψει. Έτρωγαν κρέας, συνεπώς δεν ακολουθούσαν τη διδασκαλία του Πεφωτισμένου, δεν προσεύχονταν πριν φάνε όπως έκαναν οι Αφανείς, ενώ καταδέχονταν να μοιραστούν το φαγητό τους και να δουλέψουν μαζί μ' έναν απόκληρο, σε αντίθεση με τους χωρικούς.

«Είναι κι αυτοί απόκληροι» μου απάντησε. «Εκτός από ξύλα καίνε και πτώματα. Αλλά δεν είναι Αφανείς. Λατρεύουν τα πνεύματα του δάσους, και συγκεκριμένα το Θεό της Φωτιάς. Πιστεύουν ότι θα τους ακολουθήσει αύριο και θα μείνει μαζί τους όλο το χειμώνα, για να κρατήσει τα σπίτια τους ζεστά. Την άνοιξη θα τον συνοδεύσουν πίσω στο βουνό». Η φωνή του Χο-Αν έκρυβε έναν τόνο αποδοκιμασίας. «Προσπαθώ να τους μιλήσω για τον Απόκρυφο» είπε. «Αλλά μου λένε ότι δεν μπορούν να εγκαταλείψουν το Θεό των προγόνων τους, γιατί έπειτα ποιος θ' ανάβει τη φωτιά για τους φούρνους;»

«Ίσως όλα να 'ναι ένα» είπα, πειράζοντάς τον λίγο,

αφού το κρέας κι η ζέστη που μας είχε προσφέρει ο Θεός της Φωτιάς μού είχαν φτιάξει τη διάθεση.

Μου χάρισε ένα απ' τα ελαφρά μειδιάματά του, αλλά δε θέλησε να συζητήσει περισσότερο γι' αυτό το ζήτημα. Ξαφνικά, μου φάνηκε εξαντλημένος. Το φως της ημέρας είχε σχεδόν χαθεί κι οι καρβουνιάρηδες μας προσκάλεσαν στο καταφύγιό τους. Ήταν χτισμένο με κλαδιά και σκεπασμένο με τομάρια ζώων, που υπέθεσα ότι τα είχαν πάρει απ' τους βυρσοδέψες ανταλλάσσοντάς τα με κάρβουνο. Μπήκαμε μέσα σκυφτοί και καθίσαμε ο ένας δίπλα στον άλλον, για ν' αντιμετωπίσουμε το κρύο. Το κεφάλι μου, πιο κοντά στο φούρνο, ζεσταινόταν αρκετά, αλλά η πλάτη μου είχε παγώσει, κι όταν γύρισα πλευρό, νόμισα πως τα βλέφαρά μου θα πάγωναν και θα κλείνανε απ' το κρύο.

Δεν κοιμήθηκα πολύ, αντίθετα έμεινα ξαπλωμένος κι αφουγκραζόμουν τις βαριές αναπνοές εκείνων των ανθρώπων που ήταν γύρω μου, ενώ παράλληλα σκεφτόμουν το μέλλον μου. Σκέφτηκα ότι είχα πλέον ν' αντιμετωπίσω τη θανατική ποινή που θα μου επέβαλλε η Φυλή, ότι κάθε ημέρα μόλις και μετά βίας θα ανέμενα να με βρει ζωντανό το σούρουπο· όμως η προφήτισσα μου είχε ξαναδώσει πίσω τη ζωή μου. Οι ικανότητές μου είχαν αρχίσει να αναπτύσσονται σε σχετικά προχωρημένη ηλικία: κάποια από τα αγόρια με τα οποία είχαμε εκπαιδευτεί μαζί στο Ματσούε είχαν αρχίσει να δείχνουν τα σημάδια των ιδιαίτερων ταλέντων τους όταν ήταν οκτώ ή εννιά χρονών. Πότε θα εμφανίζονταν στο δικό μου γιο; Πόσος χρόνος θα χρειαζόταν ωσότου να είναι τόσο προικισμένος ώστε να μπορεί να με αντιμετωπίσει; Ίσως δεκαέξι χρονών, που ήταν σχεδόν η δική μου ηλικία. Αυτός ο γενναίος υπολογισμός μού άφησε μια πικρή ελπίδα.

Μερικές φορές πίστευα στην προφητεία κι άλλες φορές, πάλι, όχι, κι έτσι έκανα σ' όλη μου τη ζωή.

Την επόμενη μέρα θα έφτανα στην Τεραγιάμα. Θα έβρισκα τα αρχεία που κρατούσε ο Σιγκέρου σχετικά με τη Φυλή, θα κρατούσα τον Τζάτο και πάλι στα χέρια μου. Την άνοιξη θα προσέγγιζα τον Αράι. Οπλισμένος με τις μυστικές πληροφορίες μου σχετικά με τη Φυλή, θα επεδίωκα την υποστήριξή του ενάντια στους θείους του Σιγκέρου. Γιατί ήταν προφανές πως η πρώτη μου σύγκρουση θα έπρεπε να είναι μ' εκείνους. Η εκδίκησή μου για το θάνατο του Σιγκέρου και η ανάληψη της κληρονομιάς μου θα μου εξασφάλιζαν αυτό που χρειαζόμουν πιο πολύ, ένα ισχυρό ορμητήριο στο απόρθητο Χάγκι.

Ο Χο-Αν κοιμήθηκε ανήσυχα, τιναζόταν και σιγοκλαψούριζε. Συνειδητοποίησα πως ίσως πονούσε ασταμάτητα, όταν όμως ήταν ξύπνιος, δεν έδειχνε κανένα τέτοιο σημάδι. Κατά την αυγή το κρύο μαλάκωσε λιγάκι κι εγώ κοιμήθηκα βαθιά για περίπου μια ώρα, ωσότου ξύπνησα μ' ένα μαλακό, πουπουλένιο ήχο να γεμίζει τα αυτιά μου, ακριβώς τον ήχο που φοβόμουν. Σύρθηκα μέχρι την είσοδο του καταφυγίου. Κάτω από τη λάμψη της φωτιάς μπορούσα να δω τις νιφάδες που είχαν ξεκινήσει να πέφτουν, μπορούσα ν' ακούσω το ανεπαίσθητο τσιτσίρισμα που έβγαζαν καθώς έλιωναν πάνω στη θράκα. Σκούντηξα το Χο-Αν και ξύπνησα τους καρβουνιάρηδες.

«Χιονίζει!»

Πήδησαν επάνω, άναψαν κλαδιά για δάδες κι άρχισαν να μαζεύουν την κατασκήνωσή τους. Δεν είχαν καμία διάθεση να παγιδευτούν στο βουνό· ούτε κι εγώ. Το πολύτιμο κάρβουνο που έκαιγε στον τελευταίο φούρνο τυλίχτηκε μέσα στα τομάρια που κρέμονταν έξω απ' το καταφύγιο. Προσευχήθηκαν βιαστικά πάνω από τις θράκες της φωτιάς κι ύστερα τις τοποθέτησαν σε ένα σιδερένιο δοχείο για να τις κατεβάσουν από το βουνό.

Το χιόνι ήταν ακόμα λεπτό κι αφράτο και δεν το είχε στρώσει, γιατί έλιωνε μόλις άγγιζε το έδαφος. Ωστόσο, μόλις χάραξε, μπορέσαμε να δούμε πως ο ουρανός ήταν γκρίζος και προμήνυε επιδείνωση του καιρού, τα σύννεφα ήταν γεμάτα από χιόνι που ετοιμαζόταν να πέσει. Είχε σηκωθεί άνεμος· όταν θ' άρχιζε να πέφτει πυκνό χιόνι, θα ήταν σαν χιονοθύελλα.

Δεν είχαμε καθόλου χρόνο για φαγητό, ούτε καν για τσάι. Μόλις ετοιμάστηκαν τα κάρβουνα, οι άντρες βιάστηκαν να ξεκινήσουν. Ο Χο-Αν έπεσε στα γόνατα μπροστά μου, αλλά τον σήκωσα επάνω και τον αγκάλιασα. Μέσα στα χέρια μου, το σώμα του ήταν εύθραυστο και κοκαλιάρικο σαν ενός γέρου.

«Θα συναντηθούμε ξανά την άνοιξη» είπα. «Θα σου στείλω μήνυμα στη γέφυρα των απόκληρων».

Κούνησε το κεφάλι του, ξαφνικά κυριευμένος από συγκίνηση, σαν να μην μπορούσε να μ' αφήσει απ' τα μάτια του. Ένας από τους άντρες σήκωσε ένα δέμα και το φόρτωσε στους ώμους του. Οι υπόλοιποι είχαν ήδη ξεκινήσει την κατάβαση. Ο Χο-Αν μού έκανε ένα αδέξιο νεύμα, σαν το σημείο του σταυρού, κάτι ανάμεσα σε αποχαιρετισμό και ευλογία. Κατόπιν γύρισε και, παραπατώντας λίγο κάτω από το βάρος του φορτίου του, απομακρύνθηκε.

Τον κοίταξα για μια στιγμή και συνειδητοποίησα πως έλεγα από μέσα μου τα λόγια που χρησιμοποιούσαν οι Αφανείς για τον αποχωρισμό.

«Ελάτε, αφέντη» φώναξε με αγωνία ο οδηγός μου. Γύρισα και τον ακολούθησα με κατεύθυνση τη βουνοπλαγιά.

Αναρριχηθήκαμε για σχεδόν τρεις ώρες. Ο οδηγός μου σταματούσε μονάχα για να τσακίζει μικρά κλαδιά κάθε τόσο, βάζοντας έτσι σημάδια ώστε να μπορέσει να βρει το δρόμο της επιστροφής. Το χιόνι παρέμενε ίδιο, ελαφρύ και ξηρό, όμως, καθώς ανεβαίναμε πιο ψηλά, άρχιζε να το στρώνει, ωσότου η γη και τα δέντρα καλύφτηκαν από μια λεπτή άσπρη σκόνη. Η γρήγορη ανάβαση με είχε ζεστάνει, αλλά το στομάχι μου γουργούριζε από την πείνα. Το κρέας της προηγούμενης νύχτας τού είχε δημιουργήσει ψεύτικες προσδοκίες. Ήταν αδύνατο να μαντέψω τι ώρα ήταν. Ο ουρανός είχε ένα ομοιόμορφο καφεγκρίζο χρώμα· το έδαφος άρχισε να αντανακλάει το παράξενο αποπροσανατολιστικό φως του χιονισμένου τοπίου.

Όταν ο οδηγός μου σταμάτησε, είχαμε φτάσει στα μισά της κύριας κορφής της οροσειράς. Το μονοπάτι που είχαμε ακολουθήσει απλωνόταν τώρα γεμάτο στροφές και καμπύλες προς τα κάτω. Μπορούσα να διακρίνω την κοιλάδα από κάτω μας, μέσα από το πέπλο των νιφάδων που έπεφταν, μέσα από τα ογκώδη κλαδιά των οξιών και των κέδρων που τώρα πια είχαν αρχίσει να γίνονται κάτασπρα.

«Δεν μπορώ να σας ακολουθήσω παραπέρα» είπε. «Εάν θέλετε τη γνώμη μου, γυρίστε πίσω μαζί μου τώρα. Έρχεται χιονοθύελλα. Κι αυτό είναι το ευκολότερο κομμάτι από τη διαδρομή προς το ναό, ακόμη κι όταν ο καιρός είναι καλός. Εάν συνεχίσετε, θα χαθείτε μέσα στο χιόνι».

«Είναι αδύνατον να γυρίσω πίσω» απάντησα. «Συνέχισε λίγο ακόμη μαζί μου. Θα σε πληρώσω καλά». Όμως δεν μπόρεσα να τον πείσω κι ούτε το θέλησα πραγματικά. Έδειχνε ανήσυχος και μόνος δίχως τους συντρόφους του. Του έδωσα τα μισά απ' τα νομίσματα που μου είχαν απομείνει κι εκείνος, σ' αντάλλαγμα, μου έδωσε ένα κόκαλο απ' το πόδι του λαγού, που είχε ένα αρκετά μεγάλο κομμάτι κρέας επάνω.

Μου περιέγραψε την πορεία που έπρεπε ν' ακολουθήσω, επισημαίνοντας τα σημάδια στην κοιλάδα που έπρεπε να έχω κατά νου όσο καλύτερα μπορούσε μέσα στο αμυδρό φως. Τη διασχίζει ένα ποτάμι, μου είπε, δίχως να ξέρει πως το είχα ακούσει ήδη πολύ πριν. Αυτό αποτελούσε το σύνορο των φέουδων. Δεν υπήρχε γεφύρι, αλλά σ' ένα σημείο ήταν αρκετά στενά για να μπορέσω να το περάσω πηδώντας. Οι λίμνες που υπήρχαν κάτω έκρυβαν μέσα τους πνεύματα του νερού, ενώ το ρεύμα ήταν ορμητικό, κι έτσι έπρεπε να είμαι προσεκτικός για να μην πέσω μέσα. Επίσης, δεδομένου ότι αυτό ήταν το ευκολότερο σημείο για να περάσει κανείς απέναντι, μερικές φορές φυλασσόταν από περιπόλους, παρ' όλο που κάτι τέτοιο δεν το θεωρούσε πιθανό μια τέτοια ημέρα όπως εκείνη.

Όταν θα έφτανα στο γειτονικό φέουδο, θα έπρεπε να συνεχίσω με κατεύθυνση προς τ' ανατολικά και να κατηφορίσω προς ένα μικρό βωμό. Σ' εκείνο το σημείο τα μονοπάτια διασταυρώνονταν. Θα έπρεπε να ακολουθήσω το δεξί, το χαμηλότερο μονοπάτι. Έπρεπε να συνεχίσω ανατολικά, διαφορετικά θα χρειαζόταν να ανέβω στην οροσειρά. Ο άνεμος φύσαγε τώρα από τα βορειοανατολικά, έτσι έπρεπε να τον έχω αντίθετα στον αριστερό ώμο μου. Άγγιξε τον ώμο μου δύο φορές για να το τονίσει αυτό, κοιτάζοντας επίμονα στο πρόσωπό μου με τα στενά μάτια του.

«Δε μοιάζετε με άρχοντα» είπε, και τα χαρακτηριστικά του προσώπου του σχημάτισαν κάτι σαν χαμόγελο. «Αλλά καλή σας τύχη, όπως και να 'χει».

Τον ευχαρίστησα κι άρχισα να κατηφορίζω τη βουνοπλαγιά· άρχισα να ροκανίζω το κόκαλο καθώς προχωρούσα, το άνοιξα με τα δόντια μου και ρούφηξα το μεδούλι. Το χιόνι έγινε ελαφρώς πιο υγρό και πυκνό, λιώνοντας πιο αργά στο κεφάλι και στα ρούχα μου. Εκείνος ο άντρας είχε δίκιο, δεν έμοιαζα με άρχοντα. Τα μαλλιά μου, που είχα να τα κόψω από τότε που η Γιούκι τα είχε ψαλιδίσει στο στιλ που συνήθιζαν οι θεατρίνοι, έπεφταν αχτένιστα γύρω απ' τ' αυτιά μου και είχα μέρες να ξυριστώ. Τα ρούχα μου ήταν μουσκεμένα και βρόμικα. Οπωσδήποτε δε μύριζα όπως ένας άρχοντας. Προσπάθησα να θυμηθώ πότε είχα κάνει μπάνιο για τελευταία φορά – και ξαφνικά θυμήθηκα το προπονητήριο των παλαιστών, την πρώτη νύχτα μας μακριά από το Ματσούε: το τεράστιο λουτρό, τη συνομιλία που είχα κρυφακούσει ανάμεσα στον Ακίο και στο Χατζίμε.

Αναρωτήθηκα πού να βρισκόταν τώρα η Γιούκι, εάν είχε μάθει για την αποστασία μου. Μόλις και μετά βίας μπορούσα ν' αντέξω στη σκέψη του παιδιού. Λαμβάνοντας υπόψη την προφητεία, η ιδέα ότι ο γιος μου θα μεγάλωνε μακριά μου και θα διδασκόταν να με μισεί είχε γίνει ακόμα πιο δυσβάστακτη. Θυμήθηκα το χλευασμό του Ακίο· φαίνεται ότι οι Κικούτα γνώριζαν το χαρακτήρα μου καλύτερα απ' όσο τον ήξερα ο ίδιος.

Ο θόρυβος του ποταμού έγινε δυνατότερος, σχεδόν ο μόνος ήχος στο χιονισμένο τοπίο. Ακόμη και τα κοράκια ήταν σιωπηλά. Το χιόνι είχε αρχίσει να σκεπάζει τα λιθάρια κατά μήκος της ακροποταμιάς αμέσως μόλις μπόρεσα να τα διακρίνω. Έπεφτε από το βουνό σαν καταρράκτης κι ύστερα διασκορπιζόταν ανάμεσα στους απότομους βράχους, έπεφτε πάνω από τις πέτρες σαν ριπές βροχής κι έπειτα μεταμορφωνόταν σε στενό κανάλι που κυλούσε ανάμεσα σε δυο κομμάτια βλάστησης. Αιωνόβια, κεκλιμένα πεύκα κρέμονταν από τις πλευρές των βράχων κι ολόκληρο το τοπίο, κατάλευκο από το χιόνι, έμοιαζε σαν να περίμενε το Σέσσου για να έρθει και να το ζωγραφίσει.

Έσκυψα πίσω από ένα βράχο, εκεί όπου ένα μικρό πεύκο φύτρωνε επικίνδυνα πάνω στο λεπτό χώμα. Ήταν περισσότερο θάμνος παρά δέντρο και μου πρόσφερε ένα μικρό καταφύγιο. Το χιόνι κάλυπτε το μονοπάτι αλλά ήταν αρκετά εύκολο να δω προς τα πού οδηγούσε και από ποιο σημείο έπρεπε να πηδήξω στην αντίπερα όχθη του ποταμού. Παρατήρησα το μονοπάτι για μια στιγμή κι αφουγκράστηκα με προσήλωση.

Η επιφάνεια του νερού δε φάνταζε σταθερή πάνω από τους βράχους. Κάθε τόσο επικρατούσε νηνεμία, φέρνοντας μια παράξενη σιωπή, λες και δεν ήμουν το μόνο πλάσμα που αφουγκραζόταν. Ήταν εύκολο να φανταστώ τα πνεύματα που κατοικούσαν κάτω από το νερό, που σταματούσαν και ξανάρχιζαν τη ροή του, που πείραζαν και προκαλούσαν τους ανθρώπους και τους δελέαζαν να περπατήσουν ως την άκρη.

Νόμιζα ότι μπορούσα ακόμη και ν' ακούσω την ανάσα τους. Ύστερα, μόλις κατάφερα ν' απομονώσω τον ήχο, ο κυματισμός και ο παφλασμός του ποταμού ξεκίνησε πάλι. Ήταν εξοργιστικό. Ήξερα ότι σπαταλούσα το χρόνο μου σκυμμένος κάτω από ένα θάμνο, να σκεπάζομαι λίγο λίγο από το χιόνι ακούγοντας τα πνεύματα, αλλά σιγά σιγά η πεποίθηση ότι υπήρχε κάποιος άλλος που ανέπνεε, κι όχι τόσο μακριά από μένα, μεγάλωσε μέσα μου.

Ακριβώς πέρα από το στενό πέρασμα, το ποτάμι έπεφτε από ύψος δύο τριών μέτρων σε μια σειρά από βαθιές λίμνες. Αντιλήφθηκα μια ξαφνική κίνηση και τότε αντίκρισα έναν ερωδιό, σχεδόν κάτασπρο, που ψάρευε σε μια απ' αυτές τις μικρές λίμνες δίχως να δίνει σημασία στο χιόνι. Έμοιαζε με σημάδι –ήταν το έμβλημα των Οτόρι στο όριο του φέουδου των Οτόρι–, ίσως ένα μήνυμα από το Σιγκέρου ότι επιτέλους είχα κάνει τη σωστή επιλογή.

Ο ερωδιός ήταν στην ίδια πλευρά του ποταμού που βρισκόμουν κι εγώ και διέσχιζε τη λίμνη ερχόμενος προς το μέρος μου. Αναρωτήθηκα τι είχε βρει για να φάει άραγε μέσα στο καταχείμωνο, τώρα πια που οι βάτραχοι και οι φρύνοι είχαν κρυφτεί μέσα στη λάσπη. Έδειχνε ήρεμος και δίχως να φοβάται, σίγουρος πως τίποτα δεν τον απειλούσε μέσα σ' εκείνη την ερημιά. Καθώς τον παρατηρούσα, νιώθοντας εξίσου ασφαλής, και σκεφτόμουν ότι από στιγμή σε στιγμή θα διέσχιζα το ποτάμι και θα περνούσα στην αντίπερα όχθη, κάτι τον τρόμαξε. Γύρισε το μακρύ κεφάλι του προς την όχθη κι απογειώθηκε αμέσως. Ο ήχος των φτερούγων του αντήχησε μόλις για μια φορά πάνω απ' το νερό κι έπειτα εξαφανίστηκε σιωπηλά προς τα κάτω.

Τι είχε δει; Κάρφωσα τα μάτια μου κοιτάζοντας επίμονα στο ίδιο σημείο. Το ποτάμι σώπασε για μια στιγμή κι εγώ άκουσα μια αναπνοή. Άνοιξα τα ρουθούνια μου και ένας βορειοανατολικός άνεμος έφερε μια ελαφριά, ανθρώπινη μυρωδιά. Δεν έβλεπα κανέναν, όμως ήξερα ότι κάποιος ήταν εκεί, αόρατος μέσα στο χιόνι.

Βρισκόταν σε τέτοιο σημείο ώστε, εάν κατευθυνόμουν ευθεία προς το πέρασμα, θα μπορούσε εύκολα να με εμποδίσει. Εάν μπορούσε να παραμείνει αόρατος για τόση ώρα, τότε σίγουρα θα πρέπει να ανήκε στη Φυλή, κι έτσι θα ήταν σε θέση να με δει μόλις πλησίαζα τον ποταμό. Η μόνη ελπίδα μου ήταν να τον αιφνιδιάσω και να πηδήσω στην αντίπερα όχθη από κάποιο άλλο σημείο, προς τα πάνω, εκεί όπου το πέρασμα πλάταινε.

Δεν είχε κανένα νόημα να περιμένω κι άλλο. Πήρα μια βαθιά, σιωπηλή αναπνοή, απομακρύνθηκα γρήγορα από το καταφύγιο που μου πρόσφερε το πεύκο κι άρχισα να κατηφορίζω την πλαγιά. Ακολουθούσα το μονοπάτι όσο πιο πιστά μπορούσα, δίχως να είμαι βέβαιος για το τι βρισκόταν κάτω από το χιόνι. Καθώς παρέκκλινα κι άρχισα να κατευθύνομαι προς το ποτάμι, κοίταξα στο πλάι κι είδα τον εχθρό μου να ξεπροβάλλει από το χιόνι. Ήταν ντυμένος εξολοκλήρου στα λευκά. Προς στιγμή αισθάνθηκα ανακούφιση που δεν ήταν αόρατος, απλά και μόνο καλυμμένος –ίσως δεν ανήκε στη Φυλή, ίσως ήταν κάποιος συνοριοφύλακας–, έπειτα το σκοτεινό χάσμα φάνηκε από κάτω μου και τότε πήδηξα.

Το ποτάμι βρυχήθηκε κι ύστερα σώπασε, και μέσα στη σιωπή άκουσα κάτι να περιστρέφεται στον αέρα και να έρχεται καταπάνω μου από πίσω. Μόλις προσγειώθηκα, έπεσα στο έδαφος και όρμησα πάνω στον παγωμένο βράχο σχεδόν γλιστρώντας. Το ιπτάμενο αντικείμενο σφύριξε πάνω από το κεφάλι μου. Εάν έστεκα όρθιος, θα με είχε πετύχει στο σβέρκο. Μπροστά μου μπορούσα να δω μια τρύπα σε σχήμα αστεριού που είχε κάνει στο χιόνι. Μονάχα η Φυλή χρησιμοποιεί τέτοια μαχαίρια, και συνήθως χρησιμοποιούν αρκετά, το ένα μετά το άλλο.

Κύλησα μέσα στο χιόνι, βρήκα ένα ασφαλές σημείο και, παραμένοντας σκυφτός, έγινα αμέσως αόρατος. Ήξερα πως μπορούσα να παραμείνω αόρατος έως ότου έφτανα στο δάσος, εκεί όπου θα έβρισκα σίγουρα καταφύγιο, όμως δεν ήξερα εάν εκείνος μπορούσε να με δει ή όχι και ξέχασα πως θ' άφηνα ίχνη πάνω στο χιόνι. Ευτυχώς για μένα, κι εκείνος γλίστρησε επίσης καθώς πήδηξε το ποτάμι, κι ενώ φάνηκε πως ήταν πιο μεγαλόσωμος και βαρύτερος από μένα και, προφανώς, μπορούσε να τρέξει γρηγορότερα, εγώ είχα προλάβει να απομακρυνθώ.

Κάτω από την κάλυψη των δέντρων χωρίστηκα στα δύο· έστειλα την εικόνα μου προς την πλαγιά, ενώ εγώ άρχισα να τρέχω στο μονοπάτι, γνωρίζοντας ότι δε θα μπορούσα να του ξεφύγω για πολύ κι ότι η μόνη ελπίδα μου ήταν να τον αιφνιδιάσω με κάποιον τρόπο. Μπροστά μου το μονοπάτι έστριβε γύρω από ένα μεγάλο και βραχώδες πλάτωμα· το κλαδί ενός δέντρου κρεμόταν από πάνω. Έκανα τρέχοντας το γύρο της γωνίας, γύρισα πίσω πατώντας στα ίχνη μου και πήδηξα στο κλαδί. Τράβηξα έξω το μαχαίρι μου κι ευχήθηκα να είχα μαζί μου τον Τζάτο. Τα υπόλοιπα όπλα που κουβαλούσα ήταν εκείνα με τα οποία προοριζόμουν να σκοτώσω τον Ιτσίρο, μια στραγγάλη και μια βελόνη, που χρησίμευε για να τρυπάει το λαιμό. Αλλά οι άνθρωποι της Φυλής δύσκολα μπορούσαν να θανατωθούν με τα ίδια τα όπλα τους, ακριβώς όπως είναι δύσκολο να τους ξεγελάσεις χρησιμοποιώντας τα τεχνάσματά τους. Η καλύτερη ελπίδα μου ήταν το μαχαίρι. Σταθεροποίησα την αναπνοή μου, έγινα αόρατος, τον άκουσα να υποχωρεί μόλις είδε το δεύτερο εαυτό μου, κατόπιν τον άκουσα να τρέχει και πάλι.

Ήξερα ότι θα είχα μόνο μια ευκαιρία. Έπεσα καταπάνω του από ψηλά. Το βάρος μου τον έριξε και, καθώς σκόνταψε, βρήκα ένα κενό στο προστατευτικό που χρησιμοποιούσε γύρω από το λαιμό του· έμπηξα το μαχαίρι στην κύρια αρτηρία του λαιμού και το τράβηξα πλάγια μέχρι το διάφραγμα, όπως ακριβώς ο Κέντζι με είχε διδάξει. Έβγαλε ένα γρύλισμα θαυμασμού –σαν κι εκείνο που συχνά είχα ακούσει από τα μέλη της Φυλής, που δεν περίμεναν ποτέ να παίξουν το ρόλο του θύματος– και το παραπάτημά του μετατράπηκε σε πτώση. Γλίστρησα από πάνω του. Τα χέρια του όρμησαν στο λαιμό του, στο σημείο απ' όπου η αναπνοή σφύριζε με θόρυβο και το αίμα ανάβλυζε. Ύστερα έπεσε κάτω με το πρόσωπο και το αίμα του κοκκίνισε το χιόνι.

Έψαξα τα ρούχα του και πήρα τα υπόλοιπα μαχαίρια και το κοντό ξίφος του, το οποίο ήταν ιδιαίτερα λεπτό. Είχε μαζί του μια μεγάλη ποικιλία από δηλητήρια, την οποία επίσης πήρα, εφόσον δεν κουβαλούσα τα δικά μου εκείνη την περίοδο. Δεν είχα ιδέα ποιος ήταν. Του έβγαλα τα γάντια κι εξέτασα τις παλάμες του· όμως δεν έφεραν τη χαρακτηριστική ευθεία γραμμή των Κικούτα και, απ' όσο μπόρεσα να δω, το δέρμα του δεν ήταν ζωγραφισμένο με τατουάζ.

Άφησα το σώμα του στα κοράκια και στις αλεπούδες, με τη σκέψη ότι θα ήταν γι' αυτά ένα ευπρόσδεκτο χειμωνιάτικο γεύμα, και έτρεξα γρήγορα κι όσο το δυνατόν πιο σιωπηλά, φοβούμενος πως ίσως ανήκε σε κάποια συμμορία που παραμόνευε στο ποτάμι και περίμενε να εμφανιστώ. Το αίμα έβραζε μέσα μου. Είχα ζεσταθεί από το άλμα κι εκείνη τη σύντομη συμπλοκή και τώρα ένιωθα βαθύτατα και πρωτόγονα ευτυχής που δεν ήμουν εγώ αυτός που βρισκόταν ξαπλωμένος στο χιόνι.

Με ανησυχούσε κάπως η ιδέα ότι η Φυλή με είχε προφτάσει τόσο γρήγορα και γνώριζε τον προορισμό μου. Είχε άραγε ανακαλυφθεί το σώμα του Ακίο, είχαν ήδη αποσταλεί μηνύματα με άλογο από το Χάγκι στη Γιαμαγκάτα; Ή μήπως ο Ακίο ήταν ακόμα ζωντανός; Καταράστηκα τον εαυτό μου που δεν αφιέρωσα το χρόνο που χρειαζόταν για να τον αποτελειώσω. Ίσως εκείνη η συμπλοκή έπρεπε να με είχε φοβίσει περισσότερο, έπρεπε να με είχε κάνει να συνειδητοποιήσω τι ακριβώς σήμαινε το γεγονός ότι η Φυλή θα με καταδίωκε για το υπόλοιπο της ζωής μου. Το συνειδητοποιούσα αυτό, όμως ήμουν εξοργισμένος που είχαν προσπαθήσει να με σκοτώσουν όπως ένα σκυλί μέσα στο δάσος και χαρούμενος από το γεγονός ότι η πρώτη προσπάθειά τους είχε αποτύχει. Η Φυλή μπορεί να είχε κατορθώσει να σκοτώσει τον πατέρα μου, αλλά ο ίδιος ο Κέντζι είχε πει ότι κανένας δε θα μπορούσε να τον πλησιάσει εάν δεν είχε ορκιστεί ότι δε θα σκότωνε ποτέ ξανά. Ήξερα ότι είχα όλα τα ταλέντα του, ίσως κι ακόμα περισσότερα. Δε θ' άφηνα τη Φυλή να με πλησιάσει. Θα συνέχιζα το έργο του Σιγκέρου και θα διέλυα τη δύναμή τους.

Όλες αυτές οι σκέψεις στριφογύριζαν μέσα στο μυαλό μου καθώς περπατούσα με δυσκολία μέσα στο χιόνι. Μου έδωσαν την ενέργεια και τόνωσαν την αποφασιστικότητά μου να επιβιώσω. Αφότου θα τελείωνα με τη Φυλή, θα έστρεφα την οργή μου ενάντια στους άρχοντες της φατρίας των Οτόρι, των οποίων η προδοσία μού φάνταζε ακόμα μεγαλύτερη. Οι πολεμιστές προσποιούνταν ότι η τιμή και η πίστη ήταν εξαιρετικά σημαντικές γι' αυτούς, όμως ασπάζονταν βαθιά μέσα τους την εξαπάτηση και την προδοσία, όπως και η Φυλή. Οι θείοι του Σιγκέρου τον είχαν στείλει στο θάνατο και τώρα προσπαθούσαν να με βγάλουν από τη μέση. Δεν ήξεραν τι τους περίμενε.

Εάν θα μπορούσαν να με δουν τώρα, βυθισμένο μέσα στο χιόνι, κακοντυμένο, με κακό οπλισμό, δίχως άντρες, χρήματα ή γη, δε θα έχαναν, βέβαια, τον ύπνο τους για την απειλή που θα αποτελούσα εναντίον τους.

Δεν μπορούσα να σταματήσω και να ξεκουραστώ. Δεν είχα καμία άλλη εναλλακτική λύση παρά να συνεχίσω έως ότου έφτανα στην Τεραγιάμα ή κατέρρεα στο δρόμο από την εξάντληση· όμως κάθε τόσο έβγαινα από το μονοπάτι κι αφουγκραζόμουν μήπως ακούσω οποιονδήποτε ήχο καταδίωξης. Δεν άκουγα τίποτα πέρα από το στεναγμό του ανέμου και το ελαφρύ σφύριγμα των νιφάδων που έπεφταν, μέχρι που, αργά εκείνη τη μέρα, όταν το φως άρχισε να χάνεται, μου φάνηκε ότι μπορούσα ν' ακούσω κοφτούς ήχους να έρχονται από χαμηλά.

Ήταν το τελευταίο πράγμα που θα ανέμενα ν' ακούσω πάνω στο βουνό, την ώρα, μάλιστα, που το δάσος ήταν γεμάτο με χιόνι. Ακουγόταν όμως σαν μουσική φλάουτου, τόσο μόνη όσο κι ο άνεμος που φύσαγε στα πεύκα, τόσο εφήμερη όσο κι οι νιφάδες του χιονιού. Μ' έκανε ν' ανατριχιάσω όχι μόνο εξαιτίας της συνηθισμένης επίδρασης που έχει η μουσική πάνω μου, αλλά κι από ένα βαθύτερο φόβο. Πίστεψα ότι είχα πλησιάσει πολύ κοντά στην άκρη του κόσμου και πως τώρα άκουγα πνεύματα. Σκέφτηκα τα ξωτικά του βουνού, που δελεάζουν τους ανθρώπους και τους κρατούν αιχμάλωτους κάτω από τη γη για χιλιάδες χρόνια. Ευχήθηκα να μπορούσα να ψελλίσω τις προσευχές που μου είχε μάθει η μητέρα μου, όμως τα χείλια μου ήταν παγωμένα και, όπως κι αν είχε, δεν πίστευα πλέον στη δύναμή τους.

Η μουσική ακουγόταν ολοένα και πιο δυνατά. Πλησίαζα στην πηγή απ' όπου προερχόταν, αλλά δεν μπορούσα να σταματήσω, σαν να με είχε μαγέψει και μ' έσερνε προς το μέρος της. Έστριψα τη γωνία και είδα το δίστρατο που σχημάτιζαν τα μονοπάτια. Αμέσως θυμήθηκα αυτό που μου είχε πει ο οδηγός μου και, πράγματι, εκεί κοντά υπήρχε ένας μικρός βωμός, μόλις διακριτός· τρία πορτοκάλια ήταν τοποθετημένα μπροστά του και τώρα γυάλιζαν κάτω από το χιόνι που τα σκέπαζε. Πίσω από το βωμό υπήρχε μια μικρή καλύβα με ξύλινους τοίχους και καλαμοσκεπή. Οι φόβοι μου υποχώρησαν αμέσως και σχεδόν γέλασα μεγαλόφωνα. Δεν ήταν κάποιο ξωτικό αυτό που είχα ακούσει, αλλά κάποιος μοναχός ή ερημίτης, που είχε αποσυρθεί στο βουνό για να βρει φώτιση.

Τώρα μπορούσα να μυρίσω τον καπνό. Η ζεστασιά με παρέσυρε δίχως να της φέρω αντίσταση. Φανταζόμουν τα κάρβουνα να ζεσταίνουν τα μουσκεμένα πόδια μου, να τα μετατρέπουν από κομμάτια πάγου, που είχαν καταντήσει, στη φυσιολογική τους κατάσταση. Μπορούσα σχεδόν να νιώσω τη ζέστη στο πρόσωπό μου. Η πόρτα της καλύβας ήταν ανοιχτή, για να αφήνει το φως να περνάει μέσα και τον καπνό να βγαίνει έξω. Ο φλαουτίστας ούτε με είχε ακούσει ούτε με είχε δει. Ήταν χαμένος σε κείνη τη λυπητερή, απόκοσμη μουσική.

Ακόμη και προτού να τον αντικρίσω, ήξερα ποιος ήταν. Είχα ακούσει την ίδια μουσική παλιότερα, νύχτες και νύχτες, τότε που μοιρολογούσα στον τάφο του Σιγκέρου. Ήταν ο Μακότο, ο νεαρός μοναχός που με είχε ανακουφίσει και παρηγορήσει με τα λόγια του. Ήταν καθισμένος σταυροπόδι, με τα μάτια κλειστά. Έπαιζε το μακρύ φλάουτο που ήταν καμωμένο από μπαμπού, όμως κι ένα μικρότερο πλάγιο φλάουτο ακουγόταν να το συνοδεύει. Ένα μαγκάλι έκαιγε βγάζοντας πολύ καπνό, κοντά στην είσοδο. Στο πίσω μέρος της καλύβας υπήρχε ένα υπερυψωμένο υπνοδωμάτιο. Ένα ξύλινο κοντάρι ήταν γερμένο στον τοίχο, αλλά κανένα άλλο όπλο δεν ήταν ορατό. Μπήκα μέσα –ακόμη και με το μαγκάλι, ήταν μονάχα ελαφρώς πιο ζεστά απ' ό,τι έξω– και είπα σιγά «Μακότο;».

Δεν άνοιξε τα μάτια του, ούτε και σταμάτησε.

Είπα το όνομά του ξανά. Η μουσική σταμάτησε και αυτός απομάκρυνε το φλάουτο από τα χείλια του. Μίλησε ψιθυριστά, κουρασμένα. «Άφησέ με ήσυχο. Πάψε να με βασανίζεις. Συγγνώμη. Συγγνώμη». Και πάλι δε σήκωσε το βλέμμα του.

Όταν άρχισε να παίζει το φλάουτο ξανά, γονάτισα μπροστά του και τον άγγιξα στον ώμο. Άνοιξε τα μάτια του και με κοίταξε και, αιφνιδιάζοντάς με εντελώς, σηκώθηκε όρθιος πετώντας στην άκρη το φλάουτο. Τραβήχτηκε μακριά μου, άρπαξε το κοντάρι και το κούνησε απειλητικά. Τα μάτια του ήταν γεμάτα πόνο, το πρόσωπό του ήταν κάτισχνο, σαν να είχε περάσει νηστεία. «Μείνε μακριά μου» είπε κι η φωνή του ακούστηκε χαμηλότονη και βραχνή.

Σηκώθηκα όρθιος κι εγώ. «Μακότο» του είπα με ήπιο τόνο. «Δεν είμαι εχθρός. Εγώ είμαι. Ο Οτόρι Τακέο».

Έκανα ένα βήμα προς το μέρος του κι εκείνος έστρεψε αμέσως το κοντάρι προς τον ώμο μου. Βλέποντάς το να έρχεται καταπάνω μου, το έβγαλα λίγο από την πορεία του· και ευτυχώς που μέσα σ' εκείνον το μικρό χώρο δεν μπορούσε να το κουνήσει με δύναμη, γιατί, διαφορετικά, θα μου είχε σπάσει το σβέρκο. Τότε μ' ένα χτύπημα με έριξε στο έδαφος. Το τράνταγμα πρέπει να έφτασε μέχρι τα χέρια του, γιατί αμέσως έριξε κάτω το κοντάρι, κοίταξε τα χέρια του με κατάπληξη κι έπειτα εμένα, που βρισκόμουν στο πάτωμα.

«Τακέο;» είπε. «Είσαι αληθινός; Δεν είναι το φάντασμά σου;»

«Αρκετά αληθινός για να μ' έχεις βγάλει σχεδόν εκτός μάχης» είπα. Σηκώθηκα επάνω και τέντωσα το χέρι μου. Μόλις βεβαιώθηκα πως δεν είχα σπάσει τίποτα, έψαξα στα ρούχα μου για το μαχαίρι μου. Αισθανόμουν μεγαλύτερη ασφάλεια κρατώντας το στο χέρι μου.

«Συγχώρεσέ με» είπε. «Δε θα σε έβλαπτα ποτέ. Είναι που έχω δει πολλές φορές το φάντασμά σου». Έδειχνε σαν να ετοιμαζόταν να με αγγίξει, ύστερα τραβήχτηκε πίσω. «Δεν μπορώ να το πιστέψω ότι είσαι εσύ! Ποια παράξενη μοίρα σε φέρνει εδώ τέτοια ώρα;»

«Πηγαίνω στην Τεραγιάμα. Δύο φορές έχω βρει καταφύγιο εκεί. Τώρα πρέπει πάλι να κρυφτώ εκεί μέχρι την άνοιξη».

«Δεν μπορώ να το πιστέψω ότι είσαι εσύ!» επανέλαβε. «Είσαι μούσκεμα. Θα πρέπει να έχεις ξεπαγιάσει». Κοίταξε ολόγυρα στη μικροσκοπική καλύβα. «Έχω τόσο λίγα για να σου προσφέρω». Γύρισε προς το χώρο όπου κοιμόταν και σκόνταψε πάνω στο κοντάρι· έσκυψε να το πάρει. Το ακούμπησε ξανά πλάι στον τοίχο και πήρε ένα απ' τα λεπτά καννάβινα στρωσίδια που είχε στο κρεβάτι. «Βγάλε τα ρούχα σου. Θα τα στεγνώσουμε. Τυλίξου μ' αυτό».

«Πρέπει να συνεχίσω το ταξίδι μου» του είπα. «Θα καθίσω κοντά στη φωτιά για λίγο».

«Δε θα μπορέσεις να φτάσεις στην Τεραγιάμα απόψε. Θα σκοτεινιάσει σε μια ώρα και είναι ακόμα πέντε ώρες ταξίδι από εδώ. Μείνε απόψε εδώ, θα πάμε μαζί αύριο το πρωί».

«Η χιονοθύελλα θα έχει κλείσει το μονοπάτι έως τότε» του είπα. «Θέλω να χαρώ το χιόνι μέσα απ' το ναό, όχι ν' αποκλειστώ απ' αυτόν εξαιτίας του χιονιού».

«Αυτή είναι η πρώτη χιονόπτωση της χρονιάς» απάντησε. «Είναι πυκνή στο βουνό, αλλά από εδώ και προς τα κάτω μοιάζει περισσότερο με χιονόνερο παρά με χιόνι». Χαμογέλασε και απήγγειλε το παλιό ποίημα «*Τις νύχτες, όταν η βροχή παλεύει, πέφτει το χιόνι*... δυστυχώς είμαι τόσο φτωχός όσο ο ποιητής κι η οικογένειά του».

Ήταν ένα από τα πρώτα αποσπάσματα που ο Ιτσίρο μ' είχε μάθει να γράφω, και τώρα τον είχε φέρει στη σκέψη μου με διαπεραστική σαφήνεια. Είχα αρχίσει να τρέμω δυνατά. Τώρα πια δεν μπορούσα να κινηθώ, είχα πράγματι παγώσει από το κρύο. Άρχισα να βγάζω τα μουσκεμένα ρούχα. Ο Μακότο τα πήρε και τ' άπλωσε μπροστά από το μαγκάλι, αφού πρόσθεσε μερικά ξύλα ακόμη και φύσηξε τη χόβολη.

«Αυτό μοιάζει με αίμα» είπε. «Έχεις τραυματιστεί;»

«Όχι, κάποιος προσπάθησε να με σκοτώσει στα σύνορα».

«Αυτό το αίμα είναι, συνεπώς, δικό του;»

Του έγνεψα καταφατικά, δίχως να είμαι σίγουρος για το πόσα θα έπρεπε να του πω, τόσο για τη δική του ασφάλεια όσο και για τη δική μου.

«Σε ακολουθεί κάποιος;» είπε.

«Είτε με ακολουθεί είτε με περιμένει. Έτσι θα είναι για το υπόλοιπο της ζωής μου».

«Θα μου εξηγήσεις γιατί;» Άναψε ένα λιανοκέρι από τη φωτιά και το πλησίασε στο φιτίλι ενός λυχναριού. Το λυχνάρι ζωντάνεψε διστακτικά. «Δεν έχει πολύ λάδι» απολογήθηκε και πήγε να κλείσει τα παραθυρόφυλλα.

Η νύχτα απλώθηκε επάνω μας. «Μπορώ να σ' εμπιστευτώ;» τον ρώτησα.

Η ερώτηση του προκάλεσε γέλιο. «Δεν έχω καμία ιδέα για όλα όσα πέρασες από την τελευταία φορά που συναντηθήκαμε ή τι σε φέρνει σ' αυτό το μέρος τώρα. Κι εσύ δε γνωρίζεις τίποτα για όσα πέρασα εγώ. Εάν ήξερες, δε θα χρειαζόταν να ρωτήσεις. Θα σου τα πω όλα αργότερα. Στο μεταξύ, ναι, μπορείς να με εμπιστευτείς. Εάν δεν εμπιστεύεσαι κανέναν άλλον, εμπιστέψου εμένα».

Ένας τόνος βαθιάς συγκίνησης είχε τρυπώσει στη φωνή του. Γύρισε από την άλλη μεριά. «Θα ζεστάνω λίγη σούπα» είπε. «Λυπάμαι, δεν έχω ούτε κρασί ούτε τσάι».

Θυμήθηκα πώς με είχε ανακουφίσει από τη φοβερή θλίψη που ένιωθα μετά το θάνατο του Σιγκέρου. Με είχε καθησυχάσει τις στιγμές που εγώ βασανιζόμουν από τις τύψεις και με είχε συγκρατήσει όταν η θλίψη είχε δώσει τη θέση της στον πόθο, και τότε κατεύνασε και τα δύο συναισθήματα που ένιωθα.

«Δεν μπορώ να ζήσω με τη Φυλή» είπα. «Τους άφησα, και θα με κυνηγήσουν έως ότου με σκοτώσουν».

Ο Μακότο πήρε ένα δοχείο από τη γωνία του δωματίου και το τοποθέτησε προσεκτικά πάνω από τη χόβολη. Κοίταξε και πάλι προς το μέρος μου.

«Μου ανέθεσαν να βρω τα αρχεία που διατηρούσε γι' αυτούς ο Σιγκέρου» είπα. «Με έστειλαν στο Χάγκι. Μου ζήτησαν να σκοτώσω τον Ιτσίρο, το δάσκαλό μου, και να τους παραδώσω τα αρχεία. Αλλά, φυσικά, δεν τα βρήκα εκεί».

Ο Μακότο χαμογέλασε, αλλά ακόμα δεν είπε τίποτα.

«Αυτός είναι ένας από τους λόγους για τους οποίους πρέπει να φτάσω στην Τεραγιάμα. Επειδή εκεί βρίσκονται. Το ήξερες, έτσι δεν είναι;»

«Θα σου το είχαμε πει εάν δεν είχες επιλέξει να ακολουθήσεις τη Φυλή» μου είπε. «Αλλά το χρέος μας προς τον άρχοντα Σιγκέρου μάς επέβαλλε να μην το διακινδυνεύσουμε. Εμπιστεύτηκε τα αρχεία σε μας γιατί ήξερε πως ο ναός μας είναι ένα από τα λίγα μέρη στις Τρεις Χώρες που δεν έχουν διεισδύσει μέλη της Φυλής».

Έχυσε τη σούπα σ' ένα κύπελλο και μου την έδωσε. «Έχω ένα κύπελλο μονάχα. Δεν περίμενα επισκέπτες. Κι ο τελευταίος άνθρωπος που περίμενα ήσουν εσύ».

«Γιατί βρίσκεσαι εδώ;» τον ρώτησα. «Σκοπεύεις να περάσεις ολόκληρο το χειμώνα εδώ;» Δεν ξεστόμισα τη σκέψη που έκανα, αλλά αμφέβαλλα ότι θα κατάφερνε να επιβιώσει. Ίσως να μην ήθελε. Ήπια μια γερή γουλιά από τη σούπα. Ήταν καυτή κι αλμυρή, αλλά αυτά ήταν όλα όσα θα μπορούσε να πει κανείς για τη σούπα. Κι αυτή ήταν η μοναδική τροφή που διέθετε. Τι είχε συμβεί σ' εκείνον τον ενεργητικό νεαρό άντρα που είχα πρώτη φορά συναντήσει στην Τεραγιάμα; Τι τον είχε οδηγήσει σ' αυτή την κατάσταση της απόλυτης παραίτησης, σχεδόν στην απελπισία;

Τυλίχτηκα με το σκέπασμα και πλησίασα λίγο πιο κοντά στη φωτιά. Όπως πάντα, αφουγκραζόμουν. Ο αέρας είχε δυναμώσει και σφύριζε μέσα από την καλαμοσκεπή. Κάθε τόσο, ένα δυνατό φύσημα του ανέμου έκανε το λυχνάρι να τρεμουλιάζει και να ρίχνει χοντροκομμένες σκιές πάνω στον αντικρινό τοίχο. Ο θόρυβος που ερχόταν απ' έξω δεν ήταν ο μαλακός ήχος του χιονιού, αλλά πιο σκληρός και υγρός.

Τώρα που οι πόρτες ήταν κλειστές, η καλύβα είχε ζεσταθεί. Τα ρούχα είχαν αρχίσει να στεγνώνουν. Άδειασα το κύπελλο και του το έδωσα πίσω. Το ξαναγέμισε, ήπιε μια γουλιά και το άφησε στο πάτωμα.

«Το χειμώνα, για το υπόλοιπο της ζωής μου, οτιδήποτε αποδειχτεί μεγαλύτερο» είπε, ύστερα με κοίταξε και μετά κοίταξε κάτω. Μου είναι δύσκολο να σου μιλήσω, Τακέο, από τη στιγμή που ένα μεγάλο μέρος αφορά κι εσένα τον ίδιο, όμως ο Πεφωτισμένος το βρήκε σκόπιμο να σε φέρει εδώ, οπότε πρέπει να προσπαθήσω. Ο ερχομός σου τ' αλλάζει όλα. Σου το είπα, το όραμά σου ήταν διαρκώς μαζί μου, με επισκέπτεσαι τη νύχτα στα όνειρά μου. Προσπάθησα να κατανικήσω αυτή την εμμονή».

Χαμογέλασε αυτοσαρκαστικά. «Από τότε που ήμουν παιδί προσπαθούσα να αποκοπώ από τον κόσμο των αισθήσεων. Η μόνη επιθυμία μου ήταν η φώτιση. Πόθησα την ιερότητα. Δε λέω πως δεν είχα ποτέ μου σχέσεις – ξέρεις τι συμβαίνει όταν άντρες ζουν μαζί χωρίς γυναίκες. Η Τεραγιάμα δεν αποτελεί εξαίρεση. Αλλά ποτέ δεν ερωτεύτηκα με κανέναν. Ποτέ μου δεν κυριεύτηκα από πάθος κι εμμονή όπως μου συνέβη με σένα». Πάλι το χαμόγελο έκαμψε τα χείλια του. «Δε θα υπεισέλθω στους λόγους. Δεν είναι σημαντικό και, εν πάση περιπτώσει, δεν είμαι βέβαιος ότι τους γνωρίζω ακόμη κι εγώ ο ίδιος. Ωστόσο, μετά από το θάνατο του άρχοντα Σιγκέρου, είχες χάσει τα λογικά σου από τη θλίψη. Με συγκίνησε ο πόνος που ένιωθες. Θέλησα να σ' ανακουφίσω».

«Με ανακούφισες» είπα με χαμηλή φωνή.

«Για μένα ήταν περισσότερο από παρηγοριά! Δε συνειδητοποίησα ότι θα ήταν τόσο ισχυρό συναίσθημα. Λάτρεψα αυτό που ένιωθα κι ήμουν ευγνώμων που είχα βιώσει κάτι που δεν είχα γνωρίσει ποτέ πριν κι όμως το αποστρεφόμουν. Έκανε όλες τις πνευματικές μου προσπάθειες να φανούν μάταιες. Πήγα στον ηγούμενό μας και του είπα πως σκεφτόμουν ότι ίσως πρέπει να εγκαταλείψω το ναό και να επιστρέψω στον κόσμο. Μου πρότεινε να φύγω μακριά για λίγο, ούτως ώστε να σκεφτώ την απόφασή μου. Έχω ένα φίλο από τα παιδικά μου χρόνια που ζει στη Δύση, που τόσον καιρό με παρακαλούσε να τον επισκεφτώ. Ξέρεις, παίζω λίγο φλάουτο. Με προσκάλεσαν να συνοδεύσω το Μαμόρου και κάποιους άλλους στην παρουσίαση ενός δράματος, του *Ατσουμόρι*».

Έμεινε σιωπηλός. Ο αέρας έριξε μια ριπή από χιονόνερο στον τοίχο. Το λυχνάρι αναταράχτηκε τόσο, που σχεδόν έσβησε. Δεν είχα καμία ιδέα τι επρόκειτο να πει ο Μακότο στη συνέχεια, αλλά η καρδιά μου είχε αρχίσει να χτυπάει γρήγορα κι ένιωθα το σφυγμό να δυναμώνει στο λαιμό μου. Όχι από πόθο, παρ' όλο που ήταν παρούσα η ανάμνηση πόθου, αλλά περισσότερο από το φόβο ότι θα άκουγα όσα δεν ήθελα ν' ακούσω.

Ο Μακότο είπε «Ο φίλος μου ζει στο σπίτι του άρχοντα Φουτζιβάρα».

Κούνησα το κεφάλι μου. Ποτέ μου δεν είχα ακούσει γι' αυτόν.

«Είναι ένας ευγενής που ζει εξόριστος μακριά από την πρωτεύουσα. Τα εδάφη του συνορεύουν με τη Σιρακάβα».

Και μόνο το άκουσμα του ονόματός της έμοιαζε με χτύπημα στην κοιλιά. «Συνάντησες την αρχόντισσα Σιρακάβα;»

Έγνεψε.

«Είχα την πληροφορία πως ήταν ετοιμοθάνατη». Η καρδιά μου χτυπούσε τόσο δυνατά, που νόμισα ότι θα πηδούσε από το λαιμό μου.

«Ήταν βαριά άρρωστη, αλλά ανάρρωσε. Ο γιατρός του άρχοντα Φουτζιβάρα τής έσωσε τη ζωή».

«Είναι ζωντανή;» Το αμυδρός φως του λυχναριού άρχισε να δυναμώνει έως ότου η καλύβα φωτίστηκε διάπλατα. «Η Καεντέ είναι ζωντανή;»

Περιεργάστηκε το πρόσωπό μου, το δικό του πλημμύρισε με πόνο. «Ναι, κι είμαι βαθύτατα ευγνώμων, γιατί, εάν είχε πεθάνει, εγώ θα ήμουν αυτός που θα είχε δώσει το μοιραίο χτύπημα».

Ήμουν συνοφρυωμένος, προσπαθούσα να ερμηνεύσω τα λόγια του. «Τι συνέβη;»

«Στο σπίτι του Φουτζιβάρα την ήξεραν ως αρχόντισσα Οτόρι. Πίστευαν ότι ο άρχοντας Σιγκέρου την παντρεύτηκε κρυφά στην Τεραγιάμα την ημέρα που ήρθε να προσκυνήσει τον τάφο του αδερφού του, την ημέρα που συναντηθήκαμε. Δεν περίμενα να τη συναντήσω στο σπίτι του άρχοντα Φουτζιβάρα, δεν είχα πληροφορηθεί το γάμο της. Ξαφνιάστηκα εντελώς όταν μου τη σύστησαν. Υπέθεσα ότι εσύ την είχες παντρευτεί, ότι ήσουν κι εσύ εκεί. Τα ξεφούρνισα όλα. Όχι μόνον αποκάλυψα τη δύναμη και το είδος του πάθους μου για σένα, από το οποίο πίστεψα πως είχα θεραπευτεί, αλλά και κατέστρεψα, μέσα σε μια στιγμή, ενώπιον του πατέρα της, την πρόφαση που είχε χρησιμοποιήσει».

«Όμως γιατί να ισχυριστεί κάτι τέτοιο;»

«Για ποιο λόγο μια γυναίκα ισχυρίζεται ότι είναι παντρεμένη ενώ δεν είναι; Παρά λίγο να πεθάνει επειδή απέβαλε το παιδί που κουβαλούσε στην κοιλιά της».

Δεν μπορούσα να μιλήσω.

Ο Μακότο είπε «Ο πατέρας της με ανέκρινε σχετικά με το γάμο. Ήξερα ότι δεν είχε πραγματοποιηθεί στην Τεραγιάμα. Προσπάθησα να τον αποφύγω δίνοντάς του πλάγιες απαντήσεις, αλλά είχε ήδη τις υποψίες του κι εγώ είχα ήδη πει αρκετά για να τις επιβεβαιώσω. Δεν το γνώριζα τότε, αλλά το μυαλό του ήταν πολύ ασταθές και μιλούσε συχνά για αυτοκτονία. Έσκισε την κοιλιά του μπροστά της και ο κλονισμός πρέπει να προκάλεσε την αποβολή».

Είπα «Το παιδί ήταν δικό μου. Έπρεπε να είχε γίνει γυναίκα μου. Θα γίνει».

Όταν όμως άκουσα τα ίδια μου τα λόγια, η προδοσία μου στην Καεντέ μού φάνηκε ακόμα πιο πελώρια. Θα με συγχωρούσε άραγε ποτέ;

«Αυτό υπέθεσα κι εγώ» είπε. «Αλλά πότε; Τι σας πέρασε απ' το μυαλό; Μια γυναίκα της τάξης της και από μια τέτοια οικογένεια;»

«Σκεφτόμασταν το θάνατο. Ήταν η νύχτα που πέθανε ο Σιγκέρου κι έπεσε η Ινουγιάμα. Δε θέλαμε να πεθάνουμε δίχως να...» μου ήταν αδύνατο να συνεχίσω.

Μετά από μερικές στιγμές, ο Μακότο συνέχισε «Εγώ δε θα μπορούσα να ζήσω εάν το είχα κάνει. Το πάθος μου με είχε οδηγήσει βαθιά πίσω στον κόσμο του πόνου, από τον οποίο νόμισα πως θα μπορούσα να δραπετεύσω. Αισθάνθηκα ότι είχα κάνει ανεπανόρθωτη ζημιά σε μια άλλη ευαίσθητη ύπαρξη, ακόμα κι αν αυτή ήταν μια γυναίκα, αλλά συγχρόνως κάποιο ζηλόφθονο τμήμα του εαυτού μου την επιθυμούσε νεκρή επειδή ήξερα ότι την αγάπησες κι ότι κι αυτή πρέπει να σ' έχει αγαπήσει. Όπως βλέπεις, δε σου κρύβω τίποτα. Πρέπει να μάθεις τα χειρότερα για μένα».

«Θα ήμουν ο τελευταίος που θα σε καταδίκαζε. Η δική μου συμπεριφορά είναι πολύ σκληρότερη αν αναλογιστείς τα αποτελέσματά της».

«Όμως εσύ ανήκεις σε τούτον τον κόσμο, Τακέο, ζεις μέσα στην καρδιά του. Εγώ θέλησα να είμαι διαφορετικός. Ακόμη κι αυτό μου αποκαλύφθηκε ως μια φρικτή υπερηφάνεια. Επέστρεψα στην Τεραγιάμα και ζήτησα άδεια από τον ηγούμενό μας να αποσυρθώ σε αυτή τη μικρή καλύβα, όπου θα αφιέρωνα τη μουσική του φλάουτού μου και οποιοδήποτε πάθος που εξακολουθούσα να κρύβω μέσα μου στην υπηρεσία του Πεφωτισμένου· όχι πως ακόμη ελπίζω ότι θα με φωτίσει, γιατί είμαι απολύτως ανάξιος για κάτι τέτοιο».

«Όλοι μας ζούμε στην καρδιά του κόσμου» είπα. «Πού αλλού μπορούμε να ζήσουμε;» Καθώς μιλούσα, μου φάνηκε ότι άκουσα τη φωνή Σιγκέρου: *Όπως ακριβώς ο ποταμός βρίσκεται πάντα έξω από την πόρτα, έτσι κι ο κόσμος πάντα περιμένει απ' έξω. Και σ' αυτόν τον κόσμο πρέπει να ζήσουμε.*

Ο Μακότο με κοίταζε επίμονα, το πρόσωπό του ξαφνικά φώτισε, τα μάτια του έλαμψαν. «Αυτό είναι το μήνυμα που πρέπει να ακούσω; Γι' αυτό παρουσιάστηκες σε μένα;»

«Εγώ δεν είμαι σε θέση να γνωρίζω τα δικά μου σχέδια για τη ζωή» απάντησα. «Πώς μπορώ να εμβαθύνω στα δικά σου; Αλλά αυτό ήταν ένα από τα πρώτα πράγματα που έμαθα από το Σιγκέρου. Ότι πρέπει να ζήσουμε μέσα στον κόσμο».

«Τότε, θεώρησέ το ως εντολή από εκείνον» είπε ο Μακότο και μπορούσα να δω την ενέργεια που είχε αρχίσει να επιστρέφει και πάλι πίσω σ' αυτόν. Έδειχνε, αρχικά, πως είχε παραδοθεί στο θάνατο, αλλά τώρα επέστρεφε στη ζωή μπροστά στα μάτια μου. «Σκοπεύεις τώρα να πραγματοποιήσεις τις επιθυμίες του;»

«Ο Ιτσίρο μού είπε ότι πρέπει να εκδικηθώ τους θείους του και να διεκδικήσω την κληρονομιά μου, κι αυτό σκοπεύω να κάνω. Αλλά ως προς τον τρόπο με τον οποίο θα το επιτύχω αυτό δεν έχω καμία ιδέα. Και πρέπει να παντρευτώ την κυρία Σιρακάβα. Ήταν κι αυτό επιθυμία του Σιγκέρου».

«Ο άρχοντας Φουτζιβάρα επιθυμεί να την παντρευτεί» είπε ο Μακότο με προσοχή.

Θέλησα να το αγνοήσω αυτό. Δεν μπορούσα να πιστέψω ότι η Καεντέ θα παντρευόταν κάποιον άλλον. Οι τελευταίες λέξεις που μου είχε πει ήταν *Δε θ' αγαπήσω κανέναν άλλον πέρα από σένα*. Και πριν από αυτό είχε πει *Μονάχα μαζί σου νιώθω ασφαλής*. Ήξερα τη φήμη που είχε αποκτήσει, ότι οποιοσδήποτε άντρας την άγγιζε πέθαινε. Είχα πλαγιάσει μαζί της κι επέζησα. Της είχα χαρίσει ένα παιδί. Κι εγώ την εγκατέλειψα, είχε κοντέψει να πεθάνει, είχε χάσει το παιδί μας – θα με συγχωρούσε ποτέ;

Ο Μακότο συνέχισε «Ο Φουτζιβάρα προτιμάει τους άντρες από τις γυναίκες. Αλλά φαίνεται να έχει κάποιου είδους παθιασμένη εμμονή με την αρχόντισσα Σιρακάβα.

Της προτείνει γάμο μόνο κατ' όνομα, για να της προσφέρει την προστασία του. Πιθανώς δε μένει τόσο αδιάφορος μπροστά στην κληρονομιά της. Η Σιρακάβα, δυστυχώς, καταστράφηκε, όμως υπάρχει πάντα η Μαρουγιάμα».

Όταν εγώ δεν έκανα κανένα σχόλιο, εκείνος μουρμούρισε «Είναι συλλέκτης. Θα γίνει ένα από τα αποκτήματά του. Η συλλογή του δε βλέπει ποτέ το φως της ημέρας. Παρουσιάζεται μόνο σε μερικούς προνομιούχους φίλους».

«Δεν μπορεί να της συμβεί κάτι τέτοιο!»

«Τι άλλες επιλογές έχει; Είναι τυχερή που δε θα ντροπιαστεί εντελώς. Το γεγονός ότι έχει επιζήσει των θανάτων τόσων πολλών αντρών που συνδέονταν μαζί της είναι αρκετά επαίσχυντο. Αλλά υπάρχει κάτι αφύσικο γύρω απ' αυτή. Λένε ότι διέταξε να θανατωθούν δύο από τους υποτακτικούς του πατέρα της όταν αρνήθηκαν να την υπηρετήσουν. Διαβάζει και γράφει όπως ένας άντρας. Και προφανώς, προετοιμάζει στρατό για να διεκδικήσει τη Μαρουγιάμα για λογαριασμό της, την άνοιξη».

«Ίσως η ίδια θα προστατεύσει τον εαυτό της» είπα.

«Μια γυναίκα;» απάντησε ο Μακότο με περιφρονητικό ύφος. «Αυτό είναι αδύνατον».

Αισθάνθηκα την καρδιά μου να φουσκώνει από θαυμασμό για την Καεντέ. Τι σύμμαχος θα ήταν! Εάν παντρευόμασταν, θα κρατούσαμε τα μισά εδάφη των Σεϊσού. Η Μαρουγιάμα θα μου παρείχε όλους τους αναγκαίους πόρους που χρειαζόμουν για να πολεμήσω με τους άρχοντες των Οτόρι. Όταν θα ξεμπέρδευα μαζί τους, μόνο η καρδιά της πρώην χώρας των Τοχάν, που τώρα ανήκε στον Αράι, θα εμπόδιζε τα εδάφη μας να απλωθούν από τη μια άκρη της θάλασσας ως την άλλη, όπως ακριβώς υποσχόταν η προφητεία.

Τώρα που είχαν ξεκινήσει τα χιόνια, όλα αυτά έπρεπε να περιμένουν μέχρι την άνοιξη. Ήμουν εξαντλημένος, όμως καιγόμουν από ανυπομονησία. Φοβόμουν μήπως η Καεντέ έπαιρνε κάποια αμετάκλητη απόφαση προτού προλάβω να τη δω και πάλι.

«Είπες ότι θα με οδηγήσεις στο ναό».

Ο Μακότο έγνεψε. «Θα ξεκινήσουμε μόλις χαράξει».

«Αλλά θα έμενες εδώ όλο το χειμώνα εάν δε σε είχα βρει εγώ;»

«Δεν τρέφω αυταπάτες» μου απάντησε. «Πιθανότατα θα πέθαινα εδώ. Ίσως μου έσωσες τη ζωή».

Μιλήσαμε μέχρι αργά τη νύχτα, ή, τουλάχιστον, εκείνος μιλούσε, λες κι η παρουσία κάποιας άλλης ύπαρξης είχε ξεκλειδώσει ολόκληρες εβδομάδες σιωπής. Μου είπε κάτι σχετικά με την καταγωγή του: ήταν τέσσερα χρόνια πιο μεγάλος από μένα και καταγόταν από μια οικογένεια χαμηλόβαθμων πολεμιστών που υπηρετούσαν τους Οτόρι από την εποχή της μάχης της Γεγκαχάρα και μετά από εκείνη την ήττα είχαν υποχρεωθεί να δηλώσουν την υποταγή τους στους Τοχάν. Είχε ανατραφεί ως πολεμιστής, αλλά ήταν ο πέμπτος γιος σε μια μεγάλη οικογένεια που φτώχαινε με σταθερούς ρυθμούς. Από νεαρή ηλικία είχαν ενθαρρύνει την αγάπη του για τη μάθηση και το ενδιαφέρον του για τη θρησκεία, κι όταν άρχισε η παρακμή της οικογένειάς του, τον έστειλαν στην Τεραγιάμα. Ήταν έντεκα ετών τότε. Ο αδερφός του, που ήταν τότε δεκατριών, προοριζόταν επίσης να γίνει δόκιμος μοναχός, αλλά, μετά τον πρώτο χειμώνα, το είχε σκάσει και κανείς δεν είχε ακούσει γι' αυτόν από τότε. Ο μεγαλύτερος αδερφός είχε σκοτωθεί στη Γεγκαχάρα κι ο πατέρας τους πέθανε λίγο αργότερα. Οι δύο αδερφές του παντρεύτηκαν με πολεμιστές Τοχάν και δεν είχε μάθει νέα τους για χρόνια. Η μητέρα του ζούσε ακόμα στο αγρόκτημα της οικογένειας, όσο μικρό κι αν ήταν, με δύο από τους αδερφούς του και τις οικογένειές τους. Δε θεωρούσαν πως ανήκαν πλέον στην τάξη των πολεμιστών. Έβλεπε τη μητέρα του μία ή δύο φορές το χρόνο.

Μιλούσαμε άνετα, σαν παλιοί φίλοι, και θυμήθηκα πώς λαχταρούσα να είχα έναν τέτοιο σύντροφο όταν ταξίδευα με τον Ακίο. Μεγαλύτερος στην ηλικία και με καλύτερη μόρφωση από μένα, ο Μακότο είχε μια βαρύτητα κι ένα σκεπτικισμό που έρχονταν σε αντίθεση με τη δική μου απερίσκεπτη φύση. Ωστόσο, όπως επρόκειτο να ανακαλύψω αργότερα, ήταν δυνατός και θαρραλέος, παρέμενε πολεμιστής, όσο και μοναχός και διανοούμενος.

Άρχισε να μου μιλάει για τη φρίκη και την αναταραχή που σκέπασαν τη Γιαμαγκάτα και την Τεραγιάμα μετά από το θάνατο του Σιγκέρου.

«Οπλιστήκαμε και προετοιμαστήκαμε να εξεγερθούμε. Καιρό τώρα, ο Ιίντα απειλούσε να καταστρέψει το ναό μας, γνωρίζοντας ότι χρόνο με το χρόνο γινόμαστε ολοένα πιο πλούσιοι και ισχυροί. Ήξερε τη δυσαρέσκεια που νιώθαμε εξαιτίας του γεγονότος ότι ήμασταν υποταγμένοι στους Τοχάν και ήλπιζε να πατάξει κάθε εξέγερση στο ξεκίνημά της. Είδες και μόνος σου πώς αντιμετώπιζαν οι άνθρωποι τον άρχοντα Σιγκέρου. Το αίσθημα της απώλειας και της θλίψης που ένιωσαν με το θάνατό του ήταν πολύ έντονο. Ποτέ μου δεν είχα ξαναδεί κάτι αντίστοιχο. Οι ταραχές στην πόλη, που οι Τοχάν φοβόντουσαν όσο εκείνος ζούσε ακόμη, ξέσπασαν με πολύ περισσότερη βία στην είδηση του θανάτου του. Ήταν ένας αυθόρμητος ξεσηκωμός, παλιοί πολεμιστές των Οτόρι, άνθρωποι της πόλης οπλισμένοι με παλούκια, ακόμη κι αγρότες με δρεπάνια και πέτρες επιτέθηκαν στο κάστρο. Ήμασταν έτοιμοι να ενώσουμε τις δυνάμεις μας σ' αυτή την επίθεση, όταν έφτασε η είδηση του θανάτου του Ιίντα και της νίκης του Αράι στην Ινουγιάμα. Οι δυνάμεις των Τοχάν άρχισαν να οπισθοχωρούν κι εμείς τους καταδιώξαμε με κατεύθυνση προς το Κουσιμότο.

»Σε συναντήσαμε στο δρόμο, να κουβαλάς το κεφάλι του Ιίντα. Από εκείνη τη στιγμή όλοι είχαν αρχίσει να πληροφορούνται την ιστορία σχετικά με το πώς λυτρώθηκε ο άρχοντας Σιγκέρου. Κι όλοι είχαν αρχίσει να μαντεύουν την πραγματική ταυτότητα αυτού που αποκαλούσαν Άγγελο της Γιαμαγκάτα».

Αναστέναξε και φύσηξε τ' απομεινάρια της χόβολης. Το λυχνάρι είχε σβήσει από ώρα. «Όταν επιστρέψαμε στην Τεραγιάμα, δεν έμοιαζες καθόλου με ήρωα. Ήσουν σαν χαμένος, βυθισμένος στην οδύνη όπως όλοι οι άλλοι άνθρωποι που είχα γνωρίσει, κι είχες μάλιστα ν' αντιμετωπίσεις μια σειρά από αποφάσεις που σου σπάραζαν την καρδιά. Μου προκάλεσες το ενδιαφέρον από την πρώτη στιγμή που σε είδα, όμως σε είχα θεωρήσει παράξενο – ταλαντούχο ίσως, αλλά αδύναμο· η ισχυρή ακοή σου φάνταζε αλλόκοτη, όπως ενός ζώου. Συνήθως θεωρώ τον εαυτό μου καλό κριτή των ανθρώπων. Ξαφνιάστηκα όταν σε προσκάλεσαν να επιστρέψεις πάλι και η εμπιστοσύνη που σου έδειχνε ο Σιγκέρου με μπέρδευε. Συνειδητοποίησα πως δεν ήσουν ό,τι έδειχνες, διέκρινα το θάρρος που έκρυβες μέσα σου, καθώς και τη δύναμη των συναισθημάτων σου. Σε ερωτεύτηκα. Όπως είπα, δε μου είχε συμβεί ποτέ πριν. Και είπα ότι δεν επρόκειτο να σου πω το γιατί, όμως τελικά το έκανα».

Ύστερα από μια στιγμή πρόσθεσε «Δε θα μιλήσω ξανά γι' αυτό».

«Δε μ' ενοχλεί» απάντησα. «Το αντίθετο, μάλιστα. Χρειάζομαι μια φιλία περισσότερο από οτιδήποτε άλλο στον κόσμο».

«Εκτός από ένα στρατό, εννοείς;»

«Αυτό πρέπει να περιμένει μέχρι την άνοιξη».

«Θα κάνω ό,τι μπορώ για να σε βοηθήσω».

«Και το κάλεσμα που ένιωσες, η αναζήτηση της φώτισης;»

«Ο δικός σου αγώνας είναι αυτό που με καλεί» είπε. «Για ποιον άλλο λόγο ο Πεφωτισμένος θα σ' έφερνε εδώ για να μου υπενθυμίσεις ότι ζούμε μέσα στην καρδιά του κόσμου; Ένας πολύ ισχυρός δεσμός υπάρχει ανάμεσά μας. Και τώρα καταλαβαίνω ότι δεν πρέπει να του αντιστέκομαι».

Η φωτιά είχε σχεδόν σβήσει. Δεν μπορούσα πλέον ν' αντικρίσω το πρόσωπο του Μακότο. Έτρεμα κάτω από το λεπτό σκέπασμα. Αναρωτήθηκα εάν μπορούσα να κοιμηθώ, εάν θα μπορούσα να κοιμηθώ ποτέ, εάν θα σταματούσα ν' αφουγκράζομαι για ν' ακούσω την ανάσα του δολοφόνου. Σ' έναν κόσμο που φαινόταν σχεδόν εξολοκλήρου εχθρικός, η αφοσίωση του Μακότο με συγκίνησε βαθιά. Δεν μπορούσα να σκεφτώ κάτι να πω. Πήρα το χέρι του και το έσφιξα σε ένδειξη ευγνωμοσύνης και ευχαριστίας.

«Θα παραμονεύεις ενόσω θα κοιμάμαι για μερικές ώρες;»

«Ασφαλώς».

«Ξύπνησέ με κι ύστερα θα κοιμηθείς κι εσύ με τη σειρά σου πριν ξεκινήσουμε».

Μου έγνεψε καταφατικά. Τυλίχτηκα και με το δεύτερο πάπλωμα και ξάπλωσα. Η φωτιά έβγαζε τώρα την πιο χλωμή λάμψη της. Την άκουγα να ψιθυρίζει καθώς έσβηνε. Έξω ο άνεμος είχε εξασθενήσει λίγο. Το γείσο της σκεπής έσταζε· κάποιο μικρό ζώο ξεκουραζόταν στην καλαμοσκεπή. Μια κουκουβάγια έσκουξε κι ένα ποντίκι κοκάλωσε στη θέση του. Βούλιαξα σ' έναν ανήσυχο ύπνο κι ονειρεύτηκα παιδιά να πνίγονται. Βουτούσα ξανά και ξανά στα παγωμένα μαύρα νερά, αλλά δεν κατάφερνα να τα σώσω.

Ξύπνησα από το κρύο. Η αυγή είχε μόλις αρχίσει να φωτίζει την καλύβα. Ο Μακότο καθόταν σε στάση περισυλλογής. Η αναπνοή του ήταν τόσο αργή, που μόλις και μετά βίας μπορούσα να την ακούσω, όμως ήξερα ότι βρισκόταν σε απόλυτη εγρήγορση. Τον παρατήρησα για μερικά λεπτά. Όταν εκείνος άνοιξε τα μάτια του, εγώ απέστρεψα το βλέμμα μου.

«Έπρεπε να με ξυπνήσεις».

«Αισθάνομαι ξεκούραστος. Χρειάζομαι πολύ λίγο ύπνο». Με ρώτησε με περιέργεια «Γιατί δε με κοιτάζεις πια;».

«Γιατί ίσως να σε υπνωτίσω. Είναι μια από τις δεξιότητες της Φυλής που έχω κληρονομήσει. Θα 'πρεπε να είμαι σε θέση να το ελέγξω, αλλά έχω κοιμίσει ανθρώπους δίχως να το θέλω. Γι' αυτό κι εγώ δεν κοιτάζω κατάματα».

«Θέλεις να πεις ότι διαθέτεις κάτι περισσότερο από την ακοή; Τι άλλο;»

«Μπορώ να γίνω αόρατος – για αρκετή ώρα ώστε να ξεγελάσω έναν αντίπαλο ή να ξεγλιστρήσω από μια φρουρά. Και μπορώ να φαίνομαι ότι παραμένω σ' ένα συγκεκριμένο μέρος ενώ έχω ήδη φύγει ή να βρίσκομαι σε δύο διαφορετικά μέρη ταυτόχρονα. Αυτό το αποκαλούμε "χρήση του δεύτερου εαυτού"». Τον παρακολουθούσα καθώς τα έλεγα αυτά, αλλά δίχως να το δείχνω, επειδή μ' ενδιέφερε να δω την αντίδρασή του.

Εκείνος ανασηκώθηκε ελαφρά. «Μου ακούγεσαι περισσότερο σαν δαίμονας παρά σαν άγγελος» μουρμούρισε. «Όλοι αυτοί οι άνθρωποι, η Φυλή, μπορούν να τα κάνουν αυτά;»

«Διάφοροι άνθρωποι διαθέτουν διαφορετικές δεξιότητες. Φαίνεται ότι εγώ κληρονόμησα πολύ περισσότερες απ' όσες μου αναλογούσαν».

«Δεν ήξερα τίποτα για τη Φυλή, δε γνώριζα καν την ύπαρξή της, έως ότου μας μίλησε ο ηγούμενός μας για σένα και τη σχέση σου μαζί τους, μετά από την επίσκεψή σου το καλοκαίρι».

«Πολλοί πιστεύουν ότι αυτές οι δεξιότητες είναι ένα είδος μαγείας» είπα.

«Είναι;»

«Δεν ξέρω, επειδή δεν ξέρω πώς να τις προκαλέσω. Αυτές ήρθαν σε μένα. Δεν επιδίωξα να τις αποκτήσω. Αλλά η εξάσκηση τις ενισχύει».

«Υποθέτω ότι, όπως συμβαίνει με κάθε άλλη δεξιότητα, μπορούν να χρησιμοποιηθούν για καλό ή για κακό» είπε σιγανά.

«Ασφαλώς, η Φυλή θέλει να τις χρησιμοποιεί αποκλειστικά για τους σκοπούς της» είπα. «Γι' αυτόν ακριβώς το λόγο δε θα μου επιτρέψουν να ζήσω. Εάν με ακολουθήσεις, θα αντιμετωπίσεις τον ίδιο κίνδυνο. Είσαι προετοιμασμένος για κάτι τέτοιο;»

Έγνεψε. «Ναι, είμαι έτοιμος. Δε σ' ανησυχεί ωστόσο; Θα έκανε τους περισσότερους ανθρώπους να λυγίσουν από το φόβο».

Δεν ήξερα πώς να απαντήσω. Συχνά με είχαν αποκαλέσει άφοβο, αλλά αυτή η λέξη φαντάζει πολύ κομψή και περίτεχνη για να περιγράψει μια κατάσταση που μοιάζει περισσότερο με το αόρατο, ένα χάρισμα με το οποίο είχα γεννηθεί. Και το θάρρος έρχεται σε μένα μόνο κατά διαστήματα, κι ύστερα απαιτεί πολλή ενέργεια για να το διατηρήσω. Γνωρίζω καλά το φόβο, όπως κάθε άλλος άνθρωπος. Δεν ήθελα να το σκεφτώ εκείνη τη στιγμή. Σηκώθηκα και πήρα τα ρούχα μου. Δεν είχαν στεγνώσει ακόμη και τα ένιωσα μουσκεμένα επάνω στο δέρμα μου μόλις τα φόρεσα. Βγήκα έξω για να κατουρήσω. Ο αέρας ήταν παγερός και υγρός, αλλά είχε σταματήσει να χιονίζει και όσο χιόνι ήταν στρωμένο στη γη έμοιαζε μουλιασμένο. Δεν υπήρχαν ίχνη γύρω από την καλύβα και το βωμό, εκτός από τα δικά μου, που ήταν ήδη μισοκαλυμμένα. Το μονοπάτι που οδηγούσε προς τα κάτω είχε εξαφανιστεί. Ήταν όμως προσπελάσιμο. Το βουνό και το δάσος έστεκαν σιωπηλά, μόνο ο αέρας ακουγόταν. Από μακριά μπορούσα ν' ακούσω κοράκια και λίγο πιο κοντά κάποιο μικρότερο πουλί που τιτίβιζε λυπημένα. Δεν άκουσα τον ήχο κάποιας ανθρώπινης παρουσίας, κανένα τσεκούρι πάνω σε κορμό, καμία καμπάνα από ναό, κανένα σκυλί σε χωριό. Η πηγή του βωμού έβγαζε ένα χαμηλότονο, γάργαρο ήχο. Έπλυνα το πρόσωπο και τα χέρια μου στο παγωμένο μαύρο νερό κι ύστερα ήπια για να ξεδιψάσω.

Αυτό ήταν όλο το πρωινό που φάγαμε. Ο Μακότο συσκεύασε τα λιγοστά υπάρχοντά του, παράχωσε τα φλάουτα στη ζώνη του και πήρε το κοντάρι. Ήταν το μοναδικό όπλο του. Του έδωσα το κοντό σπαθί που είχα πάρει από τον άντρα που μου είχε επιτεθεί την προηγούμενη ημέρα και το έκρυψε στη ζώνη του, δίπλα στα φλάουτα.

Καθώς ξεκινούσαμε, μερικές νιφάδες χιονιού άρχισαν να πέφτουν από ψηλά και συνέχισαν να πέφτουν όλο το πρωί. Το μονοπάτι ωστόσο δεν καλύφτηκε πολύ πυκνά και ο Μακότο ήξερε, φυσικά, καλά το δρόμο. Κάθε τόσο γλιστρούσα σε κάποιο κομμάτι πάγου ή βουτούσα σε κάποια τρύπα μέχρι το γόνατο. Σύντομα τα ρούχα μου ήταν τόσο υγρά όπως ακριβώς και την προηγούμενη νύχτα. Το μονοπάτι ήταν στενό· προχωρούσαμε ο ένας πίσω από τον άλλο, μιλώντας ελάχιστα. Ο Μακότο φάνηκε να μην έχει πλέον κάτι άλλο να πει, κι εγώ ήμουν πολύ απασχολημένος με το να στήνω αυτί – για κάποια αναπνοή, για κάποιο κλαδί που έσπαγε, για το τίναγμα της χορδής κάποιου τόξου, για το σφύριγμα από το πέταγμα κάποιου μαχαιριού. Αισθανόμουν όπως ένα άγριο ζώο, πάντα σε κίνδυνο, πάντα κυνηγημένο.

Το φως έγινε χλωμό και απέκτησε μια μαργαριταρένια γκρίζα απόχρωση, έμεινε έτσι για τρεις ώρες περίπου κι ύστερα άρχισε να σκοτεινιάζει. Οι νιφάδες του χιονιού έπεφταν πιο πυκνές, άρχισαν να στροβιλίζονται και να στρώνονται. Γύρω στο μεσημέρι σταματήσαμε για να ξεδιψάσουμε κοντά σ' ένα μικρό ρέμα, αλλά, μόλις σταματήσαμε το περπάτημα, μας έπιασε το κρύο, κι έτσι δεν καθυστερήσαμε.

«Αυτό είναι το βορινό ποτάμι, που ρέει δίπλα από το ναό» είπε ο Μακότο. «Θ' ακολουθήσουμε την πορεία του μέχρι το τέλος της διαδρομής. Είναι λιγότερο από δύο ώρες απόσταση».

Αυτό μου φαινόταν πολύ ευκολότερο από το ταξίδι που είχα κάνει όταν έφυγα από το Χάγκι. Είχα αρχίσει σχεδόν να χαλαρώνω. Η Τεραγιάμα ήταν μονάχα δύο ώρες μακριά. Είχα συντροφιά. Θα φτάναμε στο ναό, όπου θα ήμουν ασφαλής για το χειμώνα. Αλλά ο παφλασμός του ποταμού κάλυψε κάθε άλλο ήχο, κι έτσι δεν μπόρεσα ν' αντιληφτώ τους άντρες που μας είχαν στήσει ενέδρα.

Ήταν δύο κι όρμησαν καταπάνω μας από το δάσος, όπως οι λύκοι. Εκείνοι περίμεναν να βρουν ένα άτομο μονάχα – κι η παρουσία του Μακότο τούς εξέπληξε. Είδαν έναν αβοήθητο μοναχό κι επιτέθηκαν σε κείνον πρώτα, νομίζοντας ότι θα το έβαζε στα πόδια. Εκείνος όμως έριξε κάτω τον πρώτο μ' ένα χτύπημα στο κεφάλι που πρέπει να του ράγισε το κρανίο. Ο δεύτερος βαστούσε ένα μακρύ ξίφος, γεγονός το οποίο με εξέπληξε, δεδομένου ότι η Φυλή δε συνήθιζε να τα χρησιμοποιεί. Έγινα αόρατος καθώς μου επιτέθηκε, τον πλησίασα και του πετσόκοψα το χέρι που κρατούσε το σπαθί, θέλοντας να τον βγάλω εκτός μάχης. Το μαχαίρι διαπέρασε το γάντι του. Τον κάρφωσα και πάλι κι άφησα την εικόνα μου να εμφανιστεί μπροστά του. Το δεύτερο πλήγμα ήταν πετυχημένο και το αίμα άρχισε να στάζει από τον καρπό του δεξιού του χεριού, ενώ εκείνος δοκίμασε να με χτυπήσει και πάλι. Η δεύτερη εικόνα μου εξασθένισε κι εγώ, ακόμα αόρατος, πήδηξα πάνω του, θέλοντας να του κόψω το λαιμό· λαχταρούσα να είχα τον Τζάτο μαζί μου, ώστε να μπορούσα να τον αντιμετωπίσω κατάλληλα. Δεν μπορούσε να με δει, αλλά μ' άρπαξε απ' τα χέρια και φώναξε με φρίκη. Ένιωσα να γίνομαι ορατός κι εκείνος το συνειδητοποίησε την ίδια ακριβώς στιγμή. Κοίταξε επίμονα το πρόσωπό μου, σαν να είδε ένα φάντασμα, τα μάτια του έμειναν ορθάνοιχτα από τον τρόμο κι έπειτα άρχισε να παραπατάει καθώς ο Μακότο τον χτύπησε από πίσω σπάζοντας το κοντάρι πάνω στο λαιμό του. Έπεσε κάτω όπως ένα βόδι και με παρέσυρε μαζί του.

Γλίστρησα από κάτω και του ξέφυγα· ύστερα τράβηξα το Μακότο, για να φυλαχτούμε πίσω από τους βράχους σε περίπτωση που υπήρχαν κι άλλοι κρυμμένοι στη βουνοπλαγιά. Αυτό που φοβόμουν περισσότερο ήταν τοξότες που θα μπορούσαν να μας πετύχουν από μακριά. Αλλά το δάσος ήταν πολύ πυκνό σε κείνο το σημείο για να είναι κάποιος σε θέση να χρησιμοποιήσει τόξο από οποιαδήποτε απόσταση. Δεν υπήρξε ίχνος από την παρουσία κάποιου άλλου.

Ο Μακότο είχε λαχανιάσει, τα μάτια του άστραφταν. «Τώρα συνειδητοποιώ τι εννοούσες σχετικά με τις δεξιότητές σου!»

«Κι εσύ είσαι ιδιαίτερα επιδέξιος. Ευχαριστώ».

«Ποιοι είναι αυτοί;»

Πλησίασα τα δύο πτώματα. Ο πρώτος ήταν Κικούτα –το κατάλαβα από τα χέρια του–, ο δεύτερος έφερε το έμβλημα των Οτόρι κάτω από το θώρακά του.

«Αυτός είναι πολεμιστής» είπα κοιτάζοντας τον ερωδιό. «Έτσι εξηγείται το σπαθί. Ο άλλος είναι από τη Φυλή – ένας Κικούτα».

Δεν τον γνώριζα, αλλά θα πρέπει να ήμασταν συγγενείς, αφού μας ένωναν οι γραμμές που είχαμε χαραγμένες στις παλάμες μας.

Ο πολεμιστής των Οτόρι με αναστάτωσε. Είχε άραγε έλθει από το Χάγκι; Τι γύρευε μαζί μ' έναν από τους δολοφόνους της Φυλής; Φαίνεται πως ήταν πια πασίγνωστο ότι κατευθυνόμουν στην Τεραγιάμα. Η σκέψη μου πήγε στον Ιτσίρο. Προσευχήθηκα να μην είχαν πάρει τούτη την πληροφορία από κείνον. Ή μήπως ήταν ο Χο-Αν ή κάποιος από τους εξαθλιωμένους που φοβόμουν πως θα με πρόδιδαν; Ίσως αυτοί οι άντρες είχαν ήδη πάει στο ναό κι ίσως να υπήρχαν περισσότεροι από δαύτους που θα περίμεναν εκεί.

«Εξαφανίστηκες εντελώς» είπε ο Μακότο. «Μπορούσα να δω μόνο τ' αποτυπώματά σου πάνω στο χιόνι. Είναι απίστευτο». Μου χαμογέλασε και το πρόσωπό του μεταμορφώθηκε. Δυσκολευόμουν να πιστέψω πως ήταν ο ίδιος άνθρωπος με τον απελπισμένο φλαουτίστα της προηγούμενης νύχτας. «Πάει καιρός από την τελευταία φορά που έμπλεξα σ' έναν κανονικό καβγά. Είναι καταπληκτικό πώς ένα ανάλαφρο άγγιγμα του θανάτου μπορεί να κάνει τη ζωή τόσο όμορφη».

Το χιόνι φάνταζε πιο άσπρο και το κρύο πιο διαπεραστικό. Ήμουν τρομερά πεινασμένος, λαχταρούσα για τις απολαύσεις των αισθήσεων, ένα καυτό μπάνιο, φαγητό, κρασί, το γυμνό σώμα ενός εραστή.

Συνεχίσαμε με ανανεωμένες δυνάμεις. Τις χρειαζόμασταν: την τελευταία περίπου ώρα ο άνεμος δυνάμωσε και το χιόνι άρχισε να πέφτει πυκνό και πάλι. Είχα λόγο να νιώθω ακόμα πιο ευγνώμων για το Μακότο, γιατί καταλήξαμε να βαδίζουμε στα τυφλά, εκείνος όμως ήξερε το δρόμο και δεν έσφαλλε ποτέ. Από την περασμένη φορά που είχα επισκεφτεί το ναό, είχαν φτιάξει έναν ξύλινο τοίχο γύρω από τα κύρια οικοδομήματα· στην πύλη μάς σταμάτησε ένας φρουρός. Ο Μακότο απάντησε και τον υποδέχτηκαν με ενθουσιασμό. Ανησυχούσαν γι' αυτόν και τώρα ένιωθαν ανακούφιση που είχε αποφασίσει να επιστρέψει.

Όταν έκλεισαν ξανά την πύλη κι εμείς βρεθήκαμε στο εσωτερικό του φυλακίου, άρχισαν να μ' εξετάζουν διερευνητικά, δίχως να είναι βέβαιοι εάν με γνώριζαν ή όχι. Ο Μακότο τούς είπε «Ο άρχοντας Οτόρι Τακέο επιθυμεί να βρει καταφύγιο εδώ για το χειμώνα. Θα ενημερώσετε τον ηγούμενό μας ότι βρίσκεται εδώ;».

Ένας απ' αυτούς διέσχισε τρέχοντας το προαύλιο, το κορμί του όρμησε στο άνεμο που φύσαγε αντίθετα κι έγινε κάτασπρος προτού προλάβει να φτάσει στο μοναστήρι. Οι μεγάλες στέγες των κύριων χώρων είχαν ήδη καλυφτεί από το χιόνι, ενώ τα γυμνά κλαδιά στις κερασιές και στις δαμασκηνιές ήταν καταστόλιστα με το άνθος του χειμώνα.

Οι φρουροί μάς έγνεψαν να καθίσουμε κοντά στη φωτιά. Όπως και ο Μακότο, ήταν κι εκείνοι νέοι μοναχοί, τα όπλα τους ήταν τόξα, λόγχες και κοντάρια. Μας κέρασαν τσάι. Τίποτα απ' όσα είχα δοκιμάσει ως τότε δε μου είχε φανεί τόσο γευστικό. Το αχνιστό τσάι μάς ζέστανε, τα ρούχα μας άρχισαν να στεγνώνουν, κι αυτό ήταν πολύ ανακουφιστικό. Προσπάθησα να αντισταθώ· δεν ήθελα να χαλαρώσω ακόμα.

«Ήρθε κανείς εδώ που να έψαχνε για μένα;»

«Ξένοι εντοπίστηκαν στο βουνό νωρίς σήμερα το πρωί. Πέρασαν δίπλα από το ναό κι ανέβηκαν στο δάσος. Δεν είχαμε ιδέα ότι έψαχναν για σας. Ανησυχήσαμε κάπως για το Μακότο –σκεφτήκαμε πως ίσως ήταν ληστές–, αλλά ο καιρός ήταν πολύ άσχημος για να στείλουμε κάποιον έξω. Ο άρχοντας Οτόρι έφτασε σε καλή εποχή. Το μονοπάτι από το οποίο ήρθατε εδώ είναι ήδη αδιάβατο κι απροσπέλαστο. Ο ναός θα μείνει αποκλεισμένος από τώρα μέχρι την άνοιξη».

«Η επιστροφή σας είναι τιμή για μας» είπε δειλά ένας από αυτούς κι οι ματιές που αντάλλαξαν αναμεταξύ τους μου έδωσαν να καταλάβω πως γνώριζαν καλά τη σημασία που είχε η παρουσία μου εκεί.

Μετά από περίπου δέκα λεπτά, ο μοναχός ήρθε και πάλι πίσω τρέχοντας «Ο ηγούμενός μας καλωσορίζει τον άρχοντα Οτόρι» είπε «και ζητάει να πλυθείτε και να γευματίσετε. Επιθυμεί να σας συναντήσει μετά το πέρας των εσπερινών δεήσεων».

Ο Μακότο τελείωσε το τσάι του, μου υποκλίθηκε τυπικά και είπε ότι πρέπει να προετοιμαστεί για τις εσπερινές δεήσεις, λες κι είχε περάσει ολόκληρη την ημέρα στο ναό μαζί με τους άλλους μοναχούς και δεν είχε βασανιστεί μέσα στη χιονοθύελλα, όπου είχε σκοτώσει δύο ανθρώπους. Η συμπεριφορά του είχε γίνει ψυχρή και τυπική. Ήξερα ότι από πίσω κρυβόταν η καρδιά ενός αληθινού φίλου, αλλά εδώ ήταν ένας από τους μοναχούς κι εγώ έπρεπε να μάθω ξανά πώς να είμαι ένας άρχοντας. Ο άνεμος σφύριξε στα αετώματα και παρέσυρε απότομα κάτω το χιόνι. Είχα φτάσει στην Τεραγιάμα με ασφάλεια. Ο χειμώνας ήταν όλος δικός μου τώρα για να σχεδιάσω τη ζωή μου από την αρχή.

Ο νεαρός που μου μετέφερε το μήνυμα του ηγούμενου με οδήγησε σ' έναν από τους ξενώνες του ναού. Την άνοιξη και το καλοκαίρι αυτοί οι ξενώνες θα ήταν γεμάτοι από επισκέπτες και προσκυνητές, όμως τώρα ήταν άδειοι. Παρ' όλο που τα παντζούρια έμεναν κλειστά λόγω της θύελλας, το κρύο ήταν τσουχτερό. Ο αέρας μούγκριζε μέσα από τις ρωγμές στον τοίχο, ενώ περνούσε χιόνι μέσα από τις μεγαλύτερες απ' αυτές. Ο ίδιος μοναχός με οδήγησε στο μικρό λουτρό που ήταν χτισμένο πάνω από μια θερμή πηγή. Έβγαλα τα μουσκεμένα, βρόμικα ρούχα μου και τρίφτηκα γερά σ' όλο μου το σώμα. Ύστερα άφησα το σώμα μου να χαλαρώσει στο καυτό νερό. Ήταν ακόμα καλύτερο απ' όσο φανταζόμουν. Σκέφτηκα όλους εκείνους που είχαν προσπαθήσει να με σκοτώσουν τις τελευταίες δύο ημέρες κι ένιωσα μια άγρια χαρά που ήμουν ζωντανός. Το νερό άχνιζε και κόχλαζε ολόγυρά μου. Ένιωσα ευγνωμοσύνη που είχε κυλήσει από το βουνό για να πλύνει το πονεμένο σώμα μου και να ζεστάνει τα παγωμένα άκρα μου. Σκέφτηκα τα βουνά, που ήταν έτοιμα να ξεβράσουν στάχτη και φωτιά ή να τινάξουν τις πλαγιές τους και να γκρεμίσουν τα κτίρια γύρω τους στο άψε σβήσε και να κάνουν τους ανθρώπους να νιώθουν όπως τα έντομα που σέρνονται μακριά απ' τ' αναμμένα κούτσουρα. Αυτό το βουνό θα μπορούσε να με είχε εγκλωβίσει και να με είχε παγώσει μέχρι θανάτου, αλλά, αντί γι' αυτό, μου είχε χαρίσει αυτό το ζεματιστό νερό.

Τα χέρια μου είχαν μελανιάσει από τη λαβή εκείνου του πολεμιστή και υπήρχε μια μακριά, ρηχή πληγή στο λαιμό μου, στο σημείο όπου το σπαθί του με είχε γδάρει. Ο δεξιός καρπός μου, που με ενοχλούσε με πόνους διαρκώς από τότε που τον είχε γυρίσει προς τα πίσω σπάζοντας τους τένοντες ο Ακίο στην Ινουγιάμα, τώρα ήταν καλύτερα. Ένιωθα το σώμα μου πιο κουρασμένο από ποτέ άλλοτε, αλλά πέρα απ' αυτό ήμουν σε καλή κατάσταση μετά από το ταξίδι. Και τώρα πια ήμουν και καθαρός.

Άκουσα βήματα στο αντικρινό δωμάτιο και ο μοναχός μού φώναξε ότι είχε φέρει στεγνά ρούχα και φαγητό. Αναδύθηκα από το νερό με το δέρμα μου κατακόκκινο από τη θερμότητα, σκουπίστηκα με τα κουρέλια που υπήρχαν εκεί γι' αυτόν το σκοπό κι γύρισα πίσω στο δωμάτιο τρέχοντας πάνω στον ξύλινο διάδρομο, μέσα από το χιόνι.

Ήταν άδειο· τα ρούχα ήταν ακουμπισμένα στο πάτωμα: καθαρό μισοφόρι, κεντητά εσώρουχα, μια μεταξωτή ρόμπα για πανωφόρι, επίσης κεντητή, και μια ζώνη. Η ρόμπα είχε το σκοτεινό χρώμα του δαμάσκηνου, με αποχρώσεις πορφύρας και το έμβλημα των Οτόρι στην πλάτη, σε ασημί χρώμα. Τη φόρεσα αργά, απολαμβάνοντας την αφή του μεταξιού. Είχε περάσει πολύς καιρός από τότε που είχα φορέσει για τελευταία φορά ένα ρούχο τέτοιας ποιότητας. Αναρωτήθηκα γιατί βρισκόταν στο ναό και ποιος την είχε αφήσει εδώ. Ήταν του Σιγκέρου; Αισθάνθηκα την παρουσία του να με τυλίγει. Το πρώτο πράγμα που θα έκανα το πρωί θα ήταν να επισκεφτώ τον τάφο του. Εκείνος θα μου έλεγε πώς να πάρω εκδίκηση.

Η μυρωδιά του φαγητού μ' έκανε να συνειδητοποιήσω πόσο πεινασμένος ήμουν. Ήταν πολύ πιο πλούσιο απ' όλα όσα είχα φάει τις τελευταίες μέρες, αλλά μου χρειάστηκαν μονάχα δύο λεπτά για να το καταβροχθίσω. Κατόπιν, δίχως να θέλω να χάσω τη θερμότητα που είχα κερδίσει από το λουτρό ή να πέσω για ύπνο, έκανα μερικές ασκήσεις και τις ολοκλήρωσα με διαλογισμό.

Πέρα από τον αέρα και το χιόνι, μπορούσα ν' ακούσω τους μοναχούς που έψελναν στην κύρια αίθουσα του ναού. Η χιονισμένη νύχτα, το εγκαταλελειμμένο δωμάτιο με τις μνήμες και τα φαντάσματα, οι γαλήνιες λέξεις των αρχαίων σούτρα, όλα δημιουργούσαν μια έξοχη γλυκόπικρη αίσθηση. Ανατρίχιαζα. Ευχήθηκα να ήμουν ικανός να την εκφράσω, μακάρι να είχα δώσει περισσότερη προσοχή όταν ο Ιτσίρο προσπάθησε να μου διδάξει την ποίηση. Λαχταρούσα να ξαναπιάσω το πινέλο στο χέρι μου: εάν δεν κατάφερνα να εκφράσω τα συναισθήματά μου με λέξεις, ίσως να μπορούσα να τις σχεδιάσω.

Γύρισε πίσω σε μας, μου είχε πει ο γέρος ιερέας, *όταν όλα αυτά τελειώσουν...* Ένα κομμάτι του εαυτού μου ευχόταν να μπορούσα να το κάνω αυτό και να περάσω το υπόλοιπο της ζωής μου σ' αυτόν το γαλήνιο τόπο. Αλλά θυμήθηκα ότι ακόμη κι εδώ είχα ακούσει για σχέδια πολέμου· οι μοναχοί είχαν τώρα όπλα κι ο ναός ήταν πια οχυρωμένος. Δεν είχαν τελειώσει ακόμη – για την ακρίβεια, είχαν μόλις αρχίσει.

Οι ψαλμωδίες ολοκληρώθηκαν κι άκουσα το μαλακό ήχο από τα βήματα των μοναχών που πήγαιναν ο ένας πίσω από τον άλλο για να γευματίσουν, κατόπιν να κοιμηθούν για μερικές ώρες, έως ότου τους ξυπνούσε η καμπάνα τα μεσάνυχτα. Βήματα πλησίασαν το δωμάτιο από το μοναστήρι και ο ίδιος μοναχός πρόβαλε στην πόρτα και την άνοιξε. Μου υποκλίθηκε και είπε «Άρχοντα Οτόρι, ο ηγούμενός μας επιθυμεί να σας δει τώρα».

Σηκώθηκα και τον ακολούθησα κατά μήκος του μοναστηριού. «Ποιο είναι τ' όνομά σου;»

«Νόριο, αφέντη» απάντησε και πρόσθεσε μ' έναν ψίθυρο «Έχω γεννηθεί στο Χάγκι».

Δεν είπε περισσότερα, ο κανόνας του ναού πρόεβλεπε ότι κανένας δε μιλούσε περισσότερο απ' όσο ήταν απαραίτητο. Περπατήσαμε γύρω από το κεντρικό προαύλιο, που ήδη είχε γεμίσει με χιόνι, περάσαμε από την τραπεζαρία όπου οι μοναχοί ήταν γονατισμένοι σε σιωπηλές σειρές, καθένας με μια κούπα φαγητό μπροστά του, προσπεράσαμε την κύρια αίθουσα που μύριζε θυμίαμα και λιωμένο κερί, όπου η χρυσή φιγούρα γυάλιζε καθισμένη στο μισοσκόταδο, και φτάσαμε στην τρίτη πλευρά του τετραγώνου. Εκεί υπήρχε μια σειρά από μικρά δωμάτια που χρησίμευαν ως γραφεία και σπουδαστήρια. Από το πιο απομακρυσμένο μπόρεσα ν' ακούσω τον κρότο που έκαναν χάντρες προσευχής και τον ψίθυρο μιας σούτρα. Σταματήσαμε έξω από το πρώτο δωμάτιο και ο Νόριο είπε χαμηλόφωνα «Αφέντη Ηγούμενε, ο επισκέπτης σας βρίσκεται εδώ».

Ένιωσα ντροπιασμένος μόλις τον αντίκρισα, γιατί ήταν εκείνος ο ίδιος γέρος ιερέας, με τα ίδια παλιά και φθαρμένα ρούχα που φόραγε και την τελευταία φορά που είχα επισκεφτεί την Τεραγιάμα. Τον είχα θεωρήσει έναν από τους πρεσβύτερους του ναού, όχι τον επικεφαλής. Ήμουν τόσο απασχολημένος με τις δικές μου ανησυχίες, που δεν έμαθα ποτέ ποιος ήταν στην πραγματικότητα. Έπεσα στα γόνατα και ακούμπησα το μέτωπό μου στην ψάθα. Δίχως τυπικότητα, όπως πάντα, ήρθε προς το μέρος μου, μου είπε ν' ανασηκωθώ και μ' αγκάλιασε. Κατόπιν κάθισε πίσω και με περιεργάστηκε και το πρόσωπό του είχε φωτιστεί από το χαμόγελό του. Ανταπέδωσα το χαμόγελο, συναισθάνθηκα τη γνήσια ικανοποίησή του και της ανταποκρίθηκα.

«Άρχοντα Οτόρι» είπε. «Είμαι πολύ ευτυχής για το γεγονός ότι επέστρεψες σώος. Σε είχα τόσο πολύ στη σκέψη μου. Πέρασες δύσκολες στιγμές».

«Δεν έχουν τελειώσει. Αλλά ζητώ να με φιλοξενήσετε για το χειμώνα. Φαίνεται πως όλοι με καταδιώκουν κι εγώ χρειάζομαι ένα ασφαλές μέρος για να προετοιμαστώ».

«Ο Μακότο μού μίλησε λίγο για την κατάστασή σου. Είσαι πάντα ευπρόσδεκτος εδώ».

«Πρέπει να σας δηλώσω τις προθέσεις μου ευθύς αμέσως. Σκοπεύω να διεκδικήσω την κληρονομιά μου από τους Οτόρι και να τιμωρήσω τα άτομα που ευθύνονται για το θάνατο του άρχοντα Σιγκέρου. Αυτό μπορεί να θέσει το ναό σε κάποιους κινδύνους».

«Είμαστε έτοιμοι γι' αυτό» απάντησε γαλήνια.

«Με αντιμετωπίζετε με μεγάλη ευγένεια, που δεν αξίζω».

«Θα διαπιστώσεις ότι όσοι από εμάς έχουν με τους Οτόρι δεσμούς που υφίστανται από παλιά θεωρούν ότι σου είναι υπόχρεοι» απάντησε. «Και φυσικά, έχουμε εμπιστοσύνη στο μέλλον σου».

Περισσότερη απ' όση έχω εγώ, σκέφτηκα σιωπηλά. Αισθάνθηκα ότι το πρόσωπό μου κοκκίνιζε. Ήταν αδιανόητο που με εγκωμίαζε μετά από όλα τα λάθη που είχα κάνει. Αισθάνθηκα όπως ένας απατεώνας, που ντύθηκε με το χιτώνα των Οτόρι, με τα μαλλιά κουρεμένα, δίχως χρήματα, δίχως περιουσία, δίχως άντρες, δίχως σπαθί.

«Όλες οι προσπάθειες αρχίζουν με μια μεμονωμένη

πράξη» είπε, σαν να μπορούσε να διαβάσει το μυαλό μου. «Η πρώτη κίνησή σου ήταν να έρθεις εδώ».

«Ο δάσκαλός μου, ο Ιτσίρο, με έστειλε. Θα με συναντήσει εδώ την άνοιξη. Με συμβούλεψε να ζητήσω την προστασία του άρχοντα Αράι. Έπρεπε να το είχα κάνει αυτό από την αρχή».

Τα μάτια του ηγούμενου βούλιαξαν καθώς χαμογέλασε. «Όχι, η Φυλή δε θα σε είχε αφήσει να ζήσεις. Ήσουν πολύ πιο ευάλωτος τότε. Δε γνώριζες τον εχθρό σου. Τώρα έχεις κάποια συναίσθηση της δύναμής τους».

«Πόσα γνωρίζετε σχετικά μ' αυτούς;»

«Ο Σιγκέρου με εμπιστευόταν και ζητούσε συχνά τη συμβουλή μου. Στην τελευταία επίσκεψή του μιλήσαμε επί μακρόν για σένα».

«Δεν το άκουσα αυτό».

«Όχι, ήταν προσεκτικός, γι' αυτό και μου μίλησε δίπλα στον καταρράκτη, έτσι ώστε να μην μπορέσεις να ακούσεις. Ύστερα ήρθαμε σ' αυτό το δωμάτιο».

«Όπου μιλήσατε για τον πόλεμο».

«Ήθελε να τον διαβεβαιώσω ότι ο ναός και η πόλη θα ξεσηκώνονταν μόλις ο Ιίντα ήταν νεκρός. Ήταν ακόμα σε δίλημμα σχετικά με την απόπειρα δολοφονίας, φοβόταν ότι θα σ' έστελνε απλά σε βέβαιο θάνατο. Όπως αποδείχθηκε, ήταν ο θάνατός του που προκάλεσε την εξέγερση, κι αυτόν δε θα μπορούσαμε να τον έχουμε αποτρέψει ακόμα κι αν το είχαμε θελήσει. Ωστόσο, ο Αράι ήταν σύμμαχος με το Σιγκέρου, όχι με τη φατρία των Οτόρι. Εάν μπορούσε ν' αρπάξει για λογαριασμό του τούτα τα εδάφη, θα το έκανε. Θα βρεθούν σε μεταξύ τους πόλεμο την άνοιξη».

Έμεινε σιωπηλός για μια στιγμή, κατόπιν συνέχισε «Οι Οτόρι σκοπεύουν να διεκδικήσουν τα εδάφη του Σιγκέρου και να κηρύξουν την υιοθεσία σου παράνομη. Δεν τους αρκεί που συνωμότησαν για να πεθάνει, τώρα προσβάλλουν τη μνήμη του. Γι' αυτόν το λόγο είμαι ευτυχής που σκοπεύεις να διεκδικήσεις την κληρονομιά σου».

«Θα με δεχτούν ποτέ άραγε οι Οτόρι;» Άνοιξα τα χέρια μου με τις παλάμες προς τα πάνω. «Έχω τα σημάδια των Κικούτα».

«Θα συζητήσουμε γι' αυτό αργότερα. Θα εκπλαγείς από το πόσοι άνθρωποι αναμένουν την επιστροφή σου. Θα το δεις την άνοιξη. Θα βρεις τους άντρες που χρειάζεσαι».

«Ένας πολεμιστής των Οτόρι προσπάθησε ήδη να με σκοτώσει» είπα δίχως να έχω πεισθεί.

«Ο Μακότο μού το είπε. Η φατρία θα διχαστεί, αλλά ο Σιγκέρου το γνώριζε αυτό και το είχε αποδεχτεί. Δεν είχε προκαλέσει εκείνος το ρήγμα – οι σπόροι σπάρθηκαν όταν σφετερίστηκαν τη θέση του και τον παρέκαμψαν, μετά από το θάνατο του πατέρα του».

«Θεωρώ τους θείους του Σιγκέρου ενόχους για το θάνατό του» είπα. «Αλλά όσο περισσότερα μαθαίνω τόσο περισσότερο με εκπλήσσει το γεγονός ότι τον άφησαν να ζήσει τόσο πολύ».

«Η ίδια η μοίρα καθορίζει τη διάρκεια της ζωής όλων μας» απάντησε. «Οι άρχοντες των Οτόρι φοβούνται το λαό τους. Οι αγρότες τους είναι άστατοι από φύση και παράδοση. Δεν ήταν ποτέ εντελώς καθυποταγμένοι, όπως οι αγρότες που ζούσαν κάτω από την εξουσία των Τοχάν. Ο Σιγκέρου τούς γνώριζε και τους σεβόταν και σε αντάλλαγμα κέρδισε το σεβασμό και την αγάπη τους. Αυτό τον προστάτευσε από τους θείους του. Τώρα η πίστη και η αφοσίωσή τους θα μεταβιβαστεί στο πρόσωπό σου».

«Ίσως» είπα «όμως υπάρχει ένα σοβαρότερο πρόβλημα: τώρα πια η Φυλή με έχει καταδικάσει σε θάνατο».

Το πρόσωπό του ήταν ήρεμο, είχε πάρει ένα φιλντισένιο χρώμα από το φως της λάμπας. «Και φαντάζομαι πως αυτός είναι ένας άλλος λόγος για τον οποίο βρίσκεσαι εδώ».

Νόμιζα ότι θα συνέχιζε, αλλά σώπασε. Με παρατηρούσε και στο πρόσωπό του ήταν ζωγραφισμένη η αδημονία.

«Ο άρχοντας Σιγκέρου κρατούσε σημειώσεις» είπα, μιλώντας προσεκτικά μέσα στο σιωπηλό δωμάτιο. «Σημειώσεις σχετικά με τη Φυλή και τις δραστηριότητές της. Ελπίζω ότι θα μου τις παραδώσετε».

«Τις φυλάγαμε εδώ για σένα» μου απάντησε. «Θα στείλω να τις φέρουν τώρα. Και φυσικά, υπάρχει και κάτι άλλο που έχω φυλάξει για σένα».

«Τον Τζάτο» είπα.

Έγνεψε. «Πρόκειται να τον χρειαστείς».

Φώναξε το Νόριο και του ζήτησε να πάει στην αποθήκη και να φέρει το σεντούκι και το σπαθί.

«Ο Σιγκέρου δεν ήθελε να επηρεάσει οποιαδήποτε απόφαση θα έπαιρνες» είπε καθώς άκουσα τα βήματα του Νόριο ν' αντηχούν έξω από το κτίριο του μοναστηριού. «Γνώριζε καλά ότι η κληρονομικότητα θα δίχαζε την πίστη σου. Ήταν έτοιμος για το ενδεχόμενο να επιλέξεις τελικά την πλευρά των Κικούτα που κρύβεις μέσα σου. Σε κείνη την περίπτωση, κανένας δε θα είχε πρόσβαση στο αρχείο του εκτός από μένα. Αλλά, εφόσον επέλεξες την πλευρά των Οτόρι που κρύβεις μέσα σου, το αρχείο σού ανήκει».

«Μόλις εξασφάλισα μερικούς επιπλέον μήνες ζωής» είπα με διάθεση αυτοοικτιρμού. «Δεν υπάρχει κανένος είδους ευγένεια σ' αυτή την επιλογή μου εκτός από ότι κάνω τελικά αυτό που θέλησε ο άρχοντας Σιγκέρου. Δε θα την έλεγα καν επιλογή, από τη στιγμή που η ζωή μου με τη Φυλή πλησίαζε στο τέλος της. Όσον αφορά την πλευρά των Οτόρι μέσα μου, αυτή προέρχεται από την υιοθεσία μου και θα την αμφισβητήσει ο καθένας».

Ξανά το χαμόγελο φώτισε το πρόσωπό του, τα μάτια του έλαμψαν από κατανόηση και σοφία. «Η διαθήκη του Σιγκέρου είναι ένας τόσο καλός λόγος όσο οποιοσδήποτε άλλος».

Αισθάνθηκα ότι γνώριζε κάτι ακόμη, που θα το μοιραζόταν αργότερα μαζί μου, αλλά, μόλις έκανα εκείνη τη σκέψη, άκουσα τα βήματα να επιστρέφουν. Ένιωσα την ένταση μέσα μου μέχρι να αντιληφθώ ότι ήταν τα βήματα του Νόριο, που ακούγονταν βαρύτερα αυτή τη φορά, δεδομένου ότι έφερνε το σεντούκι και το σπαθί. Άνοιξε την πόρτα και πέρασε μέσα γονατίζοντας. Τοποθέτησε το σεντούκι και το σπαθί στην ψάθα. Δεν έστρεψα το κεφάλι μου, αλλά άκουσα το μαλακό ήχο που έκαναν. Ο σφυγμός μου επιταχύνθηκε, με ένα μείγμα χαράς και φόβου, στην προοπτική ότι θα έπαιρνα στα χέρια μου ξανά τον Τζάτο.

Ο Νόριο έκλεισε την πόρτα ξοπίσω και, γονατιστός πάλι, τοποθέτησε τα πολύτιμα αντικείμενα μπροστά στον ηγούμενο, εκεί όπου κι εγώ μπορούσα να τα δω. Και τα δύο ήταν τυλιγμένα σε κομμάτια από παλιό ύφασμα, με τη δύναμή τους μεταμφιεσμένη. Ο ηγούμενος έβγαλε τον Τζάτο από το κάλυμμά του και τον κράτησε μπροστά μου με τα δυο του χέρια. Τον πήρα με τον ίδιο τρόπο, τον ύψωσα πάνω από το κεφάλι μου και του υποκλίθηκα, νιώθοντας το γνώριμο, δροσερό βάρος του θηκαριού. Λαχταρούσα να ξεγυμνώσω το σπαθί και να ξυπνήσω το ατσάλινο τραγούδι του, αλλά δε θα το έκανα μπροστά στον ηγούμενο. Τον τοποθέτησα ευλαβικά δίπλα μου στο πάτωμα, ενώ εκείνος ξετύλιξε το σεντούκι.

Από το εσωτερικό του ξεπήδησε η μυρωδιά του πήγανου. Την αναγνώρισα αμέσως. Ήταν πράγματι το σεντούκι που είχα μεταφέρει πάνω στα βουνά υπό την επίβλεψη του Κέντζι, νομίζοντας πως ήταν κάποιο δώρο για το ναό. Δεν είχε άραγε ο ίδιος ο Κέντζι την παραμικρή ιδέα για αυτά που περιείχε;

Ο ηλικιωμένος άντρας άνοιξε το καπάκι –που δεν ήταν κλειδωμένο– κι η μυρωδιά του πήγανου έγινε πιο έντονη. Πήρε ένα από τα χαρτιά που ήταν τυλιγμένα σε κυλίνδρους και μου το έδωσε.

«Πρέπει να διαβάσεις αυτό πρώτα. Αυτή ήταν η οδηγία που μου έδωσε ο Σιγκέρου». Καθώς το πήρα, είπε με ξαφνική συγκίνηση «Δεν πίστευα ότι αυτή η στιγμή θα ερχόταν κάποτε».

Κοίταξα τα μάτια του. Βαθιά χωμένα μέσα στο γερασμένο πρόσωπό του, ήταν τόσο φωτεινά και τόσο ζωηρά όσο κι ενός εικοσάχρονου. Αντίκρισε το βλέμμα μου και κατάλαβα ότι δε θα ενέδιδε ποτέ στον ύπνο των Κικούτα. Από μακριά, μια από τις μικρές καμπάνες χτύπησε τρεις φορές. Με τα μάτια του μυαλού μου μπορούσα να δω τους μοναχούς να προσεύχονται και να διαλογίζονται. Αισθάνθηκα την πνευματική δύναμη αυτού του ιερού τόπου να συμπυκνώνεται και να καθρεφτίζεται στο πρόσωπο του ηλικιωμένου άντρα που έστεκε μπροστά μου. Ένιωσα και πάλι την ένταση της ευγνωμοσύνης μου γι' αυτόν, για την πίστη που τον κρατούσε στη ζωή, για τον παράδεισο και τους διαφορετικούς θεούς που, παρά τη δική μου δυσπιστία, έδειχναν να είχαν πάρει τη ζωή μου υπό την ευθύνη και τη φροντίδα τους.

«Διάβασέ το» με προέτρεψε. «Τα υπόλοιπα μπορείς να τα μελετήσεις αργότερα, όμως διάβασε αυτό τώρα».

Ξετύλιξα τον κύλινδρο και συνοφρυώθηκα πάνω από το χειρόγραφο. Αναγνώρισα το γραφικό χαρακτήρα του Σιγκέρου και γνώριζα τα ιδεογράμματα, το όνομά μου ανάμεσά τους, αλλά οι λέξεις δεν έβγαζαν κανένα νόημα για μένα. Τα μάτια μου μετακινήθηκαν πάνω κάτω στις στήλες· ξετύλιξα λίγο περισσότερο το έγγραφο και αντίκρισα μια θάλασσα από ονόματα. Φάνηκε να είναι ένα γενεαλογικό δέντρο, όπως αυτό που ο Γκοσαμπούρο μού είχε αναλύσει στο Ματσούε. Μόλις το συνειδητοποίησα, άρχισα να το μελετώ. Επέστρεψα στην εισαγωγή και την ξαναδιάβασα προσεκτικά. Ύστερα το διάβασα για τρίτη φορά. Σήκωσα το βλέμμα και κοίταξα τον ηγούμενο.

«Είναι αλήθεια;»

Χαμογέλασε συγκρατημένα. «Φαίνεται πως είναι. Δε βλέπεις το πρόσωπό σου, γι' αυτό δεν μπορείς να δεις την απόδειξη που βρίσκεται εκεί. Τα χέρια σου μπορεί να είναι των Κικούτα, αλλά τα χαρακτηριστικά σου ανήκουν όλα στους Οτόρι. Η μητέρα του πατέρα σου δούλευε ως κατάσκοπος της Φυλής. Την είχαν προσλάβει οι Τοχάν και την έστειλαν στο Χάγκι όταν ο πατέρας του Σιγκέρου, ο Σιγκεμόρι, δεν ήταν παρά ένα αγόρι. Υπήρξε σχέση μεταξύ τους, όχι προφανώς με την έγκριση της Φυλής. Ο πατέρας σου ήταν το αποτέλεσμα. Η γιαγιά σου πρέπει να ήταν γυναίκα με μεγάλη ευστροφία: δεν το είπε σε κανέναν· παντρεύτηκε με έναν από τους ξαδέρφους της και το παιδί ανατράφηκε ως ένας Κικούτα».

«Ο Σιγκέρου και ο πατέρας μου ήταν αδέρφια; Ήταν θείος μου;»

«Δύσκολα θα μπορούσε να το αρνηθεί κάποιος με δεδομένη την εμφάνισή σου. Όταν ο Σιγκέρου σε πρωτοαντίκρισε, εντυπωσιάστηκε από την ομοιότητά σου με το νεότερο αδερφό του, τον Τακέσι. Φυσικά, τα δυο αδέρφια έμοιαζαν πολύ μεταξύ τους. Τώρα, εάν τα μαλλιά σου ήταν μακρύτερα, θα έμοιαζες όπως ο Σιγκέρου όταν ήταν νεαρός».

«Πώς το ανακάλυψε αυτό;»

«Εν μέρει από τα αρχεία της οικογένειάς του. Ο πατέρας του υποψιαζόταν πάντα ότι εκείνη η γυναίκα είχε συλλάβει ένα παιδί, και του το είχε εμπιστευτεί προτού να πεθάνει. Τα υπόλοιπα τα ανακάλυψε μόνος του ο Σιγκέρου. Εντόπισε τον πατέρα σου στο Μίνο και συνειδητοποίησε ότι ένας γιος είχε γεννηθεί μετά από το θάνατό του. Ο πατέρας σου πρέπει να είχε βασανιστεί από την ίδια σύγκρουση όπως κι εσύ. Παρά το γεγονός ότι είχε ανατραφεί ως ένας Κικούτα και παρά τις δεξιότητές του, υψηλές ακόμη και για τα πρότυπα της Φυλής, προσπάθησε να δραπετεύσει μακριά τους: αυτό από μόνο του αποδεικνύει ότι το αίμα του ήταν ανάμεικτο, κι έτσι του έλειπε ο γνήσιος φανατισμός των ανθρώπων της Φυλής. Ο Σιγκέρου άρχισε να κρατάει σημειώσεις για τη Φυλή από την εποχή που γνωρίστηκε με το Μούτο Κέντζι. Συναντήθηκαν στη Γεγκαχάρα. Ο Κέντζι βρέθηκε στη μάχη και είδε το Σιγκεμόρι να πεθαίνει». Κοίταξε τον Τζάτο στο πάτωμα. «Κατάφερε να περισώσει τούτο το σπαθί και το έδωσε στο Σιγκέρου. Ίσως να σου έχουν αφηγηθεί αυτή την ιστορία».

«Ο Κέντζι το υπαινίχτηκε κάποια φορά» είπα.

«Ο Κέντζι βοήθησε το Σιγκέρου να γλιτώσει από τους στρατιώτες του Ιίντα. Εκείνη την εποχή ήταν και οι δύο νέοι· έγιναν φίλοι. Εκτός από τη φιλία τους, ήταν χρήσιμοι ο ένας για τον άλλο. Στο πέρασμα του χρόνου, αντάλλαζαν πληροφορίες για πολλά πράγματα, μερικές φορές ασυναίσθητα, πρέπει να πω. Δεν πιστεύω πως ακόμη και ο Κέντζι είχε τελικά συνειδητοποιήσει πόσο μυστικοπαθής, ακόμα και δόλιος, θα μπορούσε να είναι ο άρχοντας Σιγκέρου».

Ήμουν σιωπηλός. Η αποκάλυψη με είχε καταπλήξει, καθώς όμως τη συλλογιζόμουν, είχε πλήρες νόημα. Ήταν το αίμα των Οτόρι μέσα μου που με είχε κάνει τόσο πρόθυμο να διδαχτώ το μάθημα της εκδίκησης όταν σφαγιάστηκε η οικογένειά μου στο Μίνο, εκείνο το ίδιο αίμα που είχε διαμορφώσει το στενό δεσμό μου με το Σιγκέρου. Πένθησα για κείνον ξανά από την αρχή, ευχήθηκα να το είχα ανακαλύψει νωρίτερα, όμως χάρηκα στην ιδέα ότι εκείνος κι εγώ είχαμε την ίδια καταγωγή, ότι ανήκα στ' αλήθεια στους Οτόρι.

«Αυτό επιβεβαιώνει ότι έχω κάνει τη σωστή επιλογή» είπα τελικά, με φωνή πνιγμένη από τη συγκίνηση. «Αλλά, εάν είμαι ένας Οτόρι, ένας πολεμιστής, έχω πολλά πράγματα να μάθω». Κοίταξα τους τυλιγμένους κυλίνδρους στο σεντούκι. «Ακόμη και στην ανάγνωση δυσκολεύομαι!»

«Έχεις ολόκληρο το χειμώνα μπροστά σου» απάντησε ο ηγούμενος. «Ο Μακότο θα σε βοηθήσει με την ανάγνωση και το γράψιμο. Την άνοιξη πρέπει να πας στον Αράι, να διδαχτείς την πρακτική του πολέμου. Στο μεταξύ πρέπει να μελετήσεις τη θεωρία του και να συνεχίσεις την εκπαίδευσή σου στο ξίφος».

Σταμάτησε και χαμογέλασε πάλι. Κατάλαβα πως είχε άλλη μια έκπληξη για μένα.

«Εγώ θα σε διδάξω. Προτού να μπω στην υπηρεσία του Πεφωτισμένου, με θεωρούσαν ειδικό, κατά κάποιον τρόπο, σε αυτά τα θέματα. Το κοσμικό μου όνομα ήταν Ματσούντα Σίγκεν».

Ακόμη κι εγώ γνώριζα αυτό το όνομα. Ο Ματσούντα ήταν ένας από τους πιο επιφανείς πολεμιστές των Οτόρι της προηγούμενης γενιάς, ένας ήρωας για τους νεαρούς άντρες στο Χάγκι. Ο ηγούμενος γέλασε όταν διάβασε την κατάπληξη στο πρόσωπό μου.

«Νομίζω ότι θα απολαύσουμε το χειμώνα. Η συνεχής άσκηση θα μας κρατήσει ζεστούς. Πάρε τα πράγματα που σου ανήκουν, άρχοντα Οτόρι. Θα ξεκινήσουμε το πρωί. Τις ώρες που δε θα μελετάς θα συνοδεύεις τους μοναχούς στο διαλογισμό. Ο Μακότο θα σε ξυπνήσει όταν σημάνει η ώρα της Τίγρης».

Υποκλίθηκα μπροστά του, συντετριμμένος από την ευγνωμοσύνη που ένιωθα. Μου έκανε μια χειρονομία αποχαιρετισμού.

«Απλώς ξεπληρώνουμε το χρέος μας σε σένα».

«Όχι» είπα. «Εγώ θα είμαι για πάντα υπόχρεος σε σας. Θα κάνω ό,τι μου ζητάτε. Είμαι απόλυτα αφοσιωμένος στην υπηρεσία και στη διάθεσή σας».

Στάθηκε στην πόρτα και τότε γύρισε «Ίσως να υπάρχει κάτι που θα ήθελα να κάνεις».

Γύρισα κι έπεσα στα γόνατα. «Οτιδήποτε!»

«Άφησε τα μαλλιά σου να μακρύνουν!» είπε γελώντας.

Τον άκουγα να γελάει συγκρατημένα ακόμη κι όταν ακολούθησα το Νόριο πίσω στον ξενώνα. Κουβαλούσε το σεντούκι για λογαριασμό μου, όμως εγώ κρατούσα τον Τζάτο. Ο άνεμος είχε κοπάσει λιγάκι, το χιόνι είχε γίνει πιο υγρό και βαρύ. Έκανε τους ήχους να εξασθενίζουν, κάλυπτε το βουνό, είχε αποκλείσει το ναό από τον υπόλοιπο κόσμο.

Στο δωμάτιο, τα στρωσίδια ήταν ήδη έτοιμα. Ευχαρίστησα το Νόριο και του ευχήθηκα καληνύχτα. Δύο λυχνάρια φώτιζαν το δωμάτιο. Έβγαλα τον Τζάτο από το θηκάρι του και κοίταξα τη λεπίδα· συλλογίστηκα τη φωτιά που τον είχε σφυρηλατήσει συνδυάζοντας λεπτότητα, δύναμη και θανατηφόρα κόψη. Οι πτυχές πάνω στο ατσάλι τού χάριζαν ένα όμορφο κυματοειδές σχέδιο. Ήταν το δώρο του Σιγκέρου σε μένα, μαζί με το όνομά μου και την ίδια μου τη ζωή. Κράτησα το σπαθί με τα δυο μου χέρια κι επανέλαβα τις αρχαίες κινήσεις που μου είχε διδάξει στο Χάγκι.

Ο Τζάτο μού τραγούδησε για αίμα και για πόλεμο.

ΚΕΦΑΛΑΙΟ ΟΓΔΟΟ

Η ΚΑΕΝΤΕ ΕΠΕΣΤΡΕΨΕ ΑΠΟ ΜΑΚΡΙΑ, μέσα από ένα κόκκινο τοπίο, τυλιγμένο στο αίμα και στην πυρκαγιά. Είχε δει τρομακτικές εικόνες κατά τη διάρκεια του πυρετού της· τώρα άνοιξε τα μάτια της στο γνώριμο φως, κάτω απ' τη σκιά του σπιτιού των γονιών της. Συχνά έβλεπε τέτοια όνειρα όταν ήταν όμηρος στους Νογκούτσι, ότι ξυπνούσε στο πατρικό της σπίτι, και λίγες στιγμές αργότερα προσγειωνόταν στη σκληρή πραγματικότητα της ζωής στο κάστρο. Έμεινε ξαπλωμένη για λίγο, με τα μάτια κλειστά, περιμένοντας το δεύτερο ξύπνημα, νιώθοντας κάτι να την τσιμπάει στο κάτω μέρος της κοιλιάς της και αναρωτήθηκε γιατί άραγε είχε ονειρευτεί τη μυρωδιά της αρτεμισίας.

«Γύρισε κοντά μας!» Μια αντρική φωνή, άγνωστη, την τρόμαξε. Αισθάνθηκε ένα χέρι να αγγίζει το μέτωπό της και κατάλαβε πως ήταν η Σιζούκα, θυμήθηκε το άγγιγμα που είχε νιώσει πολλές φορές πριν, όταν η στιβαρή, ολόδροση μορφή της ήταν το μόνο πράγμα που βρισκόταν ανάμεσα στο μυαλό της και στους τρόμους που ορμούσαν καταπάνω της. Της φαινόταν πως μονάχα αυτό μπορούσε να θυμηθεί. Κάτι της είχε συμβεί, αλλά το μυαλό της αρνιόταν να το σκεφτεί. Η μετακίνηση της θύμισε πως είχε πέσει. Πρέπει να είχε πέσει από το άλογο του Τακέο, τον Ρακού, το μικρό γκρίζο άλογο που της είχε δώσει, ναι, είχε πέσει κάτω κι είχε χάσει το παιδί του.

Τα μάτια της γέμισαν με δάκρυα. Ήξερε ότι δε σκεφτόταν ξεκάθαρα, αλλά γνώριζε ότι το παιδί είχε πια χαθεί. Ένιωσε το χέρι της Σιζούκα, που επέστρεψε βαστώντας ένα ύφασμα, ελαφρώς ζεστό, για να σκουπίσει το πρόσωπό της.

«Αρχόντισσά μου!» είπε η Σιζούκα. «Αρχόντισσα Καεντέ».

Η Καεντέ προσπάθησε να κινήσει το χέρι της, αλλά αισθάνθηκε πως ήταν ακινητοποιημένο κι ότι κάτι την τσίμπησε εκεί.

«Μην προσπαθήσετε να κινηθείτε» είπε η Σιζούκα. «Ο γιατρός του άρχοντα Φουτζιβάρα, ο δόκτωρ Ισίντα, σας φρόντισε. Θα γίνετε καλά τώρα. Μην κλαίτε, αρχόντισσά μου!»

«Είναι φυσιολογική αντίδραση» άκουσε το γιατρό να λέει. «Κλαίνε πάντα όσοι πηγαίνουν κοντά στο θάνατο κι ύστερα επανέρχονται, είτε από χαρά είτε από θλίψη, ποτέ μου δεν το διευκρίνισα αυτό».

Ούτε κι η ίδια η Καεντέ ήξερε. Τα δάκρυά της έτρεξαν, κι όταν σταμάτησαν, τελικά αποκοιμήθηκε.

Για αρκετές ημέρες κοιμόταν, ξυπνούσε, έτρωγε λίγο κι ύστερα κοιμόταν πάλι. Έπειτα άρχισε να κοιμάται λιγότερο, έμενε ξαπλωμένη με τα μάτια της ορθάνοιχτα, άκουγε τους ήχους του σπιτιού τριγύρω της. Άκουγε τη φωνή της Χάνα να έχει ανακτήσει την αυτοπεποίθησή της, το ευγενικό ύφος της Άι, τη Σιζούκα να τραγουδάει και να μαλώνει τη Χάνα, που την ακολουθούσε σαν να 'ταν η σκιά της και προσπαθούσε να την ευχαριστεί. Ήταν ένα σπίτι με γυναίκες –οι άντρες έμεναν μακριά–, γυναίκες που γνώριζαν ότι είχαν έρθει κοντά στο χείλος της καταστροφής κι ότι δεν είχαν ακόμα ξεφύγει από τον κίνδυνο, αλλά μέχρι τώρα είχαν επιζήσει. Το φθινόπωρο μεταμορφωνόταν αργά σε χειμώνα.

Ο μόνος άντρας ήταν ο γιατρός, που έμενε στον ξενώνα και την επισκεπτόταν κάθε μέρα. Ήταν μικρόσωμος κι ευκίνητος, με μακριά δάχτυλα στα χέρια και ήρεμη φωνή. Η Καεντέ άρχισε να τον εμπιστεύεται, γιατί ένιωσε ότι δεν την κατέκρινε. Δεν τη θεωρούσε ούτε καλή ούτε κακή, για την ακρίβεια δε σκεφτόταν καθόλου με τέτοιους όρους. Ήθελε μόνο να τη δει ν' αναρρώνει.

Χρησιμοποίησε ιατρικές μεθόδους που είχε μάθει στην ενδοχώρα, χρυσές κι ασημένιες βελόνες, μια πάστα από φύλλα αψιθιάς που έλιωνε πάνω στο δέρμα και τσάι που παρασκευαζόταν από το φλοιό ιτιάς. Δεν είχε συναντήσει ποτέ ως τότε άλλον άνθρωπο που να έχει ταξιδέψει εκεί. Μερικές φορές ξάπλωνε και άκουγε τη φωνή του ν' αφηγείται ιστορίες στη Χάνα για τα ζώα που είχε δει εκεί, για τεράστιες φάλαινες στη θάλασσα, για αρκούδες και τίγρεις στην ξηρά.

Όταν ήταν σε θέση να σηκωθεί και να περπατήσει έξω, ήταν ο δόκτωρ Ισίντα που συμβούλεψε ότι έπρεπε να διοργανωθεί μια τελετή για το παιδί που είχε χαθεί. Μετέφεραν με χειράμαξα την Καεντέ στο ναό κι εκείνη έμεινε γονατισμένη για πολλή ώρα μπροστά στο βωμό που ήταν αφιερωμένος στην Τζίζο, αυτή που φροντίζει τα παιδιά του νερού, που πεθαίνουν προτού να γεννηθούν. Θρήνησε για το παιδί που ο χρόνος της ζωής του ήταν τόσο σύντομος, που είχε συλληφθεί κι είχε χαθεί καταμεσής της βίας. Ωστόσο ήταν ένα παιδί που είχε προκύψει από αγάπη.

Δε θα σε ξεχάσω ποτέ, υποσχέθηκε μέσα απ' την καρδιά της και προσευχήθηκε να είναι πιο ασφαλής την επόμενη φορά. Αισθάνθηκε ότι το πνεύμα του ήταν τώρα ασφαλές έως ότου άρχιζε και πάλι το ταξίδι της ζωής. Έκανε την ίδια προσευχή για το παιδί του Σιγκέρου, συνειδητοποιώντας πως ήταν το μόνο πρόσωπο πέρα από τη Σιζούκα που γνώριζε για τη σύντομη ύπαρξή του. Τα δάκρυα έτρεξαν και πάλι, αλλά, όταν επέστρεψε στο σπίτι, ένιωθε ότι είχε φύγει ένα βάρος από πάνω της.

«Τώρα πρέπει να ξαναρχίσεις τη ζωή σου» της είπε ο δόκτωρ Ισίντα. «Είσαι νέα, θα παντρευτείς και θ' αποκτήσεις άλλα παιδιά».

«Σκέφτομαι πως δεν είναι γραφτό να παντρευτώ» απάντησε η Καεντέ.

Εκείνος χαμογέλασε, νομίζοντας ότι αστειευόταν. Φυσικά, σκέφτηκε εκείνη, και ήταν αστείο. Οι γυναίκες της δικής της θέσης, της τάξης της, πάντοτε παντρεύονταν, ή μάλλον τις *πάντρευαν* με όσους έδειχναν ότι θα πρόσφεραν την πιο συμφέρουσα συμμαχία. Αλλά τέτοιους γάμους τούς συμφωνούσαν οι πατεράδες ή οι ηγέτες των φατριών ή άλλοι πολέμαρχοι, και τώρα ξαφνικά εκείνη ήταν απαλλαγμένη απ' όλ' αυτά. Ο πατέρας της ήταν νεκρός, όπως ήταν οι περισσότεροι από τους ανώτερους υπηρέτες του. Η φατρία των Σεϊσού, στην οποία ανήκαν οι οικογένειες των Μαρουγιάμα και των Σιρακάβα, κυριεύτηκαν απόλυτα από την αναταραχή που είχε ακολουθήσει την πτώση των Τοχάν και την ξαφνική, απροσδόκητη άνοδο του Αράι Ντάιτσι. Ποιος θα τη συμβούλευε τι να κάνει; Θα ήταν ο Αράι αυτή τη φορά; Θα έπρεπε άραγε να συνάψει μια επίσημη συμμαχία μαζί του, όπου να τον αναγνωρίζει ως επικυρίαρχο ηγεμόνα της, και ποια θα ήταν τα πλεονεκτήματα ή τα μειονεκτήματα μιας τέτοιας κίνησης;

«Έχεις γίνει πολύ σοβαρή» της είπε. «Μπορώ να ρωτήσω τι απασχολεί το μυαλό σου; Πρέπει να προσπαθήσεις να μην ανησυχείς».

«Πρέπει να αποφασίσω τι να κάνω» είπε αυτή.

«Προτείνω τίποτα έως ότου ανακτήσεις τις δυνάμεις σου. Ο χειμώνας έχει φτάσει σχεδόν. Πρέπει να ξεκουραστείς, να τρέφεσαι καλά και να είσαι πολύ προσεκτική, για να μην κρυολογήσεις».

Και πρέπει να εξασφαλίσω τα εδάφη μου, να έρθω σε επαφή με το Σουτζίτα Χαρούκι στη Μαρουγιάμα και να του πω ότι σκοπεύω να διεκδικήσω την κληρονομιά μου, καθώς επίσης να βρω χρήματα και τρόφιμα για τους άντρες μου, σκέφτηκε, αλλά δεν το είπε αυτό μεγαλόφωνα στον Ισίντα.

Καθώς η υγεία της βελτιωνόταν, άρχισε να αποκαθιστά τις φθορές στο σπίτι προτού ν' αρχίσουν τα χιόνια. Όλα πλύθηκαν και καθαρίστηκαν, νέες ψάθες στρώθηκαν, τα χάρτινα χωρίσματα επισκευάστηκαν, τα χαλασμένα κεραμίδια και οι σανίδες αντικαταστάθηκαν. Περιποιήθηκαν και πάλι τον κήπο. Είχε ελάχιστα χρήματα για να πληρώσει για όλ' αυτά, αλλά βρήκε ανθρώπους να εργαστούν με την υπόσχεση ότι θα τους πλήρωνε την άνοιξη και κάθε ημέρα ανακάλυπτε ολοένα και περισσότερα για το πώς ένα βλέμμα ή ένας τόνος στη φωνή μπορούσε να εξασφαλίσει τις αφοσιωμένες υπηρεσίες τους.

Μετακόμισε στα διαμερίσματα του πατέρα της, όπου επιτέλους είχε απεριόριστη πρόσβαση στα βιβλία του. Διάβαζε και εξασκούνταν στη γραφή για ολόκληρες ώρες κάθε φορά, ωσότου η Σιζούκα, που φοβόταν για την υγεία της, έφερνε τη Χάνα για να την αποσπάσει. Τότε η Καεντέ έπαιζε με την αδερφή της, της μάθαινε να διαβάζει και να χρησιμοποιεί το πινέλο όπως ένας άντρας. Με την αυστηρή φροντίδα της Σιζούκα, η Χάνα είχε χάσει κάτι από την απειθαρχία της. Ήταν τόσο διψασμένη για μάθηση όσο η Καεντέ.

«Έπρεπε και οι δύο να είχαμε γεννηθεί αγόρια» αναστέναξε η Καεντέ.

«Τότε ο πατέρας θα ήταν υπερήφανος για μας» είπε η Χάνα. Η γλώσσα της πιεζόταν στα επάνω δόντια της όταν συγκεντρωνόταν στο σχεδιασμό των χαρακτήρων.

Η Καεντέ δεν απάντησε. Δε μιλούσε ποτέ για τον πατέρα της και προσπαθούσε να μην τον σκέφτεται. Πράγματι, δε θα μπορούσε πια να διακρίνει με σαφήνεια ανάμεσα στο τι είχε συμβεί στην πραγματικότητα την ημέρα που εκείνος πέθανε και στις εμπύρετες ονειροφαντασίες που της είχε προκαλέσει η ασθένειά της. Δεν είχε ζητήσει να μάθει την αλήθεια από τη Σιζούκα και τον Κόντο, επειδή φοβόταν την απάντησή τους. Πήγε στο ναό, διενήργησε την πένθιμη ιεροτελεστία και διέταξε να χαράξουν μια λεπτή πέτρα για τον τάφο του, αλλά ακόμα φοβόταν το φάντασμά του, που πετούσε κάπου στην άκρη του κατακόκκινου πυρετού της. Αν και επέμενε να σκέφτεται *δεν έχω κάνει τίποτα κακό*, δεν μπορούσε να τον θυμηθεί χωρίς τον πόνο της ντροπής, που προς τα έξω εμφάνιζε ως θυμό.

Θα μου είναι χρησιμότερος νεκρός παρά ζωντανός, είχε καταλήξει και ύστερα ανακοίνωσε ότι θα χρησιμοποιούσε και πάλι το όνομα Σιρακάβα, δεδομένου ότι ήταν η θέληση του πατέρα της να γίνει εκείνη η κληρονόμος του και να κατοικήσει στην έδρα της οικογένειας. Όταν ο Σότζι επέστρεψε στο σπίτι μετά από την περίοδο του πένθους και άρχισε να μελετάει μαζί της τα αρχεία και τους λογαριασμούς, της φάνηκε ότι διέκρινε κάποια αποδοκιμασία στη συμπεριφορά του, αλλά οι λογαριασμοί ήταν σε τόσο κακή κατάσταση, που χρησιμοποίησε το θυμό της για να του επιβληθεί. Της ήταν δύσκολο να πιστέψει ότι οι υποθέσεις της διαχείρισης είχαν επιδεινωθεί τόσο πολύ. Ήταν αδύνατο να εξασφαλιστούν αρκετά τρόφιμα για τους άντρες που είχε ήδη στην υπηρεσία της και τις οικογένειές τους, πόσο μάλλον για όλους εκείνους που ήλπιζε να στρατολογήσει. Αυτή ήταν η κύρια πηγή ανησυχίας της.

Μαζί με τον Κόντο επιθεώρησαν τις πανοπλίες και τα όπλα κι έδωσε οδηγίες για τις επισκευές που έπρεπε να γίνουν, καθώς και για νέες παραγγελίες. Άρχισε να εμπιστεύεται όλο και περισσότερο την εμπειρία και την κρίση του. Εκείνος τη συμβούλευσε ότι πρέπει να επανακαθορίσει και να προστατεύσει τα σύνορα της περιοχής, για να αποτρέψει τις καταπατήσεις και για να διατηρήσει το αξιόμαχο των πολεμιστών. Εκείνη συμφώνησε, γνωρίζοντας ενστικτωδώς ότι έπρεπε να κρατήσει τους άντρες απασχολημένους και να διατηρήσει το ενδιαφέρον τους. Για πρώτη φορά ένιωθε ευγνώμων για τα χρόνια που είχε ζήσει στο κάστρο, γιατί συνειδητοποίησε πόσα πολλά είχε μάθει για τους πολεμιστές και για τα όπλα. Από εκείνη την περίοδο κι έπειτα, ο Κόντο έβγαινε συχνά έξω με άλλους πέντε ή έξι έφιππους κι αυτές οι αποστολές χρησίμευαν και για τη συλλογή πληροφοριών.

Είπε στον Κόντο και στη Σιζούκα να αφήνουν να διαρρέουν τμηματικά κάποιες πληροφορίες ανάμεσα στους άντρες: για τη συμμαχία με τον Αράι, για την εκστρατεία στη Μαρουγιάμα την άνοιξη, για την ευκαιρία για ανέλιξη και πλουτισμό.

Δε συνάντησε τον άρχοντα Φουτζιβάρα, αν κι εκείνος της έστειλε δώρα, ορτύκια, αποξηραμένους χουρμάδες, κρασί και ζεστά ρούχα με επένδυση. Ο Ισίντα επέστρεψε στην κατοικία του ευγενούς κι εκείνη ήξερε ότι ο γιατρός θα τον ενημέρωνε για την πρόοδό της κι ότι σίγουρα δε θα τολμούσε να του κρατήσει οποιοδήποτε μυστικό. Δε θέλησε να συναντήσει το Φουτζιβάρα. Ήταν επαίσχυντο ότι τον είχε εξαπατήσει και λυπήθηκε που είχε χάσει την εκτίμησή του, αλλά ήταν επίσης ανακουφισμένη που δε θα συναντιόνταν πρόσωπο με πρόσωπο. Το έντονο ενδιαφέρον του γι' αυτήν την παρέλυε και την απωθούσε τόσο όσο και το άσπρο δέρμα του και τα μάτια του, που έμοιαζαν με του κορμοράνου.

«Είναι ένας χρήσιμος σύμμαχος» της είπε η Σιζούκα. Βρίσκονταν στον κήπο κι επέβλεπαν την αποκατάσταση του κατεστραμμένου πέτρινου φανοστάτη. Ήταν μια δροσερή, πεντακάθαρη ημέρα, με σπάνια ηλιοφάνεια.

Η Καεντέ παρατηρούσε ένα ζευγάρι ίβιδες στους ορυζώνες πέρα από την πύλη. Το χλωμό, ρόδινο, χειμερινό φτέρωμά τους έλαμπε με φόντο τη γυμνή γη.

«Στάθηκε πολύ καλός μαζί μου» είπε εκείνη. «Ξέρω ότι του οφείλω τη ζωή μου μέσω του δόκτορα Ισίντα. Αλλά δε θα με ενοχλούσε εάν δεν τον έβλεπα ποτέ ξανά».

Οι ίβιδες ακολουθούσαν η μία την άλλη μέσα στις λίμνες που είχαν σχηματιστεί στην άκρη του ορυζώνα· με τα κυρτά ράμφη τους ανακάτωναν τα λασπόνερα.

«Όπως και να 'χει» πρόσθεσε «τώρα πια φαντάζω ελαττωματική στα δικά του μάτια. Θα με περιφρονεί όσο ποτέ άλλοτε».

Η Σιζούκα δεν της είχε πει τίποτα για την επιθυμία εκείνου του ευγενούς να παντρευτεί την Καεντέ και δεν της ανέφερε τίποτα ούτε και τώρα.

«Πρέπει να πάρετε μερικές αποφάσεις» της είπε ήσυχα. «Ειδάλλως όλοι θα λιμοκτονήσουμε πριν τον ερχομό της άνοιξης».

«Δεν έχω καμία διάθεση να προσεγγίσω τον οποιονδήποτε» είπε η Καεντέ. «Δεν πρέπει να φανώ όπως ένας ικέτης, απελπισμένη και πάμπτωχη. Ξέρω ότι πρέπει να πάω στον Αράι τελικά, αλλά σκέφτομαι ότι αυτό μπορεί να περιμένει μέχρις ότου περάσει ο χειμώνας».

«Πιστεύω ότι τα πουλιά θ' αρχίσουν να μαζεύονται από νωρίτερα» είπε η Σιζούκα. «Περιμένω ότι ο Αράι θα σας στείλει κάποιον».

«Και τι θα γίνει με σένα, Σιζούκα;» είπε η Καεντέ. Ο στυλοβάτης είχε τοποθετηθεί στη θέση του και το νέο φανάρι ήταν έτοιμο. Απόψε θα το άναβε, θα έδειχνε όμορφο στον παγωμένο κήπο κάτω από τον πεντακάθαρο ουρανό. «Τι θα κάνεις; Δεν έχω την εντύπωση πως θα μείνεις για πάντα μαζί μου, έτσι δεν είναι; Πρέπει να έχεις κι άλλα ζητήματα που να σε απασχολούν. Τι γίνεται με τους γιους σου; Πρέπει να τους έχεις πεθυμήσει και να λαχταράς να τους δεις. Και ποιες είναι οι εντολές που έχεις πάρει από τη Φυλή;»

«Προς το παρόν, τίποτα περισσότερο από το να εξακολουθήσω να φροντίζω για τα συμφέροντά σας» απάντησε η Σιζούκα.

«Θα μου έπαιρναν άραγε το παιδί όπως μου πήραν και τον Τακέο;» είπε η Καεντέ κι ευθύς αμέσως συμπλήρωσε «Ω, μη μου απαντήσεις, δεν έχει καμία σημασία πια». Αισθάνθηκε τα δάκρυά της έτοιμα να κυλήσουν κι έσφιξε τα χείλια της. Παρέμεινε σιωπηλή για μερικές στιγμές κι έπειτα συνέχισε «Να υποθέσω ότι, επίσης, τους κρατάς ενήμερους για τις ενέργειες και τις αποφάσεις μου;».

«Στέλνω κατά διαστήματα μηνύματα στο θείο μου. Όταν κατάλαβα πως ήσαστε κοντά στο θάνατο, παραδείγματος χάριν. Και θα τον πληροφορούσα για όλες τις εξελίξεις: εάν επρόκειτο να αποφασίσετε ξανά να παντρευτείτε, τέτοιου είδους πράγματα».

«Αυτό δε θα το κάνω». Καθώς το φως του απογεύματος άρχιζε να χάνεται, το ρόδινο φτέρωμα της ίβιδας γυάλιζε ακόμη πιο έντονα. Έμενε ακίνητη. Τώρα που οι εργάτες είχαν τελειώσει, ο κήπος φάνταζε πιο σιωπηλός από κάθε άλλη φορά. Και μέσα στη σιωπή άκουσε και πάλι την υπόσχεση της Λευκής Θεάς. *Να δείξεις υπομονή.*

Δε θα παντρευτώ κανέναν άλλον παρά μονάχα αυτόν, ορκίστηκε πάλι. *Θα είμαι υπομονετική.*

Ήταν η τελευταία ημέρα με λιακάδα. Ο καιρός έγινε υγρός και άγριος. Μερικές ημέρες αργότερα, ο Κόντο επέστρεψε από μια περίπολο εν μέσω καταιγίδας. Ξεπέζεψε γρήγορα και φώναξε τις γυναίκες στο σπίτι «Υπάρχουν ξένοι στο δρόμο, άντρες του άρχοντα Αράι, πέντε ή έξι, και άλογα».

Η Καεντέ τού είπε να συγκεντρώσει όσο το δυνατόν περισσότερους άντρες και να δώσει την εντύπωση ότι υπήρχαν ακόμη περισσότεροι σε ετοιμότητα.

«Πες στις γυναίκες να ετοιμάσουν φαγητό» είπε στη Σιζούκα. «Με όλα τα τρόφιμα που έχουμε, κάντε το πλουσιοπάροχο. Πρέπει να φανεί ότι ζούμε με ευημερία. Βοήθησέ με να αλλάξω τα ρούχα μου και φώναξε τις αδερφές μου. Ύστερα πρέπει να εξαφανιστείτε».

Φόρεσε την πιο κομψή ρόμπα απ' όσες της είχε χαρίσει ο Φουτζιβάρα και θυμήθηκε, όπως κάθε φορά, την ημέρα που είχε υποσχεθεί να τη χαρίσει στη Χάνα.

Θα την πάρει όταν θα της χωράει, σκέφτηκε, *και ορκίζομαι ότι θα βρίσκομαι εκεί, για να τη δω να τη φοράει.*

Η Χάνα και η Άι μπήκαν το δωμάτιο· η Χάνα μιλούσε ενθουσιασμένα και χοροπήδαγε πάνω κάτω για να ζεσταθεί. Η Αγιάμε ακολουθούσε, κουβαλώντας ένα μαγκάλι. Η Καεντέ έκανε ένα μορφασμό όταν είδε πόσο παραγεμισμένο ήταν με κάρβουνο: θα έτρεμαν ακόμη περισσότερο από το κρύο όταν θα έφευγαν οι άνθρωποι του Αράι.

«Ποιος έρχεται;» ρώτησε νευρικά η Άι. Έπειτα από το θάνατο του πατέρα τους και την ασθένεια της Καεντέ, είχε γίνει πολύ εύθραυστη, λες κι οι απανωτοί κλονισμοί την είχαν αποδυναμώσει.

«Άνθρωποι του Αράι. Πρέπει να κάνουμε πολύ καλή εντύπωση. Γι' αυτόν το λόγο δανείστηκα ξανά τη ρόμπα της Χάνα».

«Μη μου τη λερώσεις, μεγάλη μου αδερφή» είπε η Χάνα, βογκώντας καθώς η Αγιάμε άρχισε να χτενίζει τα μαλλιά της. Συνήθως τα έπιανε προς τα πίσω. Λυμένα ήταν μακρύτερα από το μπόι της.

«Τι γυρεύουν;» Η Άι είχε χλωμιάσει.

«Περιμένω να μας πουν» απάντησε η Καεντέ.

«Πρέπει να βρίσκομαι κι εγώ εδώ;» παρακάλεσε η Άι.

«Ναι, φόρεσε την άλλη ρόμπα που ο άρχοντας Φουτζιβάρα μάς έστειλε και βοήθησε τη Χάνα να ντυθεί. Πρέπει να είμαστε όλοι εδώ μαζί όταν φτάσουν».

«Γιατί;» ρώτησε η Χάνα.

Η Καεντέ δεν απάντησε. Ούτε κι εκείνη καλά καλά γνώριζε το λόγο. Για μια στιγμή αντίκρισε την εικόνα τους, και οι τρεις τους μέσα στο έρημο σπίτι, οι τρεις κόρες του άρχοντα Σιρακάβα, απόμακρες, όμορφες, επικίνδυνες..., έτσι ακριβώς έπρεπε να εμφανιστούν μπροστά στους πολεμιστές του Αράι.

«Εσύ, Φιλεύσπλαχνη και Συμπονετική, βοήθησέ με»

προσευχήθηκε, ενώ η Σιζούκα τής έδενε το ζωνάρι της και της χτένιζε τα μαλλιά.

Άκουσε το ποδοβολητό των αλόγων έξω από την πύλη, άκουσε τον Κόντο να καλωσορίζει εκείνους τους άντρες. Η φωνή του περιείχε ακριβώς το σωστό τόνο ευγένειας και εμπιστοσύνης κι ευχαρίστησε τον ουρανό για τις υποκριτικές ικανότητες των ανθρώπων της Φυλής· ήλπιζε ότι κι οι δικές της θα αποδεικνύονταν εξίσου μεγάλες.

«Αγιάμε, οδήγησε τους επισκέπτες μας στον ξενώνα» είπε. «Δώστε τους τσάι και φαγητό. Από το καλύτερο τσάι και στο καλύτερο σερβίτσιο. Όταν τελειώσουν με το φαγητό, πες στον επικεφαλής τους να έρθει εδώ για να μιλήσει μαζί μου. Χάνα, εάν είσαι έτοιμη, έλα και κάθισε δίπλα μου».

Η Σιζούκα βοήθησε την Άι να ντυθεί και της χτένισε βιαστικά τα μαλλιά. «Θα κρυφτώ κάπου, απ' όπου θα μπορώ να κρυφάκουω» ψιθύρισε.

«Άνοιξε τα παντζούρια πριν φύγεις» είπε η Καεντέ. «Να χαρούμε το τελευταίο φως του ήλιου». Η βροχή είχε πάψει να πέφτει κι ένας δειλός ήλιος έριχνε το ασημένιο φως του πάνω στον κήπο και μέσα στο δωμάτιο.

«Τι πρέπει να κάνω εγώ;» ρώτησε η Χάνα γονατίζοντας δίπλα στην Καεντέ.

«Όταν έρθουν μέσα οι άντρες, πρέπει να υποκλιθείς ακριβώς την ίδια στιγμή με μένα. Κι ύστερα να δείχνεις όσο πιο όμορφη μπορείς και να καθίσεις ακίνητη, δίχως να κουνήσεις ούτε το δάχτυλό σου όσο εγώ θα μιλάω».

«Αυτό είναι όλο;» Η Χάνα είχε απογοητευτεί.

«Να παρακολουθήσεις τους άντρες, να μελετήσεις τη συμπεριφορά τους χωρίς να φανεί. Ύστερα θα μου πεις τι γνώμη σχημάτισες γι' αυτούς. Το ίδιο κι εσύ, Άι. Δεν πρέπει να δείξετε τίποτα, να μην αντιδράσετε σε τίποτα – όπως τα αγάλματα».

Η Άι πλησίασε και γονάτισε στην άλλη πλευρά της Καεντέ. Έτρεμε, αλλά ήταν σε θέση να συγκρατήσει τον εαυτό της.

Οι τελευταίες ακτίνες του ήλιου έλουσαν το δωμάτιο κάνοντας τους κόκκους της σκόνης να χορεύουν και φωτίζοντας τα τρία κορίτσια. Ο καταρράκτης, που είχε καθαριστεί πρόσφατα, είχε γίνει τώρα πιο ορμητικός χάρη στη βροχή και μπορούσε ν' ακουστεί από την άκρη του κήπου. Μια γαλάζια σκιά έλαμψε στα νερά του καθώς μια αλκυόνη βούτηξε από ένα βράχο.

Από τον ξενώνα ακουγόταν το μουρμουρητό από τις συζητήσεις των αντρών. Η Καεντέ νόμισε ότι μπορούσε να οσμιστεί την ασυνήθιστη μυρωδιά τους. Της προκαλούσε υπερένταση. Ίσιωσε την πλάτη της και το μυαλό της πάγωσε. Θα αντιμετώπιζε τη δύναμή τους με τη δική της. Θα θυμόταν πόσο εύκολα μπορούσαν να πεθάνουν.

Περίπου είκοσι λεπτά αργότερα άκουσε τη φωνή της Αγιάμε, που έλεγε στους άντρες ότι θα τους δεχόταν τώρα. Αμέσως μετά, ο αρχηγός τους κι ένας από τους συνοδούς του πλησίασαν το κύριο σπίτι και ανέβηκαν στη βεράντα. Η Αγιάμε γονάτισε στην άκρη του δωματίου ενώ ο ακόλουθος γονάτισε απ' έξω. Καθώς ο άλλος άντρας διέσχισε το κατώφλι, η Καεντέ τον άφησε να δει και τις τρεις τους κι έπειτα του υποκλίθηκε ακουμπώντας το μέτωπό της στο πάτωμα. Η Χάνα και η Άι κινήθηκαν ταυτόχρονα μ' αυτή.

Τα τρία κορίτσια ανακάθισαν και πάλι ταυτόχρονα.

Ο πολεμιστής γονάτισε και δήλωσε «Είμαι ο Ακίτα Τσουτόμου από την Ινουγιάμα. Απεσταλμένος του άρχοντα Αράι στην αρχόντισσα Σιρακάβα».

Υποκλίθηκε κι έμεινε σκυμμένος.

Η Καεντέ είπε «Καλώς ορίσατε, άρχοντα Ακίτα. Σας είμαι ευγνώμων για το σκληρό ταξίδι στο οποίο υποβληθήκατε αλλά και στον άρχοντα Αράι, που σας έστειλε εδώ. Αδημονώ να μάθω πώς μπορώ να του φανώ χρήσιμη». Ύστερα συμπλήρωσε «Μπορείτε να ανασηκωθείτε».

Εκείνος υπάκουσε κι εκείνη τον κοίταξε με ειλικρίνεια. Ήξερε ότι οι γυναίκες όφειλαν να κρατήσουν τα βλέμματά τους καρφωμένα στο πάτωμα μπροστά στους άντρες, αλλά εκείνη δεν αισθανόταν πια γυναίκα. Αναρωτήθηκε εάν θα ξαναγινόταν ποτέ μια γυναίκα εκείνου του είδους. Συνειδητοποίησε ότι η Χάνα και η Άι περιεργάζονταν με τον ίδιο τρόπο τον Ακίτα, με αδιαφανή, ανερμήνευτα μάτια. Πλησίαζε τη μέση ηλικία, τα μαλλιά του ήταν ακόμα μαύρα, αλλά είχαν αρχίσει να αραιώνουν. Η μύτη του ήταν μικρή κι ελαφρώς γερτή, όπως ενός πουλιού, και του χάριζε μια αρπακτική όψη, που ολοκληρωνόταν από ένα καλοσχηματισμένο στόμα με μάλλον μεγάλα χείλια. Τα ρούχα του ήταν λεκιασμένα από το ταξίδι, αλλά καλής ποιότητας. Τα χέρια του είχαν τετράγωνο σχήμα, με κοντά δάχτυλα και δυνατούς αντίχειρες. Υπέθεσε ότι θα ήταν ένα πρακτικό άτομο, αλλά θα μπορούσε επίσης να είναι και συνωμότης, που σκέφτεται με πονηριά. Δε διέθετε τίποτα που να μπορούσε να εμπιστευτεί.

«Ο άρχοντας Αράι ζητάει να μάθει για την υγεία σας» είπε εξετάζοντας κάθε μία από τις αδερφές και κατόπιν επιστρέφοντας το βλέμμα του στην Καεντέ. «Υπήρξαν αναφορές πως ήσασταν αδιάθετη».

«Έχω αναρρώσει» απάντησε. «Μπορείτε να δώσετε τις ευχαριστίες μου στον άρχοντα Αράι για το ενδιαφέρον του».

Έγειρε το κεφάλι του ελαφρά. Έδειχνε αμήχανος, σαν να βρισκόταν στο σπίτι μαζί με άλλους άντρες παρά μεταξύ γυναικών, αβέβαιος για το πώς θα έπρεπε να της απευθύνει το λόγο. Αναρωτήθηκε πόσα γνώριζε για την κατάσταση της υγείας της, εάν ήξερε την αιτία της ασθένειάς της.

«Με μεγάλη λύπη πληροφορηθήκαμε το θάνατο του άρχοντα Σιρακάβα» συνέχισε. «Ο άρχοντας Αράι ανησυχούσε για την ασφάλειά σας και επιθυμεί να καταστήσει σαφές ότι σας θεωρεί σύμμαχό του τόσο ισχυρό όσο κι αν ήσασταν μέλος της οικογένειάς του».

Η Χάνα και η Άι έστρεψαν τα κεφάλια τους, αντάλλαξαν βλέμματα η μια με την άλλη κι εξακολούθησαν να κοιτάζουν με επιμονή και περιέργεια. Αυτό φάνηκε να επηρεάζει τα νεύρα του Ακίτα ακόμη περισσότερο. Καθάρισε το λαιμό του. «Το ζήτημα έχει ως εξής: ο άρχοντας Αράι επιθυμεί να τον επισκεφτείτε, εσείς και οι αδερφές σας, στην Ινουγιάμα, για να συζητήσετε τα θέματα της συμμαχίας σας, καθώς και το μέλλον της αρχόντισσας Σιρακάβα».

Αδύνατον, σκέφτηκε, αν και δεν είπε τίποτα για λίγα λεπτά. Κατόπιν μίλησε χαμογελώντας ελαφρά. «Τίποτα άλλο δε θα μου έδινε μεγαλύτερη ευχαρίστηση. Εντούτοις η υγεία μου δεν είναι αρκετά ισχυρή ώστε να μου επιτρέπεται να ταξιδέψω ακόμα και, δεδομένου ότι ακόμη πενθούμε τον πατέρα μας, δε θα ήταν σωστό και πρέπον να φύγουμε από το σπίτι μας. Σε λίγο η χρονιά τελειώνει. Θα προγραμματίσουμε την επίσκεψή μας στην Ινουγιάμα για την άνοιξη. Μπορείτε να πείτε στον άρχοντα Αράι ότι θεωρώ τη συμμαχία μας ισχυρή και ότι του είμαι ευγνώμων για την προστασία που μας προσφέρει. Θα εξακολουθήσω να τον συμβουλεύομαι για όσο διάστημα είμαι ικανή και θα τον ενημερώνω για τις αποφάσεις μου».

Γι' άλλη μια φορά, τα βλέμματα ανάμεσα στη Χάνα και στην Άι έλαμψαν μέσα στο δωμάτιο σαν αστραπές. *Είναι στ' αλήθεια παράξενο*, σκέφτηκε η Καεντέ και ξαφνικά θέλησε να βάλει τα γέλια.

Ο Ακίτα είπε «Πρέπει να πιέσω την αρχόντισσα Σιρακάβα να με ακολουθήσει».

«Αυτό είναι εντελώς αδύνατον» είπε εκείνη και, μόλις το βλέμμα της συνάντησε το δικό του, πρόσθεσε «Δεν είστε σε θέση να με πιέσετε να πράξω οτιδήποτε».

Τούτη η επίπληξη τον έκανε να εκπλαγεί. Ξαφνικά κοκκίνισε και ξάναψε γύρω απ' το λαιμό και ως τα μάγουλα.

Η Χάνα και η Άι έκλιναν ελαφρά προς τα εμπρός και κοίταξαν με ακόμη πιο έντονο βλέμμα. Ο ήλιος κρύφτηκε πίσω από τα σύννεφα και τότε το δωμάτιο σκοτείνιασε κι άξαφνα ακούστηκε δυνατή βροχή να πέφτει πάνω στη στέγη. Οι μικρές καμπανούλες, καμωμένες από μπαμπού, έβγαλαν έναν υπόκωφο ήχο.

Ο Ακίτα είπε «Σας ζητάω συγγνώμη. Ασφαλώς και πρέπει να πράξετε ό,τι εσείς θεωρείτε πρέπον».

«Θα έρθω στην Ινουγιάμα την άνοιξη» επανέλαβε εκείνη. «Μπορείτε να το πείτε αυτό στον άρχοντα Αράι. Είστε ευπρόσδεκτοι να περάσετε τη νύχτα εδώ, αλλά σκέφτομαι ότι θα πρέπει να φύγετε το πρωί, για να προλάβετε να επιστρέψετε πριν τις χιονοπτώσεις».

«Μάλιστα, αρχόντισσα Σιρακάβα». Έκλινε το κεφάλι του προς στο πάτωμα. Καθώς ανασηκωνόταν προς τα πίσω, εκείνη του είπε «Ποιοι σας συνοδεύουν;». Του μίλησε με απότομο ύφος, επιτρέποντας στην ανυπομονησία της να κρυφτεί στον τόνο της φωνής της, εφόσον γνώριζε ενστικτωδώς ότι είχε καταφέρει να τον εξουσιάσει. Η όλη ατμόσφαιρα, οι αδερφές της, η ίδια της η συμπεριφορά τον είχαν λυγίσει. Μπορούσε σχεδόν να το μυρίσει στο αέρα που ανέπνεαν.

«Ο γιος της αδερφής μου, ο Σονόντα Μιτσούρου, και τρεις από τους ακολούθους μου».

«Αφήστε τον ανιψιό σας εδώ. Μπορεί να παραμείνει στην υπηρεσία μου για τη διάρκεια του χειμώνα και να μας συνοδεύσει στην Ινουγιάμα. Θα αποτελέσει μια μορφή εγγύησης για την καλή σας πίστη».

Το βλέμμα του καρφώθηκε στο πάτωμα· φαινόταν σαστισμένος από το αίτημά της, ωστόσο, σκέφτηκε εκείνη θυμωμένα, οποιοσδήποτε άντρας στη θέση της θα είχε απαιτήσει το ίδιο ακριβώς πράγμα. Εάν εκείνος ο νεαρός παρέμενε στο σπίτι της, θα ήταν πολύ δύσκολο για το θείο του να την εκθέσει ή, ακόμη περισσότερο, να την προδώσει στον Αράι.

«Φυσικά, η εμπιστοσύνη μεταξύ μας αποτελεί σύμβολο της εμπιστοσύνης μου προς τον άρχοντα Αράι» είπε με ανυπομονησία η Καεντέ καθώς τον είδε να διστάζει.

«Δε βλέπω για ποιο λόγο δε θα έπρεπε να παραμείνει εδώ» συμφώνησε ο Ακίτα.

Κρατάω έναν όμηρο, σκέφτηκε, και εκστασιάστηκε από την αίσθηση της δύναμης που αυτό της έδινε.

Υποκλίθηκε προς στον Ακίτα, ενώ η Χάνα και η Άι τη μιμήθηκαν καθώς στράφηκε προς τη μεριά τους. Η βροχή συνέχιζε να πέφτει την ώρα που έφευγε, αλλά ο ήλιος είχε κατορθώσει να μετατρέψει τις σταγόνες της βροχής σε κομμάτια από ουράνια τόξα, που τώρα κρέμονταν από τα γυμνά κλαδιά και τα τελευταία φύλλα του φθινοπώρου. Έγνεψε στις αδερφές της να μην κουνηθούν από τη θέση τους.

Προτού περάσει στον ξενώνα, ο Ακίτα γύρισε για να κοιτάξει πίσω του. Παρέμειναν ακίνητες έως ότου εκείνος χάθηκε. Ο ήλιος είχε εξαφανιστεί και η βροχή έπεφτε δυνατά.

Η Αγιάμε ξεπρόβαλε από το σημείο όπου γονάτιζε κρυμμένη όλη αυτή την ώρα κι έκλεισε τα παραθυρόφυλλα. Η Καεντέ γύρισε κι αγκάλιασε τη Χάνα.

«Τα κατάφερα καλά;» ρώτησε η Χάνα και τα μάτια της ήταν ορθάνοιχτα και γεμάτα συγκίνηση.

«Ήταν υπέροχο, σχεδόν μαγικό. Αλλά τι ήταν όλα αυτά τα βλέμματα αναμεταξύ σας;»

«Δεν έπρεπε να το κάνουμε» είπε η Άι ντροπιασμένη. «Είναι εντελώς παιδιάστικο. Συνηθίζαμε να το κάνουμε αυτό όταν μας έκανε μάθημα η μητέρα ή η Αγιάμε. Η Χάνα το ξεκίνησε. Ποτέ δεν κατάφεραν να καταλάβουν εάν συνέβαινε στην πραγματικότητα ή απλώς το φαντάζονταν. Δεν τολμήσαμε ποτέ να το κάνουμε μπροστά στον πατέρα. Και να το κάνουμε μπροστά σ' έναν τόσο σπουδαίο άρχοντα...»

«Απλά συνέβη» είπε η Χάνα γελώντας. «Δεν του άρεσε, έτσι δεν είναι; Τα μάτια του πήγαιναν πέρα δώθε κι είχε αρχίσει να ιδροκοπάει».

«Δεν είναι καν σπουδαίος άρχοντας» είπε η Καεντέ. «Ο Αράι θα μπορούσε να είχε στείλει κάποιον ιεραρχικά ανώτερο».

«Θα έκανες, τότε, αυτό που σου ζήτησε τούτος εδώ; Εκείνον θα τον ακολουθούσες στην Ινουγιάμα;»

«Ακόμα κι αν είχε έρθει ο ίδιος ο Αράι, θα αρνιόμουν» αποκρίθηκε η Καεντέ. «Θα τους κάνω πάντα να με περιμένουν».

«Θέλεις να μάθεις τι άλλο παρατήρησα;» ρώτησε η Χάνα.

«Πες μου».

«Ο άρχοντας Ακίτα σε φοβήθηκε, μεγάλη αδερφή».

«Έχεις πολύ διεισδυτικά μάτια» είπε γελώντας η Καεντέ.

«Δε θέλω να φύγω από εδώ» είπε η Άι. «Δε θέλω ποτέ να φύγω από το σπίτι».

Η Καεντέ κοίταξε την αδερφή της με οίκτο. «Κάποια μέρα θα παντρευτείς. Ίσως την ερχόμενη χρονιά θα πρέπει να πας στην Ινουγιάμα και να μείνεις εκεί για λίγο καιρό».

«Θα πρέπει να πάω κι εγώ;» ρώτησε η Χάνα.

«Ίσως» είπε η Καεντέ. «Πολλοί άντρες θα θελήσουν να σε παντρευτούν».

Χάριν μιας συμμαχίας μαζί μου, σκέφτηκε και μελαγχόλησε στην ιδέα ότι θα έπρεπε να χρησιμοποιήσει τις αδερφές της γι' αυτόν το λόγο.

«Θα πάω μονάχα εάν η Σιζούκα έρθει μαζί μας» είπε κατηγορηματικά η Χάνα.

Η Καεντέ χαμογέλασε και την αγκάλιασε και πάλι. Δεν υπήρχε κανένας λόγος να της αποκαλύψει ότι η Σιζούκα δε θα μπορούσε ποτέ να επισκεφτεί με ασφάλεια την Ινουγιάμα ενόσω ο Αράι βρισκόταν εκεί. «Πήγαινε και πες στη Σιζούκα να έρθει εδώ. Εσύ, Αγιάμε, καλά θα κάνεις να βρεις τι είδους γεύμα μπορούμε να προσφέρουμε απόψε σ' αυτούς τους άντρες».

«Χαίρομαι που τους ζητήσατε να φύγουν αύριο κιόλας» είπε Αγιάμε. «Δε νομίζω ότι θα είχαμε τα μέσα να τους ταΐζουμε για περισσότερο. Άλλωστε αυτοί συνηθίζουν να τρώνε τον περίδρομο». Κούνησε το κεφάλι της. «Αν και, πρέπει να σας πω, αρχόντισσα Καεντέ, πως πιστεύω ότι ο πατέρας σας δε θα ενέκρινε τη συμπεριφορά σας».

«Δε χρειάζεται να μου το πεις» ανταπάντησε γρήγορα η Καεντέ. «Κι αν θέλεις να συνεχίσεις να ζεις σ' αυτό το σπίτι, φρόντισε να μη μου ξαναμιλήσεις με αυτό τον τρόπο».

Η Αγιάμε δείλιασε ακούγοντας τον τόνο της φωνής της. «Μάλιστα, αρχόντισσα Σιρακάβα» ψέλλισε κι ύστερα έπεσε στα γόνατα και σύρθηκε προς τα πίσω, για να βγει από το δωμάτιο.

Η Σιζούκα έφτασε μετά από λίγο, κρατώντας μια λάμπα, καθώς είχε αρχίσει πια να σουρουπώνει. Η Καεντέ ζήτησε από τις αδερφές της φύγουν και να πάνε να αλλάξουν ρούχα.

«Πόσα πρόλαβες να ακούσεις;» ρώτησε όταν εκείνες είχαν φύγει από το δωμάτιο.

«Αρκετά, και ο Κόντο μού μετέφερε όσα είπε ο άρχοντας Ακίτα όταν επέστρεψε στο κιόσκι. Θεωρεί ότι υπάρχει κάποια υπερφυσική δύναμη μέσα σ' αυτό το σπίτι. Τον τρομοκρατήσατε. Είπε ότι είστε όπως η αράχνη του φθινοπώρου, ολόχρυση και θανάσιμη, και υφαίνετε έναν ιστό με την ομορφιά σας, για να γοητεύετε τους άντρες».

«Πολύ ποιητικό» παρατήρησε η Καεντέ.

«Ναι, το ίδιο ακριβώς είπε και ο Κόντο!»

Η Καεντέ μπόρεσε να φέρει στο μυαλό της την ειρωνική λάμψη των ματιών του. Κάποια μέρα, υποσχέθηκε στον εαυτό της, θα την αντίκριζε δίχως ειρωνεία. Θα την έπαιρνε στα σοβαρά. Όλοι τους, όλοι εκείνοι οι άντρες που πίστευαν ότι ήταν τόσο ισχυροί.

«Και ο όμηρός μου, ο Σονόντα Μιτσούρου, είναι κι αυτός τρομοκρατημένος;»

«Ο όμηρός σας!» η Σιζούκα έβαλε τα γέλια. «Πώς τολμήσατε να ζητήσετε κάτι τέτοιο;»

«Έκανα λάθος;»

«Όχι, αντιθέτως, αυτό τους έκανε να θεωρήσουν πως είστε πολύ ισχυρότερη απ' όσο είχαν πιστέψει αρχικά. Ο νεαρός είναι λίγο ανήσυχος με την απόφαση να παραμείνει εδώ. Πού σκοπεύετε να τον βάλετε;»

«Ο Σότζι μπορεί να τον πάρει στο σπίτι του και να αναλάβει τη φροντίδα του. Ασφαλώς και δε θέλω να μείνει εδώ». Η Καεντέ έκανε μια παύση, ύστερα συνέχισε με ένα ίχνος πικρίας στη φωνή της «Θα έχει καλύτερη αντιμετώπιση απ' ό,τι είχα εγώ. Αλλά τι θα γίνει με σένα; Δεν πρόκειται να αποτελέσει κίνδυνο για σένα, έτσι δεν είναι;».

«Ο Αράι θα πρέπει να γνωρίζει ότι βρίσκομαι ακόμη μαζί σας» είπε η Σιζούκα. «Δε βλέπω όμως κανέναν κίνδυνο από αυτόν το νεαρό άντρα. Ο θείος του, ο άρχοντας Ακίτα, θα προσέχει πολύ να μη σας ενοχλήσει τώρα με οποιονδήποτε τρόπο. Η εξουσία σας με προστατεύει – όλους μας. Ο Αράι, προφανώς, περίμενε να σας βρει σε κατάσταση αλλοφροσύνης και απελπισμένη για τη βοήθειά του. Τώρα όμως θα ακούσει μια πολύ διαφορετική ιστορία. Σας είπα, τα πουλιά θα συγκεντρωθούν».

«Ποιον άλλον περιμένουμε λοιπόν;»

«Έχω την αίσθηση ότι κάποιος θα έλθει από τη Μαρουγιάμα πριν να μπει ο χειμώνας, σε απάντηση των αγγελιοφόρων που έστειλε ο Κόντο».

Η Καεντέ ήλπιζε για το ίδιο ακριβώς πράγμα· η σκέψη της συχνά επέστρεφε στην τελευταία συνάντηση που είχε με τη συγγένισσά της και στην υπόσχεση που είχε δώσει τότε. Ο πατέρας της της είχε πει ότι θα έπρεπε να πολεμήσει για εκείνη την κληρονομιά, αλλά καλά καλά δεν ήξερε ποιοι ακριβώς θα ήταν οι αντίπαλοί της ή πώς θα έπρεπε να ετοιμαστεί γι' αυτόν τον πόλεμο. Ποιος θα της έδειχνε πώς να τα καταφέρει; Ποιος θα οδηγούσε έναν ολόκληρο στρατό για λογαριασμό της;

Την επόμενη μέρα αποχαιρέτισε τον Ακίτα και τους άντρες του, ικανοποιημένη από το γεγονός ότι η παραμονή τους στο σπίτι ήταν τόσο σύντομη, και καλωσόρισε τον ανιψιό του, ενώ συγχρόνως κάλεσε το Σότζι και του τον παρέδωσε. Είχε απόλυτη επίγνωση της επίδρασης που ασκούσε πάνω σ' εκείνον το νεαρό άντρα –δεν μπορούσε να πάρει τα μάτια του από πάνω της κι έτρεμε στην παρουσία της–, αλλά την ίδια την ενδιέφερε μόνο ως όμηρος.

«Να τον κρατάτε απασχολημένο» είπε στο Σότζι. «Να του συμπεριφερθείτε καλά και με σεβασμό, αλλά μην τον αφήσετε να μάθει πολλά για τις υποθέσεις που μας απασχολούν».

Τις επόμενες εβδομάδες, διάφοροι άντρες άρχισαν να εμφανίζονται στο κατώφλι της. Κάποια μυστική είδηση είχε διαδοθεί ότι είχε αρχίσει να προσλαμβάνει πολεμιστές. Έρχονταν μεμονωμένα, σε ζευγάρια ή ανά τριάδες, ποτέ σε μεγάλες ομάδες, άντρες των οποίων οι αφέντες ήταν πια νεκροί ή εξόριστοι, βασανισμένα απομεινάρια της εποχής του πολέμου. Μαζί με τον Κόντο είχαν επινοήσει τις δοκιμασίες στις οποίες θα τους υπέβαλλαν –δεν ήθελε ούτε απατεώνες ούτε ανόητους–, ωστόσο δεν είχαν απορρίψει αρκετούς, αφού οι περισσότεροι ήταν πεπειραμένοι μαχητές, που θα αποτελούσαν τον πυρήνα του στρατού της όταν θα έφτανε η άνοιξη. Ωστόσο η Καεντέ απελπιζόταν στην ιδέα ότι έπρεπε να τους τρέφει και να τους συντηρεί καθ' όλη τη διάρκεια του μακριού χειμώνα.

Λίγες μέρες πριν το ηλιοστάσιο, ο Κόντο ήρθε με την είδηση που εκείνη περίμενε.

«Ο άρχοντας Σουτζίτα από τη Μαρουγιάμα βρίσκεται εδώ με αρκετούς από τους άντρες του».

Τους καλωσόρισε με ικανοποίηση. Έτρεφαν μεγάλο σεβασμό στη μνήμη της αρχόντισσάς τους και ήταν εξοικειωμένοι με την ιδέα να εξουσιάζονται από μια γυναίκα. Ήταν ιδιαίτερα χαρούμενη που έβλεπε ξανά το Σουτζίτα, τον οποίο θυμόταν από το ταξίδι στο Τσουβάνο. Τους είχε αφήσει τότε για να επιστρέψει στην πατρίδα του, για να προστατεύσει την επικράτεια ώστε να μη δεχτεί επίθεση και καταληφθεί όσο διάστημα η αρχόντισσα Μαρουγιάμα θα απουσίαζε. Γεμάτος θλίψη από το θάνατό της, ήταν αποφασισμένος να δράσει έτσι ώστε οι επιθυμίες της θα εκπληρωθούν. Όντας άνθρωπος ιδιαίτερα πρακτικός, είχε φροντίσει να φέρει μαζί ρύζι και άλλες προμήθειες.

«Δε θα προστεθώ κι εγώ στα βάρη που έχετε να αντιμετωπίσετε» είπε στην Καεντέ.

«Οι παλιοί φίλοι δεν αποτελούν βάρος για μας».

«Όλοι μας πρόκειται να υποφέρουμε τούτον το χειμώνα» της απάντησε κατσουφιασμένος. «Οι θύελλες, ο θάνατος του Ιίντα, οι εκστρατείες του Αράι – η συγκομιδή δεν είναι παρά ένα μέρος απ' αυτά που πρέπει να γίνουν».

Η Καεντέ τον προσκάλεσε να γευματίσουν μαζί, ενώ όλους τους υπόλοιπους τους άφησε στις φροντίδες του Σότζι και του Κόντο. Συζήτησαν για λίγο για τα γεγονότα στην Ινουγιάμα κι έπειτα για πολλή ώρα για την κληρονομιά της Μαρουγιάμα. Εκείνος αντιμετώπιζε την Καεντέ με σεβασμό που ήταν ελαφρώς χρωματισμένος με μια στοργική οικειότητα, σαν να ήταν κάποιος θείος ή ξάδερφος. Αισθανόταν άνετα μαζί του: εκείνος δεν ένιωθε ότι τον απειλούσε και την αντιμετώπιζε με σοβαρότητα.

Όταν είχαν πια ολοκληρώσει το γεύμα τους και τα πιάτα είχαν απομακρυνθεί, εκείνος είπε «Ήταν επιθυμία της αρχόντισσάς μου να πάρετε τα εδάφη της υπό τον έλεγχό σας. Ενθουσιάστηκα όταν έλαβα το μήνυμά σας ότι σκοπεύετε να διεκδικήσετε την κληρονομιά σας. Ήρθα αμέσως εδώ, για να σας δηλώσω ότι είμαι διατεθειμένος να σας βοηθήσω: πολλοί από εμάς πρόκειται να πράξουν το ίδιο. Πρέπει να ξεκινήσουμε το σχεδιασμό των ενεργειών μας πριν από την άνοιξη».

«Αυτή είναι η πρόθεσή μου και θα χρειαστώ όση βοήθεια μου προσφερθεί» απάντησε η Καεντέ. «Δεν έχω την παραμικρή ιδέα πώς να το οργανώσω όλο αυτό. Μπορώ απλώς και μόνο να καταλάβω αυτά τα εδάφη; Σε ποιους ανήκουν τώρα;»

«Ανήκουν σε σας» της είπε. «Εσείς είστε η επόμενη γυναίκα κληρονόμος και ήταν σαφής η επιθυμία της αρχόντισσάς μας το φέουδό της να γίνει δικό σας. Αλλά διάφοροι άλλοι το διεκδικούν: ο βασικός διεκδικητής είναι η θετή κόρη της αρχόντισσας Μαρουγιάμα, που έχει παντρευτεί έναν ξάδερφο του άρχοντα Ιίντα. Ο Αράι δεν κατάφερε να τον εξοντώσει και τώρα διαθέτει μια αρκετά μεγάλη δύναμη – ένα συνδυασμό από Τοχάν, που διέφυγαν όταν έπεσε το κάστρο των Νογκούτσι, και από δυσαρεστημένους Σεϊσού, που δεν είχαν κανένα λόγο να υποταχτούν στον Αράι. Θα ξεχειμωνιάσουν στη μακρινή Δύση, αλλά θα προελάσουν προς τη Μαρουγιάμα την άνοιξη. Εάν δεν κινηθείτε γρήγορα και θαρραλέα, η επικράτειά σας θα δεχτεί επίθεση και θα καταλυθεί».

«Υποσχέθηκα στην αρχόντισσα Ναόμι ότι θα εμπόδιζα να συμβεί κάτι τέτοιο» είπε η Καεντέ «όμως δε γνώριζα τι είδους υπόσχεση έδινα ή με ποιον τρόπο θα μπορούσα να την πραγματοποιήσω».

«Υπάρχουν πολλοί άνθρωποι πρόθυμοι να σας βοηθήσουν» της είπε γέρνοντας προς τα εμπρός και ψιθυρίζοντας. «Με έστειλε εδώ το συμβούλιο των γερόντων μας, για να σας ζητήσω να έρθετε μαζί μας, και μάλιστα σύντομα. Η επικράτεια γνώρισε την ευημερία κάτω από τη διοίκηση της αρχόντισσας Ναόμι. Όλοι μας είχαμε επαρκή τροφή, ακόμα κι οι φτωχότεροι μπορούσαν να θρέψουν τα παιδιά τους. Αναπτύξαμε εμπορικές συναλλαγές με την ενδοχώρα, ασχοληθήκαμε με την εξόρυξη ασημιού και χαλκού, δημιουργήσαμε πολλές μικρές βιομηχανίες. Η συμμαχία ανάμεσα στον άρχοντα Αράι, στον άρχοντα Οτόρι Σιγκέρου και στη Μαρουγιάμα θα μπορούσε να συμβάλει ώστε τούτη η ευημερία να επεκταθεί μέχρι τη Μέση Χώρα. Θέλουμε να διαφυλάξουμε αυτή τη συμμαχία».

«Σκοπεύω να επισκεφτώ τον άρχοντα Αράι την άνοιξη» είπε η Καεντέ. «Τότε θα αποφασιστεί η μορφή και το περιεχόμενο αυτής της συμμαχίας».

«Συνεπώς, ένας από τους όρους που θα θέσετε θα πρέπει να είναι να σας υποστηρίζει στην αξίωσή σας για την επαρχία της Μαρουγιάμα. Μόνον ο Αράι είναι αρκετά ισχυρός για να μεταπείσει τη θετή κόρη και το σύζυγό της ώστε να αποσυρθούν από τη διεκδίκηση δίχως πόλεμο. Κι αν οδηγηθείτε σε πόλεμο, μόνον ο στρατός του θα είναι αρκετά μεγάλος για να τους κατατροπώσει. Πρέπει να κινηθείτε γρήγορα· μόλις οι δρόμοι ανοίξουν και πάλι, πρέπει να πάτε στην Ινουγιάμα κι έπειτα να έρθετε σε μας έχοντας την υποστήριξη του Αράι».

Την περιεργάστηκε, χαμογέλασε ελαφρά κι ύστερα είπε «Ζητώ συγγνώμη, δε θέλω να σκεφτείτε ότι επιθυμώ να σας επιβάλω τις απόψεις μου με τον οποιονδήποτε τρόπο. Όμως ελπίζω ότι θα ακούσετε τις συμβουλές μου».

«Θα το κάνω» του απάντησε. «Είναι αυτό ακριβώς που είχα σχεδιάσει να πράξω, αλλά με τη δική σας υποστήριξη νιώθω ότι έχω την ενθάρρυνση που χρειαζόμουν».

Συνέχισαν να συζητούν σχετικά με το πόσους άντρες μπορούσε να συγκεντρώσει ο Σουτζίτα και στο τέλος εκείνος της ορκίστηκε ότι θα παρέδιδε την επαρχία μονάχα σε κείνη. Της είπε ότι θα έφευγε την επόμενη ημέρα, καθώς ήθελε να επιστρέψει στη Μαρουγιάμα πριν από τη νέα χρονιά. Ύστερα της είπε με άνετο ύφος «Είναι μεγάλο κρίμα που ο Οτόρι Τακέο είναι νεκρός. Εάν τον είχατε παντρευτεί, το όνομά του και η σχέση με τους Οτόρι θα σας έκαναν ακόμη πιο ισχυρή».

Η καρδιά της Καεντέ έμοιασε σαν να είχε σταματήσει και να είχε πέσει από το στήθος στο στομάχι της. «Δεν είχα πληροφορηθεί το θάνατό του» είπε προσπαθώντας να κρατήσει σταθερή τη φωνή της.

«Βέβαια, έτσι λέει ο κόσμος. Δε γνωρίζω τις λεπτομέρειες. Υποθέτω ότι αυτή είναι η προφανής ερμηνεία για την εξαφάνισή του. Μπορεί να είναι απλώς και μόνο μια φήμη».

«Ίσως» είπε η Καεντέ καθώς σκεφτόταν σιωπηλή, *ή ίσως είναι νεκρός σε κάποιο απέραντο χωράφι ή πάνω στα βουνά, και δε θα το μάθω ποτέ*. «Νιώθω κουρασμένη, άρχοντα Σουτζίτα. Συγχωρήστε με».

«Αρχόντισσα Σιρακάβα». Της υποκλίθηκε και σηκώθηκε όρθιος. «Θα διατηρήσουμε επαφή όσο ο καιρός μάς το επιτρέπει. Θα σας περιμένω στη Μαρουγιάμα την άνοιξη. Οι δυνάμεις της φατρίας θα υποστηρίξουν τα δίκαιά σας. Εάν αλλάξει κάτι, θα βρω τον τρόπο να σας ειδοποιήσω».

Κι εκείνη υποσχέθηκε να πράξει το ίδιο, ανυπομονώντας να τον δει να φεύγει. Όταν εκείνος έφυγε τελικά κι εκείνη βεβαιώθηκε πως ήταν μόνη της στο κτίριο του ξενώνα, φώναξε τη Σιζούκα, βαδίζοντας πάνω κάτω, κι όταν ήρθε τελικά, την άρπαξε και με τα δύο της χέρια.

«Μήπως μου κρύβεις κάτι;»

«Κυρία;» Η Σιζούκα την κοίταζε έκπληκτη. «Τι εννοείτε; Τι συνέβη;»

«Ο Σουτζίτα είπε πως έμαθε ότι ο Τακέο είναι νεκρός».

«Πρόκειται απλώς για φήμη».

«Αλλά την έχεις ακούσει κι εσύ;»

«Ναι. Δεν την πιστεύω ωστόσο. Εάν ήταν νεκρός, θα το είχαμε πληροφορηθεί. Φαίνεστε τόσο χλωμή. Καθίστε. Δεν πρέπει κουράζεστε, δεν πρέπει να αρρωστήσετε ξανά. Θα ετοιμάσω τα κρεβάτια».

Την οδήγησε μέσα απ' το κύριο δωμάτιο στο υπνοδωμάτιο. Η Καεντέ βούλιαξε στο πάτωμα, ενώ η καρδιά της χτυπούσε ακόμα. «Φοβάμαι πολύ ότι θα πεθάνει προτού να τον ξαναδώ».

Η Σιζούκα γονάτισε μπροστά της, έλυσε τη ζώνη της και τη βοήθησε να βγάλει την επίσημη ρόμπα που φορούσε.

«Θα σας τρίψω το κεφάλι. Μείνετε ακίνητη».

Η Καεντέ κουνούσε ασταμάτητα το κεφάλι της από τη μία πλευρά στην άλλη, τράβαγε τα μαλλιά της, έσφιγγε κι άνοιγε τις γροθιές της. Το άγγιγμα της Σιζούκα στα μαλλιά της δεν κατάφερε να την ανακουφίσει, απλώς της υπενθύμισε εκείνο το φρικτό δειλινό στην Ινουγιάμα και τα γεγονότα που ακολούθησαν. Έτρεμε.

«Πρέπει να μάθεις, Σιζούκα, πρέπει να βεβαιωθώ. Στείλε μήνυμα στο θείο σου. Στείλε τον Κόντο. Πρέπει να φύγει αμέσως».

«Νόμιζα πως είχατε αρχίσει να τον ξεχνάτε» μουρμούρισε η Σιζούκα ενώ τα χέρια της έτριβαν το κεφάλι της Καεντέ.

«Δεν μπορώ να τον ξεχάσω. Έχω προσπαθήσει, αλλά, μόλις ακούσω τ' όνομά του, όλες οι αναμνήσεις μού ξανάρχονται. Θυμάσαι την ημέρα που τον αντίκρισα για πρώτη φορά στο Τσουβάνο; Τον ερωτεύτηκα εκείνη ακριβώς τη στιγμή. Με είχε κυριεύσει πυρετός. Ήταν –εξακολουθεί να είναι– μαγεία, μια ασθένεια από την οποία δε θα μπορέσω ποτέ να θεραπευτώ. Μου είχες πει ότι θα το ξεπερνούσα, αλλά δεν πρόκειται να το ξεπεράσω ποτέ».

Το μέτωπό της έκαιγε κάτω από τα δάχτυλα της Σιζούκα. Κυριευμένη από ανησυχία, η κοπέλα τη ρώτησε «Να πω να καλέσουν τον Ισίντα;».

«Με τυραννάει ο πόθος» είπε η Καεντέ χαμηλόφωνα. «Ο γιατρός Ισίντα δεν μπορεί να κάνει τίποτα γι' αυτό».

«Ο πόθος είναι εύκολο να ανακουφιστεί» απάντησε ήρεμα η Σιζούκα.

«Εγώ όμως ποθώ μονάχα εκείνον. Τίποτα και κανένας δεν μπορεί να τον θεραπεύσει. Ξέρω ότι πρέπει να προσπαθήσω να ζήσω χωρίς αυτόν. Έχω αναλάβει καθήκοντα προς την οικογένειά μου που πρέπει να πραγματοποιήσω, και θα το κάνω. Αλλά, εάν είναι νεκρός, πρέπει να μου το πεις».

«Θα στείλω γράμμα στον Κέντζι» της υποσχέθηκε η Σιζούκα. «Θα στείλω τον Κόντο αύριο κιόλας, αν και δεν έχουμε πραγματικά την πολυτέλεια να τον χάσουμε...»

«Να τον στείλεις» είπε η Καεντέ.

Η Σιζούκα έβγαλε το υγρό από κλαδιά ιτιάς που είχε αφήσει ο Ισίντα κι έπεισε την Καεντέ να το πιει· όμως ο ύπνος της ήταν ανήσυχος και το πρωί ήταν αδύναμη και καιγόταν από πυρετό.

Την επισκέφτηκε ο Ισίντα, της έδωσε αρτεμισία και χρησιμοποίησε τις βελόνες του, ενώ παράλληλα την επέπληξε ελαφρώς που δεν πρόσεχε τον εαυτό της.

«Δεν πρόκειται για κάτι σοβαρό» είπε στη Σιζούκα όταν βγήκαν έξω. «Θα της περάσει σε μια δυο μέρες. Είναι πάρα πολύ ευαίσθητη και έχει πάρα πολλές απαιτήσεις από τον εαυτό της. Πρέπει να παντρευτεί».

«Θα δεχτεί να παντρευτεί μονάχα έναν άνθρωπο – κι αυτό είναι αδύνατο» είπε η Σιζούκα.

«Τον πατέρα του παιδιού;»

Η Σιζούκα έγνεψε καταφατικά. «Χθες άκουσε μια φήμη ότι είναι νεκρός. Τότε άρχισε ο πυρετός».

«Α!» Το βλέμμα του ήταν απόμακρο, στοχαστικό. Η Σιζούκα αναρωτήθηκε τι ή ποιον είχε θυμηθεί από τη δική του νιότη.

«Φοβάμαι τους μήνες που θα έρθουν» είπε εκείνη. «Όταν αποκλειστούμε από τα χιόνια, φοβάμαι ότι εκείνη θα αρχίσει να βράζει μέσα της».

«Έχω μια επιστολή γι' αυτήν από τον άρχοντα Φουτζιβάρα. Θα ήθελε να τον επισκεφτεί και να μείνει μαζί του για μερικές ημέρες. Αυτή η αλλαγή περιβάλλοντος θα βοηθούσε να βελτιωθεί η διάθεσή της και να αποσπαστεί η προσοχή της».

«Ο άρχοντας Φουτζιβάρα είναι πολύ καλός μ' αυτό το σπίτι και μας δίνει πολύ μεγάλη προσοχή». Η Σιζούκα χρησιμοποίησε αυτές τις τυπικές ευχαριστίες αυτόματα, αμέσως μόλις πήρε στα χέρια της την επιστολή. Ένα έντονο συναίσθημα ξύπνησε μέσα της για τον άντρα που είχε μπροστά της καθώς τα χέρια τους αγγίζονταν βιαστικά. Το απόμακρο βλέμμα στα μάτια του της είχε προκαλέσει κάτι. Το διάστημα που η Καεντέ ήταν άρρωστη, είχαν περάσει πολλές ώρες μαζί και είχε καταλήξει να θαυμάζει την υπομονή και την ικανότητά του. Ήταν καλός, σε αντίθεση με τους περισσότερους άντρες που είχε γνωρίσει.

«Θα ξανάρθετε αύριο;» του είπε κοιτάζοντάς τον.

«Ασφαλώς. Μπορείτε να μου δώσετε και την απάντηση της αρχόντισσας Καεντέ στην επιστολή. Θα τη συνοδεύσετε στο σπίτι του άρχοντα Φουτζιβάρα;»

«Ασφαλώς!» Επαναλάμβανε τα λόγια του με παιχνιδιάρικο ύφος. Της χαμογέλασε και την άγγιξε ξανά, σκόπιμα, στο μπράτσο. Η πίεση των δαχτύλων του την έκανε να αναριγήσει. Είχε περάσει πολύς καιρός από την τελευταία φορά που είχε πλαγιάσει με άντρα. Την κυρίευσε η ξαφνική κι έντονη επιθυμία να νιώσει τα χέρια του σε όλο το σώμα της, ήθελε να πλαγιάσει μαζί του και να τον αγκαλιάσει. Το άξιζε, εξαιτίας της ευγένειάς του.

«Αύριο λοιπόν» είπε εκείνος και τα μάτια του ήταν ζεστά, λες κι είχε καταλάβει τα συναισθηματά της και τα συμμεριζόταν.

Φόρεσε στα γρήγορα τα σανδάλια της κι έτρεξε να καλέσει τους υπηρέτες με τη χειράμαξα.

Ο πυρετός της Καεντέ υποχώρησε κι ως το απόγευμα είχε ανακτήσει ένα μέρος από την ενέργειά της. Είχε παραμείνει στο κρεβάτι όλη την ημέρα, σκεπασμένη κάτω από έναν τεράστιο σωρό παπλώματα για να ζεσταίνεται, δίπλα στο μαγκάλι που η Αγιάμε είχε επιμείνει ν' ανάψει, και συλλογιζόταν το μέλλον. Ίσως ο Τακέο να ήταν εντέλει νεκρός, όμως το παιδί ήταν στα σίγουρα: η καρδιά της ήθελε απλώς να τους ακολουθήσει στον άλλο κόσμο, αλλά η λογική της της έλεγε πως θα ήταν καθαρή αδυναμία να καταστρέψει τη ζωή της και να εγκαταλείψει όλους εκείνους που εξαρτιόνταν από αυτήν: μια γυναίκα ίσως θα μπορούσε να κάνει κάτι τέτοιο, ένας άντρας στη θέση της, όμως, δε θα το έπραττε ποτέ.

Η Σιζούκα έχει δίκιο, σκέφτηκε, *μονάχα ένας απ' όσους γνωρίζω μπορεί να με βοηθήσει τώρα. Πρέπει να βρω τι συμφωνία μπορώ να κάνω με το Φουτζιβάρα.*

Η Σιζούκα τής έδωσε την επιστολή που είχε φέρει ο Ισίντα εκείνο το πρωί. Ο Φουτζιβάρα είχε στείλει επίσης δώρα για το νέο έτος, πάστες ρυζιού με ειδικό σχήμα, αποξηραμένες σαρδέλες και ζαχαρωμένα κάστανα, τυλιγμένα φύκια και κρασί από ρύζι. Η Χάνα και η Άι ήταν στην κουζίνα και βοηθούσαν στις προετοιμασίες της γιορτής.

«Με κολακεύει το γεγονός ότι γράφει στη γλώσσα των αντρών και λέει ότι μπορώ να την κατανοήσω» είπε η Καεντέ. «Αλλά υπάρχουν τόσοι πολλοί χαρακτήρες που δε γνωρίζω». Αναστέναξε βαθιά. «Είναι τόσα πολλά αυτά που πρέπει να μάθω. Θα είναι αρκετός άραγε μονάχα ένας χειμώνας;»

«Θα επισκεφτείτε τον άρχοντα Φουτζιβάρα;»

«Έτσι νομίζω. Θα μπορούσε να με διδάξει. Πιστεύεις ότι θα το κάνει;»

«Δεν υπάρχει τίποτε άλλο που θα ήθελε περισσότερο από αυτό» είπε ξερά η Σιζούκα.

«Νόμιζα ότι δε θα ήθελε να ασχοληθεί περισσότερο μαζί μου, αλλά μου γράφει ότι ανυπομονούσε να αναρρώσω. Είμαι καλύτερα – όσο καλύτερα θα είμαι ποτέ». Η φωνή της Καεντέ έκρυβε αμφιβολία. «Πρέπει να είμαι καλύτερα. Έχω να φροντίσω τις αδερφές μου, τα εδάφη μου, τους ανθρώπους μου».

«Όπως σας έχω πει πολλές φορές, ο Φουτζιβάρα είναι ο καλύτερος σύμμαχός σας σε αυτή την υπόθεση».

«Ίσως όχι ο καλύτερος: ο μοναδικός. Αλλά δεν τον εμπιστεύομαι πραγματικά. Τι θέλει από μένα;»

«*Εσείς* τι θέλετε από *αυτόν*;» της αποκρίθηκε η Σιζούκα.

«Είναι απλό. Από τη μια, να με διδάξει, από την άλλη, χρήματα και τρόφιμα για να φτιάξω ένα στρατό και να τον συντηρήσω. Αλλά τι θα του προσφέρω εγώ σε αντάλλαγμα;»

Η Σιζούκα αναρωτήθηκε εάν θα έπρεπε να αναφέρει την επιθυμία του Φουτζιβάρα να την παντρευτεί, αλλά αποφάσισε να μην το κάνει, από φόβο ότι κάτι τέτοιο θα ενοχλούσε την Καεντέ σε σημείο που να ανέβαζε και πάλι πυρετό. Θα άφηνε τον ίδιο τον αριστοκράτη να της μιλήσει. Ήταν σίγουρη ότι θα το έκανε.

«Με αποκαλεί αρχόντισσα Σιρακάβα. Ντρέπομαι να τον ξαναδώ τώρα που γνωρίζει ότι τον εξαπάτησα».

«Θα έχει μάθει την επιθυμία του πατέρα σας όσον αφορά το όνομά σας» είπε η Σιζούκα. «Όλοι γνωρίζουν ότι ο πατέρας σας σας διόρισε κληρονόμο του πριν πεθάνει. Έχουμε φροντίσει γι' αυτό».

Η Καεντέ την παρατήρησε για να δει εάν τη χλεύαζε, αλλά το πρόσωπο της Σιζούκα ήταν σοβαρό. «Ασφαλώς, έπρεπε να κάνω όπως μου είχε ζητήσει ο πατέρας μου» συμφώνησε.

«Δεν υπάρχει τίποτε άλλο που να χρειάζεται να μάθει ο άρχοντας Φουτζιβάρα συνεπώς. Η θυγατρική υπακοή προέχει πάνω απ' όλα».

«Έτσι λέει ο Κουγκ Φου Τζου» είπε η Καεντέ. «Ο άρχοντας Φουτζιβάρα δε χρειάζεται να γνωρίζει τίποτε άλλο, ωστόσο υποψιάζομαι ότι επιθυμεί να μάθει πολύ περισσότερα. Εάν, βέβαια, εξακολουθεί να ενδιαφέρεται για μένα».

«Εξακολουθεί» τη διαβεβαίωσε η Σιζούκα και σκέφτηκε ότι η Καεντέ ήταν ομορφότερη από ποτέ. Η ασθένεια και η θλίψη είχαν αφαιρέσει και τα τελευταία ίχνη παιδικότητας από την όψη της και είχαν προσδώσει στην έκφρασή της βάθος και μυστήριο.

Γιόρτασαν το νέο έτος με τα δώρα του Φουτζιβάρα, έφαγαν ζυμαρικά από σίκαλη και τα μαύρα φασόλια που η Αγιάμε είχε φυλάξει από το τέλος του καλοκαιριού. Τα μεσάνυχτα πήγαν στο ναό για ν' ακούσουν τις ψαλμωδίες των ιερέων και τις καμπάνες που ηχούσαν για τον εξαγνισμό των ανθρώπινων παθών. Η Καεντέ ήξερε ότι πρέπει να προσευχηθεί για να απελευθερωθεί από όλα αυτά και να εξαγνιστεί, αλλά κατέληξε να αναρωτιέται τι ήταν αυτό που επιθυμούσε περισσότερο· επιθυμούσε να είναι ο Τακέο ζωντανός και έπειτα χρήματα και δύναμη.

Την επόμενη ημέρα οι γυναίκες του σπιτιού πήραν κεριά, θυμίαμα και φανάρια, ζαρωμένα μανταρίνια, γλυκά κάστανα και ξηρούς χουρμάδες και πήγαν στις σπηλιές απ' όπου ο ποταμός Σιρακάβα ανάβλυζε μέσα από υπόγειες κοιλότητες. Εκεί έκαναν τη δική τους τελετή μπροστά στο βράχο, όπου το νερό είχε λαξεύσει τη μορφή της Λευκής Θεάς. Κανένας άντρας δεν επιτρεπόταν να επισκεφτεί εκείνο το μέρος· εάν συνέβαινε κάτι τέτοιο, το βουνό θα γκρεμιζόταν και η Σιρακάβα θα εξαφανιζόταν. Ένα ηλικιωμένο ζευγάρι ζούσε πίσω από τη λάρνακα στην είσοδο της σπηλιάς – όμως μονάχα η ηλικιωμένη γυναίκα πήγε μέσα για να μεταφέρει τις προσφορές προς τη θεά. Η Καεντέ γονάτισε στον υγρό βράχο ακούγοντας την αρχαία φωνή της να μουρμουρίζει λέξεις που δε γνώριζε το νόημά τους. Σκέφτηκε τη μητέρα της και την αρχόντισσα Μαρουγιάμα και ζήτησε τη βοήθειά τους και τη διαμεσολάβησή τους. Συνειδητοποίησε πόση σημασία είχε για εκείνη τούτος ο ιερός τόπος και ένιωσε ότι η θεά την προστάτευε.

Την επόμενη ημέρα επισκέφτηκε τον άρχοντα Φουτζιβάρα. Η Χάνα απογοητεύτηκε πικρά που θα την άφηναν πίσω στο σπίτι και έβαλε τα κλάματα όταν συνειδητοποίησε ότι έπρεπε να αποχαιρετίσει όχι μόνο την Καεντέ, αλλά και τη Σιζούκα.

«Θα λείψουμε μονάχα για λίγες ημέρες» της είπε η Καεντέ.

«Γιατί δεν μπορώ να έρθω μαζί σας;»

«Ο άρχοντας Φουτζιβάρα δε σε προσκάλεσε. Άλλωστε, δε θα σου άρεσε εκεί πέρα, θα το σιχαινόσουν. Θα έπρεπε να συμπεριφέρεσαι κατάλληλα, να μιλάς στην επίσημη γλώσσα και να κάθεσαι ακίνητη το μεγαλύτερο μέρος της ημέρας».

«Εσύ θα το σιχαθείς;»

«Αυτό περιμένω να μου συμβεί» αναστέναξε η Καεντέ.

«Τουλάχιστον θα τρώτε νόστιμα φαγητά» είπε η Χάνα, προσθέτοντας με λαχτάρα «Ορτύκια!».

«Εφόσον θα τρώμε τα φαγητά του, θα περισσεύουν περισσότερα για σας εδώ» απάντησε η Καεντέ. Ήταν, στην πραγματικότητα, ένας από τους λόγους για τους οποίους χαιρόταν που θα έφευγε για λίγο, αφού ήταν αμέτρητες οι φορές που είχε ελέγξει τα κελάρια και είχε υπολογίσει τις ημέρες του χειμώνα και κάθε φορά κατέληγε στο ίδιο προφανές συμπέρασμα, ότι τα τρόφιμα θα τελείωναν πριν από τον ερχομό της άνοιξης.

«Άλλωστε κάποιος πρέπει να κρατάει συντροφιά στο νεαρό Μιτσούρου» συμπλήρωσε η Σιζούκα. «Πρέπει να φροντίσεις να μη νοσταλγήσει πολύ το σπίτι του».

«Η Άι μπορεί να το κάνει αυτό» ανταπάντησε η Χάνα. «Τη συμπαθεί την Άι».

Και η ίδια η Καεντέ το είχε παρατηρήσει αυτό. Η αδερφή της δεν είχε παραδεχτεί ότι έτρεφε αμοιβαία συναισθήματα, αλλά ήταν ντροπαλή σε αυτά θέματα – και, όπως και να 'χε, σκέφτηκε η Καεντέ, τι σημασία είχαν τα συναισθήματά της; Η Άι θα έπρεπε να αρραβωνιαστεί σύντομα. Το νέο έτος την είχε βρει να συμπληρώνει τα δεκατέσσερα. Ίσως τελικά ο Σονόντα Μιτσούρου, υπό την προϋπόθεση ότι ο θείος του θα τον υιοθετούσε, να ήταν ένας καλός μνηστήρας, αλλά, φυσικά, δε θα έδινε την αδερφή της φτηνά.

Σ' ένα χρόνο από τώρα, όλοι θα σχηματίζουν ουρές για να παντρευτούν με τις Σιρακάβα, είπε στον εαυτό της.

Η Άι είχε κοκκινίσει ακούγοντας την παρατήρηση της Χάνα. «Να προσέχεις τον εαυτό σου, μεγάλη αδερφή» είπε αγκαλιάζοντας την Καεντέ. «Μην ανησυχείς για μας. Εγώ θα φροντίζω για όλα εδώ πέρα».

«Δε θα βρίσκομαι μακριά» απάντησε η Καεντέ. «Να με καλέσετε εάν θεωρήσετε ότι πρέπει να βρίσκομαι εδώ». Δεν μπόρεσε να μη συμπληρώσει «Κι αν έρθει κάποιο μήνυμα για μένα σε περίπτωση που επιστρέψει ο Κόντο, φροντίστε να με ενημερώσετε αμέσως».

Έφτασαν στο σπίτι του άρχοντα Φουτζιβάρα νωρίς το απόγευμα. Η ημέρα είχε ξεκινήσει με καιρό ήπιο και συννεφιασμένο, αλλά κατά τη διάρκεια του ταξιδιού ο άνεμος φύσηξε από τα βορειοανατολικά και η θερμοκρασία έπεσε.

Τους υποδέχτηκε ο Μαμόρου, κι αφού τους μετέφερε τους χαιρετισμούς του άρχοντα με την ευγενική καταγωγή, τους οδήγησε όχι στους ξενώνες όπου είχαν μείνει την προηγούμενη φορά, αλλά σε ένα άλλο, μικρότερο κτίριο, λιγότερο περίτεχνα διακοσμημένο, που όμως στα μάτια της Καεντέ φάνταζε ακόμα πιο όμορφο με την κομψή απλότητα και τα διακριτικά χρώματά του. Ένιωσε ευγνώμων για τη φροντίδα του, γιατί φοβόταν μήπως αντίκριζε το άγριο φάντασμα του πατέρα της στο δωμάτιο όπου του είχε αποκαλυφθεί το μυστικό της.

«Ο άρχοντας Φουτζιβάρα σκέφτηκε ότι η αρχόντισσα Σιρακάβα θα προτιμούσε να ξεκουραστεί απόψε» είπε ήσυχα ο Μαμόρου. «Θα σας συναντήσει αύριο εάν το επιθυμείτε».

«Σ' ευχαριστώ» είπε η Καεντέ. «Παρακαλώ ενημέρωσε τον άρχοντα Φουτζιβάρα ότι είμαι στη διάθεσή του. Θα κάνω ό,τι επιθυμεί».

Είχε ήδη αντιληφθεί την ένταση που υπήρχε στην ατμόσφαιρα. Ο Μαμόρου είχε προφέρει το όνομά της χωρίς δισταγμό, την είχε κοιτάξει γρήγορα όταν έφτασε, λες και προσπαθούσε να διακρίνει την οποιαδήποτε αλλαγή επάνω της, αλλά από εκείνη τη στιγμή δεν την είχε ξανακοιτάξει καθόλου. Ωστόσο, εκείνη ήξερε ήδη πόσα εκείνος είχε καταλάβει δίχως να το δείξει. Ίσιωσε την πλάτη της και τον κοίταξε με μια δόση περιφρόνησης στην έκφρασή της. Τον άφησε να τη μελετήσει για όση ώρα ήθελε, σαν να ήταν ένα θέμα για τους ρόλους που υποδυόταν στη σκηνή. Δε θα γινόταν ποτέ τίποτε περισσότερο από μια απομίμηση αυτού που εκείνη ήταν στην πραγματικότητα. Δεν την ένοιαζε η άποψή του. Νοιαζόταν όμως γι' αυτό που πίστευε ο Φουτζιβάρα. *Θα πρέπει να με περιφρονεί*, είπε μέσα της, *αλλά, εάν το αφήσει να φανεί έστω και με το τρεμοπαίξιμο του ενός φρυδιού, θα φύγω και δε θα τον ξαναδώ, ανεξάρτητα από το πόσα πράγματα μπορεί να κάνει για μένα.*

Ένιωσε μεγάλη ανακούφιση στο άκουσμα ότι η συνάντησή τους θα αναβαλλόταν. Τους επισκέφτηκε ο Ισίντα κι έλεγξε το σφυγμό και τα μάτια της. Της είπε ότι θα προετοίμαζε ένα νέο είδος τσαγιού, που θα καθάριζε το αίμα και θα δυνάμωνε το στομάχι, και της ζήτησε να στείλει τη Σιζούκα στο δωμάτιό του την επόμενη μέρα, για να το πάρει.

Ένα καυτό λουτρό είχε ήδη προετοιμαστεί και η Καεντέ δεν ένιωσε ν' ανάβει μονάχα από το νερό, αλλά και από τη ζήλια για την ποσότητα των ξύλων που είχαν ξοδευτεί για να το θερμάνουν. Στη συνέχεια, αμίλητες υπηρέτριες τους σέρβιραν φαγητό στα δωμάτιά τους.

«Τούτο εδώ είναι το παραδοσιακό χειμωνιάτικο γεύμα των κυριών» αναφώνησε η Σιζούκα μόλις αντίκρισε τις λιχουδιές της εποχής, ωμή θαλασσινή τσιπούρα και καλαμάρι, ψητό χέλι γαρνιρισμένο με πράσινα περίλλα και αγριορέπανα, αγγουράκια τουρσί και παστή ρίζα λωτού, σπάνια μαύρα μανιτάρια και αγριόχορτα τοποθετημένα πάνω σε λακαριστούς δίσκους. «Έτσι τρώνε στην πρωτεύουσα. Αναρωτιέμαι πόσες άλλες γυναίκες σε ολάκερες τις Τρεις Χώρες θα τρώνε κάτι τόσο έξοχο απόψε!»

«Όλα είναι έξοχα εδώ» απάντησε η Καεντέ. *Πόσο εύκολο είναι*, σκέφτηκε, *να απολαμβάνεις την πολυτέλεια και το καλό γούστο όταν έχεις τα χρήματα!*

Είχαν τελειώσει με το γεύμα τους και ετοιμάζονταν να πλαγιάσουν, όταν ακούστηκε ένας χτύπος έξω από την πόρτα.

«Ήρθαν οι υπηρέτριες για να μας ετοιμάσουν τα κρεβάτια» είπε η Σιζούκα και πλησίασε στην πόρτα. Αλλά, όταν την έσυρε και την άνοιξε, ήταν ο Μαμόρου που στεκόταν στο κατώφλι. Τα μαλλιά του ήταν καλυμμένα με χιόνι.

«Συγχωρήστε με» τους είπε «αλλά το πρώτο χιόνι του έτους έχει αρχίσει να πέφτει. Ο άρχοντας Φουτζιβάρα επιθυμεί να επισκεφτεί την αρχόντισσα Σιρακάβα. Η θέα από αυτό το κτίριο είναι ιδιαίτερα εντυπωσιακή».

«Αυτό εδώ είναι το σπίτι του άρχοντα Φουτζιβάρα» είπε η Καεντέ. «Εγώ είμαι φιλοξενούμενή του. Οτιδήποτε τον ευχαριστεί ευχαριστεί κι εμένα επίσης».

Ο Μαμόρου έφυγε και ύστερα τον άκουσαν να μιλάει στις υπηρέτριες. Μερικές στιγμές αργότερα, δύο απ' αυτές μπήκαν στο δωμάτιο κουβαλώντας κόκκινες ζεστές ρόμπες με τις οποίες την έντυσαν. Ύστερα βγήκε έξω στη βεράντα συνοδευόμενη από τη Σιζούκα. Τα μαξιλάρια ήταν σκεπασμένα με δέρματα ζώων, για να καθίσουν επάνω. Φανάρια ήταν κρεμασμένα από τα δέντρα και φώτιζαν τις νιφάδες που έπεφταν. Το χώμα ήταν ήδη κάτασπρο. Μια συστάδα από βράχους έστεκε κάτω από δύο πεύκα, που ξεπρόβαλλαν από τα χαμηλά σε υπέροχα διαμορφωμένα σχέδια και πλαισίωναν τη θέα. Πίσω τους διαφαινόταν αχνά η θαμπή γραμμή του βουνού, που μόλις και μπορούσε να γίνει ορατή μέσα από το χιόνι που στροβιλιζόταν. Η Καεντέ παρέμενε σιωπηλή, έκθαμβη από την ομορφιά της σκηνής και από τη σιωπηλή καθαρότητά της.

Προχωρώντας τόσο αθόρυβα που μόλις και μετά βίας μπόρεσαν να τον ακούσουν, ο άρχοντας Φουτζιβάρα τις πλησίασε. Και οι δύο γονάτισαν μπροστά του.

«Αρχόντισσα Σιρακάβα» της είπε. «Σας είμαι ιδιαίτερα ευγνώμων. Καταρχάς, διότι δεχτήκατε να επισκεφτείτε την ταπεινή οικία μου και, αφετέρου, επειδή ικανοποιείτε την ιδιοτροπία μου και δεχτήκατε να απολαύσετε μαζί μου τη θέα του πρώτου χιονιού. Σηκωθείτε, σας παρακαλώ» πρόσθεσε. «Πρέπει να σκεπαστείτε καλά· δεν πρέπει να κρυολογήσετε».

Υπηρέτες ξεχύθηκαν από πίσω του κουβαλώντας μαγκάλια, φλασκιά με κρασί, κούπες και γούνες. Ο Μαμόρου πήρε μια από τις γούνες και την έριξε πάνω στους ώμους της, ύστερα τύλιξε άλλη μία γύρω από το Φουτζιβάρα τη στιγμή που εκείνος καθόταν δίπλα της. Η Καεντέ χάιδεψε το δέρμα με ένα ανάμεικτο συναίσθημα ικανοποίησης και αποστροφής.

«Είναι φερμένα από την ενδοχώρα» είπε ο Φουτζιβάρα αφού πρώτα αντάλλαξαν επίσημους χαιρετισμούς. «Τα φέρνει ο Ισίντα όταν επιστρέφει από τις αποστολές».

«Τι ζώο είναι αυτό;»

«Κάποιο είδος αρκούδας, πιστεύω».

Δεν μπορούσε να φανταστεί μια τόσο μεγάλη αρκούδα. Προσπάθησε να την τοποθετήσει στο φυσικό της περιβάλλον, τόσο απόμακρη και τόσο άγνωστη σ' αυτήν. Θα ήταν δυνατή, θα προχωρούσε αργά και άγρια, όμως οι άντρες είχαν καταφέρει να τη σκοτώσουν και να τη γδάρουν. Αναρωτήθηκε εάν το πνεύμα της είχε διατηρηθεί κατά κάποιον τρόπο μέσα στο δέρμα κι αν θα την ενοχλούσε που τώρα εκείνη απολάμβανε τη ζεστασιά του. Έτρεμε. «Ο γιατρός Ισίντα είναι επαρκώς γενναίος, καθώς επίσης και έξυπνος, για να κάνει τέτοια επικίνδυνα ταξίδια».

«Φαίνεται πως διαθέτει μια ακόρεστη δίψα για γνώση. Και φυσικά, έχει ανταμειφθεί από την ανάρρωση της αρχόντισσας Σιρακάβα».

«Του χρωστάω τη ζωή μου» είπε εκείνη χαμηλόφωνα.

«Συνεπώς, μου είναι ακόμη πολυτιμότερος απ' όσο αξίζει από μόνος του».

Διαισθάνθηκε τη συνηθισμένη ειρωνεία του, αλλά ωστόσο κανένα ίχνος περιφρόνησης. Πράγματι, δύσκολα θα μπορούσε να την κολακεύσει ακόμη περισσότερο.

«Πόσο όμορφο είναι το πρώτο χιόνι» του είπε. «Όμως με το τέλος του χειμώνα λαχταράμε να λιώσει».

«Το χιόνι με ευχαριστεί» είπε εκείνος «μου αρέσει η λευκότητά του και ο τρόπος με τον οποίο περιτυλίγει τον κόσμο. Χάρη σ' αυτό όλα γίνονται καθαρά».

Ο Μαμόρου σέρβιρε κρασί και τους το πρόσφερε. Ύστερα εξαφανίστηκε μέσα στις σκιές. Οι υπηρέτες αποσύρθηκαν. Δεν ήταν πραγματικά μόνοι, αλλά, παρ' όλ' αυτά, υπήρχε μια αίσθηση μοναξιάς, σαν να μην υπήρχε τίποτα άλλο πέρα από τους δυο τους, τα αναμμένα μαγκάλια, τις βαριές γούνες των ζώων και το χιόνι.

Καθώς το παρακολουθούσαν αμίλητοι, για μια στιγμή ο Φουτζιβάρα φώναξε στους υπηρέτες να φέρουν περισσότερες λάμπες.

«Θέλω να δω το πρόσωπό σας» είπε κι έγειρε προς τα εμπρός για να την περιεργαστεί με τον ίδιο αδηφάγο τρόπο που είχε όταν θαύμαζε τους θησαυρούς του. Η Καεντέ ανασήκωσε τα μάτια της και κοίταξε πίσω του το χιόνι, που τώρα έπεφτε πιο πυκνό, στροβιλιζόταν στο φως των φαναριών, έκρυβε τα βουνά κι έκανε λευκό τον έξω κόσμο.

«Ίσως ομορφότερη από ποτέ» είπε εκείνος σιγανά. Της φάνηκε ότι διέκρινε έναν τόνο ανακούφισης στη φωνή του. Ήξερε ότι, εάν η ασθένειά της την είχε παραμορφώσει με τον οποιονδήποτε τρόπο, εκείνος θα είχε αποσυρθεί ευγενικά και δε θα την έβλεπε ποτέ ξανά. Τότε, όλοι στη Σιρακάβα θα λιμοκτονούσαν δίχως καμιά εκδήλωση οίκτου ή βοήθειας από τη μεριά του. *Πόσο ψυχρός είναι,* σκέφτηκε κι ένιωσε το κορμί της να παγώνει, όμως δεν το έδειξε, απλά εξακολούθησε να κοιτάζει πίσω του κι άφησε το χιόνι να πλημμυρίσει τα μάτια της και να την τυφλώσει. Θα γινόταν ψυχρή σαν τον πάγο, σαν την πορσελάνη. Κι αν ήθελε να την αποκτήσει, θα έπρεπε να πληρώσει το ακριβότερο τίμημα.

Εκείνος ήπιε, γέμισε το φλιτζάνι του και ήπιε ξανά, ενώ τα μάτια του δεν άφησαν ούτε στιγμή το πρόσωπό της. Κανείς τους δε μιλούσε. Στο τέλος, της είπε απότομα «Βέβαια, θα πρέπει να παντρευτείτε».

«Δεν έχω καμία πρόθεση να παντρευτώ» απάντησε η Καεντέ κι ύστερα φοβήθηκε ότι του είχε μιλήσει με πολύ ευθύ τρόπο.

«Το φαντάστηκα ότι θα το λέγατε αυτό· έχετε πάντα μια διαφορετική άποψη για τον κόσμο. Αλλά, σύμφωνα με κάθε πρακτική άποψη, πρέπει να παντρευτείτε. Δεν έχετε καμία εναλλακτική λύση».

«΄Εχω πολύ κακή φήμη» απάντησε η Καεντέ. «Πολλοί από τους άντρες που είχαν συνδεθεί μαζί μου χάθηκαν. Δε θέλω να είμαι η αιτία περισσότερων θανάτων».

Διαισθάνθηκε ότι το ενδιαφέρον του είχε αρχίσει να εντείνεται, παρατήρησε την καμπύλη στο στόμα του να μεγαλώνει ελαφρά. Ωστόσο δεν ήταν εξαιτίας του πάθους του γι' αυτήν, αυτό το γνώριζε καλά. ΄Ηταν το ίδιο ακριβώς συναίσθημα που είχε ξανανιώσει, εκείνη η καυτή περιέργεια που την έλεγχε προσεκτικά, η ανάγκη του να μάθει όλα της τα μυστικά.

Φώναξε το Μαμόρου, του είπε να διώξει τους υπηρέτες και να αποσυρθεί.

«Πού βρίσκεται η συνοδός σας;» ρώτησε την Καεντέ. «Πείτε της να σας περιμένει μέσα. Θέλω να σας μιλήσω ιδιαιτέρως».

Η Καεντέ απευθύνθηκε στη Σιζούκα. Μετά από μια μικρή παύση, ο Φουτζιβάρα συνέχισε «Ζεσταίνεστε αρκετά; Δεν πρέπει να αρρωστήσετε ξανά. Ο Ισίντα μού είπε πως είστε επιρρεπής στους ξαφνικούς πυρετούς».

Ασφαλώς, ο Ισίντα θα του έλεγε τα πάντα για μένα, σκέφτηκε η Καεντέ την ώρα που του απαντούσε «Σας ευχαριστώ, είμαι αρκετά ζεστή προς το παρόν. Όμως ο άρχοντας Φουτζιβάρα θα πρέπει να με συγχωρήσει εάν δεν παραμείνω για πολλή ώρα ακόμη. Κουράζομαι πολύ εύκολα».

«Θα συζητήσουμε για λίγο» της είπε. «Έχουμε πολλές εβδομάδες μπροστά μας, ελπίζω· στην πραγματικότητα, όλον το χειμώνα. Αλλά έχει κάτι αυτή η νύχτα, το χιόνι, η παρουσία σας εδώ... είναι μια ανάμνηση που θα μας συντροφεύει σ' όλη μας τη ζωή».

Θέλει να με παντρευτεί, σκέφτηκε κάπως ταραγμένη η Καεντέ κι ύστερα ένιωσε μια βαθιά ανησυχία. Εάν της πρότεινε γάμο, με ποιον τρόπο θα μπορούσε να του αρνηθεί; Και, για να χρησιμοποιήσει τη δική του φράση, «σύμφωνα με κάθε πρακτική άποψη» κάτι τέτοιο θα ήταν απόλυτα λογικό. Δεν άξιζε μια τόσο μεγάλη τιμή· με αυτόν τον τρόπο θα έλυνε όλα τα προβλήματα που είχαν να κάνουν με χρήματα και τρόφιμα, με λίγα λόγια, ήταν μια ιδιαίτερα συμφέρουσα συμμαχία. Γνώριζε, βέβαια, ότι εκείνος προτιμούσε τους άντρες, ότι ούτε ήταν ερωτευμένος μαζί της ούτε την ποθούσε. Προσευχήθηκε να μην της μιλούσε, γιατί δεν ήξερε πώς θα μπορούσε να του αρνηθεί. Φοβόταν τη δύναμη της θέλησής του, που πάντοτε αποκτούσε ό,τι επιθυμούσε και πάντοτε επέβαλλε τους δικούς του όρους. Αμφέβαλλε αν είχε τη δύναμη να του αρνηθεί. Όχι μόνο θα ήταν μια αδιανόητη προσβολή για κάποιον με τη δική του υψηλή κοινωνική θέση, αλλά τη γοήτευε και συνάμα τη φόβιζε εξίσου, κι αυτό του έδινε μια εξουσία επάνω της που η ίδια δεν μπορούσε να ερμηνεύσει.

«Δεν έχω δει ποτέ μου αρκούδα» του είπε, ελπίζοντας ότι έτσι θα άλλαζε το θέμα της συζήτησης, κι ύστερα τράβηξε το βαρύ δέρμα πάνω της.

«΄Εχουμε μικρές αρκούδες στα γύρω βουνά – μια απ' αυτές ήρθε μια φορά στον κήπο, μετά από έναν ιδιαίτερα μακρύ χειμώνα. Την έπιασα και την έβαλα σε κλουβί για λίγο καιρό, αλλά μαράζωσε και πέθανε. Δεν είχε, βέβαια, αυτό το μέγεθος. Ο Ισίντα θα μας μιλήσει για τα ταξίδια του κάποια ημέρα. Θα σας άρεσε αυτό;»

«Πάρα πολύ. Είναι ο μόνος από τους ανθρώπους που γνωρίζω που έχει ταξιδέψει στην ενδοχώρα».

«Πρόκειται για επικίνδυνο ταξίδι. Πέρα από τις θύελλες, συχνά κανείς πρέπει να αντιμετωπίσει και τους πειρατές».

Εκείνη τη στιγμή η Καεντέ αισθάνθηκε ότι θα προτιμούσε να αντιμετωπίσει μια ντουζίνα αρκούδες ή είκοσι πειρατές παρά να παραμείνει με κείνον τον άτονο άντρα. Δεν μπορούσε να σκεφτεί τίποτα άλλο για να πει. ΄Ενιωσε αδύναμη να μετακινηθεί.

«Τόσο ο Μαμόρου όσο και ο Ισίντα μού μετέφεραν όσα λένε οι άνθρωποι για εσάς, ότι ο πόθος για το πρόσωπό σας φέρνει το θάνατο».

Η Καεντέ δεν είπε τίποτα. *Δε θα νιώθω ντροπιασμένη,* σκέφτηκε. *Δεν έχω κάνει τίποτα κακό.* Σήκωσε το βλέμμα της και τον κοίταξε κατάματα, με πρόσωπο ατάραχο και σταθερή ματιά.

«Ωστόσο, απ' όσα πληροφορούμαι από τον Ισίντα, κάποιος που σας πόθησε κατόρθωσε να διαφύγει από το θάνατο».

΄Ενιωσε την καρδιά της να συσπάται και να χτυπάει δυνατά, όπως το ψάρι που το καρφώνει το μαχαίρι του μάγειρα. Τα μάτια του τρεμόπαιζαν. ΄Ενας μικρός μυς συσπάστηκε στο μάγουλό του. Κοίταξε προς το χιόνι πίσω της. *Ζητάει να μάθει αυτό που δε θα έπρεπε να ρωτήσει,* σκέφτηκε, *όμως εγώ θα του το πω, αλλά θα πρέπει να πληρώσει το ανάλογο τίμημα.* Μόλις αντιλήφθηκε την αδυναμία του, κατάφερε να διαισθανθεί και τη δική της δύναμη. Το θάρρος της είχε αρχίσει να επιστρέφει.

«Ποιος ήταν;» της ψιθύρισε.

Πέρα από την απαλή χιονόπτωση, τον αέρα ανάμεσα στα πεύκα, το κελάρυσμα του νερού, επικρατούσε σιωπή.

«Ο άρχοντας Οτόρι Τακέο» είπε εκείνη.

«Βέβαια, μονάχα αυτός θα μπορούσε να είναι» αποκρίθηκε εκείνος και την έκανε να αναρωτηθεί πόσα είχε προλάβει να του αποκαλύψει στο παρελθόν και πόσα γνώριζε εκείνος τώρα για τον Τακέο. Έγειρε μπροστά και το πρόσωπό του κινήθηκε κάτω από το φως της λάμπας. «Μίλησέ μου γι' αυτό».

«Θα μπορούσα να σας πω πολλά πράγματα» είπε με αργό ρυθμό. «Για την προδοσία του άρχοντα Σιγκέρου και το θάνατό του και για την εκδίκηση που πήρε ο άρχοντας Τακέο και για όσα συνέβησαν τη νύχτα που πέθανε ο Ιίντα και έπεσε η Ινουγιάμα. Αλλά κάθε ιστορία έχει μια τιμή. Εσείς τι θα μου δώσετε σε αντάλλαγμα;»

Εκείνος χαμογέλασε και με συνένοχο ύφος τής είπε «Τι θα επιθυμούσε η αρχόντισσα Σιρακάβα;».

«Χρειάζομαι χρήματα για να στρατολογήσω άντρες και να τους εξοπλίσω και τρόφιμα για το σπίτι μου».

Εκείνος σχεδόν έβαλε τα γέλια. «Οι περισσότερες γυναίκες της ηλικίας σας θα ζητούσαν μια καινούρια βεντάλια ή ένα φόρεμα. Αλλά εσείς είστε πάντα ικανή να εκπλήσσετε».

«Αποδέχεστε το αντάλλαγμα;» Αισθανόταν ότι τώρα πια δεν είχε να χάσει τίποτε εξαιτίας της τόλμης της.

«Ναι. Για τον Ιίντα, χρήματα, για το Σιγκέρου, μόδια ρύζι. Και για τον επιζώντα –υποθέτω ότι ζει ακόμα–, τι πρέπει να σας πληρώσω για την ιστορία του Τακέο;»

Η φωνή του άλλαξε μόλις πρόφερε το όνομά του, σαν να το δοκίμαζε στο στόμα του, κι εκείνη αναρωτήθηκε και πάλι τι είχε μάθει για τον Τακέο.

«Διδάξτε με» του είπε. «Υπάρχουν τόσα πολλά πράγματα που χρειάζεται να μάθω. Διδάξτε με σαν να ήμουν αγόρι».

Εκείνος έγνεψε σε ένδειξη συμφωνίας. «Θα είναι μεγάλη ευχαρίστηση για μένα να συνεχίσω την εκπαίδευση που είχατε ξεκινήσει με τον πατέρα σας».

«Όμως όλα αυτά πρέπει να παραμείνουν μυστικά μεταξύ μας. Όπως οι θησαυροί της συλλογής σας, τίποτα δεν πρέπει να φανερωθεί. Θα τα αποκαλύψω όλα αυτά μονάχα για να τα δείτε εσείς. Κανένας άλλος δεν πρέπει να τα μάθει».

«Αυτό και μόνο τα καθιστά ακόμα πολυτιμότερα, ακόμα πιο ποθητά».

«Κανένας άλλος δεν τα έχει ακούσει» ψιθύρισε η Καεντέ. «Και από τη στιγμή που θα σας τα έχω αποκαλύψει, δε θα συζητήσω ποτέ ξανά γι' αυτά».

Ο άνεμος είχε δυναμώσει κάπως, μια δίνη χιονιού φύσηξε επάνω στο μπαλκόνι και οι νιφάδες έβγαλαν έναν ελαφρύ συριγμό όταν ακούμπησαν τις λάμπες και τα μαγκάλια. Η Καεντέ ένιωσε το κρύο να την κυριεύει και να συναντάει την ψυχρότητα της καρδιάς και του μυαλού της. Ήθελε να φύγει μακριά του, όμως δεν μπορούσε να κινηθεί αν εκείνος δεν την άφηνε.

«Κρυώνετε» της είπε και χτύπησε τα χέρια του. Οι υπηρέτες ξεπρόβαλαν μέσα από τις σκιές και βοήθησαν την Καεντέ να σταθεί στα πόδια της σηκώνοντας τη βαριά γούνα από πάνω της.

«Ανυπομονώ να ακούσω τις ιστορίες σας» της είπε και την καληνύχτισε με μια ασυνήθιστη ζεστασιά. Η Καεντέ βρέθηκε να αναρωτιέται εάν εντέλει είχε κάνει μια συμφωνία με κάποιο δαίμονα από την κόλαση. Προσευχήθηκε να μην της ζητούσε να τον παντρευτεί. Δε θα τον άφηνε ποτέ να τη φυλακίσει στο πολυτελέστατο, πανέμορφο αρχοντικό του, να την κρύψει σαν κάποιο θησαυρό που θα προοριζόταν αποκλειστικά και μόνο για τα δικά του μάτια.

Όταν τελείωσε η εβδομάδα, επέστρεψε στο σπίτι της. Το πρώτο χιόνι είχε λιώσει και παγώσει και τώρα ο δρόμος ήταν παγωμένος αλλά προσπελάσιμος. Παγοκρύσταλλοι κρέμονταν από τις σκεπές των σπιτιών κι έλιωναν κάτω απ' τον ήλιο λαμπεροί κι αστραφτεροί. Ο Φουτζιβάρα κράτησε το λόγο του. Ήταν αυστηρός και απαιτητικός δάσκαλος και της είχε αναθέσει εργασίες για να εξασκηθεί προτού να επιστρέψει και πάλι στο σπίτι του. Είχε αποστείλει ήδη τα τρόφιμα για την οικογένεια και τους άντρες της.

Οι ημέρες ήταν αφιερωμένες στη μελέτη και οι νύχτες στην αφήγηση των ιστοριών. Εκείνη ήξερε από ένστικτο αυτά που εκείνος επιθυμούσε ν' ακούσει και του περιέγραφε λεπτομέρειες που ούτε και η ίδια δε γνώριζε ότι μπορούσε να θυμηθεί: το χρώμα των λουλουδιών, το τραγούδι των πουλιών, την ακριβή περιγραφή του καιρού, το άγγιγμα ενός χεριού, τη μυρωδιά ενός ρούχου, τον τρόπο που το φως κάποιας λάμπας φώτιζε ένα πρόσωπο. Και τα υπόγεια ρεύματα του πάθους και της συνωμοσίας, που τα γνώριζε αλλά και δεν τα γνώριζε, και που μόνο τώρα είχαν γίνει σαφή και ξεκάθαρα μέσα στη σκέψη της, χάρη στην αφήγηση. Του τα αφηγήθηκε όλα με καθαρή, ισορροπημένη φωνή, δίχως ίχνος ντροπής, θλίψης ή μεταμέλειας.

Δεν ήθελε να την αφήσει να επιστρέψει στο σπίτι της, αλλά εκείνη χρησιμοποίησε τις αδερφές της ως δικαιολογία. Ήθελε να μείνει μαζί του για πάντα, αυτό το ήξερε, και αντιπάλευε σιωπηλά αυτή την επιθυμία του. Παρ' όλ' αυτά, όλοι το είχαν καταλάβει. Οι υπηρέτες το ανέμεναν και ο τρόπος που την αντιμετώπιζαν είχε αλλάξει ελαφρώς. Προσέβλεπαν σ' αυτή σαν να ήταν ήδη κάτι περισσότερο από μια φιλοξενούμενη ειδικής περιποίησης. Αποζητούσαν την έγκρισή της, τη γνώμη της, κι εκείνη ήξερε καλά ότι αυτό συνέβαινε μονάχα επειδή εκείνος είχε διατάξει να συμβαίνει αυτό.

Αισθάνθηκε βαθιά ανακούφιση όταν τον άφησε και έτρεμε στην ιδέα ότι θα επέστρεφε και πάλι. Όταν όμως βρέθηκε στο σπίτι της και αντίκρισε τα τρόφιμα, τα καυσόξυλα και τα χρήματα που της είχε στείλει, ένιωσε ευγνωμοσύνη για το πρόσωπό του, γιατί είχε προφυλάξει την οικογένειά της από τη λιμοκτονία. Εκείνο το βράδυ πλάγιασε με τη σκέψη *είμαι παγιδευμένη. Δε θα καταφέρω ποτέ να του ξεφύγω. Τι άλλο μπορώ να κάνω;*

Πέρασε πολλή ώρα μέχρι να αποκοιμηθεί και ήταν αργά όταν ξύπνησε το επόμενο πρωί. Η Σιζούκα δε βρισκόταν στο δωμάτιο όταν εκείνη ξύπνησε. Η Καεντέ την φώναξε και τότε πέρασε μέσα η Αγιάμε φέρνοντας τσάι.

Σέρβιρε ένα φλιτζάνι στην Καεντέ.

«Η Σιζούκα είναι με τον Κόντο» της είπε. «Επέστρεψε αργά χτες τη νύχτα».

«Πες της να έρθει σε μένα» είπε η Καεντέ. Κοίταξε το τσάι σαν να μην ήξερε τι να το κάνει. Ρούφηξε μια γεμάτη γουλιά, άφησε το φλιτζάνι στο δίσκο κι ύστερα το ξαναπήρε. Τα χέρια της ήταν παγωμένα. Κράτησε το φλιτζάνι ανάμεσα στα δάχτυλά της προσπαθώντας να τα ζεστάνει.

«Ο άρχοντας Φουτζιβάρα έστειλε αυτό το τσάι» είπε η Αγιάμε. «Ένα ολάκερο κιβώτιο γεμάτο από δαύτο. Δεν είναι πεντανόστιμο;»

«Στείλε μου τη Σιζούκα!» φώναξε θυμωμένα η Καεντέ. «Πες να έρθει σε μένα αμέσως!»

Λίγα λεπτά αργότερα η Σιζούκα μπήκε στο δωμάτιο και γονάτισε μπροστά στην Καεντέ. Το πρόσωπό της ήταν σκοτεινιασμένο.

«Τι συμβαίνει;» ρώτησε η Καεντέ. «Είναι νεκρός;» Το φλιτζάνι άρχισε να ταρακουνιέται ανάμεσα στα χέρια της και το τσάι χυνόταν.

Η Σιζούκα τής το πήρε και κράτησε σφιχτά τα χέρια της. «Δεν πρέπει να ταράζεστε. Δεν πρέπει να αρρωστήσετε. Δεν είναι νεκρός. Αλλά έχει εγκαταλείψει τη Φυλή και τώρα έχουν εκδώσει διαταγή εις βάρος του».

«Τι σημαίνει αυτό;»

«Θυμάστε τι σας είπε στην Τεραγιάμα; Εάν δεν τους ακολουθούσε, δε θα του επέτρεπαν να ζήσει. Είναι το ίδιο ακριβώς πράγμα».

«Γιατί;» είπε η Καεντέ. «Γιατί; Δεν καταλαβαίνω».

«Έτσι είναι η Φυλή. Η υπακοή είναι το παν γι' αυτούς».

«Συνεπώς, γιατί τους εγκατέλειψε;»

«Αυτό δεν είναι ξεκάθαρο. Υπήρξε κάποια φιλονικία, κάποιου είδους διαφωνία. Τον έστειλαν σε μια αποστολή και δεν επέστρεψε ποτέ». Η Σιζούκα σταμάτησε για λίγο. «Ο Κόντο πιστεύει ότι μπορεί να βρίσκεται στην Τεραγιάμα. Εάν αυτό είναι αλήθεια, τότε θα παραμείνει ασφαλής εκεί για το χειμώνα».

Η Καεντέ τράβηξε τα χέρια της μακριά από τη Σιζούκα και σηκώθηκε επάνω. «Πρέπει να πάω εκεί».

«Είναι αδύνατο» είπε η Σιζούκα. «Είναι ήδη αποκλεισμένοι από το χιόνι».

«Πρέπει να τον δω!» είπε η Καεντέ και τα μάτια της έκαιγαν πάνω στο χλωμό της πρόσωπο. «Εάν εγκατέλειψε τη Φυλή, θα ξαναγίνει και πάλι ένας Οτόρι. Εφόσον είναι Οτόρι, τότε μπορούμε να παντρευτούμε!»

«Κυρία!» Η Σιζούκα σηκώθηκε επίσης όρθια. «Τι τρέλα είναι αυτή; Δεν μπορείτε να τρέχετε ξοπίσω του κατ' αυτόν τον τρόπο! Ακόμα κι αν οι δρόμοι ήταν ανοιχτοί, κάτι τέτοιο θα ήταν αδιανόητο. Θα ήταν κατά πολύ προτιμότερο, εάν, βέβαια, εννοείτε όσα λέτε ότι θέλετε, να παντρευτείτε το Φουτζιβάρα. Άλλωστε κι εκείνος το επιθυμεί».

Η Καεντέ αγωνίστηκε για να επανακτήσει τον έλεγχο και την ψυχραιμία της. «Τίποτα δεν πρόκειται να με εμποδίσει να πάω στην Τεραγιάμα. Στ' αλήθεια, πρέπει να πάω εκεί... σε ένα προσκύνημα... για να ευχαριστήσω τη Φιλεύσπλαχνη, που μου έσωσε τη ζωή. Έχω υποσχεθεί ότι θα πάω στην Ινουγιάμα, στον Αράι, μόλις λιώσουν τα χιόνια. Καθ' οδόν θα πάω στο ναό. Ακόμα κι αν ο άρχοντας Φουτζιβάρα θέλει να με παντρευτεί, δεν μπορώ να κάνω τίποτα δίχως να συμβουλευτώ τον άρχοντα Αράι. Ω Σιζούκα, πόσος καιρός απομένει μέχρι την άνοιξη;»

ΚΕΦΑΛΑΙΟ ΕΝΑΤΟ

ΟΙ ΜΕΡΕΣ ΤΟΥ ΧΕΙΜΩΝΑ γλιστρούσαν μακριά. Κάθε μήνα, η Καεντέ πήγαινε στην κατοικία του άρχοντα Φουτζιβάρα, έμενε εκεί για μια εβδομάδα και τις νύχτες εξιστορούσε την ιστορία της ζωής της, ενώ έξω έπεφτε το χιόνι ή το φεγγάρι έστελνε τη ψυχρή του λάμψη πάνω στον παγωμένο κήπο. Της έκανε πολλές ερωτήσεις και της ζητούσε να επαναλαμβάνει πολλά σημεία.

«Θα μπορούσε να είναι η υπόθεση ενός θεατρικού δράματος» της είπε περισσότερο από μία φορά. «Ίσως θα έπρεπε να δοκιμάσω να γράψω κάτι τέτοιο».

«Δε θα μπορούσατε ποτέ να το παρουσιάσετε σε κανέναν» του απάντησε.

«Όχι βέβαια, η απόλαυση θα ήταν στο να το γράψω και μόνο. Θα το μοιραζόμουν μαζί σου, φυσικά. Ίσως θα έπρεπε να το ανεβάσουμε για μια φορά μόνο, για τη δική μας ευχαρίστηση, κι ύστερα να σκοτώναμε τους ηθοποιούς».

Έκανε συχνά τέτοιου είδους σχόλια, δίχως το παραμικρό ίχνος συναισθηματισμού, που την αναστάτωναν ολοένα και περισσότερο, αν και κρατούσε τους φόβους της κρυφούς. Σε κάθε επανάληψη το πρόσωπό της έμοιαζε ολοένα και περισσότερο με μάσκα, οι κινήσεις της πιο μελετημένες, σαν να υποδυόταν αδιάκοπα τη ζωή της σε μια σκηνή που είχε φτιάξει τόσο προσεκτικά όσο εκείνο το τέλεια κατασκευασμένο θέατρο όπου ο Μαμόρου κι οι άλλοι νεαροί άντρες υποδύονταν τους ρόλους τους.

Κατά τη διάρκεια της ημέρας, εκείνος κρατούσε την υπόσχεσή του να τη διδάσκει σαν να ήταν αγόρι. Χρησιμοποιούσε τη γλώσσα των αντρών όταν μιλούσε μαζί της και έκανε κι εκείνη να τη χρησιμοποιεί όταν του μιλούσε. Τον διασκέδαζε να τη βλέπει μερικές φορές ντυμένη με τα ρούχα Μαμόρου, με τα μαλλιά της μαζεμένα προς τα πίσω. Την είχε εξαντλήσει η ενσάρκωση των ρόλων. Αλλά μάθαινε.

Ο Φουτζιβάρα τήρησε και τις άλλες υποσχέσεις του, να στέλνει τρόφιμα στο σπίτι της και να δίνει χρήματα στη Σιζούκα στο τέλος κάθε επίσκεψης. Η Καεντέ τα μετρούσε με την ίδια απληστία που επιδείκνυε και στη μελέτη. Τα θεώρησε και τα δύο ισάξια ανταλλάγματα για το μέλλον της, που θα της χάριζαν ελευθερία και δύναμη.

Τις πρώτες μέρες της άνοιξης υπήρξε ένα μικρό χειμωνιάτικο ξέσπασμα, που πάγωσε το άνθη της δαμασκηνιάς πάνω στα κλαδιά. Η ανυπομονησία της Καεντέ μεγάλωνε όσο μεγάλωναν και οι ημέρες· το κρύο που γινόταν όλο και πιο έντονο κι οι παγετοί που γίνονταν όλο και πιο ισχυροί, συνοδευόμενοι από καινούριο χιόνι, την έκαναν σχεδόν να τρελαθεί. Ένιωθε το μυαλό της φρενιασμένο, σαν πουλί που παγιδεύτηκε μέσα στο σπίτι, όμως δεν τόλμησε να μιλήσει για τα συναισθήματά της σε κανέναν, ούτε ακόμη και στη Σιζούκα.

Τις ηλιόλουστες ημέρες πήγαινε στους στάβλους και παρατηρούσε τον Ρακού όταν ο Αμάνο έβγαζε τα άλογα για να τρέξουν στα νεροχώραφα. Το άλογο έμοιαζε να κοιτάζει συχνά με απορία προς τα βορειοανατολικά, μυρίζοντας τον καθαρό αέρα.

«Σύντομα» του υποσχόταν. «Σύντομα θα φύγουμε».

Τελικά, η πανσέληνος του τρίτου μήνα εμφανίστηκε κι έφερε μαζί της θερμό άνεμο από το Νότο. Η Καεντέ ξύπνησε από τον ήχο του νερού που έσταζε απ' τις μαρκίζες, κυλούσε αργά μέσα στον κήπο κι έτρεχε κάτω ως τους καταρράκτες. Σε τρεις ημέρες το χιόνι είχε εξαφανιστεί. Ο κόσμος είχε απομείνει πια ξεγυμνωμένος και λασπωμένος, περιμένοντας να γεμίσει και πάλι με ήχους και χρώματα.

«Πρέπει να φύγω για λίγο καιρό» είπε στο Φουτζιβάρα στην τελευταία επίσκεψή της. «Μ' έχει καλέσει ο άρχοντας Αράι στην Ινουγιάμα».

«Θα ζητήσεις την άδειά του για να παντρευτείς;»

«Είναι κάτι που πρέπει να συζητήσω μαζί του προτού λάβω οποιαδήποτε απόφαση» μουρμούρισε εκείνη.

«Τότε, θα σ' αφήσω να πας». Τα χείλια του κύρτωσαν ελαφρά, αλλά το χαμόγελο δεν έφτασε ως τα μάτια του.

Όλον τον προηγούμενο μήνα έκανε τις απαραίτητες προετοιμασίες, περιμένοντας να λιώσουν τα χιόνια, χάρη στα χρήματα του Φουτζιβάρα. Σε μια εβδομάδα έφυγε. Ήταν ένα κρύο, φωτεινό πρωινό, που ο ήλιος εμφανιζόταν και χανόταν πίσω απ' τα σύννεφα και ο άνεμος φύσαγε από ανατολικά δυνατός κι έντονος. Η Χάνα την ικέτευε να της επιτρέψει να την ακολουθήσει και στην αρχή η Καεντέ σκόπευε να την πάρει μαζί. Αλλά μετά μέσα της γεννήθηκε ο φόβος ότι, μόλις θα έφταναν στην Ινουγιάμα, ο Αράι θα ήθελε να κρατήσει την αδερφή της ως όμηρο. Προς το παρόν, η Χάνα ήταν πιο ασφαλής στο σπίτι. Με δυσκολία παραδέχτηκε, ακόμα και στον εαυτό της, πως, αν ο Τακέο βρισκόταν στην Τεραγιάμα, ίσως να μη συνέχιζε το ταξίδι της για την πρωτεύουσα. Η Άι δε θέλησε να ακολουθήσει και η Καεντέ άφησε τον όμηρό της, το Μιτσούρου, με το Σότζι, ως εγγύηση για την ασφάλειά της.

Πήρε μαζί της τον Κόντο, τον Αμάνο και έξι άλλα άτομα. Θέλησε να ταξιδέψει γρήγορα, γνωρίζοντας πάντα το πόσο σύντομη είναι η ζωή και πόσο πολύτιμη ήταν η κάθε ώρα. Ντύθηκε με αντρικά ρούχα και καβάλησε τον Ρακού. Το άλογο είχε ξεχειμωνιάσει καλά, σχεδόν δίχως να χάσει καθόλου βάρος, και κάλπασε έξω με μια προθυμία όμοια με τη δική της. Έριχνε ήδη το χειμερινό τρίχωμά του· οι τραχιές γκρίζες τρίχες του κολλούσαν πάνω στα ρούχα της.

Η Σιζούκα τη συνόδευσε μαζί με ένα από τα κορίτσια του σπιτιού, τη Μανάμι. Η Σιζούκα είχε αποφασίσει ότι θα πήγαινε μαζί της τουλάχιστον μέχρι την Τεραγιάμα και, όταν η Καεντέ θα πήγαινε στην πρωτεύουσα, εκείνη θα επισκεπτόταν το σπίτι των παππούδων της στο βουνό πίσω από τη Γιαμαγκάτα, για να δει τους γιους της. Η Μανάμι ήταν μια λογική και πρακτική γυναίκα, που γρήγορα ανέλαβε να φροντίζει για τα γεύματά τους και τη διαμονή τους στα πανδοχεία κατά τη διάρκεια του ταξιδιού· απαιτούσε να τους δίνουν μαγειρεμένο φαγητό και νερό, παζάρευε τις τιμές, ζόριζε τους ιδιοκτήτες των πανδοχείων και πάντοτε τους έφερνε στα νερά της.

«Δε θα ανησυχώ για το ποιος θα σας φροντίζει όταν θα σας αφήσω» της είπε η Σιζούκα την τρίτη νύχτα, όταν άκουσαν τη Μανάμι να κατσαδιάζει τον πανδοχέα επειδή τους είχε δώσει παλιά στρωσίδια για να κοιμηθούν, γεμάτα ψύλλους. «Η γλώσσα της Μανάμι μπορεί να σταματήσει ακόμη και δράκο που καλπάζει».

«Θα μου λείψεις» της είπε η Καεντέ. «Πιστεύω πως εσύ είσαι το θάρρος μου. Δεν ξέρω πόσο γενναία μπορώ να είμαι χωρίς εσένα. Και ποιος θα μου εξηγεί τι πραγματικά συμβαίνει πίσω απ' όλα τα ψέματα και την προσποίηση;»

«Πιστεύω ότι μπορείτε να τα διακρίνετε αρκετά καλά από μόνη σας» απάντησε η Σιζούκα. «Άλλωστε ο Κόντο θα είναι μαζί σας. Θα κάνετε καλύτερη εντύπωση στον Αράι δίχως εμένα!»

«Τι πρέπει να περιμένω από τον Αράι;»

«Πάντοτε έπαιρνε το μέρος σας. Θα εξακολουθήσει να σας υπερασπίζεται. Είναι γενναιόδωρος και πιστός, εκτός εάν αισθανθεί ότι τον αψηφούν ή ότι τον εξαπάτησαν».

«Είναι ωστόσο παρορμητικός» είπε η Καεντέ.

«Ναι, μέχρι του σημείου να γίνεται ανυπόμονος. Είναι θερμός, με όλη τη σημασία της λέξης, παθιασμένος και πεισματάρης».

«Τον αγάπησες πολύ;» ρώτησε η Καεντέ.

«Ήμουν ένα νεαρό κορίτσι. Ήταν ο πρώτος εραστής μου. Τον ερωτεύτηκα βαθιά κι εκείνος πρέπει να μ' αγάπησε με το δικό του τρόπο. Με κράτησε κοντά του για δεκατέσσερα χρόνια».

«Θα τον παρακαλέσω να σε συγχωρέσει» αναφώνησε η Καεντέ.

«Δεν ξέρω τι φοβάμαι περισσότερο, τη συγχώρεσή του ή την οργή του» παραδέχτηκε η Σιζούκα κι η σκέψη της ταξίδεψε στο δόκτορα Ισίντα και στη διακριτική, απολύτως ικανοποιητική σχέση που είχαν σ' όλη τη διάρκεια του χειμώνα.

«Ίσως, τότε, δε θα πρέπει να σε αναφέρω καθόλου».

«Συνήθως το καλύτερο είναι να μη λες τίποτα» συμφώνησε η Σιζούκα. «Άλλωστε η κύρια ανησυχία του αφορά το ζήτημα του γάμου σας και τις συμμαχίες που μπορεί να προκύψουν απ' αυτόν».

«Δε θα παντρευτώ έως ότου κατοχυρώσω τη Μαρουγιάμα» απάντησε η Καεντέ. «Και πρώτα πρέπει εκείνος να με βοηθήσει σ' αυτό το ζήτημα».

Αλλά πρώτα πρέπει να δω τον Τακέο, σκέφτηκε. *Εάν δε βρίσκεται στην Τεραγιάμα, θα τον ξεχάσω. Θα είναι ένα σημάδι ότι δεν ήταν γραφτό μας. Ω, φιλεύσπλαχνε ουρανέ, κάνε να βρίσκεται εκεί!*

Όσο ο δρόμος σκαρφάλωνε στα βουνά, ήταν εμφανές ότι το χιόνι έλιωνε με πιο αργούς ρυθμούς. Κομμάτια από χιόνι κάλυπταν ακόμα τα μονοπάτια και συχνά υπήρχε πάγος από κάτω. Τα πόδια των αλόγων ήταν τυλιγμένα με άχυρο, αλλά η ανάβαση ήταν αργή και η ανυπομονησία της Καεντέ μεγάλωνε.

Τελικά, αργά ένα απόγευμα, έφτασαν στο πανδοχείο που βρισκόταν στους πρόποδες του ιερού βουνού, όπου η Καεντέ είχε αναπαυτεί όταν επισκέφτηκε για πρώτη φορά το ναό, με την αρχόντισσα Μαρουγιάμα. Θα διανυκτέρευαν εκεί πριν από την τελική ανάβαση της επόμενης ημέρας.

Η Καεντέ δυσκολευόταν να κοιμηθεί· το μυαλό της στριφογύριζε γύρω από τα πρόσωπα που την είχαν συντροφέψει στο προηγούμενο ταξίδι της, των οποίων τα ονόματα είχαν τώρα καταχωρηθεί στους καταλόγους των νεκρών. Θυμήθηκε την ημέρα που είχαν ιππεύσει μαζί, πόσο ξέγνοιαστος φαινόταν ο καθένας τους, ενώ παράλληλα σχεδίαζαν δολοφονίες και εμφύλιο πόλεμο. Δεν ήξερε τίποτα απ' όλ' αυτά, ήταν ένα νεαρό κορίτσι που έκρυβε μέσα της έναν κρυφό έρωτα. Αισθάνθηκε μέσα της να ορθώνεται ένα κύμα καταφρόνιας και οίκτου για τον αθώο και άδολο εαυτό της. Εκείνη είχε αλλάξει εντελώς, αλλά η αγάπη της δεν είχε αλλάξει καθόλου.

Το φως αχνόφεγγε πίσω απ' τα παραθυρόφυλλα και τα πουλιά τιτίβιζαν. Το δωμάτιο της φάνηκε αβάσταχτα αποπνικτικό. Η Μανάμι ροχάλιζε ελαφρά. Η Καεντέ σηκώθηκε ήσυχα, φόρεσε μια ζεστή ρόμπα και άνοιξε την πόρτα που έβγαζε στην αυλή. Πίσω από τον τοίχο μπορούσε ν' ακούσει το ποδοβολητό των αλόγων. Άκουσε το ένα απ' αυτά να χλιμιντρίζει σε ένδειξη αναγνώρισης. *Οι άντρες πρέπει να έχουν ήδη σηκωθεί,* σκέφτηκε κι άκουσε βήματα να στρίβουν από την πύλη. Κρύφτηκε πίσω από το παραθυρόφυλλο και πάλι.

Όλα φάνταζαν σκοτεινά και δυσδιάκριτα κάτω από το φως της αυγής. Μια σιλουέτα μπήκε στο προαύλιο. Σκέφτηκε *Αυτός είναι.* Σκέφτηκε *Δεν μπορεί να είναι αυτός, δε γίνεται.*

Ο Τακέο ξεπρόβαλε μέσα από την ομίχλη και προχώρησε προς το μέρος της.

Εκείνη βγήκε στη βεράντα και, όταν εκείνος την αναγνώρισε, είδε το βλέμμα που αποτυπώθηκε στο πρόσωπό του. Σκέφτηκε με ευγνωμοσύνη και ανακούφιση *Όλα είναι εντάξει. Είναι ζωντανός. Με αγαπάει.*

Ανέβηκε αθόρυβα στη βεράντα και έπεσε στα γόνατα μπροστά της. Γονάτισε κι εκείνη. «Σήκω επάνω» του ψιθύρισε.

Εκείνος ανταποκρίθηκε κι έμειναν να κοιτάζουν επίμονα ο ένας τον άλλο για αρκετές στιγμές, εκείνη σαν να τον έπινε με τα μάτια της, εκείνος με βλέμμα λοξό, δίχως να συναντάει το βλέμμα της. Ήταν καθισμένοι άβολα, με αρκετά μεγάλη απόσταση μεταξύ τους.

Ο Τακέο είπε τελικά «Είδα το άλογό μου. Ήξερα ότι πρέπει να βρίσκεσαι εδώ, αλλά δεν μπορούσα να το πιστέψω».

«Κι εγώ άκουσα ότι βρίσκεσαι εδώ. Ότι διατρέχεις μεγάλο κίνδυνο, αλλά ότι είσαι ζωντανός».

«Ο κίνδυνος δεν είναι τόσο μεγάλος» της είπε. «Ο μεγαλύτερός μου κίνδυνος προέρχεται από σένα – από το γεγονός ότι δεν μπορείς να με συγχωρήσεις».

«*Δεν* μπορώ να *μη* σε συγχωρήσω» του απάντησε απλά. «Φτάνει να μη μ' αφήσεις πάλι».

«Άκουσα ότι επρόκειτο να παντρευτείς. Το φοβόμουν αυτό όλον το χειμώνα».

«Υπάρχει κάποιος που θέλει να με παντρευτεί: ο άρχοντας Φουτζιβάρα. Αλλά δεν έχουμε παντρευτεί ακόμα, ούτε είμαστε αρραβωνιασμένοι».

«Τότε, πρέπει να παντρευτούμε αμέσως. Ήρθες εδώ για να επισκεφτείς το ναό;»

«Αυτή ήταν η πρόθεσή μου. Ύστερα επρόκειτο να πάω στην Ινουγιάμα». Μελετούσε το πρόσωπό του. Έδειχνε μεγαλύτερος, τα κόκαλά του διαγράφονταν εντονότερα, το στόμα έδειχνε πιο αποφασιστικό. Τα μαλλιά του, κοντύτερα απ' ό,τι ήταν άλλοτε, δεν ήταν τραβηγμένα προς τα πίσω, όπως ταίριαζε στο ύφος των πολεμιστών, αλλά έπεφταν μπροστά στο μέτωπό του, σκληρά και λαμπερά.

«Θα στείλω άντρες να σας συνοδεύσουν στο βουνό. Θα έρθω στο γυναικωνίτη του ναού απόψε το βράδυ. Έχουμε πολλά πράγματα να σχεδιάσουμε. Μη με κοιτάζεις στα μάτια» πρόσθεσε. «Δε θέλω να αποκοιμηθείς».

«Δε με πειράζει» του απάντησε. «Ο ύπνος έρχεται σπάνια. Κάνε με να κοιμηθώ μέχρι απόψε το βράδυ, και τότε οι ώρες θα κυλήσουν γρήγορα. Όταν με αποκοίμισες την άλλη φορά, η Λευκή Θεά μού φανερώθηκε σ' ένα όραμα. Μου είπε να είμαι υπομονετική, να σε περιμένω. Βρίσκομαι εδώ για να την ευχαριστήσω γι' αυτό και επειδή μου έσωσε τη ζωή».

«Μου είπαν ότι θα πέθαινες» είπε, αλλά δεν μπόρεσε να συνεχίσει. Μετά από λίγα λεπτά είπε με κόπο «Είναι η Μούτο Σιζούκα μαζί σου;».

«Ναι».

«Και έχεις έναν ακόλουθο που ανήκει στη Φυλή, τον Κόντο Κίιτσι;»

Εκείνη έγνεψε καταφατικά.

«Πρέπει να τους διώξεις. Άφησε τους υπόλοιπους άντρες εδώ, για την ώρα. Έχεις κάποια άλλη γυναίκα για να σε συνοδεύσει;»

«Ναι» είπε η Καεντέ «αλλά δεν πιστεύω ότι η Σιζούκα θα έκανε οτιδήποτε που θα σε έβλαπτε». Καθώς του μιλούσε, σκέφτηκε *Αλλά πώς το ξέρω αυτό; Μπορώ να εμπιστευτώ τη Σιζούκα; Ή τον Κόντο, πολύ περισσότερο; Έχω δει πόσο αδίστακτος είναι.*

«Η Φυλή με έχει καταδικάσει σε θάνατο» είπε ο Τακέο. «Συνεπώς, οποιοσδήποτε από αυτούς συνιστά κίνδυνο για μένα».

«Δεν είναι επικίνδυνο να κυκλοφορείς έξω όπως τώρα;»

Χαμογέλασε. «Δεν επέτρεψα ποτέ σε κανέναν να με περιορίσει. Μου αρέσει να εξερευνώ τους τόπους μέσα στη νύχτα. Πρέπει να γνωρίσω την περιοχή και να μάθω εάν οι Οτόρι σχεδιάζουν να μου επιτεθούν πέρα από τα σύνορα. Ήμουν στο δρόμο της επιστροφής, όταν είδα τον Ρακού. Με αναγνώρισε. Τον άκουσες;»

«Κι αυτός σε περίμενε» του είπε και αισθάνθηκε τη θλίψη να ανακατεύεται στην κοιλιά της. «Όλοι επιθυμούν το θάνατό σου;»

«Δεν πρόκειται να το επιτύχουν. Όχι ακόμα. Θα σου πω απόψε το γιατί».

Λαχταρούσε να την αγγίξει. Ένιωθε το σώμα της να γέρνει προς το μέρος του. Την ίδια στιγμή εκείνος ανταποκρίθηκε και την πήρε στην αγκαλιά του. Αισθάνθηκε το χτύπο της καρδιάς του, ένιωσε τα χείλια του πάνω στο λαιμό της. Ύστερα της ψιθύρισε «Κάποιος έχει σηκωθεί. Πρέπει να φύγω».

Εκείνη δεν μπορούσε ν' ακούσει τίποτα. Ο Τακέο τραβήχτηκε μαλακά από κοντά της. «Απόψε το βράδυ» της είπε.

Το βλέμμα της τον έψαξε, έτρεξε να συναντήσει το δικό του με την κρυφή ελπίδα ότι θα βυθιζόταν στον ύπνο, αλλά εκείνος είχε ήδη φύγει. Φώναξε αναστατωμένη. Δεν μπορούσε να τον διακρίνει πουθενά, ούτε στο προαύλιο ούτε πιο πέρα. Τα καμπανάκια του ανέμου χτύπησαν μεταξύ τους σαν από την ανάσα κάποιου που είχε περάσει από κάτω. Η καρδιά της χτυπούσε δυνατά. Ήταν άραγε το φάντασμά του που είχε έρθει να τη βρει; Ονειρευόταν άραγε και, τότε, τι θα έβρισκε όταν θα ξυπνούσε;

«Τι κάνετε εδώ έξω, κυρά;» Η φωνή της Μανάμι ξεχείλιζε από ανησυχία. «Θα πεθάνετε απ' το κρύο».

Η Καεντέ τυλίχτηκε με τη ρόμπα. Έτρεμε πράγματι. «Δεν μπορούσα να κοιμηθώ» είπε αργά. «Είδα ένα όνειρο...»

«Πάτε μέσα. Θα ζητήσω να μας φέρουν τσάι». Η Μανάμι φόρεσε τα σανδάλια της και διέσχισε τρέχοντας την αυλή.

Χελιδόνια πετάγονταν πέρα δώθε απ' τη σκεπή. Η Καεντέ μύρισε τον καπνό του ξύλου καθώς άναβαν τις φωτιές. Τα άλογα χλιμίντρισαν καθώς τα τάιζαν. Άκουσε τη φωνή του Ρακού όπως την είχε ακούσει νωρίτερα.

Η ατμόσφαιρα ήταν παγωμένη, αλλά μπορούσε να μυρίσει τα άνθη. Αισθάνθηκε πως η καρδιά της είχε γεμίσει ελπίδα. Δεν ήταν ένα όνειρο. Ήταν εδώ. Σε μερικές ώρες θα βρίσκονταν μαζί. Δε θέλησε να πάει μέσα. Θέλησε να μείνει εκεί όπου βρισκόταν, θυμήθηκε την όψη του, την αφή του, τη μυρωδιά του.

Η Μανάμι επέστρεψε κουβαλώντας ένα δίσκο με τσάι και φλιτζάνια. Κατσάδιασε την Καεντέ και πάλι και την έσυρε στο δωμάτιο. Η Σιζούκα ντυνόταν εκείνη τη στιγμή. Αντίκρισε την Καεντέ και αναφώνησε «Είδατε τον Τακέο;».

Η Καεντέ δεν απάντησε αμέσως. Πήρε ένα φλιτζάνι τσάι από τη Μανάμι και το ήπιε αργά. Αισθάνθηκε ότι έπρεπε να είναι προσεκτική με ό,τι έλεγε: Η Σιζούκα ανήκε στη Φυλή, η οποία είχε καταδικάσει τον Τακέο με την ποινή του θανάτου. Είχε διαβεβαιώσει τον Τακέο ότι η Σιζούκα δε θα του έκανε κακό, αλλά πώς μπορούσε να είναι σίγουρη γι' αυτό; Ωστόσο δεν μπόρεσε να ελέγξει την έκφραση στο πρόσωπό της, δεν μπορούσε να σταματήσει να χαμογελάει, λες και η μάσκα είχε πια ραγίσει και είχε πέσει.

«Θα πάω στο ναό» της είπε. «Πρέπει να ετοιμαστώ. Η Μανάμι θα έρθει μαζί μου. Εσύ, Σιζούκα, μπορείς να φύγεις από τώρα για να δεις τους γιους σου· μπορείς να πάρεις και τον Κόντο μαζί σου».

«Νόμιζα ότι ο Κόντο επρόκειτο να έρθει μαζί σας στην Ινουγιάμα» είπε η Σιζούκα.

«Άλλαξα γνώμη. Πρέπει να σ' ακολουθήσει. Πρέπει και οι δύο να φύγετε αμέσως τώρα».

«Αυτές είναι οι διαταγές του Τακέο, υποθέτω» είπε η Σιζούκα. «Δεν μπορείτε να προσποιηθείτε σε μένα. Ξέρω ότι τον έχετε δει».

«Του είπα ότι εσύ δε θα του έκανες κακό» είπε η Καεντέ.

Η Σιζούκα είπε κοφτά «Καλύτερα να μη με ρωτήσετε γι' αυτό. Εάν δεν τον συναντήσω, δε θα μπορώ και να τον βλάψω. Αλλά πόσον καιρό σκοπεύετε να μείνετε στο ναό; Μην ξεχνάτε ότι ο Αράι σάς περιμένει στην Ινουγιάμα».

«Δεν ξέρω. Όλα εξαρτώνται από τον Τακέο». Η Καεντέ δεν μπορούσε να συγκρατηθεί και να μη συνεχίσει. «Μου είπε ότι πρέπει να παντρευτούμε. Θα το κάνουμε, πρέπει να το κάνουμε».

«Δεν πρέπει να κάνετε τίποτα προτού συναντήσετε τον Αράι» είπε η Σιζούκα με έμφαση. «Εάν παντρευτείτε χωρίς την έγκρισή του, θα τον προσβάλετε. Θα αισθανθεί βαθιά προσβολή. Δε σας συμφέρει να προκαλέσετε την έχθρα του. Είναι ο ισχυρότερος σύμμαχός σας. Και τι θ' απογίνει με τον άρχοντα Φουτζιβάρα; Είστε σχεδόν αρραβωνιασμένοι μεταξύ σας. Θα προσβάλετε κι αυτόν επίσης;»

«Δεν μπορώ να παντρευτώ το Φουτζιβάρα» φώναξε η Καεντέ. «Ξέρει καλύτερα από τον οποιονδήποτε ότι δεν μπορώ να παντρευτώ κανέναν άλλον παρά μονάχα τον Τακέο. Σε όλους τους άλλους άντρες προκαλώ το θάνατο. Αλλά είμαι η ζωή για τον Τακέο κι εκείνος είναι η δική μου ζωή».

«Δεν είναι έτσι φτιαγμένος ο κόσμος» είπε η Σιζούκα. «Θυμηθείτε όσα η αρχόντισσα Μαρουγιάμα σάς είπε, πόσο εύκολα αυτοί οι πολέμαρχοι κι οι πολεμιστές μπορούν να συντρίψουν μια γυναίκα αν καταλάβουν ότι αμφισβητεί την εξουσία που έχουν επάνω της. Ο Φουτζιβάρα περιμένει να σας παντρευτεί: πρέπει να έχει συμβουλευτεί ήδη τον Αράι. Είναι ένα προξενιό που ο Αράι δεν μπορεί παρά μόνο να υποστηρίξει. Εκτός απ' αυτό, ο Τακέο έχει ολόκληρη τη Φυλή εναντίον του· δε θα καταφέρει να επιβιώσει. Μη με κοιτάζετε έτσι: με στενοχωρεί που σας πληγώνω. Νοιάζομαι τόσο πολύ για σας, που πρέπει να σας το πω αυτό. Θα μπορούσα να σας ορκιστώ ότι δε θα του έκανα ποτέ κακό, όμως αυτό δε θ' άλλαζε τίποτα· υπάρχουν εκατοντάδες εκεί έξω που θα προσπαθήσουν να το κάνουν. Αργά ή γρήγορα, κάποιος απ' αυτούς θα το επιτύχει. Κανένας δεν μπορεί να δραπετεύει από τη Φυλή για πάντα. Πρέπει να δεχτείτε ότι αυτή θα είναι η μοίρα του. Τι θα κάνετε όταν θα έχει πεθάνει, όταν θα έχετε ήδη προσβάλει όλους όσους σας υποστηρίζουν; Δε θα μπορείτε να ελπίζετε στη Μαρουγιάμα και θα χάσετε τη Σιρακάβα. Οι αδερφές σας θα καταστραφούν μαζί σας. Ο Αράι είναι ο επικυρίαρχός σας. Πρέπει να πάτε στην Ινουγιάμα και να αποδεχτείτε την απόφασή του σχετικά με το γάμο σας. Διαφορετικά, θα τον εξοργίσετε. Πιστέψτε με. Ξέρω πώς λειτουργεί το μυαλό του».

«Είναι ικανός ο Αράι ν' αποτρέψει τον ερχομό της άνοιξης;» αποκρίθηκε η Καεντέ. «Μπορεί να διατάξει το χιόνι να μη λιώσει;»

«Όλοι οι άντρες νομίζουν ότι μπορούν. Οι γυναίκες επιβιώνουν κολακεύοντας αυτή την πεποίθηση, όχι αντιστεκόμενες σ' αυτή».

«Ο άρχοντας Αράι θα μάθει αλλιώς» είπε η Καεντέ με χαμηλή φωνή. «Ετοιμάσου. Εσύ και ο Κόντο πρέπει να έχετε φύγει σε μια ώρα».

Γύρισε από την άλλη μεριά. Η καρδιά της χτυπούσε άγρια, ο ενθουσιασμός είχε κυριεύσει την κοιλιά της, το στήθος της, το λαιμό της. Δεν μπορούσε να σκεφτεί τίποτα άλλο πέρα από το ότι θα έσμιγε μαζί του. Η εικόνα του, το πόσο κοντά της βρισκόταν είχε ξυπνήσει και πάλι τον πυρετός μέσα της.

«Είστε τρελή» της είπε η Σιζούκα. «Έχετε χάσει τα λογικά σας. Θα φέρετε την καταστροφή σε σας και στην οικογένειά σας».

Ως επιβεβαίωση των φόβων της Σιζούκα, ακολούθησε ένας ξαφνικός βρυχηθμός· το σπίτι βόγκηξε, οι πόρτες κροτάλισαν, τα καμπανάκια του αέρα χτύπησαν δυνατά καθώς η γη ταρακουνήθηκε κάτω από τα πόδια τους.

ΚΕΦΑΛΑΙΟ ΔΕΚΑΤΟ

ΜΟΛΙΣ ΤΟ ΧΙΟΝΙ ΑΡΧΙΣΕ ΝΑ ΛΙΩΝΕΙ και ήρθαν οι πρώτες μέρες της άνοιξης, το νέο ότι βρισκόμουν στην Τεραγιάμα και επρόκειτο να διεκδικήσω την κληρονομιά μου από τους άρχοντες των Οτόρι διαδόθηκε όπως το τρεχούμενο νερό. Και, όπως το τρεχούμενο νερό, πρώτα σαν σταγόνα κι έπειτα σαν πλημμύρα, άρχισαν να καταφτάνουν στο ναό, πάνω στο βουνό, και οι πολεμιστές. Μερικοί απ' αυτούς δεν είχαν πια αφέντη, αλλά οι περισσότεροι ήταν Οτόρι που αναγνώριζαν τη νομιμότητα της αξίωσής μου ως κληρονόμου του Σιγκέρου. Η ιστορία μου ήταν ήδη ένας μύθος και φάνηκε πως είχα γίνει πια ένας ήρωας όχι μόνο στους νεαρούς άντρες της τάξης των πολεμιστών, αλλά και στους αγρότες και στους χωρικούς της επικράτειας των Οτόρι, οι οποίοι είχαν φτάσει σε κατάσταση απελπισίας μετά από το βαρύ χειμώνα, την αυξανόμενη φορολογία και τους ολοένα και πιο σκληρούς νόμους που τους επέβαλλαν ο Σόιτσι και ο Μασαχίρο, οι θείοι του Σιγκέρου.

Ο αέρας ήταν γεμάτος απ' τους ήχους της άνοιξης. Οι ιτιές είχαν φορέσει τα χρυσοπράσινα φύλλα τους. Χελιδόνια πετούσαν πάνω από τα πλημμυρισμένα χωράφια κι έφτιαχναν τις φωλιές τους κάτω από τα γείσα των κτιρίων του ναού. Κάθε νύχτα ο θόρυβος των βατράχων δυνάμωνε: ο έντονος ήχος του βατράχου της βροχής, ο ρυθμικός ήχος του βατράχου των δέντρων και ο γλυκός του μικρού βατράχου. Τα λουλούδια άνθιζαν μανιασμένα κατά μήκος των αναχωμάτων: πικροκάρδαμο, νεραγκούλα και φωτεινός βίκος. Ερωδιοί, πελαργοί, ίβιδες και γερανοί επέστρεφαν στους ποταμούς και στις λίμνες.

Ο ηγούμενος, ο Ματσούντα Σίγκεν, μου παραχώρησε το σημαντικό πλούτο του ναού, ο οποίος μου ήταν πλέον ελεύθερα διαθέσιμος, και με τη βοήθειά του πέρασα τις πρώτες εβδομάδες της άνοιξης οργανώνοντας τα άτομα που έρχονταν σε μένα και εξοπλίζοντάς τα. Σιδηρουργοί και οπλοποιοί ήρθαν από τη Γιαμαγκάτα και άλλες πόλεις και έστησαν τα εργαστήριά τους στους πρόποδες του ιερού βουνού. Κάθε μέρα έφταναν έμποροι αλόγων, ελπίζοντας ότι θα έκαναν καλές πωλήσεις, και συνήθως έκαναν, γιατί αγόραζα όσο περισσότερα άλογα μπορούσα. Ανεξάρτητα από το πόσους άντρες διέθετα και πόσο καλά ήταν οπλισμένοι, τα κύρια όπλα μου θα ήταν πάντα η ταχύτητα και η έκπληξη. Δεν είχα το χρόνο ή τους πόρους να συγκεντρώσω έναν τεράστιο στρατό με πεζικάριους όπως ο Αράι. Έπρεπε να στηριχτώ σε μια μικρή αλλά πολύ γρηγορότερη ομάδα ιππέων.

Ανάμεσα στους πρώτους που είχαν καταφτάσει ήταν οι αδερφοί Μιγιόσι, ο Καχέι και ο Γκέμπα, με τους οποίους είχα εκπαιδευτεί στο Χάγκι. Εκείνες οι ημέρες που πολεμούσαμε με ξύλινα σπαθιά τώρα φάνταζαν απίστευτα μακρινές. Η εμφάνισή τους σήμαινε πολλά για μένα, πολύ περισσότερα απ' όσα υποψιάστηκαν όταν έπεσαν στα γόνατα και ικέτευσαν να τους επιτρέψω να με ακολουθήσουν. Σήμαινε ότι οι καλύτεροι από τους Οτόρι δεν είχαν ξεχάσει το Σιγκέρου. Έφεραν τριάντα άτομα μαζί τους και ειδήσεις από το Χάγκι, εξίσου ευπρόσδεκτες μ' αυτούς.

«Ο Σόιτσι και ο Μασαχίρο γνωρίζουν για την επιστροφή σου» μου είπε ο Καχέι. Ήταν αρκετά χρόνια μεγαλύτερος από μένα και είχε κάποια πολεμική εμπειρία, δεδομένου ότι είχε πολεμήσει στη Γεγκαχάρα σε ηλικία δεκατεσσάρων ετών. «Αλλά δεν το αντιμετωπίζουν πολύ σοβαρά. Αισθάνονται ότι θα χρειαστεί μονάχα μια σύντομη αψιμαχία για να σε κατατροπώσουν». Μου χαμογέλασε. «Δε θέλω να σε προσβάλω, αλλά έχουν σχηματίσει την εντύπωση ότι είσαι ένα αδύναμο πλάσμα...»

«Μονάχα έτσι μ' έχουν δει» απάντησα εγώ. Θυμήθηκα τον ακόλουθο του Ιίντα, τον Αμπέ, που είχε σκεφτεί το ίδιο πράγμα για μένα, αλλά ο Τζάτο τού έμαθε τη διαφορά. «Έχουν δίκιο κατά κάποιον τρόπο. Είναι αλήθεια ότι είμαι νέος και γνωρίζω μονάχα τη θεωρία του πολέμου, όχι την πρακτική εφαρμογή του. Αλλά έχω το δίκιο με το μέρος μου και εκπληρώνω τη θέληση του Σιγκέρου».

«Οι άνθρωποι λένε ότι σ' έχει αγγίξει ο παράδεισος» είπε ο Γκέμπα. «Λένε ότι σου έχουν δοθεί δυνάμεις που δεν είναι αυτού του κόσμου».

«Όλοι ξέρουμε γι' αυτό!» είπε ο Καχέι. «Θυμάσαι την πάλη με το Γιοσιτόμι; Εκείνος, βέβαια, θεώρησε ότι αυτές οι δυνάμεις προέρχονται από την κόλαση, όχι απ' τον παράδεισο».

Είχα μονομαχήσει με το γιο του Μασαχίρο χρησιμοποιώντας ξύλινα σπαθιά. Ήταν καλύτερος στο σπαθί απ' ό,τι ήμουν τότε εγώ, αλλά διέθετα άλλες δεξιότητες και θεώρησε ότι είχα κλέψει, ενώ εγώ τις είχα χρησιμοποιήσει για να τον αποτρέψω να με σκοτώσει.

«Μου πήραν το σπίτι και τη γη μου;» ρώτησα. «Άκουσα ότι αυτό σκόπευαν να κάνουν».

«Όχι ακόμα, κυρίως επειδή ο παλιός δάσκαλός μας, ο Ιτσίρο, έχει αρνηθεί να τους τα παραδώσει. Τους κατέστησε σαφές ότι δε θα παραδοθεί δίχως να πολεμήσει. Οι άρχοντες είναι απρόθυμοι ν' αρχίσουν μια φιλονικία μαζί του και με τους εναπομείναντες άντρες του Σιγκέρου – τους δικούς σου άντρες».

Ήταν μεγάλη ανακούφιση για μένα να ξέρω ότι ο Ιτσίρο ήταν ακόμα ζωντανός. Ήλπιζα ότι θα έφευγε σύντομα και θα ερχόταν στο ναό, όπου θα μπορούσα να τον προστατεύσω. Από τότε που άρχισαν να λιώνουν τα χιόνια, τον περίμενα να φτάσει από μέρα σε μέρα.

«Επίσης, δεν είναι σίγουροι για τους κατοίκους της πόλης» συμπλήρωσε ο Γκέμπα. «Δε θέλουν να προκαλέσουν κανέναν. Φοβούνται εξέγερση».

«Πάντοτε προτιμούσαν να συνωμοτούν στα κρυφά» είπα.

«Το ονομάζουν διαπραγμάτευση» είπε ξερά ο Καχέι. «Δεν προσπάθησαν να διαπραγματευτούν μαζί σου;»

«Δεν έχω έρθει σ' επαφή μαζί τους. Άλλωστε δεν υπάρχει τίποτα για να διαπραγματευτώ. Ευθύνονται για το θάνατο του Σιγκέρου. Προσπάθησαν να τον δολοφονήσουν στο σπίτι του, κι όταν απέτυχαν, τον παρέδωσαν στον Ιίντα. Δεν μπορώ να έρθω σε συμφωνία μαζί τους ακόμα κι αν μου το προτείνουν».

«Ποια στρατηγική θ' ακολουθήσεις;» είπε ο Καχέι μισοκλείνοντας τα μάτια του.

«Δεν υπάρχει τρόπος να επιτεθώ στους Οτόρι στο Χάγκι. Θα χρειαζόμουν πολύ μεγαλύτερους πόρους απ' όσους διαθέτω τώρα. Σκέφτομαι ότι πρέπει να προσεγγίσω τον Αράι..., αλλά δε θα κάνω τίποτα έως ότου έρθει εδώ ο Ιτσίρο. Είπε ότι θα ερχόταν μόλις άνοιγε ο δρόμος».

«Στείλε μας στην Ινουγιάμα» είπε ο Καχέι. «Η αδερφή της μητέρας μας είναι παντρεμένη μ' έναν από τους ακόλουθους του Αράι. Μπορούμε ν' ανακαλύψουμε εάν ο χειμώνας έχει αλλάξει τη στάση του Αράι απέναντί σου».

«Όταν έρθει η κατάλληλη στιγμή» τους υποσχέθηκα, χαρούμενος που διέθετα έναν έμμεσο τρόπο να πλησιάσω τον Αράι. Δεν είπα ούτε σε κείνους ούτε σε κανέναν άλλον τι είχα αποφασίσει ήδη: να πάω πρώτα στην Καεντέ, όπου κι αν βρισκόταν, να την παντρευτώ κι έπειτα να καταλάβω τα εδάφη της Σιρακάβα και της Μαρουγιάμα μαζί της, εάν, βέβαια, θα με ήθελε ακόμα, εάν δεν ήταν ήδη παντρεμένη...

Κάθε ανοιξιάτικη μέρα που περνούσε η ανησυχία μου μεγάλωνε. Ο καιρός ήταν ευμετάβλητος, ήλιος τη μια μέρα, παγωμένοι άνεμοι την επόμενη. Οι δαμασκηνιές άνθισαν σε μια θύελλα από χαλάζι. Ακόμα κι όταν άρχισαν να φουσκώνουν τα μπουμπούκια στις κερασιές έκανε παγωνιά. Αλλά υπήρχαν σημάδια της άνοιξης παντού, ιδιαίτερα, όπως μου φάνηκε, στο αίμα μου. Η πειθαρχημένη ζωή του προηγούμενου χειμώνα με είχε αφήσει πιο γυμνασμένο από ποτέ, σωματικά και διανοητικά. Η διδασκαλία του Ματσούντα, η αδιάκοπη στοργή που μου έδωσε, η γνώση της εξ αίματος καταγωγής μου από τους Οτόρι μού είχαν δώσει νέα αυτοπεποίθηση. Ήμουν λιγότερο επηρεασμένος από τη διχασμένη φύση μου, με απασχολούσε λιγότερο η αφοσίωσή μου στις δύο αντικρουόμενες πλευρές. Δεν έδειχνα προς τα έξω την ανησυχία που με βασάνιζε. Μάθαινα να μη δείχνω τίποτα στους άλλους. Αλλά τη νύχτα οι σκέψεις μου επέστρεφαν στην Καεντέ και τις ακολουθούσε ο πόθος μου. Την ποθούσα, φοβόμουν ότι είχε παντρευτεί με κάποιον άλλον και ότι την είχα χάσει για πάντα. Όταν δεν μπορούσα να κοιμηθώ, ξεγλιστρούσα από το δωμάτιο και έβγαινα από το ναό· εξερευνούσα την τριγύρω περιοχή, μερικές φορές έφτανα μέχρι τη Γιαμαγκάτα. Οι ώρες της περισυλλογής, της μελέτης και της μάθησης είχαν ακονίσει όλες τις δεξιότητές μου. Δε φοβόμουν ότι θα μ' εντόπιζε κανείς.

Συναντιόμασταν με το Μακότο κάθε μέρα, για να μελετήσουμε μαζί, αλλά, έχοντας συμφωνήσει σιωπηλά, δεν αγγίζαμε ο ένας τον άλλον. Η φιλία μας βάδιζε πλέον σ' ένα άλλο επίπεδο, το οποίο ένιωθα ότι θα διαρκούσε μια ζωή. Ούτε πλάγιαζα με άλλες γυναίκες. Δεν τους επιτρεπόταν η είσοδος στο ναό, ο φόβος της δολοφονίας με κρατούσε μακριά από τα πορνεία και δεν ήθελα ν' αποκτήσω άλλο ένα παιδί. Σκεφτόμουν συχνά τη Γιούκι. Δεν μπόρεσα ν' αντισταθώ και σταμάτησα μπροστά από το σπίτι των γονιών της κάποια νύχτα δίχως φεγγάρι, όταν πια ο δεύτερος μήνας πλησίαζε στο τέλος του. Τα άνθη της δαμασκηνιάς έλαμπαν στο σκοτάδι, αλλά δεν υπήρχε κανένα φως μέσα και μονάχα ένας φρουρός στην πύλη. Είχα ακούσει ότι οι άντρες του Αράι είχαν ρημάξει το σπίτι το φθινόπωρο. Τώρα έμοιαζε εγκαταλελειμμένο. Ακόμη κι η μυρωδιά των σπόρων της σόγιας που ωρίμαζαν είχε εξασθενήσει.

Σκέφτηκα το παιδί μας. Ήμουν βέβαιος ότι θα ήταν αγόρι, που θα το ανέτρεφε η Φυλή για να με μισήσει, και κατά πάσα πιθανότητα θα προοριζόταν να εκπληρώσει την προφητεία της τυφλής γυναίκας. Το γεγονός ότι γνώριζα το μέλλον δε σήμαινε ότι θα μπορούσα και να του διαφύγω: ήταν μέρος της πικρής θλίψης της ανθρώπινης ζωής.

Αναρωτήθηκα πού να βρισκόταν η Γιούκι –ενδεχομένως σε κάποιο απόμακρο μυστικό χωριό βόρεια του Ματσούε– και συχνά σκεφτόμουν τον πατέρα της, τον Κέντζι. Πιθανώς να μη βρισκόταν τόσο μακριά, ίσως σ' ένα από τα χωριά των Μούτο πάνω στα βουνά, δίχως να γνωρίζει ότι το μυστικό δίκτυο των κρησφύγετων της Φυλής μού είχε αποκαλυφθεί στα αρχεία που ο Σιγκέρου μού είχε αφήσει και ότι είχα περάσει όλο το χειμώνα αποστηθίζοντάς το. Δεν ήμουν ακόμα βέβαιος τι θα έκανα με αυτή τη γνώση, αν θα την εκμεταλλευόμουν για να εξαγοράσω τη συγχώρεση και τη φιλία του Αράι ή αν θα τη χρησιμοποιούσα ο ίδιος για να ξεριζώσω εκείνη τη μυστική οργάνωση που με είχε καταδικάσει σε θάνατο.

Πριν από πολύ καιρό, ο Κέντζι είχε ορκιστεί να με προστατεύει για όλη μου τη ζωή. Δεν πίστεψα σ' αυτή την υπόσχεση, θεωρώντας την κομμάτι της πονηρής του φύσης, και δεν τον είχα συγχωρήσει για τη συμμετοχή του στην προδοσία του Σιγκέρου. Αλλά, επίσης, ήξερα ότι χωρίς εκείνον δε θα ήμουν σε θέση να επιτελέσω το έργο της εκδίκησης και δεν μπορούσα να ξεχάσω ότι με είχε ακολουθήσει πίσω στο κάστρο εκείνη τη νύχτα. Εάν μπορούσα να είχα επιλέξει κάποιον για να με βοηθήσει, θα ήταν αυτός, αλλά δεν περίμενα ότι θα παρέβαινε ποτέ τους κανόνες της Φυλής. Εάν συναντιόμασταν, θα ήμασταν εχθροί και ο καθένας θα ήθελε να σκοτώσει τον άλλον.

Όταν επέστρεφα πίσω κάποια αυγή, άκουσα το λαχάνιασμα ενός ζώου και ξάφνιασα ένα λύκο στο μονοπάτι. Μπορούσε να με μυρίσει, αλλά δεν μπορούσε να με δει. Ήμουν αρκετά κοντά του ώστε να μπορώ ν' αντικρίσω το έντονο κοκκινωπό του τρίχωμα πίσω από τα αυτιά του, αρκετά κοντά του για να μυρίσω την αναπνοή του. Μούγκρισε από φόβο, έκανε πίσω, γύρισε και γλίστρησε στα χαμόκλαδα. Τον άκουσα να κοντοστέκεται και να μυρίζει και πάλι στον αέρα, η μύτη του ήταν τόσο δυνατή όσο τα αυτιά μου. Οι κόσμοι των αισθήσεων μας είχαν καλύψει, στον δικό μου κυριαρχούσε η ακοή, στον δικό του η όσφρηση. Αναρωτήθηκα πως θα ήταν να διεισδύσει κανείς στον άγριο και μοναχικό κόσμο του λύκου. Στη Φυλή με φώναζαν Σκύλο, αλλά εγώ προτιμούσα να σκέφτομαι πως ήμουν αυτός ο λύκος, αφού δεν είχα πια κύριο κι αφέντη.

Ύστερα ήρθε το πρωί της ημέρας που αντίκρισα το άλογό μου, τον Ρακού. Ήταν αργά τον τρίτο μήνα, όταν τα μπουμπούκια στις κερασιές ήταν έτοιμα ν' ανθίσουν. Περπατούσα πάνω στο απότομο μονοπάτι την ώρα που ο ουρανός άρχιζε να φωτίζεται· τα μάτια μου ήταν καρφωμένα στις κορυφές των βουνών, που ήταν ακόμα καλυμμένες από χιόνι κι είχαν αρχίσει να ροδίζουν κάτω από το φως του ήλιου. Είδα εκείνα τα άγνωστα άλογα δεμένα έξω από το πανδοχείο. Κανένας δε φαινόταν να είχε σηκωθεί ακόμη, αν και άκουσα μια μπαλκονόπορτα ν' ανοίγει από την άλλη πλευρά της αυλής. Το βλέμμα μου περιπλανήθηκε, όπως κάνει πάντα, πέρα από τα άλογα και την ίδια στιγμή αναγνώρισα τη μαύρη χαίτη και το γκρίζο τρίχωμα του Ρακού, ενώ το άλογο γύρισε το κεφάλι του, με είδε και χλιμίντρισε με χαρά.

Ήταν το δώρο μου στην Καεντέ, ήταν σχεδόν η μοναδική περιουσία που μου είχε απομείνει μετά την πτώση της Ινουγιάμα. Μήπως τον είχε πουλήσει ή τον είχε χαρίσει; Ή, μήπως, μου την είχε φέρει εδώ, σε μένα;

Ανάμεσα στο στάβλο και στον ξενώνα του πανδοχείου υπήρχε ένα μικρό προαύλιο με πεύκα και πέτρινους φανοστάτες. Πέρασα μέσα. Ήξερα ότι κάποιος έμενε ξάγρυπνος· άκουγα την ανάσα του πίσω απ' τα παραθυρόφυλλα. Πλησίασα τη βεράντα, απελπισμένος ν' ανακαλύψω αν ήταν η Καεντέ και συγχρόνως βέβαιος ότι την επόμενη στιγμή θα την αντίκριζα.

Ήταν ακόμη πιο όμορφη απ' όσο θυμόμουν. Η ασθένεια την είχε αφήσει πιο αδύνατη και εύθραυστη, αλλά είχε αποκαλύψει την ομορφιά των οστών της, την κομψότητα των καρπών και του λαιμού της. Το σφυροκόπημα της καρδιάς μου κατασίγασε τον κόσμο ολόγυρα. Ύστερα, συνειδητοποιώντας ότι θα μέναμε μόνοι μονάχα για μερικές στιγμές πριν το πανδοχείο ξυπνήσει, πλησίασα και γονάτισα μπροστά της.

Πάρα πολύ σύντομα άκουσα τις γυναίκες να ξυπνούν μέσα στο δωμάτιο. Έγινα αόρατος και γλίστρησα μακριά. Άκουσα την ανάσα της Καεντέ να χάνεται από το φόβο και συνειδητοποίησα ότι δεν της είχα μιλήσει ακόμα για τις δεξιότητες της Φυλής που διέθετα. Υπήρχαν πολλά που έπρεπε να συζητήσουμε· θα είχαμε ποτέ άραγε αρκετό χρόνο; Τα κρεμαστά καμπανάκια του αέρα χτύπησαν καθώς πέρασα από κάτω τους. Είδα το άλογό μου να με κοιτάζει, αλλά δε με έβλεπε. Κατόπιν η μορφή μου επέστρεψε. Ανέβαινα γρήγορα το λόφο, πλημμυρισμένος από μια χαρά γεμάτη ενέργεια, σαν να είχα πιει κάποιο μαγικό φίλτρο. Η Καεντέ ήταν εδώ. Δεν είχε παντρευτεί. Θα γινόταν δική μου.

Όπως έκανα κάθε μέρα, πήγα στο νεκροταφείο και γονάτισα μπροστά από τον τάφο του Σιγκέρου. Τούτη την ώρα ήταν ερημιά, το φως αμυδρό κάτω από τους κέδρους. Ο ήλιος άγγιζε τις κορυφές τους· στην αντίπερα πλευρά της κοιλάδας ομίχλη κρεμόταν πάνω από τις βουνοπλαγιές, κι έτσι οι κορυφές έμοιαζαν σαν να επέπλεαν πάνω σε αφρό.

Ο καταρράκτης συνέχιζε την ακατάπαυστη φλυαρία του, που αντηχούσε στο ήπιο κελάρυσμα του νερού καθώς περνούσε μέσα από τις υδρορροές και τους σωλήνες στις λίμνες και στις δεξαμενές του κήπου. Άκουσα τους μοναχούς να προσεύχονται, τις σούτρες να ανεβοκατεβαίνουν, τον ξαφνικό χτύπο μιας καμπάνας. Ήμουν ευτυχισμένος που ο Σιγκέρου κατοικούσε σ' έναν τέτοιο γαλήνιο τόπο. Μίλησα στο πνεύμα του, ζητώντας η δύναμη και η φρόνησή του να μεταβιβαστούν σε μένα. Του είπα εκείνο που αναμφισβήτητα ήδη γνώριζε, ότι επρόκειτο να εκπληρώσω τις τελευταίες του επιθυμίες. Και ότι, καταρχήν, θα παντρευόμουν τη Σιρακάβα Καεντέ.

Ένιωσα ένα ξαφνικό βαρύ ταρακούνημα καθώς η γη άρχισε να τρέμει. Με κυρίευσε η βεβαιότητα ότι έπραττα το σωστό, καθώς επίσης και η αίσθηση της επείγουσας ανάγκης. Πρέπει να παντρευτούμε αμέσως.

Μια αλλαγή στο αντικαθρέφτισμα του νερού μ' έκανε να γυρίσω το κεφάλι μου. Στη μεγάλη λίμνη οι κυπρίνοι αλώνιζαν και στριφογύριζαν ακριβώς κάτω από την επιφάνεια του νερού σαν ένα τρεμάμενο χρυσοκόκκινο χαλί. Τους τάιζε ο Μακότο και το πρόσωπό του έδειχνε ήρεμο και γαλήνιο καθώς τους παρατηρούσε.

Το κόκκινο και το χρυσό πλημμύρισαν τα μάτια μου, τα χρώματα της καλής τύχης, τα χρώματα του γάμου.

Με είδε να τον κοιτάω και φώναξε «Πού ήσουν; Έχασες το πρόγευμα».

«Θα φάω αργότερα». Σηκώθηκα όρθιος και τον πλησίασα. Δεν μπορούσα να κρατήσω τον ενθουσιασμό μου κρυφό. «Η αρχόντισσα Σιρακάβα βρίσκεται εδώ. Θα πάτε με τον Καχέι να τη συνοδεύσετε στο γυναικείο ξενώνα;»

Έριξε το τελευταίο κομμάτι κεχρί στο νερό. «Θα το πω στον Καχέι. Προτιμώ να μην πάω ο ίδιος. Δε θέλω να της υπενθυμίσω τον πόνο που της προκάλεσα».

«΄Ισως έχεις δίκιο. Ναι, πες το στον Καχέι. Να την οδηγήσουν εδώ πριν το μεσημέρι».

«Γιατί ήρθε εδώ;» είπε ο Μακότο κοιτώντας με λοξά.

«΄Ηρθε για προσκύνημα, για να ευχαριστήσει για την ανάρρωσή της. Αλλά, τώρα που βρίσκεται εδώ, σκοπεύω να την παντρευτώ».

«΄Ετσι απλά;» γέλασε δίχως κέφι.

«Γιατί όχι;»

«΄Εχω πολύ περιορισμένη εμπειρία σχετικά με τους γάμους, αλλά πιστεύω ότι στην περίπτωση των μεγάλων οικογενειών όπως οι Σιρακάβα ή, εν προκειμένω, οι Οτόρι, πρέπει να δοθεί συγκατάθεση, οι άρχοντες των φατριών πρέπει να συμφωνήσουν».

«Εγώ είμαι ο άρχοντας της δικής μου φατρίας και δίνω τη συγκατάθεσή μου» απάντησα με ευθυμία, θεωρώντας ότι έθιγε περιττά κι ανούσια προβλήματα.

«Η περίπτωσή σου είναι ελαφρώς διαφορετική. Αλλά σε ποιον υπακούει η αρχόντισσα Σιρακάβα; Η οικογένειά της μπορεί να έχει άλλα σχέδια γι' αυτήν».

«Δεν έχει οικογένεια». ΄Ενιωθα το θυμό μου ν' αρχίζει να σιγοβράζει.

«Μην είσαι ανόητος, Τακέο. Ο καθένας έχει οικογένεια, ειδικά τα ανύπαντρα κορίτσια που είναι κληρονόμοι μεγάλων εκτάσεων».

«΄Εχω και το νόμιμο δικαίωμα και το ηθικό καθήκον να την παντρευτώ εφόσον ήταν μνηστευμένη με το θετό πατέρα μου». Ο τόνος μου ήταν τώρα πιο καυστικός. «΄Ηταν η εκπεφρασμένη θέληση του Σιγκέρου να το πράξω».

«Μη θυμώνεις μαζί μου» είπε μετά από μια μικρή παύση. «Γνωρίζω τα αισθήματά σου γι' αυτή. Λέω μονάχα ό,τι θα σου πει ο καθένας».

«Κι εκείνη μ' αγαπάει!»

«Η αγάπη δεν έχει καμία σχέση με το γάμο». Κούνησε το κεφάλι και με κοίταξε σαν να ήμουν παιδί.

«Τίποτα δεν πρόκειται να με σταματήσει. Είναι εδώ. Δε θ' αφήσω να μου φύγει και πάλι μακριά. Θα παντρευτούμε αυτή την εβδομάδα».

Η καμπάνα αντήχησε από το ναό. Ένας από τους ηλικιωμένους μοναχούς διέσχισε τον κήπο και μας κοίταξε επικριτικά. Ο Μακότο μιλούσε χαμηλόφωνα σε όλη τη συζήτησή μας, όμως εγώ μιλούσα δυνατά κι έντονα.

«Πρέπει να πάω στην περισυλλογή» είπε. «Ίσως κι εσύ θα 'πρεπε να κάνεις το ίδιο επίσης. Να σκέφτεσαι τι κάνεις πριν από την κάθε σου ενέργεια».

«Το έχω αποφασίσει. Πήγαινε και διαλογίσου! Θα μιλήσω στον Καχέι. Κι έπειτα θα μιλήσω στον ηγούμενο».

Είχε ήδη περάσει η ώρα που τον επισκεπτόμουν κάθε πρωί για δίωρη εξάσκηση στην ξιφασκία. Εγώ έτρεξα για να βρω τους αδερφούς Μιγιόσι, και τους πρόφτασα την ώρα που κατέβαιναν το λόφο για να συναντήσουν έναν κατασκευαστή όπλων.

«Η αρχόντισσα Σιρακάβα;» είπε η Καχέι. «Είναι ασφαλές να την πλησιάσω;»

«Γιατί το λες αυτό;» απαίτησα να μάθω.

«Δίχως παρεξήγηση, Τακέο, αλλά όλοι γνωρίζουν γι' αυτή. Σκορπίζει το θάνατο στους άντρες».

«Και μόνο που θα την ποθήσουν» πρόσθεσε ο Γκέμπα, έριξε μια γρήγορη ματιά στο πρόσωπό μου και συνέχισε «έτσι λέει ο κόσμος!».

«Επίσης λένε ότι είναι τόσο όμορφη, που είναι αδύνατο να την κοιτάξει κανείς δίχως να την επιθυμήσει». Το πρόσωπο του Καχέι πήρε μια θλιβερή όψη. «Μας στέλνεις σε βέβαιο θάνατο».

Δεν είχα καμία διάθεση για τις ανοησίες τους, αλλά τα λόγια τους με έκαναν να κατανοήσω ακόμη περισσότερο πόσο απαραίτητο ήταν το να παντρευτούμε. Η Καεντέ είχε πει ότι ήταν ασφαλής μονάχα μαζί μου κι εγώ καταλάβαινα γιατί. Μόνο ο γάμος μαζί μου θα την έσωζε από την κατάρα που έμοιαζε να κουβαλάει. Ήξερα ότι ποτέ δε θα κινδύνευα απ' αυτή. Άλλοι άντρες που την πόθησαν είχαν πεθάνει, όμως εγώ είχα σμίξει το σώμα μου με το δικό της και είχα ζήσει.

Δεν επρόκειτο να τα εξηγήσω όλα αυτά στους αδερφούς Μιγιόσι.

«Φέρτε τη στον ξενώνα των γυναικών το συντομότερο δυνατόν» είπα κοφτά. «Σιγουρευτείτε πως κανένας από τους άντρες που τη συνοδεύουν δε θα την ακολουθήσει και επίσης ότι ο Κόντο Κίιτσι και η Μούτο Σιζούκα θα φύγουν σήμερα. Θα φέρει μαζί της μια γυναίκα. Να συμπεριφερθείτε με απόλυτη ευγένεια. Πείτε της ότι θα την καλέσω γύρω στην ώρα του Πιθήκου».

«Ο Τακέο είναι στ' αλήθεια ατρόμητος» μουρμούρισε ο Γκέμπα.

«Η αρχόντισσα Σιρακάβα πρόκειται να γίνει σύζυγός μου».

Αυτά τα λόγια τούς άφησαν εμβρόντητους. Είδαν ότι μιλούσα σοβαρά και κράτησαν τα στόματά τους κλειστά. Υποκλίθηκαν με τυπικότητα και περπάτησαν σιωπηλά μέχρι το φυλάκιο, όπου διάλεξαν πέντε ή έξι άλλα άτομα. Μόλις πέρασαν από την πύλη, έκαναν μερικά αστεία εις βάρος μου, δίχως να αντιληφθούν ότι μπορούσα να τους ακούσω, για τη θηλυκή ακρίδα που καταβροχθίζει το σύντροφό της. Σκέφτηκα να τους ακολουθήσω, για να τους δώσω ένα μάθημα, αλλά είχα ήδη αργήσει στη συνάντησή μου με τον ηγούμενο.

Ακούγοντας το γέλιο τους να σβήνει στη βουνοπλαγιά, έτρεξα στην αίθουσα όπου γίνονταν τα μαθήματα. Ήταν ήδη εκεί, ντυμένος με τα ιερατικά του ενδύματα. Εγώ φορούσα ακόμη την τραχιά περιβολή που συνήθιζα να φοράω στις νυχτερινές περιπλανήσεις μου: ήταν μια παραλλαγή του μαύρης ολόσωμης στολής της Φυλής – παντελόνι μακρύ ως το γόνατο, περικνημίδες και μπότες με χώρισμα ανάμεσα στα δάχτυλα του ποδιού, που ήταν κατάλληλες τόσο για μάχη με σπαθί όσο και για άλματα πάνω στους τοίχους και για τρέξιμο πάνω στις στέγες.

Ο Ματσούντα δεν έδειχνε να ενοχλείται καθόλου από τις μακριές φούστες και τα φαρδιά μανίκια του. Συνήθως ολοκλήρωνα το μάθημα με κομμένη την ανάσα και μουσκεμένος από τον ιδρώτα. Εκείνος παρέμενε δροσερός κι ατσαλάκωτος, σαν να είχε περάσει εκείνες τις δύο ώρες προσευχόμενος.

Γονάτισα μπροστά του για να ζητήσω συγγνώμη για την καθυστέρησή μου. Με περιεργάστηκε από πάνω ως κάτω, πήρε μια αινιγματική έκφραση στο πρόσωπό του, αλλά δεν είπε τίποτα, δείχνοντας το ξύλινο κοντάρι με το κεφάλι του.

Το πήρα από το ράφι. Ήταν σκουρόχρωμο, σχεδόν μαύρο, μακρύτερο από τον Τζάτο και πολύ βαρύτερο. Δεδομένου ότι εξασκούμουν καθημερινά μ' αυτό, οι μύες στους καρπούς και στα χέρια μου είχαν δυναμώσει και είχαν αποκτήσει ευελιξία και φαινόταν ότι τελικά είχα ξεπεράσει εκείνον τον τραυματισμό στο δεξί μου χέρι που μου είχε προκαλέσει ο Ακίο στην Ινουγιάμα. Στην αρχή το κοντάρι φάνταζε σαν ένα επίμονο άλογο· σιγά σιγά όμως είχα μάθει να το ελέγχω, έως ότου κατάφερα να το χειρίζομαι τόσο επιδέξια, όσο ένα ζευγάρι ξυλάκια φαγητού.

Η ακρίβεια ήταν απαραίτητη στην άσκηση όπως και στην πραγματική μάχη, γιατί μια λανθασμένη κίνηση θα μπορούσε να ραγίσει ένα κρανίο ή να συντρίψει ένα στέρνο. Δεν είχαμε αρκετούς άντρες για να διακινδυνεύουμε να τραυματίσουμε ο ένας τον άλλον στην εκπαίδευση.

Ένα κύμα εξάντλησης με τύλιξε μόλις σήκωσα το κοντάρι για να βρεθώ σε θέση ετοιμότητας προς μάχη. Μόλις που είχα κοιμηθεί λίγο την περασμένη νύχτα και δεν είχα φάει τίποτα μετά από το βραδινό. Κατόπιν σκέφτηκα την Καεντέ, είδα τη μορφή της όπως την είχα αντικρίσει νωρίτερα, καθισμένη στη βεράντα. Η ενέργεια ξαναγύρισε πίσω σε μένα. Εκείνη την αστραπιαία στιγμή συνειδητοποίησα πόσο απολύτως απαραίτητη ήταν για μένα.

Κανονικά, δεν μπορούσα να παραβγώ το Ματσούντα. Αλλά κάτι με είχε μεταμορφώσει, είχε πάρει όλα τα στοιχεία της εκπαίδευσης και τα είχε συγχωνεύσει σε ένα σύνολο: ένα σκληρό, ακατάλυτο πνεύμα, που αναπήδησε από τον πυρήνα της ύπαρξής μου και όρμηξε στο βραχίονά μου. Για πρώτη φορά συνειδητοποίησα ότι ήμουν σαράντα χρόνια νεότερος από το Ματσούντα. Αντίκρισα την ηλικία του και την ευπάθειά του. Είδα ότι βρισκόταν στο έλεός μου.

Έλεγξα την επίθεσή μου και άφησα το κοντάρι να πέσει. Εκείνη τη στιγμή το δικό του βρήκε το αφύλαχτο σημείο μου και με πέτυχε στο πλάι του λαιμού με ένα χτύπημα που με άφησε ζαλισμένο. Ευτυχώς δεν είχε χτυπήσει με όλη του τη δύναμη.

Τα μάτια του, που συνήθως ήταν γαλήνια, καίγονταν τώρα από γνήσιο θυμό.

«Αυτό ήταν για να πάρεις ένα μάθημα» μούγκρισε. «Πρώτον, για να μην καθυστερείς και, δεύτερον, για να μην αφήνεις την τρυφερότητα της καρδιάς σου να αναδύεται όσην ώρα πολεμάς».

Άνοιξα το στόμα μου για να μιλήσω, αλλά μ' έκοψε. «Μην αντιμιλάς. Πρώτα μού δίνεις την εντύπωση ότι δε χάνω το χρόνο μου μαζί σου κι έπειτα τη διαψεύδεις. Γιατί; Ελπίζω όχι επειδή αισθάνθηκες οίκτο για μένα».

Κούνησα το κεφάλι μου.

Αναστέναξε. «Δεν μπορείς να με ξεγελάσεις. Το είδα στα μάτια σου. Είδα το αγόρι που ήρθε εδώ πέρυσι και συγκινήθηκε από το Σέσσου. Αυτό θέλεις να γίνεις; Ένας καλλιτέχνης; Σου είπα τότε ότι θα μπορούσες να επιστρέψεις εδώ και να μελετήσεις και να σπουδάσεις και να ζωγραφίζεις – αυτό θέλεις;»

Ήμουν απρόθυμος να απαντήσω, αλλά περίμενε έως ότου θα το έκανα. «Ένα κομμάτι του εαυτού μου ίσως να το θέλει, αλλά όχι ακόμα. Πρώτα πρέπει να πραγματοποιήσω τις εντολές του Σιγκέρου».

«Είσαι σίγουρος γι' αυτό; Θα δεσμευτείς σ' αυτό με όλη σου την καρδιά;»

Διέκρινα την απόλυτη σοβαρότητα στον τόνο της φωνής του και απάντησα με τον ίδιο τρόπο. «Ναι».

«Θα οδηγήσεις πολλούς άντρες, ορισμένους ακόμη και στο θάνατο. Είσαι αρκετά σίγουρος για τον εαυτό σου για να το κάνεις αυτό; Εάν έχεις κάποια αδυναμία, Τακέο, τούτη εδώ είναι. Νιώθεις πολύ οίκτο. Ένας πολεμιστής χρειάζεται κάτι ακόμη περισσότερο από μια διάθεση για σκληρότητα, από την ορμή του μαύρου αίματος. Πολλοί θα πεθάνουν ακολουθώντας εσένα και θα σκοτώσεις πολλούς εσύ ο ίδιος. Μόλις μπεις σ' αυτό το μονοπάτι, πρέπει να το ακολουθήσεις ως το τέλος. Δε γίνεται να σταματάς την επίθεση ή να εγκαταλείπεις την άμυνα επειδή αισθάνεσαι οίκτο για τον αντίπαλο».

Ένιωσα το αίμα να εφορμά στο πρόσωπό μου. «Δε θα το ξανακάνω. Δεν ήθελα να σας προσβάλω. Συγχωρέστε με».

«Θα σε συγχωρέσω εάν μπορέσεις να πετύχεις αυτή την κίνηση ξανά και να την ολοκληρώσεις!»

Πήρε στάση ετοιμότητας και τα μάτια του ήταν καρφωμένα επάνω μου. Δε δίστασα να συναντήσω το βλέμμα του: δεν είχε υποκύψει ποτέ στον ύπνο των Κικούτα κι εγώ δεν είχα προσπαθήσει ποτέ να τον υποβάλω σ' αυτόν. Ούτε ποτέ σκόπιμα έγινα αόρατος ούτε και χωρίστηκα στα δύο, αν και μερικές φορές, στην έξαψη της μάχης, ένιωσα την εικόνα μου ν' αρχίζει να γλιστρά μακριά μου.

Το δικό του κοντάρι κινήθηκε σαν την αστραπή μες στον αέρα. Σταμάτησα να σκέφτομαι οτιδήποτε άλλο εκτός από τον αντίπαλο μπροστά μου και την ορμή του κονταριού, το πάτωμα κάτω απ' τα πόδια μας, το χώρο ολόγυρά μας, που τον καταλαμβάναμε σχεδόν όλον, όπως σ' ένα χορό. Άλλες δυο φορές έφτασα στο σημείο όπου διαπίστωσα την υπεροχή μου επάνω του και καμία από τις δυο φορές δεν απέτυχα να ολοκληρώσω την κίνησή μου.

Όταν είχαμε τελειώσει, ακόμη κι ο Ματσούντα γυάλιζε από την κάψα, ίσως λόγω της άνοιξης. Όταν σκουπίζαμε τον ιδρώτα από τα πρόσωπά μας με τις πετσέτες που είχε φέρει ο Νόριο, μου είπε «Δεν περίμενα ότι θα γίνεις ποτέ ξιφομάχος, αλλά τα έχεις καταφέρει καλύτερα απ' όσο περίμενα. Όταν είσαι συγκεντρωμένος, δεν είσαι κακός, καθόλου κακός».

Έμεινα βουβός ακούγοντας έναν τέτοιο έπαινο. Γέλασε. «Μην επιτρέψεις να πάρουν τα μυαλά σου αέρα. Θα συναντηθούμε ξανά αργότερα, το απόγευμα. Ελπίζω ότι έχεις προετοιμάσει τη μελέτη σου για τη στρατηγική».

«Ναι, κύριε. Αλλά υπάρχει κάτι άλλο για το οποίο πρέπει να σας μιλήσω».

«Κάτι που έχει να κάνει με την αρχόντισσα Σιρακάβα;»

«Πώς το γνωρίζατε;»

«Είχα ήδη πληροφορηθεί ότι βρισκόταν καθ' οδόν προς το ναό. Έχουν γίνει οι προετοιμασίες για τη διαμονή της στον ξενώνα των γυναικών. Είναι μια μεγάλη τιμή για μας. Θα πάω να τη συναντήσω αργότερα, εντός της ημέρας».

Όλα ακούγονταν σαν μια συνηθισμένη συζήτηση, για ένα συνηθισμένο φιλοξενούμενο, όμως τώρα πια γνώριζα το Ματσούντα αρκετά καλά: δεν έκανε τίποτα με το συνηθισμένο τρόπο. Φοβόμουν ότι θα είχε τις ίδιες ανησυχίες σχετικά με το γάμο μου με την Καεντέ που είχε διατυπώσει κι ο Μακότο, αλλά αργά ή γρήγορα έπρεπε να του ανακοινώσω τις προθέσεις μου. Όλ' αυτά στριφογύρισαν μέσα στο κεφάλι μου σε μια στιγμή κι ύστερα σκέφτηκα ότι, εάν έπρεπε να ζητήσω την άδεια από κάποιον, αυτός θα έπρεπε να είναι ο Ματσούντα.

Έπεσα στα γόνατα και είπα «Επιθυμώ να παντρευτώ την αρχόντισσα Σιρακάβα. Μπορώ να έχω την άδειά σας; Μπορεί να λάβει χώρα εδώ η τελετή;».

«Αυτός είναι ο λόγος που βρίσκεται εδώ; Ήρθε με την άδεια της οικογένειας και της φατρίας της;»

«Όχι, ήρθε για διαφορετικό σκοπό – για να ευχαριστήσει για την ανάρρωσή της από μια ασθένεια. Αλλά ήταν μια από τις τελευταίες εντολές που ο άρχοντας Σιγκέρου μού έδωσε, ότι πρέπει να την παντρευτώ, και τώρα η μοίρα φαίνεται ότι την έφερε εδώ σε μένα...» Άκουσα έναν τόνο ικεσίας και παράκλησης στη φωνή μου.

Ο ηγούμενος τον διέκρινε επίσης. Χαμογελώντας είπε «Το πρόβλημα δεν εντοπίζεται στη δική σου πλευρά,

Τακέο. Για σένα είναι το σωστό πράγμα που πρέπει να κάνεις. Αλλά, για να την παντρευτείς χωρίς έγκριση από τη φατρία της, από τον άρχοντα Αράι... Να φανείς υπομονετικός, επιδίωξε να πάρεις την άδειά του. Ήταν υπέρ αυτού του γάμου την περασμένη χρονιά. Έχεις κάθε λόγο να πιστεύεις ότι θα εξακολουθεί να είναι».

«Κινδυνεύω να δολοφονηθώ ανά πάσα στιγμή!» φώναξα. «Δεν έχω καθόλου χρόνο για να είμαι υπομονετικός! Και υπάρχει κάποιος άλλος που επιθυμεί να την παντρευτεί».

«Έχουν αρραβωνιαστεί;»

«Δεν υπάρχει τίποτα επίσημο. Αλλά προφανώς προσδοκεί ότι ο γάμος θα γίνει. Είναι ευγενής, τα κτήματά του βρίσκονται δίπλα στα δικά της».

«Ο Φουτζιβάρα» είπε ο Ματσούντα.

«Τον γνωρίζετε;»

«Γνωρίζω ποιος είναι. Όλοι τον γνωρίζουν, εκτός απ' τους ημιμαθείς σαν κι εσένα. Είναι μια πολύ κατάλληλη συμμαχία. Τα κτήματα θα ενωθούν, ο γιος του Φουτζιβάρα θα τα κληρονομήσει και, το πιο σημαντικό, δεδομένου ότι ο Φουτζιβάρα είναι σχεδόν βέβαιο ότι σύντομα θα επιστρέψει στην πρωτεύουσα, ο Αράι θ' αποκτήσει ένα φίλο στην αυλή του αυτοκράτορα».

«Ο Αράι δε θα τον αποκτήσει, επειδή η Καεντέ δε θα παντρευτεί το Φουτζιβάρα. Θα παντρευτεί εμένα, και μάλιστα πριν από το τέλος της εβδομάδας!»

«Θα συντριβείτε ανάμεσά τους». Τα μάτια του καρφώθηκαν στο πρόσωπό μου.

«Όχι εάν ο Αράι πιστέψει ότι μπορώ να τον βοηθήσω να καταστρέψει τη Φυλή. Κι όταν παντρευτούμε, θα φύγουμε αμέσως για τη Μαρουγιάμα. Η αρχόντισσα Σιρακάβα είναι η νόμιμη κληρονόμος εκείνης της περιοχής, καθώς επίσης και των κτημάτων του πατέρα της. Με αυτόν τον τρόπο θ' αποκτήσω τους πόρους που χρειάζομαι για να αντιμετωπίσω τους Οτόρι».

«Από άποψη στρατηγικής, αυτό δεν ακούγεται κακό» είπε. «Αλλά υπάρχουν σοβαροί κίνδυνοι: Θα μπορούσες ν' αντιμετωπίσεις εντελώς ανταγωνιστικά τον Αράι. Σκέφτηκα πως θα ήταν καλύτερο για σένα να υπηρετήσεις κάτω από τις διαταγές του για κάποιο διάστημα και να διδαχτείς την τέχνη του πολέμου. Και δε θέλεις να αποκτήσεις έναν εχθρό όπως ο Φουτζιβάρα. Αυτή η κίνηση, παρ' όλη την τόλμη της, θα μπορούσε να καταστρέψει εντελώς τις ελπίδες σου. Δε θέλω να δω κάτι τέτοιο να συμβαίνει. Θέλω να δω όλες τις επιθυμίες του Σιγκέρου να εκπληρώνονται. Αξίζει να τα διακινδυνεύσεις όλα, αξίζει το ρίσκο;»

«Τίποτα δε θα με αποτρέψει από το να την παντρευτώ» είπα χαμηλόφωνα.

«Είσαι ξεμυαλισμένος μαζί της. Αυτό μην επιτρέψεις να επηρεάσει την κρίση σου».

«Είναι κάτι περισσότερο από ερωτικό ξεμυάλισμα. Είναι η ζωή μου και είμαι η δική της».

Αναστέναξε. «Όλοι το πιστεύουμε αυτό σε κάποια ηλικία για κάποια γυναίκα. Πίστεψέ με, δε διαρκεί για πολύ».

«Ο άρχοντας Σιγκέρου και η αρχόντισσα Μαρουγιάμα αγαπήθηκαν βαθιά για πολλά χρόνια» τόλμησα να πω.

«Ναι, βέβαια, μάλλον θα πρόκειται για κάποιο είδος τρέλας στο αίμα των Οτόρι» ανταπάντησε εκείνος, αλλά η έκφρασή του είχε μαλακώσει και τα μάτια του με ατένισαν.

«Είναι αλήθεια» είπε στο τέλος. «Η αγάπη τους διήρκεσε. Και φώτισε όλα τα σχέδια και όλες τις ελπίδες τους. Εάν είχαν παντρευτεί και είχαν καταφέρει τη συμμαχία που ονειρεύτηκαν ανάμεσα στη Μέση Χώρα και στη Δύση, ποιος ξέρει τι δε θα μπορούσαν να επιτύχουν;» Έσκυψε και με χτύπησε ελαφρά στον ώμο. «Είναι σαν τα πνεύματά τους να έχουν χαρίσει μια δεύτερη ευκαιρία σε σένα και στην αρχόντισσα Σιρακάβα. Και δεν μπορώ να το αρνηθώ αυτό, η ιδέα να μετατρέψετε τη Μαρουγιάμα σε έδρα σας έχει πολύ μεγάλη σημασία. Γι' αυτόν το λόγο, όσο και για χάρη των νεκρών, θα συμφωνούσα με αυτόν το γάμο. Μπορείτε να ξεκινήσετε τις απαραίτητες προετοιμασίες».

«Δεν παρακολούθησα ποτέ τέτοιο είδος γάμου» ομολόγησα αφότου υποκλίθηκα στο έδαφος σε ένδειξη ευγνωμοσύνης. «Τι πρέπει να γίνει;»

«Η γυναίκα που ήρθε μαζί της θα γνωρίζει. Ρώτησέ την. Ελπίζω να μην έχω ξεμωραθεί πλήρως» πρόσθεσε πριν μου επιτρέψει να φύγω.

Ήταν σχεδόν η ώρα για το μεσημεριανό γεύμα. Πήγα να πλυθώ και ν' αλλάξω τα ρούχα μου. Ντύθηκα με προσοχή, φόρεσα μια άλλη μεταξωτή ρόμπα, με το έμβλημα των Οτόρι στην πλάτη, εκείνη που μου είχαν δώσει όταν έφτασα στην Τεραγιάμα μετά από το ταξίδι μου στα χιόνια. Έφαγα αναστατωμένος, μόλις και μετά βίας δοκίμασα το φαγητό, ακούγοντας όλη την ώρα για την άφιξή της.

Τελικά άκουσα τη φωνή του Καχέι έξω από την αίθουσα της τραπεζαρίας. Τον κάλεσα και ήρθε να μου μιλήσει.

«Η αρχόντισσα Σιρακάβα βρίσκεται στον ξενώνα» είπε. «Πενήντα επιπλέον άτομα έχουν έρθει από το Χάγκι. Θα τους στρατωνίσουμε στο χωριό. Ο Γκέμπα θα αναλάβει να το τακτοποιήσει».

«Θα τους δω απόψε» είπα και η καρδιά μου φτερούγισε κι από τις δύο ειδήσεις. Τον άφησα και επέστρεψα στο δωμάτιό μου, όπου γονάτισα στο αναλόγιο κι έβγαλα έξω τους κυλίνδρους που ο ηγούμενος μου είχε ζητήσει να διαβάσω. Σκέφτηκα ότι θα πέθαινα από την ανυπομονησία προτού προλάβω να ξαναδώ την Καεντέ, αλλά βαθμιαία απορροφήθηκα από την τέχνη του πολέμου: οι απολογισμοί των μαχών που κερδίζονται και που χάνονται, στρατηγική και τακτικές, ο ρόλος που διαδραματίζουν ο ουρανός και η γη. Το πρόβλημα που μου είχε θέσει ήταν πώς να καταληφθεί η πόλη της Γιαμαγκάτα. Δεν ήταν πλέον ένα θεωρητικό πρόβλημα. Η Γιαμαγκάτα εξακολουθούσε να βρίσκεται κάτω από τον έλεγχο του Αράι, διαμέσου του προσωρινού διοικητή που είχε τοποθετήσει εκεί, παρ' όλο που υπήρχαν αναφορές ότι οι Οτόρι σχεδίαζαν να καταλάβουν την πόλη που κάποτε τους ανήκε και ότι συγκέντρωναν στρατό στα νότια σύνορά τους, κοντά στο Τσουβάνο. Ο Ματσούντα ήθελε να μεσολαβήσει στον Αράι για λογαριασμό μου και να μας συμφιλιώσει, ούτως ώστε να υπηρετήσω υπό τις διαταγές του Αράι ενώ θα διεκδικώ την κληρονομιά των Οτόρι. Τώρα πια όμως, γνώριζα πολύ καλά ότι, εάν διακινδύνευα να προκαλέσω την οργή του Αράι για άλλη μια φορά με το να παντρευτώ την Καεντέ, τότε θα έπρεπε να καταλάβω τη Γιαμαγκάτα αστραπιαία. Γνώριζα την πόλη πολύ καλά. Είχα εξερευνήσει κάθε δρόμο της· είχε αναρριχηθεί στο κάστρο της. Και ήξερα την περιοχή που την περιέβαλλε, τα βουνά, τις κοιλάδες, τους λόφους και τους ποταμούς. Η κύρια δυσκολία μου ήταν ότι διέθετα πολύ λίγους άντρες κάτω από τις διαταγές μου: χίλιους το πολύ. Η Γιαμαγκάτα ήταν μια πλούσια πόλη, αλλά ο χειμώνας ήταν σκληρός για τον καθένα. Εάν εξαπέλυα επίθεση την αρχή της άνοιξης, θα μπορούσε το κάστρο να αντέξει μια μακροχρόνια πολιορκία; Η διπλωματία θα κατάφερνε να φέρει ως αποτέλεσμα την παράδοση εκεί όπου η ισχύς δε θα μπορούσε να το κάνει; Ποια πλεονεκτήματα είχα έναντι των αμυνόμενων;

Ενώ συλλογιζόμουν αυτά τα προβλήματα, οι σκέψεις μου γύρισαν στον απόκληρο, το Χο-Αν. Είχα πει ότι θα έστελνα να τον βρουν κατά την άνοιξη, αλλά δεν ήμουν ακόμα βέβαιος εάν το ήθελα. Δε θα μπορούσα ποτέ να ξεχάσω το πεινασμένο και παθιασμένο βλέμμα στα μάτια του, στα μάτια του βαρκάρη και των άλλων απόκληρων. «Είναι δικός σου άνθρωπος τώρα» είχε πει ο Χο-Αν για το βαρκάρη. «Όλοι μας είμαστε». Θα μπορούσα άραγε να προσθέσω απόκληρους στο στρατό μου ή αγρότες που έρχονταν καθημερινά για να προσευχηθούν και ν' αφήσουν πρόσφορα στον τάφο του Σιγκέρου; Δεν είχα καμία αμφιβολία ότι θα μπορούσα να βασιστώ σ' αυτούς τους ανθρώπους εάν τους χρειαζόμουν. Αλλά ήταν κάτι που θα έκανε η τάξη των πολεμιστών; Δεν είχα διαβάσει ποτέ για μάχες όπου είχαν πολεμήσει αγρότες. Συνήθως έμεναν μακριά από τις συγκρούσεις, μισώντας και τις δύο πλευρές εξίσου και γδύνοντας κατόπιν τους νεκρούς δίχως διακρίσεις.

Όπως συνέβαινε συχνά, το πρόσωπο εκείνου του αγρότη που είχα δολοφονήσει στο μυστικό χωράφι του, πάνω στους λόφους πίσω από το Ματσούε, πέρασε μπροστά απ' τα μάτια του μυαλού μου. Άκουσα τη φωνή του να φωνάζει και πάλι «Άρχοντα Σιγκέρου!». Τόσο πολύ όσο τίποτ' άλλο ήθελα να κάνω το φάντασμά του να γαληνέψει. Μου θύμισε επίσης το θάρρος και την αποφασιστικότητα των συντρόφων του, που προς το παρόν είχαν αχρηστευθεί. Εάν τους χρησιμοποιούσα, θα σταματούσε να με καταδιώκει;

Οι αγρότες της επικράτειας των Οτόρι, τόσο όσοι ζούσαν γύρω από το Χάγκι όσο κι εκείνοι που ήταν εγκατεστημένοι στην περιοχή των Τοχάν –συμπεριλαμβανομένης και της Γιαμαγκάτα– λάτρευαν το Σιγκέρου. Είχαν εξοργιστεί από το θάνατό του. Πίστευα ότι κι εκείνοι θα με υποστήριζαν, αλλά φοβήθηκα ότι, εάν τους στρατολογούσα, θα αποδυνάμωνα την πίστη και την αφοσίωση των πολεμιστών μου.

Πίσω ξανά στο θεωρητικό πρόβλημα της Γιαμαγκάτα: εάν μπορούσα να ξεφορτωθώ τον προσωρινό διοικητή που ο Αράι είχε τοποθετήσει στο κάστρο, υπήρχε πολύ μεγαλύτερη πιθανότητα να μου παραδοθεί η πόλη δίχως μακροχρόνια πολιορκία. Χρειαζόμουν ένα δολοφόνο που θα μπορούσα να εμπιστευτώ. Η Φυλή είχε αναγνωρίσει ότι εγώ ήμουν το μοναδικό πρόσωπο που μπορούσε να αναρριχηθεί μόνο στο κάστρο της Γιαμαγκάτα, αλλά δε μου φάνταζε καλή ιδέα να αναλάβει αυτήν την αποστολή ο ίδιος ο διοικητής της στρατιάς μου. Οι σκέψεις μου άρχισαν να παρασύρονται λίγο, γεγονός που μου υπενθύμισε ότι είχα κοιμηθεί ελάχιστα την προηγούμενη νύχτα. Αναρωτήθηκα εάν θα μπορούσα να εκπαιδεύσω τα νεαρά αγόρια και κορίτσια με τον τρόπο που τα εκπαίδευε η Φυλή. Ίσως να μη διέθεταν τις έμφυτες δεξιότητες, όμως υπήρχαν πολλά άλλα που ήταν απλά ζήτημα εκπαίδευσης. Αντιλαμβανόμουν όλα τα πλεονεκτήματα ενός δικτύου κατασκόπων. Δεν υπήρχαν μερικά δυσαρεστημένα μέλη της Φυλής που θα μπορούσαν να πειστούν να με ακολουθήσουν; Προς το παρόν παραμέρισα αυτή τη σκέψη, αλλά επρόκειτο να επιστρέψει στο μυαλό μου αργότερα.

Η ημέρα ζέστανε και ο χρόνος επιβράδυνε ακόμη περισσότερο. Οι μύγες, που είχαν ξυπνήσει από το χειμερινό ύπνο τους, βούιζαν μπροστά στις συρόμενες πόρτες. Άκουσα την πρώτη συστοιχία από θάμνους να καλεί απ’ το δάσος, το γλίστρημα απ' τα φτερά των χελιδονιών και τον ήχο από τα ράμφη τους καθώς έπιαναν έντομα. Οι ήχοι του ναού με περικύκλωναν: ο ήχος των βημάτων, το θρόισμα των ρούχων, οι ψαλμωδίες, ο αιφνίδιος χτύπος μιας καμπάνας.

Ένας ελαφρύς άνεμος φυσούσε από το Νότο, γεμάτος με τα αρώματα της άνοιξης. Μέσα σε μια εβδομάδα, η Καεντέ κι εγώ θα παντρευόμασταν. Η ζωή φάνηκε να μεγαλώνει ολόγυρά μου και να με αγκαλιάζει με το σθένος και την ενέργειά της. Ωστόσο εγώ ήμουν γονατισμένος εδώ, συνεπαρμένος από τη μελέτη του πολέμου.

Όταν συνάντησα την Καεντέ εκείνο το βράδυ, δε μιλήσαμε για την αγάπη, αλλά για τη στρατηγική. Δεν είχαμε καμία ανάγκη να μιλήσουμε για την αγάπη· επρόκειτο να παντρευτούμε, θα γινόμασταν σύζυγοι. Αλλά, αν επρόκειτο να ζήσουμε αρκετό καιρό για να αποκτήσουμε παιδιά, έπρεπε να ενεργήσουμε γρήγορα για να σταθεροποιήσουμε τη δύναμή μας.

Όταν ο Μακότο μού είπε στην αρχή ότι εκείνη οργάνωνε στρατό, το ένστικτό μου ότι η Καεντέ θα αποτελούσε ένα σημαντικό σύμμαχο αποδείχτηκε σωστό. Συμφώνησε μαζί μου ότι έπρεπε να πάμε κατευθείαν στη Μαρουγιάμα· μου είπε για τη συνάντηση που είχε με το Σουτζίτα Χαρούκι το φθινόπωρο. Περίμενε να λάβει νέα της και πρότεινε να στείλουμε ανθρώπους της στην περιοχή, για να τον ενημερώσουν για τις προθέσεις μας. Συμφώνησα και σκέφτηκα ότι ο νεότερος από τους αδερφούς Μιγιόσι, ο Γκέμπα, μπορούσε να τους ακολουθήσει. Δε στείλαμε κανένα μήνυμα στην Ινουγιάμα: όσο λιγότερα γνώριζε ο Αράι για τα σχέδιά μας τόσο το καλύτερο.

«Η Σιζούκα είπε ότι ο γάμος μας θα τον εξοργίσει» είπε η Καεντέ.

΄Ηξερα ότι πιθανώς θα συνέβαινε αυτό. ΄Επρεπε να είχαμε υπολογίσει καλύτερα. ΄Επρεπε να είχαμε φανεί υπομονετικοί. ΄Ισως εάν είχαμε προσεγγίσει τον Αράι μέσω των κατάλληλων διόδων, μέσω της θείας του Καχέι ή μέσω του Ματσούντα ή του Σουτζίτα, ίσως να μας είχε υποστηρίξει. Αλλά και οι δύο είχαμε κυριευτεί από μια απελπισμένη αίσθηση βιασύνης, γνωρίζοντας πόσο σύντομες μπορούσαν να είναι οι ζωές μας. Κι έτσι, παντρευτήκαμε μερικές ημέρες αργότερα, μπροστά στο βωμό, κάτω από τη σκιά των δέντρων που έζωναν τον τάφο του Σιγκέρου, σύμφωνα με τη θέλησή του αλλά κατά παράβαση όλων των κανόνων της τάξης μας. Θα μπορούσα να πω ως δικαιολογία ότι κανείς από τους δυο μας δεν είχε λάβει μια τυπική ανατροφή και διαπαιδαγώγηση. Και οι δύο είχαμε αποφύγει, για διαφορετικούς λόγους, την αυστηρή εξάσκηση στην υπακοή που περνούσαν τα παιδιά των περισσότερων πολεμιστών. Αυτό μας έδωσε την ελευθερία να ενεργούμε όπως επιθυμούσαμε, αλλά οι μεγαλύτεροι της τάξης μας θα μας έκαναν να πληρώσουμε γι' αυτό.

Ο καιρός συνέχισε να είναι ζεστός χάρη στο νοτιά. Την ημέρα του γάμου μας τα άνθη απ' τις κερασιές είχαν ανοίξει διάπλατα, μια θάλασσα από ροζ και λευκό. Οι άντρες της Καεντέ είχαν ενωθεί με τους δικούς μου και ο πιο υψηλόβαθμος ανάμεσά τους, ο Αμάνο Τέντζο, μίλησε για λογαριασμό της Καεντέ και εκ μέρους της φατρίας των Σιρακάβα.

Όταν εμφανίστηκε πίσω από την ιέρεια του βωμού, μέσα στα κόκκινα και λευκά φορέματα που η Μανάμι είχε κατορθώσει να της εξασφαλίσει, έδειχνε όμορφη μ' έναν τρόπο άχρονο, σαν να ήταν κάποια ιερή ύπαρξη. Δήλωσα πως το όνομά μου ήταν Οτόρι Τακέο και κατονόμασα το Σιγκέρου και τη φατρία των Οτόρι ως προγόνους μου. Ανταλλάξαμε τα τελετουργικά φλιτζάνια του κρασιού, τρία από τρεις φορές, και, καθώς μας πρόσφεραν τα ιερά κλαδιά, ένα ξαφνικό μπουρίνι του αέρα έριξε μια χιονοθύελλα από πέταλα επάνω μας.

Ίσως να φάνηκε σαν τρομακτικός οιωνός, αλλά εκείνο το βράδυ, μετά το γεύμα και τους εορτασμούς, όταν μείναμε τελικά μόνοι, δε σκεφτόμασταν τους οιωνούς. Στην Ινουγιάμα είχαμε κάνει έρωτα με άγρια απελπισία, περιμένοντας να πεθάνουμε πριν έρθει το ξημέρωμα. Αλλά τώρα, στην ασφάλεια της Τεραγιάμα, είχαμε το χρόνο να εξερευνήσουμε ο ένας το κορμί του άλλου, να χαρίσουμε και να πάρουμε αργά την ευχαρίστηση – και επιπλέον, από τότε που είχαμε να βρεθούμε, η Γιούκι κάτι μου είχε μάθει από την τέχνη του έρωτα.

Μιλήσαμε για τις ζωές μας από την ημέρα που χωριστήκαμε, ειδικά για το παιδί. Αναλογιστήκαμε την ψυχή του, που είχε επιστρέψει και πάλι στον κύκλο της γέννησης και του θανάτου, και προσευχηθήκαμε γι' αυτή. Αφηγήθηκα στην Καεντέ την επίσκεψή μου στο Χάγκι και τη φυγή μου μέσα στο χιόνι. Δεν της είπα για τη Γιούκι, όπως κι εκείνη κράτησε μυστικά από μένα, γιατί, αν και μου μίλησε λίγο για τον άρχοντα Φουτζιβάρα, δεν μπήκε στις λεπτομέρειες της συμφωνίας που είχαν κάνει μεταξύ τους. Ήξερα ότι εκείνος της είχε δώσει μεγάλα χρηματικά ποσά και τρόφιμα, και αυτό με ανησύχησε, γιατί με έκανε να καταλάβω ότι οι βλέψεις του σχετικά με το γάμο τους ήταν πιο συγκεκριμένες απ' όσο οι δικές της. Αισθάνθηκα μια ανατριχίλα που μπορεί και να ήταν προμήνυμα, αλλά έδιωξα αυτή τη σκέψη μακριά, γιατί δεν ήθελα με τίποτα να καταστρέψω τη χαρά μου.

Ξύπνησα την αυγή και τη βρήκα να κοιμάται στην αγκαλιά μου. Το δέρμα της ήταν κάτασπρο, μεταξωτό στο άγγιγμά μου, θερμό και δροσερό συνάμα. Τα μαλλιά της, τόσο μακριά και πυκνά που μας σκέπαζαν και τους δυο όπως ένα σάλι, μύριζαν γιασεμί. Τη φανταζόμουν όπως το λουλούδι στο υψηλό βουνό, εντελώς μακριά μου, όμως τώρα ήταν εδώ, ήταν δικιά μου. Ο κόσμος σταμάτησε στη σιωπηλή νύχτα καθώς βυθίστηκε μέσα μου τούτη η σκέψη. Το πίσω μέρος των ματιών μου πόνεσε όταν άρχισα να κλαίω. Ο ουρανός ήταν καλοκάγαθος. Οι θεοί με αγαπούσαν. Μου είχαν χαρίσει την Καεντέ.

Για μερικές ακόμη ημέρες ο ουρανός συνέχισε να μας χαμογελάει, χαρίζοντάς μας γλυκό ανοιξιάτικο καιρό, όπου κάθε μέρα ήταν ηλιόλουστη. Όλοι στο ναό έδειχναν να χαίρονται για μας, από τη Μανάμι, που έλαμπε από ικανοποίηση όταν μας έφερε τσάι το πρώτο πρωί, τον ηγούμενο, που ξανάρχισε να με διδάσκει και με πείραζε αλύπητα όταν μ' έπιανε να χασμουριέμαι. Ομάδες ανθρώπων ανέβαιναν το βουνό για να μας φέρουν δώρα και να μας δώσουν τις ευχές τους, ακριβώς όπως θα έκαναν οι χωρικοί στο Μίνο.

Μονάχα ο Μακότο ακουγόταν να έχει διαφορετική στάση. «Εκμεταλλευτείτε απόλυτα την ευτυχία σας» μου είπε. «Είμαι χαρούμενος για σας, πίστεψέ με, αλλά φοβάμαι ότι δε θα διαρκέσει πολύ».

Το γνώριζα ήδη αυτό: Το είχα μάθει από το Σιγκέρου. *Ο θάνατος έρχεται ξαφνικά και η ζωή είναι εύθραυστη και σύντομη,* μου είχε πει μια μέρα αφότου μου είχε σώσει τη ζωή στο Μίνο. *Κανένας δεν μπορεί να το αλλάξει αυτό, ούτε με προσευχές ούτε με ξόρκια.* Ήταν ακριβώς αυτό το εύθραυστο της ζωής που την έκανε τόσο πολύτιμη. Η ευτυχία μας γινόταν εντονότερη όσο συνειδητοποιούσαμε πόσο σύντομη μπορούσε να είναι.

Τα άνθη της κερασιάς άρχισαν ήδη να πέφτουν, οι μέρες μεγάλωναν καθώς άλλαζε η εποχή. Ο χειμώνας της προετοιμασίας είχε πια περάσει: η άνοιξη έδινε τη θέση της στο καλοκαίρι και το καλοκαίρι ήταν η εποχή του πολέμου. Πέντε μάχες βρίσκονταν μπροστά μας, τέσσερις θα κερδίζαμε και μια θα χάναμε.

ΕΥΧΑΡΙΣΤΙΕΣ

Επιθυμώ να ευχαριστήσω το Ίδρυμα «Asialink», καθώς και όλους τους φίλους μου στην Ιαπωνία και στην Αυστραλία που με βοήθησαν στην έρευνα και στη συγγραφή των *Μύθων των Οτόρι*.

Στο *Με το Γρασίδι για Προσκέφαλο* θα ήθελα να ευχαριστήσω ιδιαίτερα τη δίδα Σουκιγιάμα Καζούκο για τις καλλιγραφίες της και το Σάιμον Χίγκινς για τις πληροφορίες που μου έδωσε σχετικά με τις πολεμικές τέχνες.

ΦΛΑΒΙΑ ΜΠΥΖΟΡ

Σελ. 360, ISBN 960-16-0930-Χ

Η ΠΡΟΦΗΤΕΙΑ ΤΗΣ ΠΕΤΡΑΣ

Τρία νεαρά κορίτσια, η Νεφρίτη, η Ηλέκτρα και η Οπάλη, από διαφορετικούς κόσμους, τη μέρα που κλείνουν τα δεκατέσσερα ανακαλύπτουν πως είναι υιοθετημένες. Τα λόγια μιας παλιάς προφητείας τις υποχρεώνουν να εγκαταλείψουν τις οικογένειές τους για να εκπληρώσουν την αποστολή τους σε κάποιο μακρινό βασίλειο.

Η καθεμία τότε αποκτά κι από μία μαγική πέτρα, σαν μοναδικό όπλο, που αντιστοιχεί στ' όνομά της. Αν και όλα τις χωρίζουν, θα πρέπει να μάθουν να εμπιστεύονται η μία την άλλη για να γλιτώσουν απ' τους κινδύνους που παραμονεύουν. Ξεκινάνε ένα μακρινό ταξίδι, συναντάνε την Οονάγκ, τη μυστηριώδη μάντισσα, που τις καθοδηγεί. Η αναζήτηση αυτή θα καταλήξει σ' έναν πόλεμο ενάντια στις δυνάμεις του κακού.

ΕΚΔΟΣΕΙΣ
ΠΑΤΑΚΗ

£14.00